Der Entschädigungsanspruch gemäß § 198 GVG bei überlangen Gerichtsverfahren

Europäische Hochschulschriften

European University Studies

Publications Universitaires Européennes

Reihe II **Rechtswissenschaft**

Series II Law

Série II Droit

Band/ Volume **6023**

Olga-Christina Eleftheriadis

Der Entschädigungsanspruch gemäß § 198 GVG bei überlangen Gerichtsverfahren

PETER LANG

Bibliografische Information der Deutschen Nationalbibliothek
Die Deutsche Nationalbibliothek verzeichnet diese Publikation in der Deutschen Nationalbibliografie; detaillierte bibliografische Daten sind im Internet über http://dnb.d-nb.de abrufbar.

Zugl.: Würzburg, Univ., Diss., 2018

D20
ISSN 0531-7312
ISBN 978-3-631-74143-6 (Print)
E-ISBN 978-3-631-76347-6 (E-PDF)
E-ISBN 978-3-631-76348-3 (EPUB)
E-ISBN 978-3-631-76349-0 (MOBI)
DOI 10.3726/b14479

Diese Publikation wurde begutachtet.

www.peterlang.com

Danksagung

Herzlichen Dank möchte ich meinem Doktorvater, Herrn Prof. Dr. Ralf P. Schenke, für seine fortwährende Unterstützung bei der Erstellung dieser Dissertation, seine wertvollen Denkanstöße und seine zielgerichtete Betreuung aussprechen.

Ein großer Dank gilt Frau Veronika Eichhorn und Frau Persefoni Tsetini für ihre engagierte und sorgfältige Durchsicht dieser Arbeit.

Meine größte Dankbarkeit möchte ich meinen Eltern und meinem Bruder aussprechen, die mir dieses Studium ermöglicht haben und mich während der Anfertigung dieser Arbeit immer wieder motiviert und in jeglicher Hinsicht unterstützt haben.

Inhaltsverzeichnis

Abkürzungsverzeichnis

a.A.	anderer Ansicht
Abs.	Absatz
AEUV	Vertrag über die Arbeitsweise der Europäischen Union
a.F.	alte Fassung
Anm.	Anmerkung
ArbG	Arbeitsgericht
ArbGG	Arbeitsgerichtsgesetz
ArbRB	Arbeits-Rechts-Berater
Art.	Artikel
Az.	Aktenzeichen
BAG	Bundesarbeitsgericht
BayObLG	Bayerisches Oberstes Landesgericht
Bd.	Band
BeckRS	Beck-Rechtsprechung
Beschl.	Beschluss
BetrVG	Betriebsverfassungsgesetz
BFH	Bundesfinanzhof
BGB	Bürgerliches Gesetzbuch
BGBl.	Bundesgesetzblatt
BGH	Bundesgerichtshof
BMJV	Bundesministerium der Justiz und für Verbraucherschutz
BPersVG	Bundespersonalvertretungsgesetz
BR-Beschluss-drucks.	Bundesrat-Beschlussdrucksache
BSG	Bundessozialgericht
BT-Drucks.	Bundestag-Drucksache
BVerfG	Bundesverfassungsgericht
BVerfGG	Bundesverfassungsgerichtsgesetz
BVerwG	Bundesverwaltungsgericht
bzw.	beziehungsweise
ders.	derselbe
d.h.	das heißt
DÖV	Die Öffentliche Verwaltung

DRB	Deutscher Richterbund
DRiG	Deutsches Richtergesetz
DRiZ	Deutsche Richterzeitung
DStR	Deutsches Steuerrecht
DStRE	Entscheidungsdienst, Deutsches Steuerrecht
DVBl.	Deutsches Verwaltungsblatt
EGMR	Europäischer Gerichtshof für Menschenrechte
EGZPO	Einführungsgesetz ZPO
Einl.	Einleitung
EMRK	Europäische Menschenrechtskonvention
et al.	et alii (und andere)
EU	Europäische Union
EuG	Europäisches Gericht erster Instanz
EuGH	Gerichtshof der Europäischen Union
EuGRZ	Europäische Grundrechte-Zeitschrift
EuR	Zeitschrift Europarecht
EUV	Vertrag über die Europäische Union
EuZW	Europäische Zeitschrift für Europarecht
f.	folgende
FamFG	Gesetz über das Verfahren in Familiensachen und in den Angelegenheiten der freiwilligen Gerichtsbarkeit
FamRZ	Zeitschrift für das gesamte Familienrecht
ff.	fortfolgende
FGG-Reformgesetz	Gesetz zur Reform des Verfahrens in Familiensachen und in den Angelegenheiten der freiwilligen Gerichtsbarkeit
FGO	Finanzgerichtsordnung
Fn.	Fußnote
FPR	Familie Partnerschaft Recht
FS	Festschrift
GG	Grundgesetz
ggf.	gegebenenfalls
GKG	Gerichtskostengesetz
GRCh	Charta der Grundrechte der Europäischen Union
GVG	Gerichtsverfassungsgesetz
Hrsg.	Herausgeber
i.V.m.	in Verbindung mit

jM	juris – Die Monatszeitschrift
jurisPR-SozR	juris PraxisReport Sozialrecht
JZ	Juristenzeitung
Kap.	Kapitel
KSchG	Kündigungsschutzgesetz
LAG	Landesarbeitsgericht
LastG	Gesetz zur Lastentragung im Bund-Länder-Verhältnis bei Verletzung von supranationalen oder völkerrechtlichen Verpflichtungen
LG	Landgericht
LKV	Landes- und Kommunalverwaltung
LSG	Landessozialgericht
MDR	Monatsschrift für deutsches Recht
MüKo	Münchener Kommentar
NdsVBl	Niedersächsische Verwaltungsblätter
NJW	Neue Juristische Wochenschrift
NJW-RR	Neue Juristische Wochenschrift, Rechtsprechungsreport
Nr.	Nummer
NVwZ	Neue Zeitschrift für Verwaltungsrecht
NVwZ-RR	Neue Zeitschrift für Verwaltungsrecht, Rechtsprechungsreport
NZA	Neue Zeitschrift für Arbeitsrecht
NZFam	Neue Zeitschrift für Familienrecht
NZS	Neue Zeitschrift für Sozialrecht
OLG	Oberlandesgericht
OVG	Oberverwaltungsgericht
PKH	Prozesskostenhilfe
Rn.	Randnummer
RsprEinhG	Gesetz zur Wahrung der Einheitlichkeit der Rechtsprechung der obersten Gerichtshöfe des Bundes
S.	Seite
SchlHA	Schleswig-Holsteinische Anzeigen
SGb	Sozialgerichtsbarkeit
SGG	Sozialgerichtsgesetz
Slg.	Sammlung der Rechtsprechung des Gerichtshofes und des Gerichts erster Instanz
sog.	so genannt

Stbg	Steuerberatung
SteuK	Steuerrecht kurzgefasst
StrEG	Gesetz über die Entschädigung für Strafverfolgungsmaßnahmen
st. Rspr.	ständige Rechtsprechung
u.a.	unter anderem/und andere
UAbs.	Unterabsatz
ÜGRG	Gesetz über den Rechtsschutz bei überlangen Gerichtsverfahren und strafrechtlichen Ermittlungsverfahren
Urt.	Urteil
VerfO	Verfahrensordnung
VerfO-EuGH	Verfahrensordnung des EuGH
VGH	Verwaltungsgerichtshof
vgl.	vergleiche
VR	Verwaltungsrundschau
VwGO	Verwaltungsgerichtsordnung
Z.	Ziffer
z.B.	zum Beispiel
zit.	zitiert
ZPO	Zivilprozessordnung
ZRP	Zeitschrift für Rechtspolitik
ZZP	Zeitschrift für Zivilprozess

Anm.: Rechtsprechung und Literatur sind bis September 2015 berücksichtigt.

Einleitung

Gerichtlicher Rechtsschutz, der zu spät kommt, hilft dem Rechtsschutzsuchenden wenig. Die Dauer gerichtlicher Verfahren ist ein viel diskutiertes Problem, das schon seit geraumer Zeit von Rechtsprechung, Literatur und Praxis intensiv diskutiert wird. Der Anspruch auf ein Verfahren innerhalb angemessener Zeit wird durch Art. 19 Abs. 4 GG, den allgemeinen Justizgewährungsanspruch und Art. 6 Abs. 1 EMRK garantiert und verlangt eine zügige und effiziente Durchführung des Verfahrens.

Wie ist es jedoch mit dem Gebot effektiven Rechtsschutzes zu vereinbaren, wenn selbst für die Entscheidung einfach gelagerter Fälle oftmals Jahre benötigt werden? Vor allem Verfahren, die durch Urteil beendet werden und eine zweite Instanz durchlaufen, dauern oftmals unangemessen lange. Überlange Gerichtsverfahren können den Anspruch des Betroffenen auf effektiven Rechtsschutz verkürzen. Deshalb ist die Verfahrensdauer bereits frühzeitig als „Fundamentalproblem des ganzen Rechtsschutzes" bezeichnet worden.[1]

Die unangemessene Verfahrensdauer kann sowohl nachteilige materielle und immaterielle Folgen für die Verfahrensbeteiligten haben als auch Frustration und Resignation hervorrufen.[2] Einerseits besteht die Gefahr, dass die Verfahrensdauer Auswirkungen auf die materielle Richtigkeit eines Urteils hat, da sich die Beweissituation mit zunehmender Verfahrensdauer verändert.[3] Tatsachen werden schwerer beweisbar, schriftliche Beweismittel sind nicht mehr auffindbar und Zeugen können sich nicht mehr erinnern.[4] Andererseits kann eine lange Verfahrensdauer den Prozesserfolg entwerten, wenn etwa der Beklagte zwischenzeitlich insolvent geworden ist. Im Falle von Geldforderungen kann die wirtschaftliche Dispositionsfreiheit der Verfahrensbeteiligten eingeschränkt werden. Schließlich führt die überlange Dauer eines Verfahrens oft auch zu einer psychischen und finanziellen Belastung der Parteien. Dadurch wird das Ansehen der Justiz nachhaltig beschädigt und das Vertrauen der Bürger in den Rechtsstaat erheblich beeinträchtigt.

---

1 Nach Auffassung von *Sendler*, DVBl. 1982, 157, hat der Rechtsstaat auf lange Sicht katastrophal versagt, wenn dieses Problem nicht endlich bewältigt wird.

2 Ausführlich hierzu *Steger*, Überlange Verfahrensdauer bei öffentlich-rechtlichen Streitigkeiten, S. 51 ff.

3 Vgl. *Althammer*, JZ 2011, 446.

4 *Magnus*, ZZP 125 (2012), 75 (76).

Wesentlichen Einfluss auf die Verfahrensdauer haben die Personalausstattung und die Geschäftsverteilung der Gerichte.[5] Ursache für Verfahrensverzögerungen ist neben der individuellen Arbeitsbelastung der einzelnen Richter der allgemeine Personalmangel. Deshalb beruht die Verfahrensdauer oftmals auf einer unzureichenden Verfahrensförderung durch das Gericht. Befragungen der Richter haben darüber hinaus ergeben, dass umfangreiche Verfahren, die einer zeitaufwendigen Bearbeitung bedürfen, zu Gunsten höherer Erledigungszahlen nachrangig behandelt werden.[6] Sofern Richterwechsel stattfinden, führen sie regelmäßig zu einer Verlängerung des Verfahrens.[7]

Des Weiteren ist der Verfahrensgegenstand von erheblicher Bedeutung, da bestimmte Verfahrensgegenstände zu komplexeren Prozessen führen als andere, z.B. Bau- und Arzthaftungssachen und gesellschaftsrechtliche Streitigkeiten.[8] Entscheidend für die Dauer eines Verfahrens ist, ob schwierige Rechtsfragen zu beurteilen sind und umfangreiche Beweisaufnahmen durchgeführt werden müssen.[9] Darüber hinaus hat die Höhe des Streitwerts Einfluss auf die Verfahrensdauer.[10] In einigen Fällen trägt auch das prozessuale Verhalten der Parteien selbst zur Verfahrensverzögerung bei.

Gesellschaft und Wirtschaft stellen komplexe und vielfältige Anforderungen an die Rechtsprechung. Auch in der Justiz wird der Faktor Zeit mittlerweile als Prüfstein einer qualitativ hochwertigen Rechtsprechung betrachtet.[11] Sie erwarten eine verbindliche Regelung strittiger Rechtsverhältnisse innerhalb einer angemessenen Zeitspanne.

---

5 *Steinbeiß-Winkelmann*, in: Steinbeiß-Winkelmann/Ott, ÜGRG, Einführung Rn. 4.

6 Im Einzelnen zu den Ursachen überlanger Verfahrensdauer *Keders*, NJW 2013, 1697 (1702).

7 *Keders*, NJW 2013, 1697 (1703).

8 Langdauernde Zivilverfahren – Eine Untersuchung des OLG Hamm, des OLG Nürnberg, des Kammergerichtes sowie des OLG Jena S. 20, abrufbar unter: http://epub.sub.uni-hamburg.de/epub/volltexte/2013/17880/pdf/LangdauerndeWPMALSV.pdf (zuletzt abgerufen am 10.09.2015).

9 Stellungnahme des DRB zum Regierungsentwurf des ÜGRG Nr. 34/10, abrufbar unter: http://www.drb.de/cms/index.php?id=663 (zuletzt abgerufen am 10.09.2015).

10 *Keders*, NJW 2013, 1697 (1699).

11 Vgl. *Keders*, NJW 2013, 1697 (1697).

A. Anlass und Thema der Untersuchung

Am 3. Dezember 2011 ist das Gesetz über den Rechtsschutz bei überlangen Gerichtsverfahren und strafrechtlichen Ermittlungsverfahren (ÜGRG) in Kraft getreten.[12] Das Gesetz soll eine im deutschen Recht bestehende Rechtsschutzlücke schließen. Die bisherigen Rechtsschutzmöglichkeiten gegen überlange Verfahrensdauer haben nicht den Anforderungen der EMRK und der Rechtsprechung des EGMR entsprochen. Es bestand daher konkreter gesetzlicher Handlungsbedarf.

Seit dem Sürmeli-Urteil des EGMR aus dem Jahre 2006 ist Deutschland verpflichtet, einen wirksamen Rechtsbehelf gegen überlange Verfahrensdauer einzuführen.[13] In der Rechtssache Herbst/Deutschland hat der EGMR schließlich festgestellt, dass in Deutschland entgegen Art. 13 EMRK kein Rechtsbehelf vorhanden ist, der geeignet ist, Verletzungen des Anspruchs auf Entscheidung innerhalb angemessener Frist zu verhindern, oder der bei einer bereits eingetretenen Rechtsverletzung angemessene Wiedergutmachung gewährt.[14]

In der „Pilotentscheidung" Rumpf/Deutschland führte der EGMR aus, dass mehr als die Hälfte der festgestellten Konventionsverletzungen in Deutschland die überlange Dauer gerichtlicher Verfahren betreffen.[15] 55 Beschwerden, die dieses Problem betrafen, waren neben der Sache Rumpf noch gegen Deutschland anhängig. Deshalb war der EGMR der Auffassung, dass die Konventionsverletzungen die Folge von strukturellen Mängeln im deutschen Rechtssystem sind und verpflichtete Deutschland dazu, innerhalb eines Jahres einen Rechtsbehelf gegen überlange Verfahrensdauer einzuführen.[16] Um diese Verpflichtung zu erfüllen und die Lücke im bisherigen Rechtsschutzsystem zu schließen, hat der Gesetzgeber einen verschuldensunabhängigen Entschädigungsanspruch gegen den Staat wegen der unangemessenen Dauer eines gerichtlichen Verfahrens eingeführt.

---

12 Das Gesetz hat keine amtliche Abkürzung.

13 Siehe EGMR (Große Kammer), Urt. v. 08.06.2006 - 75529/01, NJW 2006, 2389 (2394) - Sürmeli/Deutschland.

14 EGMR, Urt. v. 11.01.2007 - 20027/902, NVwZ 2008, 289 - Herbst/Deutschland.

15 Siehe EGMR, Urt. v. 02.09.2010 - 46344/06, NJW 2010, 3355 (3356 f.) - Rumpf/Deutschland.

16 EGMR, Urt. v. 02.09.2010 - 46344/06, NJW 2010, 3355 (3357 f.) - Rumpf/Deutschland. Der EGMR entscheidet selten in einem Pilotverfahren. Er wollte dadurch die Bedeutung des Problems stärker betonen und seinen Unmut über die deutsche Säumnis ausdrücken. Die Fristsetzung hätte auch durch Anwendung des Art. 46 EMRK erfolgen können. Siehe hierzu *Meyer-Ladewig*, NJW 2010, 3359.

Dazu wurde in das Gerichtsverfassungsgesetz ein neuer Siebzehnter Titel eingefügt (§§ 198 bis 201 GVG). Nach der Gesetzesbegründung handelt es sich dabei um einen „staatshaftungsrechtlichen Anspruch sui generis", der Nachteile infolge rechtswidrigen hoheitlichen Verhaltens ausgleicht.[17]

Über den Gesetzesentwurf wurde im Vorfeld bereits viel diskutiert und die Einwände gegen das ÜGRG waren nicht gering. So wurden etwa unzumutbare Belastungen der Justiz, hohe Schadensersatzforderungen und missbräuchliche Entschädigungsklagen befürchtet.[18]

Die vorliegende Arbeit befasst sich mit der systematischen Darstellung der Anspruchsvoraussetzungen und Rechtsfolgen der §§ 198 ff. GVG sowie der prozessualen Gesichtspunkte der Entschädigungsregelung. Alle Probleme und Fragestellungen der Neuregelung werden umfassend diskutiert, vor allem anhand welcher Kriterien die Angemessenheit der Verfahrensdauer zu bestimmen ist und wann ein Gerichtsverfahren unangemessen lange dauert. Von besonderer Bedeutung ist die in § 198 Abs. 3 GVG geregelte Verzögerungsrüge, deren Erhebung bei dem mit der Sache befassten Gericht Voraussetzung für einen Entschädigungsanspruch ist. Ferner ist ein wesentlicher Aspekt der Arbeit, unter welchen Voraussetzungen materielle und immaterielle Nachteile, die infolge der überlangen Verfahrensdauer entstanden sind, entschädigt werden und welche Wiedergutmachungsformen hierfür in Betracht kommen.

Der Gesetzgeber hat die Entschädigungsregelung als einheitlichen Rechtsbehelf in allen Gerichtsbarkeiten ausgestaltet hat. Die Vorschriften des GVG über den Rechtsschutz bei überlangen Gerichtsverfahren sind – infolge der Verweisungsregelungen in den einzelnen Verfahrensordnungen – in der Arbeitsgerichtsbarkeit und den öffentlich-rechtlichen Gerichtsbarkeiten entsprechend anwendbar. Daher werden auch die jeweiligen Besonderheiten des arbeitsgerichtlichen Verfahrens sowie des verwaltungs-, sozial- und finanzgerichtlichen Verfahrens in die Betrachtung miteinbezogen.

Die Rechtsprechung hat sich bereits in einigen Entscheidungen mit der Entschädigungsregelung befasst. Daher soll auch untersucht werden, wie die obersten Gerichtshöfe die Entschädigungsregelung und die unbestimmten

17 BT-Drucks. 17/3802, S. 19.

18 Vgl. *Roller*, DRiZ Beilage Juni 2012, 1; so auch *Zimmermann*, FamRZ 2011, 1905, wonach es durch zahlreiche Fristen und sonstige Klippen für den Rechtsuchenden erschwert werde, eine Entschädigung zu erhalten.

Rechtsbegriffe der §§ 198 ff. GVG konkretisiert haben.[19] Dabei werden sowohl Gemeinsamkeiten als auch Unterschiede bei Auslegung und Anwendung der Entschädigungsregelung aufgezeigt.

Das strafrechtliche Verfahren und das Verfahren vor dem BVerfG bleiben bei der Darstellung außer Betracht. Auf § 199 GVG, der einzelne Modifikationen des § 198 GVG für das Strafverfahren vorsieht, wird nicht näher eingegangen.[20] Es werden auch die §§ 97a ff. BVerfGG, die Sonderregelungen für das verfassungsgerichtliche Verfahren enthalten, nicht im Einzelnen dargestellt.

B. Gang der Untersuchung

Im ersten Kapitel wird zunächst aufgezeigt, woraus sich auf Ebene des höherrangigen Rechts der Anspruch der Verfahrensbeteiligten auf ein Verfahren in angemessener Frist ergibt. Erörtert werden in diesem Zusammenhang Ansprüche aus dem GG, der EMRK sowie der Europäischen Grundrechtecharta.

Im zweiten Kapitel werden sodann die in Deutschland bestehenden Rechtsschutzmöglichkeiten gegen überlange Gerichtsverfahren nach der Rechtslage vor Inkrafttreten des § 198 GVG behandelt. Hierbei wird zwischen den Rechtsschutzmöglichkeiten auf nationaler und europäischer Ebene differenziert.

Einen Schwerpunkt der Arbeit bildet das dritte Kapitel. Die Anspruchsvoraussetzungen und Rechtsfolgen des § 198 GVG werden systematisch untersucht und es wird jeweils dargestellt, wie die §§ 198 ff. GVG in den einzelnen Verfahrensordnungen und Gerichtsbarkeiten ausgelegt angewendet werden. Außerdem wird erläutert, wer Anspruchsverpflichteter des Entschädigungsanspruchs ist. Eingegangen wird auch auf die Übergangsregelung des Art. 23 ÜGRG.

Schließlich wird im vierten Kapitel die prozessuale Geltendmachung des § 198 GVG behandelt. Neben der Frage, wann und bei welchem Gericht die Entschädigungsklage erhoben werden muss, werden alle für das Entschädigungsverfahren relevanten Gesichtspunkte dargestellt. Im fünften Kapitel wird auf das Verhältnis des § 198 GVG zu den bisherigen Rechtsschutzmöglichkeiten wegen überlanger Verfahrensdauer eingegangen.

Im sechsten Kapitel werden einige Streit- und Diskussionspunkte der Entschädigungsregelung nochmals aufgegriffen und näher untersucht. Auch werden Überlegungen angestellt, ob zur Konkretisierung des unbestimmten

19 Vgl. *Reiter*, NJW 2015, 2554, wonach § 198 GVG an Unbestimmtheit kaum zu übertreffen sei.

20 BT-Drucks. 17/3802, S. 23.

Rechtsbegriffs „Unangemessenheit der Verfahrensdauer“ die Theorie der „beweglichen Systeme“ von Wilburg herangezogen werden kann. Ferner wird die Idee einer Vereinheitlichung des Prozessrechts erläutert und ob die §§ 198 ff. GVG als Teil eines allgemeinen Verfahrensrechts anzusehen sind. Abschließend werden die wesentlichen Ergebnisse der Untersuchung zusammengefasst und eine erste Bewertung der Neuregelung vorgenommen.

Erstes Kapitel
Vorgeschichte: Der Anspruch auf ein Verfahren in angemessener Frist

Der Anspruch auf ein Verfahren in angemessener Frist wird durch den allgemeinen Justizgewährungsanspruch und die Rechtsweggarantie des Art. 19 Abs. 4 GG garantiert. Der allgemeine Justizgewährungsanspruch begründet einen Anspruch auf effektiven Rechtsschutz in zivilrechtlichen Streitigkeiten, während Art. 19 Abs. 4 GG einen effektiven Rechtsschutz gegenüber der öffentlichen Gewalt gewährleistet.

Art. 6 Abs. 1 EMRK garantiert das Recht auf ein faires Verfahren, das die Verhandlung innerhalb angemessener Frist beinhaltet. Seit Inkrafttreten des Vertrages von Lissabon ist der Grundsatz des effektiven gerichtlichen Rechtsschutzes auch in Art. 47 GRCh positivrechtlich verankert.

A. Ansprüche aus dem Grundgesetz

I. Allgemeiner Justizgewährungsanspruch

Das BVerfG leitet den allgemeinen Justizgewährungsanspruch aus Art. 2 Abs. 1 GG in Verbindung mit dem Rechtsstaatsprinzip (Art. 20 Abs. 3 GG) ab.[21] Das Rechtsstaatsprinzip garantiert einen Anspruch auf Rechtsschutz durch unabhängige Gerichte, der als Justizgewährungsanspruch bezeichnet wird. Dieser Anspruch ist teilweise speziell geregelt, z.B. in Art. 19 Abs. 4 GG, Art. 101 GG und Art. 103 Abs. 1 GG.[22]

1. Abgrenzung zu Art. 19 Abs. 4 GG

Der allgemeine Justizgewährungsanspruch sichert den effektiven Rechtsschutz außerhalb des Anwendungsbereichs des Art. 19 Abs. 4 GG.[23] Der gerichtliche Rechtsschutz gegenüber Rechtsverletzungen, die nicht der hoheitlichen Gewalt, sondern Dritten zuzurechnen sind, wird durch den allgemeinen Justizgewährungsanspruch gewährleistet. Erfasst werden Rechtsstreitigkeiten des

---

21 BVerfG, Beschl. v. 02.03.1993 – 1 BvR 249/92, NJW 1993, 1635; BVerfG, Beschl. v. 30.04.2003 – 1 PBvU 1/02, NJW 2003, 1924.

22 Vgl. *Grzeszick*, in: Maunz/Dürig, GG, Art. 20 VII Rn. 133.

23 BVerfG, Beschl. v. 29.05.2007 – 2 BvR 695/07, NVwZ 2007, 1176 (1177).

bürgerlichen Rechts einschließlich der Art. 19 Abs. 4 GG nicht unterfallenden Streitigkeiten aus privatrechtlichem Handeln der Verwaltung.[24] Auch der Rechtsschutz gegen Rechtsverletzungen durch Richter soll – soweit die richterliche Gewalt nicht als öffentliche Gewalt im Sinne von Art. 19 Abs. 4 GG eingeordnet wird – verfassungsrechtlich auf den allgemeinen Justizgewährungsanspruch gestützt werden. Der Justizgewährungsanspruch findet deshalb vor allem in der Zivil- und in der Arbeitsgerichtsbarkeit Anwendung.[25] Im rechtsstaatlichen Kernbereich unterscheiden sich der allgemeine Anspruch auf Justizgewährung und die Rechtsweggarantie des Art. 19 Abs. 4 GG jedoch nicht.[26]

2. *Reichweite und Begrenzungen*

Der Justizgewährungsanspruch garantiert neben dem Recht auf Zugang zu den Gerichten eine umfassende tatsächliche und rechtliche Prüfung des Streitgegenstands sowie eine verbindliche Entscheidung durch den Richter.[27] Darüber hinaus erfordert das Rechtsstaatsprinzip, dass strittige Rechtsverhältnisse in angemessener Zeit geklärt werden.[28]

Der Rechtsweg darf weder ausgeschlossen noch in unzumutbarer, aus Sachgründen nicht mehr zu rechtfertigender Weise erschwert werden.[29] Ein Anspruch auf eine weitere Instanz wird nicht begründet.[30] Die Entscheidung über den Umfang des Rechtsmittelzugs ist grundsätzlich dem Gesetzgeber vorbehalten. Wird allerdings eine Rechtsmittelinstanz geschaffen, darf der Zugang nicht unzumutbar erschwert werden.[31] Bei Verletzung von Verfahrensrechten, gegen deren abschließende Entscheidung kein Rechtsmittel statthaft ist, muss die Möglichkeit einer nochmaligen Überprüfung bestehen, sofern nicht besonders hochrangige Rechtsgüter entgegenstehen.[32]

---

24 Siehe *Schmidt-Aßmann/Schenk*, in: Schoch/Schneider/Bier, VwGO, Einl. Rn. 51.

25 *Jarass*, in: Jarass/Pieroth, GG, Art. 20 Rn. 91.

26 BVerfG, Beschl. v. 08.11.2006 – 2 BvR 578/02 u. a., NJW 2007, 1933 (1944); *Bethge*, in: Maunz/Schmidt-Bleibtreu/Klein/Bethge, BVerfGG, § 90 Rn. 275 f.

27 BVerfG, Urt. v. 11.06.1980 – 1 PBvU 1/79, NJW 1981, 39 (41); BVerfG, Beschl. v. 08.10.1991 – 1 BvR 1324/90, NJW 1992, 105.

28 BVerfG, Beschl. v. 06.05.1997 – 1 BvR 711/96, NJW 1997, 2811 (2812); BVerfG, Beschl. v. 17.11.1999 – 1 BvR 1708/99, NJW 2000, 797.

29 BVerfG, Beschl. v. 26.04.2004 – 1 BvR 1819/00, NJW 2004, 2583 (2584).

30 Vgl. BVerfG, Beschl. v. 08.02.1994 – 1 BvR 765, 766/89, NJW 1994, 1053; ferner BVerfG, Beschl. v. 04.11.2008 – 1 BvR 2587/06, NJW 2009, 572 (573).

31 *Jarass*, in: Jarass/Pieroth, GG, Art. 20 Rn. 93.

32 Siehe BVerfG, Beschl. v. 30.04.2003 – 1 PBvU 1/02, NJW 2003, 1924 (1926 ff.).

Für das Gericht besteht eine Prozessförderungspflicht, die aus der staatlichen Justizgewährungspflicht abgeleitet wird. Sie ist auf den Abschluss eines sorgfältig durchgeführten, rechtsschützenden Verfahrens in angemessener Zeit gerichtet.[33] Es gibt keine festen Zeitvorgaben, ab wann eine überlange, den Rechtsschutz beeinträchtigende Verfahrensdauer gegeben ist. Maßgeblich sind vielmehr die Umstände des Einzelfalls.[34] Dabei ist eine Abwägung anhand der allgemeinen, von der verfassungsgerichtlichen Rechtsprechung entwickelten Kriterien vorzunehmen.[35] Für diese sind insbesondere die Natur des Verfahrens und die Auswirkungen einer langen Verfahrensdauer für die Beteiligten von Bedeutung.[36] Der für die Beurteilung der Verfahrensdauer maßgebliche Zeitraum beginnt mit der Klageerhebung und endet mit der abschließenden Entscheidung der letzten Instanz.[37]

Mit zunehmender Verfahrensdauer verdichtet sich die aus dem Justizgewährleistungsanspruch ergebende Pflicht des Gerichts, sich nachhaltig um eine Beschleunigung des Verfahrens und dessen Beendigung zu bemühen.[38] Das Gericht muss alle ihm zur Verfügung stehenden Möglichkeiten der Verfahrensbeschleunigung ergreifen, um eine bereits eingetretene Verletzung des Justizgewährungsanspruchs nicht noch zu vertiefen. Der Berichterstatter muss ggf. durch gerichtsinterne Maßnahmen entlastet werden. Im Falle einer Aussetzung des Verfahrens muss in der Aussetzungsentscheidung auch die Verfahrensdauer berücksichtigt werden.[39]

Nach der Rechtsprechung des BVerfG ist in kindschaftsrechtlichen Verfahren eine besondere Sensibilität für das Problem der überlangen Verfahrensdauer erforderlich.[40] Bei Streitigkeiten, die das Sorge- und Umgangsrecht betreffen, ist bei der Frage der Angemessenheit der Verfahrensdauer zu berücksichtigen, dass mit jeder Verfahrensverzögerung die Entfremdung zwischen dem Umgang begehrenden Elternteil und dem Kind fortschreitet.[41]

---

33 Vgl. hierzu *Schmidt-Aßmann/Schenk*, in: Schoch/Schneider/Bier, VwGO, Einl. Rn. 51, 156.

34 BVerfG, Beschl. v. 11.12.2000 – 1 BvR 661/00, NJW 2001, 961.

35 Vgl. dazu unten unter Kapitel 3 B. III. S. 76.

36 BVerfG, Beschl. v. 25.04.2015 – 1 BvR 3326/14, BeckRS 2015, 45756 Rn. 39.

37 *Jarass*, in: Jarass/Pieroth, GG, Art. 20 Rn. 97.

38 Siehe BVerfG, Beschl. v. 06.12.2004 – 1 BvR 1977/04, NJW 2005, 739.

39 Vgl. BVerfG, Beschl. v. 05.08.2013 – 1 BvR 2965/10, NJW 2013, 3432 (3433).

40 BVerfG, Beschl. v. 11.12.2000 – 1 BvR 661/00, NJW 2001, 961.

41 Vgl. BVerfG, Beschl. v. 06.05.1997 – 1 BvR 711/96, NJW 1997, 2811 (2812); BVerfG, Beschl. v. 25.04.2015 – 1 BvR 3326/14, BeckRS 2015, 45756 Rn. 39.

Der Justizgewährungsanspruch bedarf der gesetzlichen Ausgestaltung, da es sich um einen Leistungsanspruch handelt.[42] Daraus können sich im Einzelfall auch Begrenzungen des Rechtsschutzes ergeben. Der Gesetzgeber kann daher Regelungen treffen, die für ein Rechtsschutzbegehren besondere formelle Voraussetzungen aufstellen. Solche Einschränkungen müssen mit den Anforderungen an eine rechtsstaatliche Verfahrensordnung vereinbar sein und dürfen den einzelnen Rechtsuchenden nicht unverhältnismäßig belasten.[43]

II. Gebot des effektiven Rechtsschutzes (Art. 19 Abs. 4 GG)

Wird jemand durch die öffentliche Gewalt in seinen Rechten verletzt, so steht ihm gemäß Art. 19 Abs. 4 GG der Rechtsweg offen. Art. 19 Abs. 4 GG enthält ein Grundrecht auf effektiven und möglichst lückenlosen richterlichen Rechtsschutz gegen Akte der öffentlichen Gewalt.[44] Die Rechtsschutzgarantie des Art. 19 Abs. 4 GG gehört zu den zentralen verfassungsrechtlichen Vorschriften des Grundgesetzes.[45] Das BVerfG hat Art. 19 Abs. 4 GG als eine „Grundsatznorm für die gesamte Rechtsordnung" bezeichnet, die über den Schutz individueller Rechte hinaus die objektive Rechtskontrolle und damit die tatsächliche Geltung des Rechts sichert.[46]

Die Garantie des Art. 19 Abs. 4 GG beinhaltet nur einen Ausschnitt des allgemeinen Justizgewährungsanspruchs und ist deshalb lex specialis.[47] Bei subjektiv öffentlichen Rechten ist, anders als bei privatrechtlichen Rechten, kein Rückgriff auf einen aus dem Rechtsstaatsprinzip und den Schutzpflichten des Grundgesetzes abzuleitenden Justizgewährleistungsanspruch erforderlich.[48]

---

42 Siehe BVerfG, Beschl. v. 12.02.1992 – 1 BvL 1/89, NJW 1992, 1673; *Jarass*, in: Jarass/Pieroth, GG, Art. 20 Rn. 92.

43 BVerfG, Beschl. v. 02.03.1993 – 1 BvR 249/92, NJW 1993, 1635.

44 BVerfG, Beschl. v. 27.10.1999 – 1 BvR 385/90, NJW 2000, 1175 (1177); BVerfG, Beschl. v. 18.07.2005 – 2 BvR 2236/04, NJW 2005, 2289 (2294).

45 *W.-R. Schenke*, in: Bonner Kommentar, GG, Art. 19 Rn. 24.

46 BVerfG, Beschl. v. 23.06.1981 – 2 BvR 1107/77, 1124/77, 195/79, NJW 1982, 507 (511).

47 Vgl. BVerfG, Beschl. v. 30.04.2003 – 1 PBvU 1/02, NJW 2003, 1924.

48 *W.-R. Schenke/Ruthig*, in: Kopp/Schenke, VwGO, § 1 Rn. 11.

1. *Tatbestandsvoraussetzungen*

a) *Grundrechtsträger*

Art. 19 Abs. 4 GG ist ein Jedermann-Grundrecht. Grundrechtsträger sind zunächst alle natürlichen Personen, auch Ausländer und Staatenlose.[49] Juristische Personen des Privatrechts und Personenvereinigungen stehen natürlichen Personen gleich.[50] Juristische Personen des öffentlichen Rechts sowie andere staatliche Organisationen können sich grundsätzlich nicht auf Art. 19 Abs. 4 GG berufen. Soweit sich allerdings juristische Personen des öffentlichen Rechts gemäß Art. 19 Abs. 3 GG auf materielle Grundrechte berufen können, steht ihnen auch der Schutz des Art. 19 Abs. 4 GG zu.[51] Das ist etwa bei Kirchen, Rundfunkanstalten und Universitäten der Fall.

Bei ausländischen juristischen Personen des Privatrechts ist zu differenzieren: Juristische Personen und Personenvereinigungen mit Sitz in der Europäischen Union können sich wie inländische juristische Personen des Privatrechts auf Art. 19 Abs. 4 GG berufen, nicht hingegen juristische Personen, die ihren Sitz in einem Drittstaat haben.[52]

b) *Verletzung eines subjektiven Rechts*

Des Weiteren ist eine Verletzung in eigenen subjektiven Rechten erforderlich. Ein allgemeiner Gesetzesvollziehungsanspruch besteht nicht.[53] Popularklagen werden von der Rechtsschutzgarantie des Art. 19 Abs. 4 GG nicht erfasst. Art. 19 Abs. 4 GG begründet keine subjektiven Rechte, sondern setzt sie voraus. Nach der Rechtsprechung des BVerfG kann sich die von Art. 19 Abs. 4 GG vorausgesetzte Rechtsposition nicht nur aus einem Grundrecht oder einer grundrechtsgleichen Gewährleistung ergeben, sondern auch aus einfachem Gesetzesrecht.[54] Auch das Gemeinschaftsrecht kann subjektive Rechte begründen.[55] Die Verletzung bloßer Interessen genügt nicht.

---

49 Siehe *Sachs*, in: Sachs, GG, Art. 19 Rn. 113.

50 *Schmidt-Aßmann*, in: Maunz/Dürig, GG, Art. 19 Abs. 4 Rn. 40.

51 Vgl. BVerfG, Urt. v. 12.03.2003 – 1 BvR 330/96 u. 1 BvR 348/99, NJW 2003, 1787 (1788).

52 Siehe *W.-R. Schenke*, in: Bonner Kommentar, GG, Art. 19 Rn. 81.

53 BVerfG, Urt. v. 12.09.2012 – 2 BvR 1390/12 u.a., NJW 2012, 3145 (3147).

54 Vgl. BVerfG, Beschl. v. 18.06.1997 – 2 BvR 483/95, 2 BvR 2501/95 u. 2 BvR 2990/95, NJW 1997, 3013 (3014); BVerfG, Beschl. v. 18.07.2005 – 2 BvR 2236/04, NJW 2005, 2289 (2295).

55 Siehe *W.-R. Schenke*, in: Bonner Kommentar, GG, Art. 19 Rn. 457 ff.

Ein subjektives Recht liegt vor, wenn die beeinträchtigte Rechtsposition von der Rechtsordnung im Interesse des Einzelnen gewährt wird und ihn nicht allein aus Gründen des Interesses der Allgemeinheit begünstigt (Schutznormlehre).[56] Ob dies der Fall ist, muss durch Auslegung ermittelt werden. Bei der Bestimmung des Schutzumfangs einer einfachgesetzlichen Norm ist der Einfluss der materiellen Grundrechte zu berücksichtigen.[57] Für Verstöße gegen Verfahrensvorschriften gilt Entsprechendes. Art. 19 Abs. 4 GG findet nur Anwendung, wenn die einfachgesetzliche Verfahrensnorm auch den Schutz des Betroffenen bezweckt. Entscheidend ist, ob die Gefahr einer Entwertung der materiellen Grundrechtsposition besteht.[58]

Ferner setzt eine Rechtsverletzung einen rechtswidrigen Eingriff voraus. Die Rechtswidrigkeit kann sich aus einer Verletzung des materiellen Rechts sowie aus Verstößen gegen Verfahrens- und Formvorschriften ergeben.[59] Der Kläger muss die Rechtsverletzung hinreichend substantiiert vortragen.[60] Eine Verletzung seiner Rechte muss als möglich erscheinen. Bei belastenden Verwaltungsakten ist die Möglichkeit einer Verletzung in eigenen subjektiven Rechten stets zu bejahen (Adressatentheorie).[61]

c) Akt der öffentlichen Gewalt

Art. 19 Abs. 4 GG gewährt Rechtsschutz gegen Akte der öffentlichen Gewalt. Damit sind vor allem Akte der deutschen öffentlichen Staatsgewalt gemeint.[62] Als Ausübung deutscher öffentlicher Gewalt ist auch der Vollzug von EU-Recht durch deutsche Stellen anzusehen.[63] Art. 19 Abs. 4 GG erfasst ferner die Tätigkeit deutscher Organe und Vertreter in internationalen Einrichtungen im Ausland. Nicht erfasst werden hingegen Rechtsakte der EU sowie anderer zwischenstaatlicher Einrichtungen.[64]

---

56 Vgl. BVerfG, Beschl. v. 09.01.1991 – 1 BvR 207/87, NJW 1991, 1878; BVerfG, Beschl. v. 23.05.2006 – 1 BvR 2530/04, NJW 2006, 2613 (2614).

57 *Jarass*, in: Jarass/Pieroth, GG, Art. 19 Rn. 39.

58 Vgl. BVerfG, Beschl. v. 08.02.1983 – 1 BvL 20/81, NJW 1983, 1179 (1180).

59 Siehe *Schmidt-Aßmann*, in: Maunz/Dürig, GG, Art. 19 Abs. 4 Rn. 154.

60 *Enders*, in: BeckOK-GG, Art. 19 Rn. 64.

61 BVerwG, Urteil vom 21.08.2003 – 3 C 15/03, NJW 2004, 698.

62 BVerfG, Beschl. v. 23.06.1981 – 2 BvR 1107/77, 1124/77, 195/79, NJW 1982, 507 (508).

63 Vgl. *Schmidt-Aßmann/Schenk*, in: Schoch/Schneider/Bier, VwGO, Einl. Rn. 6 f.

64 Da die Grundrechte nur die inländische öffentliche Gewalt binden, sind die Organe der EU nicht Verpflichtete der Grundrechte, vgl. *Jarass*, in: Jarass/Pieroth, GG, Art. 1 Rn. 46.

Was unter öffentlicher Gewalt zu verstehen ist, ist seit Inkrafttreten des Grundgesetzes nicht abschließend geklärt.[65] Unter der öffentlichen Gewalt ist aber unstreitig die gesamte vollziehende Gewalt zu verstehen. Von Art. 19 Abs. 4 GG erfasst ist das gesamte öffentlich-rechtliche sowie das privatrechtsförmige Verwaltungshandeln, soweit materielle Verwaltungsaufgaben wahrgenommen werden.[66] Träger exekutiver Gewalt sind demnach insbesondere die in den Formen des öffentlichen Rechts organisierten Verwaltungseinheiten, also die Gebietskörperschaften Bund, Länder und Gemeinden mit ihren Behörden und sonstigen Verwaltungsstellen.[67] Darüber hinaus sind Körperschaften, Anstalten und Stiftungen des öffentlichen Rechts Teil der vollziehenden Gewalt. Andererseits erfasst Art. 19 Abs. 4 GG die Normsetzung durch die Exekutive, insbesondere den Erlass von Rechtsverordnungen und Satzungen sowie von normkonkretisierten Verwaltungsvorschriften.[68]

Nach wie vor umstritten ist die Frage, ob Art. 19 Abs. 4 GG Rechtsschutz gegenüber der Gesetzgebung gewährt. In der Literatur setzt sich mehr und mehr die Auffassung durch, dass die öffentliche Gewalt auch die Legislative einschließt.[69] Parlamentarische Akte außerhalb der Gesetzgebung wie schlichte Parlamentsbeschlüsse, Berichte sowie selbstständige Entscheidungen der Bundestagsausschüsse, fallen jedenfalls unstreitig unter Art. 19 Abs. 4 GG.[70]

Die Einbeziehung der parlamentarischen Gesetzgebung in den Anwendungsbereich des Art. 19 Abs. 4 GG wird hingegen überwiegend abgelehnt, da die Überprüfung von Parlamentsgesetzen am Maßstab des höherrangigen Verfassungsrechts der Fachgerichtsbarkeit entzogen und ausschließlich dem BVerfG zugewiesen sei (Art. 100 GG).[71]

Nach traditioneller Auffassung der Rechtsprechung ist der Begriff der öffentlichen Gewalt eng auszulegen und nur auf die vollziehende Gewalt anzuwenden,

---

65 *Schenke R.*, in: FS W.-R. Schenke, S. 305 (313).

66 *Sachs*, in: Sachs, GG, Art. 19 Rn. 120a.

67 Vgl. *Schmidt-Aßmann*, in: Maunz/Dürig, GG, Art. 19 Abs. 4 Rn. 53.

68 BVerfG, Beschl. v. 17.01.2006 – 1 BvR 541/02 u. a., NVwZ 2006, 922 (923).

69 *Schmidt-Aßmann*, in: Maunz/Dürig, GG, Art. 19 Abs. 4 Rn. 91; so auch *Schenke R.*, in: FS W.-R. Schenke, S. 305 (313).

70 *Schmidt-Aßmann/Schenk*, in: Schoch/Schneider/Bier, VwGO, Einl. Rn. 15.

71 Anders dagegen *W.-R. Schenke*, in: Bonner Kommentar, GG, Art. 19 Rn. 352, nachdem die Einbeziehung der Gesetzgebung in den Anwendungsbereich des Art. 19 Abs. 4 GG mit Art. 100 GG vereinbar wäre.

die Judikative hingegen ist von Art. 19 Abs. 4 GG ausgenommen.[72] Art. 19 Abs. 4 GG soll Rechtschutz durch den Richter, nicht aber gegen den Richter gewährleisten. Begründet wird dies mit dem Gedanken der Rechtssicherheit, die die Rechtskraft richterlicher Entscheidungen gebiete, sowie mit der Furcht vor einem Rechtsschutz ad infinitum.[73] Zudem gewährleiste Art. 19 Abs. 4 GG keinen Instanzenzug.

Dieses Verständnis wird allerdings zunehmend kritisch gesehen. Insbesondere seit der Plenarentscheidung des BVerfG aus dem Jahre 2003 wird diskutiert, ob Art. 19 Abs. 4 GG auch Rechtsschutz gegenüber der Rechtsprechung garantiert.[74] In dem Plenarbeschluss ging es um die Verletzung von Art. 103 Abs. 1 GG durch ein Zivilgericht. Das BVerfG erkennt jedenfalls bei der Verletzung von Verfahrensgrundrechten seitdem einen begrenzten Anspruch auf Rechtsschutz auch gegen den Richter an.[75] Das BVerfG hat dieses Gebot jedoch nicht Art. 19 Abs. 4 GG entnommen, sondern dem allgemeinem Justizgewähranspruch aus Art. 20 Abs. 3 GG. Demnach ermöglicht der allgemeine Justizgewährungsanspruch Rechtsschutz hinsichtlich der gerichtlichen Verfahrensdurchführung, soweit durch sie die Verfahrensgrundrechte verletzt sein können.[76] Die richterliche Tätigkeit fällt jedenfalls nach überwiegender Ansicht unter Art. 19 Abs. 4 GG, wenn die Gerichte außerhalb ihrer spruchrichterlichen Tätigkeit aufgrund eines Richtervorbehalts des Grundgesetzes oder des Gesetzesrechts tätig werden, z.B. in der Zwangsvollstreckung oder bei Bestellung eines Insolvenzverwalters.[77] Solche richterlichen Entscheidungen stellen sich funktional als Ausübung vollziehender Gewalt dar. Auch die Justizverwaltung übt öffentliche Gewalt im Sinne des Art. 19 Abs. 4 GG aus.[78] Ferner gehören Akte des Rechtspflegers zur

72 BVerfG, Beschl. v. 12.07.1983 – 1 BvR 1470/82, NJW 1983, 2929; BVerfG, Beschl. v. 30.04.2003 – 1 PBvU 1/02, NJW 2003, 1924 (1925).

73 Vgl. *Sachs*, in: Sachs, GG, Art. 19 Rn. 120; ferner *Huber*, in: Mangoldt/Klein/Starck, GG, Art. 19 Abs. 4 Rn. 439.

74 *Schenke, R.*, in: FS W.-R. Schenke, S. 305 (313); BVerfG, Beschl. v. 30.04.2003 – 1 PBvU 1/02, NJW 2003, 1924.

75 *Huber*, in: Mangoldt/Klein/Starck, GG, Art. 19 Abs. 4 Rn. 441; *Schmidt-Aßmann*, in: Maunz/Dürig, GG, Art. 19 Abs. 4 Rn. 98.

76 BVerfG, Beschl. v. 30.04.2003 – 1 PBvU 1/02, NJW 2003, 1924 (1926).

77 BVerfG, Beschl. v. 05.12.2001 – 2 BvR 527/99 u. a., NJW 2002, 2456; BVerfG, Beschl. v. 23.05.2006 – 1 BvR 2530/04, NJW 2006, 2613; vgl. auch *Sachs*, in: Sachs, GG, Art. 19 Rn. 120a.

78 Siehe *Schmidt-Aßmann*, in: Maunz/Dürig, GG, Art. 19 Abs. 4 Rn. 101 ff.; ferner *Sachs*, in: Sachs, GG, Art. 19 Rn. 113; a.A. *W.-R. Schenke*, in: Bonner Kommentar, GG, Art. 19 Rn. 381.

öffentlichen Gewalt. Ebenfalls einbezogen werden Anordnungen der Staatsanwaltschaft als Strafverfolgungsbehörde.[79]

2. *Gewährleistungsinhalt*

a) Zugang zu den Gerichten

Die Rechtsweggarantie des Art. 19 Abs. 4 GG eröffnet dem Betroffenen den Zugang zu staatlichen Gerichten, die den Anforderungen der Art. 92 und 97 GG entsprechen müssen.[80] Gerichte im Sinne des Art. 92 GG sind nur gesetzlich vorgesehene staatliche Gerichte. Sie müssen insbesondere mit sachlich und persönlich unabhängigen Richtern besetzt sein.[81] Des Weiteren darf der Zugang zu den Gerichten nicht ausgeschlossen oder aus sachlichen Gründen nicht zu rechtfertigender Weise unzumutbar erschwert werden.[82]

Art. 19 Abs. 4 GG gewährleistet keinen Instanzenzug. Es besteht kein Anspruch auf eine zweite oder weitere gerichtliche Instanz.[83] Sehen die Prozessordnungen allerdings weitere gerichtliche Instanzen vor, darf der Zugang zu ihnen nicht unzumutbar erschwert werden.[84] Art. 19 Abs. 4 GG sichert die Effektivität des Rechtsschutzes auch insoweit.[85]

b) Effektivität des gerichtlichen Rechtsschutzes

Darüber hinaus gewährleistet Art. 19 Abs. 4 GG einen effektiven Rechtsschutz, der eine tatsächliche wirksame Kontrolle durch die Gerichte und eine verbindliche gerichtliche Entscheidung beinhaltet.[86] Es besteht ein Anspruch auf vollständige Nachprüfung der angefochtenen Maßnahme in rechtlicher sowie

---

79 BVerfG, Beschl. v. 30.04.2003 - 1 PBvU 1/02, NJW 2003, 1924 (1925).

80 Vgl. BVerfG, Beschl. v. 11.10.1978 - 2 BvR 1055/76, NJW 1979, 154 (155).

81 *Jarass*, in: Jarass/Pieroth, GG, Art. 19 Rn. 46.

82 BVerfG, Beschl. v. 20.04.1982 - 2 BvL 26/81, NJW 1982, 2425 (2427); BVerfG, Beschl. v. 14.05.1985 - 1 BvR 370/84, NJW 1986, 244.

83 BVerfG, Beschl. v. 07.07.1992 - 2 BvR 1631/90, 2 BvR 1728/90, NVwZ 1992, 1182 (1183); BVerfG, Beschl. 08.02.1994 - 1 BvR 765, 766/89, NJW 1994, 1053.

84 Siehe BVerfG, Beschluss vom 08.12.2009 - 2 BvR 758/07, NVwZ 2010, 634 (640).

85 Siehe BVerfG, Urt. v. 27.02.2007 - 1 BvR 538/06 u. a., NJW 2007, 1117 (1120); BVerfG, Beschl. v. 31.05.2011 - 1 BvR 857/07, NVwZ 2011, 1062 (1064).

86 BVerfG, Beschl. v. 25.01.2005 - 2 BvR 656/99, 657/99 u. 683/99, NJW 2005, 1999 (2001); BVerfG, Beschl. v. 18.07.2005 - 2 BvR 2236/04, NJW 2005, 2289 (2294); BVerfG, Urt. v. 27.02.2007 - 1 BvR 538/06 u. a., NJW 2007, 1117 (1120).

tatsächlicher Hinsicht. Darüber hinaus müssen die Voraussetzungen eines fairen Verfahrens gewahrt sein.[87]

Zum effektiven gerichtlichen Rechtsschutz gehört auch ein zeitgerechter Rechtsschutz. Sowohl der Gesetzgeber als auch die Gerichte haben ein zügiges Verfahren sicherzustellen. Art. 19 Abs. 4 GG gewährleistet eine personelle und sachliche Ausstattung der Gerichte. Der Haushaltsgesetzgeber hat die Pflicht, für eine angemessene Personal -und Sachausstattung der Gerichte zu sorgen, um eine ausreichende Kapazität und Leistungsfähigkeit sicherzustellen und Überlastungen zu vermeiden.[88]

Das Gebot des effektiven Rechtschutzes garantiert, dass innerhalb angemessener Frist eine abschließende gerichtliche Entscheidung ergeht.[89] Die angemessene Frist kann nicht abstrakt bestimmt werden. Sie richtet sich vielmehr nach den Umständen des Einzelfalls, insbesondere nach der Schwierigkeit der aufgeworfenen Rechtsfragen, der Notwendigkeit einer Beweiserhebung und nach dem Verhalten der Prozessbeteiligten und ihrer Anwälte.[90] Es ist zulässig, wenn bei Durchführung einzelner Musterverfahren gleichgelagerte Klagen zeitweilig zurückgestellt werden.[91]

Vorläufiger Rechtsschutz ist neben dem Rechtsschutz in der Hauptsache durch Art. 19 Abs. 4 GG geboten, wenn ohne ihn schwere, irreparable Nachteile entstehen, die durch die Entscheidung in der Hauptsache nicht mehr beseitigt werden können.[92]

3. *Ausgestaltung und Beschränkungen*

Sowohl der Zugang zu den Gerichten als auch die wirksame Kontrolle durch die Gerichte unterliegen der Ausgestaltung durch den Gesetzgeber, da Art. 19 Abs. 4 GG primär ein Leistungsgrundrecht ist.[93] Rechtsschutz ist eine staatliche Leistung, deren Voraussetzungen erst geschaffen und deren Umfang im Einzelnen in den jeweiligen Verfahrensordnungen festgelegt werden müssen. Art. 19 Abs. 4

---

87 *Sachs*, in: Sachs, GG, Art. 19 Rn. 150.

88 *W.-R. Schenke/Ruthig*, in: Kopp/Schenke, VwGO, § 1 Rn. 12.

89 BVerfG, Beschl. v. 27.03.1980 - 2 BvR 316/80, NJW 1980, 1511.

90 Siehe *W.-R. Schenke*, in: Bonner Kommentar, GG, Art. 19 Rn. 692.

91 BVerfG, Beschl. v. 08.12.2010 – 1 BvR 1188/10, NVwZ 2011, 611 (613).

92 Vgl. BVerfG, Beschl. v. 19.12.2007 - 1 BvR 2157/07, NJW 2008, 1369 (1371); BVerfG, Beschl. v. 13.04. 2010 - 1 BvR 216/07, NVwZ 2010, 1285; ausführlich hierzu *W.-R. Schenke*, in: Bonner Kommentar, GG, Art. 19 Rn. 671 f.

93 Vgl. BVerfG, Urteil v. 14.07.1999 - 1 BvR 2226/94, 2420/95 u. 2437/95, NJW 2000, 55 (58).

GG lässt dem Gesetzgeber einen erheblichen Gestaltungsspielraum, da er nur die Zielrichtung und die Grundzüge der Regelung vorgibt.[94] Dies eröffnet auch Beschränkungsmöglichkeiten, insbesondere zur Wahrung anderer Verfassungsgrundsätze und im Interesse der Rechtssicherheit.

Materielle und prozessuale Anforderungen dürfen jedoch den Anspruch des Einzelnen auf eine tatsächlich wirksame gerichtliche Kontrolle nicht unzumutbar erschweren.[95] Wenn eine Zugangsbeschränkung faktisch zu einem Ausschluss des Rechtsweges führt, ist die Grenze der Beschränkungsmöglichkeiten durch den Gesetzgeber jedenfalls überschritten.[96] Fristen dürfen nicht unangemessen kurz sein, da anderenfalls das Recht des Betroffenen, den Rechtsweg zu beschreiten, ausgehöhlt wird.[97] Das gilt insbesondere bei Anträgen auf Wiedereinsetzung in den vorherigen Stand. Bei der gesetzlichen Ausgestaltung und der richterlichen Anwendung sind zudem die Gebote der Rechtsmittelklarheit und der Rechtsmittelgleichheit zu beachten.[98] Des Weiteren sind die Verfahrenskosten so zu bemessen, dass der Rechtsschutz nicht praktisch unmöglich gemacht wird.[99]

B. Ansprüche aus der Europäischen Menschenrechtskonvention

Die Europäische Menschenrechtskonvention und ihre Zusatzprotokolle sind völkerrechtliche Verträge, die auf der Grundlage der Allgemeinen Erklärung der Menschenrechte der Vereinten Nationen im Europarat ausgearbeitet und im November 1950 in Rom unterzeichnet wurden.[100] Am 3. September 1953 ist die EMRK nach Ratifizierung durch zehn Staaten in Kraft getreten. Mittlerweile ist die Konvention von 47 Staaten ratifiziert[101] und durch eine Vielzahl von Zusatzprotokollen ergänzt worden.[102]

---

94 BVerfG, Beschl. v. 27.10.1999 – 1 BvR 385/90, NJW 2000, 1175 (1176); BVerfG, Beschl. v. 13.06.2007 – 1 BvR 1550/03 u.a., NJW 2007, 2464 (2472).

95 Vgl. BVerfG, Beschl. v. 03.03.2004 – 1 BvR 461/03, NJW 2004, 2510 (2511).

96 BVerfG, Beschl. v. 18.01.2000 – 1 BvR 321/96, NJW 2000, 1709 (1710).

97 BVerfG, Beschl. v. 02.12.1987 – 1 BvR 1291/85, NJW 1988, 1255 (1256).

98 *Schmidt-Aßmann*, in: Maunz/Dürig, GG, Art. 19 Abs. 4 Rn. 232.

99 Siehe BVerfG, Beschl. v. 27.03.1980 – 2 BvR 316/80, NJW 1980, 1511.

100 Siehe *Grabenwarter/Pabel*, EMRK, § 1 Rn. 1 ff.

101 http://conventions.coe.int/Treaty/Commun/ChercheSig.asp?NT=005&CM=7&DF=21/03/2015&CL=ENG (zuletzt abgerufen am 10.09.2015).

102 Insgesamt gibt es sechzehn Zusatzprotokolle, vgl. hierzu http://conventions.coe.int/Treaty/Commun/ListeTraites.asp?MA=3&CM=7&CL=ENG (zuletzt abgerufen am 10.09.2015).

I. Rang und Geltung der EMRK im deutschen Recht

Gemäß Art. 1 EMRK sichern die Konventionsstaaten allen ihrer Hoheitsgewalt unterstehenden Personen die in Abschnitt I (Art. 1 bis Art. 18 EMRK) bestimmten Rechte und Freiheiten zu.

Das innerstaatliche Recht muss mit der Konvention vereinbar sein.[103] Die EMRK überlässt es den Konventionsstaaten, wie sie ihre völkerrechtlichen Verpflichtungen aus der EMRK erfüllen. In Deutschland hat der Bundesgesetzgeber der EMRK und ihren Zusatzprotokollen mit förmlichem Gesetz gemäß Art. 59 Abs. 2 S. 1 GG zugestimmt. Damit hat der Gesetzgeber die EMRK in innerstaatliches Recht umgesetzt und einen entsprechenden Rechtsanwendungsbefehl erteilt. Die EMRK und ihre Zusatzprotokolle – soweit sie für die Bundesrepublik Deutschland in Kraft getreten sind – stehen im Range eines einfachen Bundesgesetzes.[104] Daher ist die EMRK unmittelbar als Prüfungsmaßstab für Rechtsverordnungen und Satzungen heranzuziehen.[105]

Aufgrund ihres Ranges in der Normenhierarchie ist sie dagegen kein unmittelbarer verfassungsrechtlicher Prüfungsmaßstab (Art. 93 Abs. 1 Nr. 4a GG, § 90 Abs. 1 BVerfGG). Eine Verfassungsbeschwerde kann nicht allein auf eine Konventionsverletzung gestützt werden. Allerdings sind die Gewährleistungen der EMRK und die Rechtsprechung des EGMR auf verfassungsrechtlicher Ebene Auslegungshilfe für die Bestimmung von Inhalt und Reichweite der Grundrechte und rechtsstaatlichen Grundsätze.[106]

Darüber hinaus haben deutsche Gerichte die Konvention – wie anderes Gesetzesrecht des Bundes – im Rahmen methodisch vertretbarer Auslegung zu beachten und anzuwenden.[107] Die fehlende Auseinandersetzung mit einer Entscheidung des EGMR kann gegen die Grundrechte in Verbindung mit dem Rechtsstaatsprinzip verstoßen. Eine „schematische Vollstreckung" der Urteile des EGMR verlangt das BVerfG allerdings nicht. Der Grundsatz der völkerrechtsfreundlichen Auslegung verpflichtet die Verwaltung und die Gerichte, das innerstaatliche Recht im Einklang mit der Konvention auszulegen, soweit dies nach den anerkannten Methoden der Gesetzesauslegung und der Verfassungsinterpretation vertretbar

---

103 Vgl. EGMR, Urt. v. 10.06.2008 – 33729/06 Z. 62, 65 – Martius Castro u.a./Portugal.

104 BGBl. 1952 II S. 685, 953, BGBl. 2002 II S. 1054.

105 *Meyer*, in: Karpenstein/Meyer, EMRK, Einl. Rn. 161.

106 BVerfG, Beschl. v. 26.03.1987 – 2 BvR 589/79, NJW 1987, 2427; vgl. auch BVerfG, Beschl. v. 06.05.1997 – 1 BvR 711/96, NJW 1997, 2811 (2812).

107 Siehe BVerfG, Beschl. v. 14.10.2004 – 2 BvR 1481/04, NJW 2004, 3407.

ist.[108] Nationale Gesetze sind – auch wenn sie später erlassen worden sind – im Einklang mit der EMRK auszulegen.[109] Der lex posterior-Grundsatz findet keine Anwendung.

Insbesondere im Bereich der Verfahrensgarantien sind die Gewährleistungen der EMRK und die Rechtsprechung des EGMR berücksichtigt worden.[110] Das BVerfG hat vor allem die Gewährleistungen des Art. 6 und 7 EMRK und deren Auslegung durch den EGMR herangezogen, um aus dem Rechtsstaatsprinzip in Verbindung mit anderen Grundrechten des Grundgesetzes einzelne Verfahrensrechte zu entwickeln.

II. Art. 6 Abs. 1 EMRK: Recht auf ein faires Verfahren, insbesondere Verhandlung innerhalb angemessener Frist

Art. 6 Abs. 1 EMRK garantiert das Recht auf ein faires Verfahren („right to a fair trial“). Jede Person hat gemäß Art. 6 Abs. 1 S. 1 EMRK ein Recht darauf, dass über Streitigkeiten in Bezug auf ihre zivilrechtlichen Ansprüche und Verpflichtungen oder über eine gegen sie erhobene strafrechtliche Anklage von einem unabhängigen und unparteiischen, auf Gesetz beruhenden Gericht in einem fairen Verfahren, öffentlich und innerhalb angemessener Frist verhandelt wird. Diese Vorschrift ist wesentliche Ausprägung des europäischen Verständnisses von Rechtsstaatlichkeit und dient der Sicherung und Durchsetzung der materiellen Konventionsrechte.[111]

Art. 6 EMRK hat sich zur bedeutsamsten verfahrensrechtlichen Garantie auf europäischer Ebene entwickelt, da keine Vorschrift häufiger Gegenstand einer Individualbeschwerde zum EGMR ist und die Feststellung einer Konventionsverletzung zur Folge hat.[112] Art. 6 Abs. 1 EMRK ist einerseits Bestandteil des effektiven gerichtlichen Rechtsschutzes und steht andererseits im Spannungsverhältnis zu den einzelnen Verfahrensrechten, da ein „Mehr“ an Verfahrensrechten regelmäßig die Dauer des Verfahrens verlängert.[113]

---

108 Vgl. BVerfG, Urt. v. 04.05.2011 – 2 BvR 2365/09, NJW 2011, 1931 (1936).

109 BVerfG, Beschl. v. 26.03.1987 – 2 BvR 589/79, NJW 1987, 2427.

110 *Grabenwarter/Pabel*, EMRK, § 2 Rn. 6.

111 *Meyer*, in: Karpenstein/Meyer, EMRK, Art. 6 Rn. 1; *Nowak*, in: Heselhaus/Nowak, EU-Grundrechte § 51 Rn.17; ferner *Pache*, NVwZ 2001, 1342.

112 Siehe Jahresberichte des EGMR, abrufbar unter: http://www.echr.coe.int/Pages/home.aspx?p=echrpublications&c=#n1422522 5105470760102541_pointer (zuletzt abgerufen am 10.09.2015).

113 *Grabenwarter/Pabel*, in: Dörr/Grote/Marauhn, EMRK/GG, Kap. 14 Rn. 113.

1. *Persönlicher Anwendungsbereich*

Art. 6 Abs. 1 EMRK garantiert „jeder Person" ein Recht darauf, dass innerhalb angemessener Frist verhandelt wird. Anspruchsberechtigt ist deshalb jeder Verfahrensbeteiligte im Zivilverfahren, natürliche wie juristische Personen des Privatrechts, Inländer, Ausländer und Staatenlose.[114] Juristische Personen des öffentlichen Rechts können sich nicht auf Art. 6 EMRK berufen, da die Individualbeschwerde gemäß Art. 34 S. 1 EMRK nur von natürlichen Personen und nichtstaatlichen Organisationen oder Personengruppen erhoben werden kann. Auch juristische Personen des Zivilrechts, deren einzige Anteilseignerin die öffentliche Hand ist, sind nicht anspruchsberechtigt.[115] Der Begriff der „nichtstaatlichen Organisation" ist weit auszulegen und umfasst neben juristischen Personen auch nicht rechtsfähige Vereine und Handelsgesellschaften.

Eine Ausnahme gilt dann, wenn die juristische Person nicht mit der Wahrnehmung öffentlicher Aufgaben betraut ist und keine öffentlich-rechtlichen Befugnisse ausübt.[116] Sie ist in diesem Fall als „nichtstaatliche Organisation" im Sinne des Art. 34 EMRK anspruchsberechtigt. Universitäten und Rundfunkanstalten können sich auf Art. 6 EMRK berufen, soweit sie nach innerstaatlichem Recht Rechtspersönlichkeit besitzen und eigene Grundrechte geltend machen.[117] Auch Kirchen und Religionsgemeinschaften sind anspruchsberechtigt.

2. *Sachlicher Anwendungsbereich*

Der sachliche Anwendungsbereich des Art. 6 Abs. 1 EMRK erfasst Streitigkeiten über zivilrechtliche Ansprüche und Verpflichtungen („civil rights and obligations") sowie die Erhebung strafrechtlicher Anklagen.[118] Nach der Rechtsprechung des EGMR ist Voraussetzung für eine Anwendbarkeit von Art. 6 EMRK, dass ein Anspruch aus innerstaatlichem Recht auf vertretbare Weise geltend gemacht wird und ein echter und ernsthafter Streit besteht, dessen Ausgang für

---

114 EGMR, Urt. v. 18.12.2001 – 41803/98 Z. 8 – Pupillo/Italien; siehe auch *Peukert*, in: Frowein/Peukert, EMRK, Art. 6 Rn. 4.

115 *Grabenwarter/Pabel*, EMRK, § 17 Rn. 5.

116 Vgl. *Grabenwarter/Pabel*, EMRK, § 13 Rn. 10.

117 EGMR, Urt. v. 07.12.2006 – 35841/02 Z. 46 ff. – Österreichischer Rundfunk/Österreich (Rundfunkanstalt); EGMR, Urt. v. 27.06.2000 – 27417/95 Z. 72, Reports 2000-VII – Cha're Shalom ve Tsedek/Frankreich (Religionsgemeinschaft); im Einzelnen *Grabenwarter/Pabel*, EMRK, § 13 Rn. 10, § 17 Rn. 5.

118 Im Folgenden wird auf strafrechtliche Verfahren nicht näher eingegangen, da § 199 GVG bei der vorliegenden Darstellung außer Betracht bleibt.

den Anspruch unmittelbar entscheidend ist, sowie dass der Anspruch zivilrechtlicher Natur ist.[119]

Der Anspruch oder die Verpflichtung muss sich aus der nationalen Rechtsordnung des Konventionsstaates ergeben.[120] Aus Art. 6 EMRK selbst können keine Rechte abgeleitet werden.

Der Anspruch muss nicht begründet sein. Es ist ausreichend, wenn die Anspruchsgrundlagen in schlüssiger bzw. in vertretbarer Weise vorgetragen werden („arguable claim"). Der Ausgang des Verfahrens muss für zivilrechtliche Ansprüche und Verpflichtungen unmittelbar entscheidend sein.[121]

Der Streit muss „zivilrechtlicher" Natur im Sinne des Art. 6 EMRK sein. Die Begriffe der zivilrechtlichen Ansprüche und Verpflichtungen sind autonom unter Berücksichtigung von Sinn und Zweck der EMRK sowie den Rechtssystemen der Vertragsstaaten zu bestimmen.[122] Deshalb unterliegen dem Anwendungsbereich des Art. 6 EMRK auch Verfahrensarten, die die Vertragsstaaten nach ihrem innerstaatlichen Recht weder als zivil- noch strafrechtlich einordnen. Maßgeblich sind der materielle Inhalt und die Wirkungen des Rechts.[123]

Entgegen dem Wortlaut findet Art. 6 EMRK deshalb auch auf Rechte und Verpflichtungen Anwendung, die dem öffentlichen Recht zuzuordnen sind. Der EGMR hat den sachlichen Anwendungsbereich auf öffentlich-rechtliche Verfahren und Verwaltungsmaßnahmen erstreckt, die das Eigentum und vertragliche Beziehungen im Schutzbereich der Berufs- und Erwerbsfreiheit betreffen.[124] Daher kann ein Anspruch, dessen Anspruchsgrundlage im öffentlichen Recht geregelt ist, „zivilrechtlich" im Sinne des Art. 6 Abs. 1 EMRK sein. Auch werden Schadensersatzansprüche gegen den Staat als „zivilrechtlich" angesehen, selbst wenn ihre Voraussetzungen Fragen des öffentlichen Rechts betreffen.[125]

---

119 *Meyer-Ladewig*, EMRK, Art. 6 Rn. 6.

120 *Grabenwarter/Pabel*, EMRK, § 24 Rn. 5.

121 EGMR, Urt. v. 01.07.1997 – 125/1996/744/943, NJW 1997, 2809 – Probstmeier/Deutschland; EGMR, Urt. v. 27.07.2000 – 33379/96, NJW 2001, 213 – Klein/Deutschland; EGMR, Urt. v. 05.10.2000 – 20024/92 Z. 41, Reports 1996-IV – Süßmann/Deutschland.

122 St. Rspr. EGMR, Urt. v. 28.06.1978 – C (78) 31, NJW 1979, 477 – König/Deutschland; EGMR, Urt. v. 12.07.2001 – 44759/98, NJW 2002, 3453 (3454) – Ferrazzini/Italien; EGMR, Urt. v. 13.01.2005 – 62023/00, EuGRZ 2005, 234 (238) – Emesa Sugar/Niederlande.

123 Vgl. *Meyer*, in: Karpenstein/Meyer, EMRK, Art. 6 Rn. 2.

124 *Grabenwarter/Pabel*, in: Dörr/Grote/Marauhn, EMRK/GG, Kap. 14 Rn. 14.

125 EGMR, Urt. v. 11.01.2007 – 20027/902, NVwZ 2008, 289 (290) – Herbst/Deutschland.

Streitigkeiten, die dem Kernbereich des öffentlichen Rechts zuzuordnen sind, werden hingegen nicht von dem Schutzbereich des Art. 6 EMRK erfasst. Dazu gehören Streitigkeiten, die das Staatsangehörigkeitsrecht, das Asyl- und Ausländerrecht, das Zollrecht, das Wahlrecht sowie die Wehrpflicht betreffen.[126] Ebenso gehören steuerrechtliche Streitigkeiten zum Kern der staatlichen Hoheitsrechte. In finanzgerichtlichen Verfahren überwiegt die öffentlich-rechtliche Beziehung zwischen Steuerzahler und Staat.[127] Ferner sind Verfahren, die die Bewertung von Hochschulprüfen sowie juristischen Staatsexamen betreffen, nicht „zivilrechtlich" im Sinne von Art. 6 Abs. 1 EMRK.[128]

Streitigkeiten von Angehörigen des öffentlichen Dienstes über Gehalt, Zulagen und ähnliche Rechte werden hingegen vom sachlichen Schutzbereich des Art. 6 EMRK erfasst, ebenso wie Disziplinarverfahren.[129] Bei sozialversicherungsrechtlichen Streitigkeiten ist eine Abwägung zwischen privatrechtlichen und öffentlichen Gesichtspunkten der Streitigkeit vorzunehmen. Der EGMR berücksichtigt dabei die Vergleichbarkeit mit privatrechtlichen Versicherungsverträgen, den Zusammenhang mit einem privatrechtlichen Arbeitsvertrag und die wirtschaftliche Bedeutung des Anspruchs für den Versicherten.[130] Der EGMR hat z.B. Streitigkeiten über den Krankengeldanspruch, die Hinterbliebenenrente oder die Beitragspflicht als zivilrechtlich eingeordnet.

Der Schutzbereich des Art. 6 EMRK erfasst außerdem Verfahren des einstweiligen Rechtsschutzes, wenn sowohl das Hauptsacheverfahren als auch das Verfahren des einstweiligen Rechtsschutzes einen zivilrechtlichen Anspruch betreffen und die einstweilige Maßnahme für den Anspruch entscheidend sein

---

126 EGMR, Urt. v. 05.10.2000 – 39652/98 Z. 33 ff., Reports 2000-X – Maaouia/Frankreich (Ausländer- und Asylrecht); EGMR, Urt. v. 13.01.2005 – 62023/00, EuGRZ 2005, 234 (238) – Emesa Sugar/Niederlande (Zölle und Abgaben auf Importwaren); siehe im Einzelnen *Meyer*, in: Karpenstein/Meyer, EMRK, Art. 6 Rn. 17; *Grabenwarter/Pabel*, EMRK, § 24 Rn. 13.

127 EGMR, Urt. v. 12.07.2001 – 44759/98, NJW 2002, 3453 (3454) – Ferrazzini/Italien; EGMR, Urt. v. 13.01.2005 – 62023/00, EuGRZ 2005, 234 (238) – Emesa Sugar/Niederlande.

128 EGMR, Urt. v. 11.01.2007 – 20027/902, NVwZ 2008, 289 (290) – Herbst/Deutschland.

129 Vgl. EGMR, Urt. v. 16.07.2009 – 8453/04, NVwZ 2010, 1015 (1016) – Bayer/Deutschland.

130 EGMR, Urt. v. 27.07.1987 – 8562/79, EuGRZ 1988, 14 – Feldbrugge/Niederlande; EGMR, Urt. v. 29.05.1989 – 9384/81, EuGRZ 1988, 20 – Deumeland/Deutschland; siehe auch *Grabenwarter/Pabel*, in: Dörr/Grote/Marauhn, EMRK/GG, Kap. 14 Rn. 14.

kann.[131] Bei PKH-Anträgen ist Art. 6 EMRK nicht anwendbar, da die Entscheidung über den PKH-Antrag eine verfahrensrechtliche und keine Entscheidung in der Sache ist.[132] Gerichtliche Nebenentscheidungen, wie z.B. die Streitwertfestsetzung, werden auch nicht erfasst.

Art. 6 EMRK ist auf verfassungsrechtliche Streitigkeiten anwendbar, wenn das Ergebnis für den Ausgang des Verfahrens vor den Gerichten über den zivilrechtlichen Anspruch entscheidend sein kann.[133] Verfahren vor den Unionsgerichten - EuG und EuGH - fallen hingegen nicht in den Anwendungsbereich von Art. 6 EMRK. Solange die EU nicht der EMRK beigetreten ist (Art. 6 Abs. 2 S. 1 EUV), sind Konventionsverletzungen des EuG und EuGH nicht Gegenstand eines Verfahrens vor dem EGMR.[134]

3. *Der in Betracht zu ziehende Zeitraum*

In zeitlicher Hinsicht ist der Anwendungsbereich des Art. 6 EMRK mit der Einleitung des Verfahrens eröffnet, also mit Eingang des Antrags oder der Klage bei Gericht.[135] Das Verfahren ist mit der rechtskräftigen Entscheidung in der Sache oder einer anderweitigen Erledigung des Verfahrens z.B. durch Vergleich beendet. Maßgeblich ist die Verkündung der Entscheidung oder die Zustellung an den Beschwerdeführer.[136] Wird die Sache in der Revisionsinstanz aufgehoben und zur erneuten Entscheidung zurückgewiesen, endet das Verfahren mit der rechtskräftigen Entscheidung in der letzten Instanz

Bei verwaltungsgerichtlichen Verfahren kann die Dauer eines vorangegangenen Verwaltungsverfahrens zu berücksichtigen sein. Nach der Rechtsprechung des EGMR beginnt die angemessene Frist des Art. 6 Abs. 1 EMRK nicht erst mit Klageerhebung zu laufen, sondern mit Einleitung des behördlichen Vorverfahrens, wenn ein solches - wie in § 68 VwGO - fakultativ vorgesehen

---

131 Vgl. EGMR, Urt. v. 15.10.2009 - 17056/06 Z. 83 ff., Reports 2009 - Micallef/Malta.

132 EGMR, Urt. v. 12.06.2003 - 45681/99 Z. 38 ff., Reports 2007-VII - Gutfreund/Frankreich; EGMR, Urt. v. 09.02.2006 - 22897/02 Z. 24 - Barillon/Frankreich; ferner *Meyer-Ladewig*, EMRK, Art. 6 Rn. 18.

133 EGMR, Urt. v. 01.07.1997 - 125/1996/744/943, NJW 1997, 2809 - Probstmeier/Deutschland; EGMR, Urt. v. 08.01.2004 - 47169/99, NJW 2005, 41 (41 f.) - Voggenreiter/Deutschland.

134 Ausführlich zum Verhältnis von EGMR und EuGH vgl. *Breuer*, EuGRZ 2005, 229; vgl. hierzu unten 1. Kapitel C. I. S. 29.

135 *Meyer*, in: Karpenstein/Meyer, EMRK, Art. 6 Rn. 22.

136 *Meyer-Ladewig*, EMRK, Art. 6 Rn. 189.

ist.[137] Das Vorverfahren muss ebenfalls für den zivilrechtlichen Anspruch entscheidend sein. Behördliches und gerichtliches Verfahren sind dann als Einheit zu betrachten. Das gilt nicht bei Verwaltungsverfahren, die keine Vorverfahren sind.[138] Der EGMR berücksichtigt in diesen Fällen die Dauer des Verwaltungsverfahrens, wenn er die Entscheidung der Verwaltung als Klagevoraussetzung ansieht. Ebenso beginnt der Anwendungsbereich des Art. 6 EMRK mit der Eröffnung des förmlichen Disziplinarverfahrens.[139] Ferner sind die Dauer des Vollstreckungsverfahrens und des Kostenfestsetzungsverfahrens miteinzubeziehen.[140]

Wird eine Verfassungsbeschwerde erhoben, endet der für Art. 6 Abs. 1 maßgebliche Zeitraum mit der Entscheidung des BVerfG.[141] Der EGMR berücksichtigt bei der Dauer verfassungsgerichtlicher Verfahren die besondere Stellung des BVerfG als „Hüter der Verfassung" und die politische und soziale Bedeutung der Sache.[142] Wenn das Gericht ein Gesetz für verfassungswidrig hält und es nach Art. 100 GG dem BVerfG zur Entscheidung vorlegt, wird der Zeitraum bis zur Vorlage miteinbezogen.[143]

Verzögert sich hingegen das nationale Gerichtsverfahren durch ein Vorabentscheidungsverfahren beim EuGH, bleibt dieser Zeitraum bei der Beurteilung der Angemessenheit der Verfahrensdauer unberücksichtigt.[144] Der EGMR lehnt eine Verantwortung der Mitgliedstaaten für Konventionsverletzungen der EU-Organe jedenfalls dann ab, wenn die EU-Organe nicht gegen materielle Garantien der EMRK verstoßen, sondern ausschließlich verfahrensfehlerhaft gehandelt

---

137 EGMR, Urt. v. 28.06.1978 – C (78) 31, NJW 1979, 477 – König/Deutschland; EGMR, Urt. v. 12.04.2001 –41867/98 Z. 23 – Messochoritis/Griechenland; EGMR, Urt. v. 09.03.2004 – 63156/00 Z. 27 – Mirailles/Frankreich.

138 Die Rechtsprechung des EGMR ist insoweit uneinheitlich. Eine Übersicht dieser Rechtsprechung findet sich bei *Meyer-Ladewig*, EMRK, Art. 6 Rn. 194.

139 EGMR, Urt. v. 16.07.2009 – 8453/04 Z. 44 – Bayer/Deutschland.

140 Vgl. EGMR, Urt. v. 04.02.2010 – 13791/06 Z. 78 – Gromzing/Deutschland; vgl. EGMR, Urt. v. 02.07.2002 – 71891/01 Z. 20 – Halka/Polen.

141 EGMR, Urt. v. 29.05.1989 – 9384/81, EuGRZ 1988, 20 – Deumeland/Deutschland.

142 Vgl. EGMR, Urt. v. 25.02.2000 – 29357/95, NJW 2001, 211 (212) – Gast u. Popp/Deutschland; siehe EGMR, Urt. v. 08.01.2004 – 47169/99, NJW 2005, 41 (43) – Voggenreiter/Deutschland.

143 *Meyer-Ladewig*, EMRK, Art. 6 Rn. 192.

144 EGMR, Urt. v. 26.02.1998 – 20323/92 Z. 95, Reports 1998-I – Parafitis/Griechenland; EGMR, Urt. v. 30.09.2003 – 40892/98 Z. 61, Reports 2003-X – Koua Poirrez/Frankreich; siehe auch *Breuer*, Staatshaftung für judikatives Unrecht, S. 519.

haben.[145] Eine Beschwerde gegen eine Rechtsverletzung des EuGH wird in diesem Fall als mit den Bestimmungen der Konvention unvereinbar - ratione personae - zurückgewiesen.[146]

4. *Kriterien zur Bestimmung der Angemessenheit der Verfahrensdauer*

Der EGMR hat keine festen Zeitgrenzen aufgestellt, ab wann ein Verfahren unangemessen lang dauert.[147] Auch eine Obergrenze der angemessenen Verfahrensdauer lässt sich der Rechtsprechung des EGMR nicht entnehmen. Es ist zwar zutreffend, dass in mehreren Entscheidungen des EGMR die Anmerkung zu finden ist, dass ein Jahr pro Instanz eine „grobe Faustregel" („rough rule of thumb") sein könne.[148] Diese „Faustregel" ist jedoch für keine der Entscheidungen tragend gewesen und wird in der Rechtsprechung des EGMR auch nicht als Kriterium herangezogen, um die Angemessenheit der Verfahrensdauer zu beurteilen.[149] Maßgeblich ist vielmehr eine Gesamtbetrachtung aller Umstände des Einzelfalles anhand folgender Kriterien: die Bedeutung der Sache für den Beschwerdeführer, die Komplexität des Falles, das Verhalten des Beschwerdeführers sowie der zuständigen Behörden und Gerichte.[150]

Bei der Prüfung der Verfahrensdauer differenziert der EGMR nach den einzelnen Verfahrensabschnitten. Die Gesamtdauer des Verfahrens kann insgesamt unangemessen sein, auch wenn die jeweilige Dauer der Verfahrensabschnitte

---

145 *Breuer*, EuGRZ 2005, 229 (232).

146 Vgl. EGMR, Urt. v. 13.01.2005 - 62023/00, EuGRZ 2005, 234 (238) - Emesa Sugar/Niederlande.

147 Anders *Böcker*, DStR 2011, 2173 (2175).

148 EGMR, Urt. v. 20.02.2003 - 50272/99 Z. 79 - Hutchison Reid/United Kingdom; EGMR, Urt. v. 09.10.2008 - 62936/00 Z. 160 - Moiseyev/Russland; ebenso EGMR, Urt. v. 26.11.2009 - 13591/05 Z. 126 - Nazarov/Russland. Es handelte sich in der Sache um drei strafrechtliche Verfahren. Die Anmerkung des EGMR ist zu Art. 5 Abs. 4 EMRK ergangen, der vorsieht, dass das Gericht in Haftfällen innerhalb kurzer Frist über die Rechtmäßigkeit der Freiheitsentziehung entscheidet. Ferner betraf die Sache EGMR, Urt. v. 16.01.2003 - 50034/99 Z. 35 - Obasa/Vereinigtes Königreich ein arbeitsrechtliches Verfahren, welches zu den grundsätzlich besonders eilbedürftigen Verfahrensarten gehört.

149 Siehe auch BFH, Zwischenurt. v. 07.11.2013 - X K 13/12, BeckRS 2013, 96642 Rn. 58.

150 EGMR, Urt. v. 25.02.2000 - 29357/95, NJW 2001, 211 (212) - Gast u. Popp/Deutschland; EGMR, Urt. v. 04.12.2008 - 44036/02, FamRZ 2009, 1037 (1037) - Adam/Deutschland.

noch als angemessen anzusehen ist.[151] Bei Fällen, die prima facie eine unangemessene Verfahrensdauer erkennen lassen, nimmt der EGMR lediglich eine pauschale Bewertung des gesamten Verfahrens vor.[152] Der beklagte Konventionsstaat ist dann darlegungs- und beweispflichtig dafür, dass die Justizbehörde die Verzögerungen nicht zu vertreten hat.

a) Bedeutung der Sache für den Beschwerdeführer

Für die Beurteilung der Angemessenheit der Verfahrensdauer ist zu berücksichtigen, ob der Ausgang des Verfahrens für den Betroffenen von besonderer Bedeutung ist. Der EGMR sieht etwa Verfahren in Rentensachen aufgrund des Alters des Betroffenen als von besonderer Bedeutung an. Darüber hinaus betreffen sie den Lebensunterhalt des Beschwerdeführers.[153] Ebenso ist bei Kindschaftssachen wegen der Folgen für die familiären Beziehungen eine besondere Eile geboten. Jede Verfahrensverzögerung kann zu einer faktischen Entscheidung über das Sorge- und Umgangsrecht – allein durch Zeitablauf – führen.[154] Auch Streitigkeiten über den Personenstand und die Geschäftsfähigkeit sowie arbeitsrechtliche Klagen, insbesondere Kündigungsschutzverfahren, sind wegen der Bedeutung der Sache zügig zu verhandeln.[155] Ferner sind Verfahren, die das Recht auf Bildung betreffen, von großer Bedeutung für den Beschwerdeführer, da die Verfahrensdauer für die tatsächlichen Bildungschancen entscheidend sein kann.[156]

---

151 Vgl. EGMR, Urt. 23.04.1987 – 9616/81 Z. 69 f., A 117 – Erkner u. Hofauer/Österreich.

152 Vgl. EGMR, Urt. v. 15.07.1982 – 8130/78 Z. 80, A 51 – Eckle/Deutschland; EGMR, Urt. 28.06.1990 – 11761/85 Z. 72 – Obermeier/Österreich; EGMR, Urt. v. 15.11.2001 – 34052/96 Z. 86 – Olstowski/Polen.

153 EGMR, Urt. v. 05.10.2000 – 20024/92 Z. 61, Reports 1996-IV – Süßmann/Deutschland; ebenso EGMR, Urt. v. 02.06.2009 – 31675/04 Z. Codarcea/Rumänien.

154 EGMR, Urt. v. 20.07.2006 – 1633/05, FamRZ 2008, 1059 (1061) – Koudelka/Tschechien; EGMR, Urt. 12.07.2007 – 39741/02 Z. 44 – Nanning/Deutschland; ferner EGMR, Urt. v. 04.12.2008 – 44036/02, FamRZ 2009, 1037 – Adam/Deutschland.

155 EGMR, Urt. v. 27.06.2000 – 30979/96 Z. 45, Reports 2000-VII – Frydlender/Frankreich (arbeitsrechtliches Verfahren); EGMR, Urt. v. 07.02.2002 – 53176/99 Z. 44, Reports 2002-I – Mikulic/Kroatien (Verfahren betreffend den Personenstand und die Geschäftsfähigkeit).

156 Vgl. EGMR, Urt. v. 16.03.2010 – 15766/03 Z. 48, Reports 2010 – Orsus u.a./Kroatien.

b) Komplexität des Falles

Nach Auffassung des EGMR kann eine längere Verfahrensdauer gerechtfertigt sein, wenn der Sachverhalt und die Rechtslage eine besondere Komplexität aufweisen. Ein Verfahren ist z.B. von besonderer Komplexität, wenn mehrere Sachverständigengutachten eingeholt, viele Zeugen vernommen werden müssen oder eine grenzüberschreitende Zusammenarbeit erforderlich ist.[157]

c) Verhalten des Beschwerdeführers

Ferner prüft der EGMR, ob der Beschwerdeführer durch sein Verhalten zur Verzögerung des Verfahrens beigetragen hat, da er Fristen nicht eingehalten, zur Sache nicht rechtzeitig und vollständig vorgetragen, Vertagungen nicht widersprochen oder missbräuchliche Beschwerden bei den zuständigen Behörden erhoben hat.[158] Verzögerungen, die der Prozessbevollmächtigte verursacht hat, werden dem Beschwerdeführer zugerechnet.[159]

Es darf hingegen nicht zum Nachteil des Beschwerdeführers berücksichtigt werden, wenn er Rechtsmittel ergreift, die im innerstaatlichen Recht vorgesehen sind, wie etwa der Befangenheitsantrag gegen den Richter.[160] Andererseits kann die Zeit, die zur Erledigung der Beschwerden oder sonstigen Rechtsbehelfe erforderlich ist, auch nicht den Justizbehörden zur Last gelegt werden, es sei denn es liegt eine unangemessene Verzögerung in der Bearbeitung vor.

d) Verhalten der Behörden und der Gerichte

Ein weiteres Kriterium für die Beurteilung der Angemessenheit der Verfahrensdauer ist, ob die Behörden und Gerichte das Verfahren in zügiger Weise betrieben haben oder über einen längeren Zeitraum untätig geblieben sind. Nach der Rechtsprechung des EGMR müssen die Gerichte grundsätzlich auch in Verfahren

---

157 Vgl. EGMR, Urt. v. 16.12.2003 - 42083/98 Z. 47 - Mianowski/Polen; vgl. EGMR, Urt. v. 17.02.2009 - 28514/04 Z. 54 - Ancel/Türkei.

158 Siehe EGMR, Urt. v. 24.07.2003 - 46133/99 Z. 86 - Smirnova/Russland; EGMR, Urt. v. 17.12.2004 - 49017/99, NJW 2006, 1645 (1646) - Pedersen u. Baadsgaard/Dänemark.

159 Vgl. EGMR, Urt. v. 17.12.2004 - 49017/99, NJW 2006, 1645 - Pedersen u. Baadsgaard/Dänemark.

160 EGMR, Urt. v. 11.12.2003 - 50064/99 Z. 57 - Girardi/Österreich; siehe *Peukert*, in: Frowein/Peukert, EMRK, Art. 6 Rn. 260.

mit Parteimaxime ein zügiges Verfahren sicherstellen und die Parteien zur Wahrnehmung ihrer prozessualen Rechte anhalten.[161]

Der Staat kann sich nicht auf länger bestehende Rückstände bei Gericht berufen, da Art. 6 EMRK die Verpflichtung der Konventionsstaaten enthält, ihre Justiz so einzurichten, dass die Gerichte den Anforderungen dieser Vorschrift einschließlich der Entscheidung innerhalb angemessener Frist entsprechen können.[162] Ein plötzlicher Anstieg der Fallzahlen oder sonstige unvorhergesehene Personalengpässe werden dem Konventionsstaat dann nicht zur Last gelegt, wenn er rechtzeitig geeignete Abhilfemaßnahmen ergreift.[163] Verzögerungen infolge eines wiederholten Richterwechsels fallen demgegenüber in den staatlichen Verantwortungsbereich.

Nach der Ansicht des EGMR können etwa Zuständigkeitskonflikte, mangelnde Kooperation der Behörden oder die Bestellung von Sachverständigen, die für eine mündliche Verhandlung nicht zur Verfügung stehen, zu Verfahrensverzögerungen führen, die den zuständigen Behörden zur Last gelegt werden.[164] Das Verfahren kann auch infolge von Rechts- und Amtshilfe überlang sein. In diesem Fall werden dem ersuchenden Staat die Verzögerungen des ersuchten Staates nicht zugerechnet.[165] Wenn die Einholung eines Sachverständigengutachtens erforderlich ist, muss das Gericht die Aufgabe des Sachverständigen festlegen, eine Frist für die Vorlage des Gutachtens setzen und die Einhaltung dieser Frist überwachen.[166]

Das Gericht kann das Verfahren aus Gründen der Verfahrensökonomie aussetzen, um den Ausgang eines Parallelverfahrens abzuwarten. Die Aussetzung muss jedoch nach den besonderen Umständen der Sache gerechtfertigt sein

---

161 Vgl. EGMR, Urt. v. 22.10.2002 - 39197/98 Z. 40, Reports 2000-XI - Foley/Vereinigtes Königreich; EGMR (Große Kammer), Urt. 08.06.2006 - 75529/01, NJW 2006, 2389 (2393) - Sürmeli/Deutschland; EGMR, Urt. v. 11.01.2007 - 20027/902, NVwZ 2008, 289 (291) - Herbst/Deutschland.

162 St. Rspr. EGMR, Urt. v. 26.07.1997 - 19773/92 Z. 40, Reports 1997-IV - Philis/Griechenland; EGMR, Urt. v. 25.02.2000 - 29357/95, NJW 2001, 212 - Gast u. Popp/Deutschland; EGMR, Urt. v. 31.5.2001 - 37591/97 Z. 42 - Metzger/Deutschland.

163 EGMR, Urt. v. 13.07.1983 - 8737/79, A 66 - Zimmermann u. Steiner/Schweiz; EGMR, Urt. v. 25.06.1987 - 10256/83 Z. 23 - Baggetta/Italien; EGMR, Urt. 14.05.2002 - 50516/99 Z. 46 - Georgiadis/Zypern (Richterwechsel).

164 EGMR, Urt. v. 21.10.2010 - 43155/08, NJW 2011, 1055 (1056) - Grumann/Deutschland; vgl. *Grabenwarter/Pabel*, EMRK, § 24 Rn. 70.

165 Vgl. EGMR, Urt. v. 19.10.2000 - 27785/95 Z. 150 f., Reports 2000-XI - Wloch/Polen.

166 Siehe EGMR, Urt. v. 14.10.2003 - 76446/01 Z. 45 - Henryka Malinowska/Polen; ferner *Peukert*, in: Frowein/Peukert, EMRK, Art. 6 Rn. 256.

und darf nicht unangemessen lange dauern. Das gilt auch dann, wenn der Beschwerdeführer die Aussetzung des Verfahrens beantragt hat.[167] Im Falle einer Urteilsaufhebung und Zurückweisung zur erneuten Entscheidung ist das weitere Verfahren besonders zügig zu führen.[168]

III. Art. 13 EMRK: Recht auf wirksame Beschwerde

Gemäß Art. 13 EMRK hat jede Person, die in ihren in der EMRK anerkannten Rechten oder Freiheiten verletzt worden ist, das Recht, bei einer innerstaatlichen Instanz eine wirksame Beschwerde zu erheben. Das Recht auf eine wirksame Beschwerde dient einerseits der Sicherung der Rechte und Freiheiten der Konvention und verdeutlicht andererseits den Vorrang des nationalen Grundrechtsschutzes.[169] Art. 13 EMRK bezieht sich auf alle in der Konvention garantierten Rechte und Freiheiten und ist daher weiter als Art. 6 EMRK, der nur bei Streitigkeiten über zivilrechtliche Ansprüche und Verpflichteten Anwendung findet.[170] Art. 13 EMRK kommt insofern eine Auffangfunktion zu.

1. Anwendungsbereich

Das Recht auf eine wirksame Beschwerde steht „jeder" Person zu. Art. 13 EMRK ist eine verfahrensrechtliche Garantie, die zusammen mit der Verletzung einer materiellen Garantie der EMRK oder der Zusatzprotokolle geltend gemacht werden muss.[171]

Der Schutzumfang ist im Unterschied zu Art. 19 Abs. 4 GG wesentlich enger, da die Geltendmachung eines irgendwie gearteten subjektiven Rechts nicht genügt.[172] Der Beschwerdeführer muss sich vielmehr auf ein ihm durch die EMRK oder eines ihrer Zusatzprotokolle verliehenes wehrfähiges Recht berufen.

Die Konventionsverletzung muss in vertretbarer Weise behauptet werden, um missbräuchliche Berufungen auf Art. 13 EMRK auszuschließen.[173] Es richtet

---

167 EGMR, Urt. v. 13.07.2006 – 38033/02, NVwZ 2007, 1035 (1037) – Stork/Deutschland; EGMR, Urt. v. 11.01.2007 – 20027/902, NVwZ 2008, 289 (291) – Herbst/Deutschland.

168 Vgl. hierzu *Peukert*, in: Frowein/Peukert, EMRK, Art. 6 Rn. 257.

169 *Grabenwarter/Pabel*, EMRK, § 24 Rn. 167.

170 *Meyer-Ladewig*, EMRK, Art. 13 Rn. 2.

171 *Peukert*, in: Frowein/Peukert, EMRK, Art. 13 Rn. 1.

172 Siehe *Schenke, R.*, in: FS W.-R. Schenke, S. 305 (310).

173 St. Rspr. EGMR, Urt. v. 06.09.1978 – 5029/71, NJW 1979, 1755 (1759) – Klass u.a./Deutschland; EGMR, Urt. v. 21.02.1990 – 9310/81 Z. 33 – Powell u. Rainer/Vereinigtes Königreich; EGMR, Urt. v. 23.05.2006 – 46343/99 Z. 138 ff. – Riener/Bulgarien

sich nach den Umständen des Einzelfalls, ob eine solche vertretbare Behauptung vorliegt. Wenn die Beschwerde offensichtlich unbegründet im Sinne von Art. 35 Abs. 3 EMRK ist, liegt in der Regel eine nicht vertretbare Behauptung vor.[174] Das gilt auch in dem Fall, in dem der Beschwerdeführer seine Beschwerde nicht ausreichend begründet hat.

2. *Beschwerde bei einer innerstaatlichen Instanz*

Der Begriff der Beschwerde ist – wie alle Rechtsbegriffe der EMRK – autonom auszulegen. Art. 13 EMRK verlangt einen innerstaatlichen Rechtsbehelf, auf dessen Grundlage über den Inhalt einer auf die Konvention gestützten vertretbaren Beschwerde in der Sache entschieden und angemessene Abhilfe erlangt werden kann.[175]

Der Rechtsbehelf muss wirksam und zugänglich sein, d.h. er muss mit hinreichender Gewissheit zur Verfügung stehen und zwar nicht nur theoretisch, sondern auch in der Praxis.[176] Wie die Beschwerde inhaltlich ausgestaltet sein muss, legt weder Art. 13 EMRK noch die Konvention fest. Die Konventionsstaaten haben einen gewissen Beurteilungsspielraum hinsichtlich der Art und Weise, wie sie den von Art. 13 EMRK geforderten Rechtsbehelf ausgestalten und ihre Verpflichtungen nach dieser Vorschrift erfüllen.[177] Eine wirksame Beschwerde liegt deshalb auch vor, wenn mehrere Rechtsbehelfe zusammen die konventionsrechtlichen Anforderungen erfüllen.[178]

(Zusatzprotokoll der EMRK); vgl. auch *Peukert*, in: Frowein/Peukert, EMRK, Art. 13 Rn. 2.

174 *Meyer-Ladewig*, EMRK, Art. 13 Rn. 6; EGMR, Urt. 18.01.2005 – 36217/97 Z. 88 – Mentese u.a./Türkei (nicht ausreichende Begründung).

175 EGMR, Urt. v. 06.09.1978 – 5029/71, NJW 1979, 1755 (1759) – Klass u.a./Deutschland; EGMR, Urt. v. 19.02.1999 – 22729/93 Z. 106 – Kaya/Türkei; EGMR, Urt. v. 02.09.2010 – 46344/06, NJW 2010, 3355 (3356) – Rumpf/Deutschland.

176 Siehe EGMR (Große Kammer), Urt. v. 29.03.2006 – 36813/97, NJW 2007, 1259 (1264) – Scordino/Italien; EGMR, Urt. v. 31.07.2008 – 40825/98 Z. 122 – Religionsgemeinschaft der Zeugen Jehovas u.a./Vereinigtes Königreich.

177 Vgl. EGMR, Urt. v. 27.09.1999 – 33985/96, NJW 2000, 2089 (2096) – Smith u. Grady/Vereinigtes Königreich; EGMR, Urt. v. 27.06.2000 – 21986/93, NJW 2001, 2001 (2005) – Salman/Türkei.

178 St. Rspr. EGMR, Urt. v. 25.03.1983 – 5947/72 Z. 113 – Silver u.a./Vereinigtes Königreich; EGMR, Urt. v. 05.11.1996 – 22414/93 Z. 145, Reports 1996-V – Chahal/Vereinigtes Königreich; EGMR (Große Kammer), Urt. 08.06.2006 – 75529/01, NJW 2006, 2389 (2390) – Sürmeli/Deutschland.

Dem Einzelnen muss ein subjektives Beschwerderecht gewährt werden. Ein gerichtlicher Rechtsschutz ist entsprechend des Wortlauts des Art. 13 EMRK nicht notwendig. Die innerstaatliche Instanz kann deshalb auch eine Verwaltungsbehörde, eine Regierungsstelle oder ein parlamentarisches Organ sein.[179] Damit bleibt Art. 13 EMRK hinter Art. 19 Abs. 4 GG zurück, der einen umfassenderen gerichtlichen Rechtsschutz garantiert.

Maßgeblich sind die Befugnisse der innerstaatlichen Instanz und die prozessualen Garantien in dem jeweiligen Verfahren. Die Beschwerdeinstanz muss unabhängig und unparteiisch sein.[180] Bei der Beschwerdeinstanz darf es sich deshalb nicht um die Behörde handeln, gegen die sich die Beschwerde in der Sache richtet.[181] Nach der Rechtsprechung des EGMR ist das verletzte Konventionsrecht in der Sache zu prüfen.[182] Es genügt nicht, wenn die innerstaatliche Instanz lediglich prüft, ob die angegriffene Entscheidung willkürlich oder unvernünftig gewesen ist.[183] Im Falle einer erfolgreichen Beschwerde muss die nationale Behörde eine Konventionsverletzung feststellen und dem Betroffenen für die erlittenen materiellen und immateriellen Schäden Schadensersatz zusprechen können.[184] Keine ausdrücklichen Vorgaben enthält Art. 13 EMRK hinsichtlich des Verfahrens vor der Beschwerdeinstanz, insbesondere ist keine mündliche Verhandlung vorgesehen.[185] Der Betroffene muss allerdings rechtliches Gehör erhalten, seine Argumente vortragen können und ausreichend am Verfahren beteiligt sein.[186] Form- und Fristvorschriften sind zulässig, solange sie das Konventionsrecht nicht in seinem Wesensgehalt berühren.[187] Deshalb kann die Zulässigkeit der Beschwerde nicht von weiteren Voraussetzungen, wie etwa einer

---

179 Im Einzelnen *Grabenwarter/Pabel*, EMRK, § 24 Rn. 179.

180 EGMR, Urt. v. 06.09.1978 - 5029/71, NJW 1979, 1755 (1759) - Klass u.a./Deutschland.

181 Vgl. EGMR, Urt. v. 15.11.1996 - 15211/89 Z. 41, Reports 1196-V - Calogera Diana/Italien.

182 Siehe EGMR, Urt. v. 27.09.1999 - 33985/96, NJW 2000, 2089 (2096 f.) - Smith u. Grady/Vereinigtes Königreich.

183 EGMR, Urt. v. 08.07.2003 - 36022/97, NVwZ 2004, 1465 (1470) - Hatton u.a./Vereinigtes Königreich.

184 EGMR, Urt. v. 28.09.1999 - 28114/95 Z. 44, Reports 1999-VI - Dalban/Rumänien; vgl. EGMR, Urt. v. 14.03.2002 - 46477/99 Z. 97, Reports 2002-II - Paul and Audrey Edwards/Vereinigtes Königreich.

185 *Grabenwarter/Pabel*, EMRK, § 24 Rn. 185.

186 *Peukert*, in: Frowein/Peukert, EMRK, Art. 13 Rn. 5.

187 Siehe *Meyer-Ladewig*, EMRK, Art. 13 Rn. 17.

drohenden Rechtsverletzung, abhängig gemacht werden.[188] Eine Beschwerde ist nicht mehr wirksam im Sinne von Art. 13 EMRK, wenn das Beschwerdeverfahren unangemessen lange dauert.[189]

3. *Wirksame Beschwerde bei unangemessener Verfahrensdauer*

Im Falle der unangemessenen Dauer eines gerichtlichen Verfahrens ist ein Rechtsbehelf im Sinne des Art. 13 EMRK wirksam, wenn er entweder die Entscheidung des Gerichts beschleunigen kann oder der Beschwerdeführer eine angemessene Wiedergutmachung für bereits eingetretene Verzögerungen erhält.[190] Die Konventionsstaaten haben ein Wahlrecht zwischen beiden Rechtsbehelfen.

Der EGMR hat in seiner Rechtsprechung betont, dass innerstaatliche Rechtsbehelfe zur Beschleunigung des Verfahrens „die beste Lösung" sind, da sie Konventionsverletzungen infolge der überlangen Verfahrensdauer vermeiden und nicht nur nachträglich wiedergutmachen.[191] Ein präventiver Rechtsbehelf ist „wirksam", soweit er die Entscheidung des zuständigen Gerichts beschleunigen kann.[192] Hat das Verfahren allerdings bereits übermäßig lange gedauert, ist ein präventiver Rechtsbehelf nicht mehr ausreichend. In diesem Fall ist ein Rechtsbehelf erforderlich, mit dem der Beschwerdeführer eine angemessene Wiedergutmachung für materielle und immaterielle Schäden erhalten kann.[193] Nach Auffassung des EGMR ist deshalb die wirksamste Lösung zwei Arten von Rechtsbehelfen zu kombinieren – einen zur Beschleunigung des Verfahrens und einen zur Wiedergutmachung, so wie es auch in einigen Vertragsstaaten z.B. Österreich, Kroatien, Spanien, Polen und der Slowakei vorgesehen ist.[194]

---

188 Vgl. EGMR, Urt. v. 16.12.1997 - 21353/93 Z. 53 f., Reports 1997-VIII - Camenzind/Schweiz.

189 EGMR, Urt. v. 31.07.2003 – 50389/99 Z. 57, Reports 2003-X – Doran/Irland.

190 EGMR(Große Kammer), Urt. 08.06.2006 – 75529/01, NJW 2006, 2389 (2390) – Sürmeli/Deutschland; ebenso EGMR, Urt. v. 11.01.2007 – 20027/902, NVwZ 2008, 289 (290) – Herbst/Deutschland.

191 EGMR (Große Kammer), Urt. v. 29.03.2006 – 36813/97, NJW 2007, 1259 (1266) – Scordino/Italien; vgl. auch EGMR (Große Kammer), Urt. 08.06.2006 – 75529/01, NJW 2006, 2389 (2390) – Sürmeli/Deutschland.

192 EGMR (Große Kammer), Urt. v. 29.03.2006 – 36813/97, NJW 2007, 1259 (1263) – Scordino/Italien.

193 *Meyer-Ladewig*, EMRK, Art. 13 Rn. 28.

194 Siehe EGMR (Große Kammer), Urt. v. 29.03.2006 – 36813/97, NJW 2007, 1259 (1263) – Scordino/Italien; vgl. auch EGMR (Große Kammer), Urt. 08.06.2006 – 75529/01, NJW 2006, 2389 (2390) – Sürmeli/Deutschland. Ein Kombinationsmodell

In dem Fall, in dem der Beschwerdeführer eine Wiedergutmachung erhalten hat, prüft der EGMR, ob die Behörden die Konventionsverletzung in der Sache anerkannt haben und die Wiedergutmachung ausreichend und angemessen gewesen ist.[195] Ein kompensatorischer Rechtsbehelf wird als effektiv angesehen, wenn über den Entschädigungsanspruch in angemessener Zeit entschieden wird und die Zahlung der Entschädigung innerhalb von sechs Monaten erfolgt. Außerdem müssen die Kosten für den Rechtsbehelf angemessen sein.[196] Bei der Höhe der Entschädigung haben die Vertragsstaaten einen gewissen Gestaltungsspielraum, insbesondere können sie – bei einer entsprechenden Konventionsverletzung – auch einen niedrigeren Betrag als der EGMR gemäß Art. 41 EMRK zusprechen. Der Betrag darf jedoch im Vergleich nicht unangemessenen niedrig sein.[197]

4. *Verhältnis zu Art. 6 EMRK*

Nach früherer Rechtsprechung des EGMR war Art. 6 Abs. 1 EMRK lex specialis im Verhältnis zu Art. 13 EMRK.[198] Wenn der EGMR einen Verstoß gegen Art. 6 Abs. 1 EMRK bejahte, prüfte er nicht mehr, ob auch Art. 13 EMRK verletzt ist.[199] Nach Ansicht des EGMR bestand jedoch angesichts der Vielzahl der bei ihm anhängigen Beschwerden, deren einzige oder wesentliche Rüge die Verletzung des Rechts auf Verhandlung innerhalb angemessener Frist ist, Anlass, seine Rechtsprechung zu überprüfen. In der Sache Kudla/Polen hat der EGMR deshalb seine bisherige Rechtsprechung aufgegeben.

Art. 13 EMRK ist in Zukunft neben Art. 6 Abs. 1 EMRK anwendbar. Art. 13 EMRK verlangt einen wirksamen Rechtsbehelf mit dem der Beschwerdeführer

---

erhöht die Wahrscheinlichkeit, dass die Gesamtregelung als effektiv im Sinne von Art. 13 EMRK anzusehen ist, vgl. BT-Drucks. 16/7655, S. 8.

195 EGMR (Große Kammer), Urt. v. 29.03.2006 – 36813/97, NJW 2007, 1259 (1264 f.) – Scordino/Italien.

196 EGMR, Urt. v. 29.03.2006 – 64897/01 Z. 91, 94 – Ernestina Zullo/Italien.

197 Ein geringerer Entschädigungsbetrag kommt in Betracht, wenn ein Konventionsstaat eine Kombination von Entschädigungs- und Beschleunigungsrechtsbehelf vorsieht, die Entschädigungshöhe dem jeweiligen Lebensstandard entspricht und die Entscheidung zügig getroffen und durchgesetzt wird. Vgl. EGMR (Große Kammer), Urt. v. 29.03.2006 – 36813/97, NJW 2007, 1259 (1265) – Scordino/Italien.

198 EGMR (Große Kammer), Urt. v. 26.10.2000 – 30210/96, NJW 2001, 2694 – Kudla/Polen.

199 EGMR (Große Kammer), Urt. v. 26.10.2000 – 30210/96, NJW 2001, 2694 (2699) – Kudla/Polen.

eine Verletzung des in Art. 6 Abs. 1 EMRK garantierten Rechts auf Verhandlung in angemessener Frist geltend macht.[200] Fehlt ein solcher Rechtsbehelf, dann ist auch Art. 13 EMRK verletzt. Die Konventionsstaaten sind infolge des Urteils Kudla/Polen verpflichtet, einen wirksamen Rechtsbehelf gegen die überlange Dauer gerichtlicher Verfahren zu schaffen.[201]

C. Ansprüche aus der Charta der Grundrechte der Europäischen Union

Im Oktober 2000 legte der (Grundrechte-) Konvent der Europäischen Union den Entwurf einer Grundrechtecharta vor.[202] Gemäß der Präambel der Charta sollen die Rechte bekräftigt werden, die sich vor allem aus den gemeinsamen Verfassungstraditionen der Mitgliedstaaten, aus der EMRK, aus den Sozialchartas sowie aus der Rechtsprechung des EuGH und des EGMR ergeben. Die EMRK ist die wichtigste Rechtserkenntnisquelle der EU-Grundrechte. Daher entsprechen zahlreiche Artikel der Charta sowohl im Wortlaut als auch in der Bedeutung und Tragweite den Artikeln der EMRK.[203]

Seit Inkrafttreten des Vertrags von Lissabon am 1. Dezember 2009 ist die Grundrechtecharta in allen Mitgliedstaaten rechtsverbindlich. Gemäß Art. 6 Abs. 1 UAbs. 1 EUV werden die Rechte, Freiheiten und Grundsätze, wie sie in der Charta der Grundrechte enthalten sind, von der Union anerkannt. Die Grundrechtecharta und die Verträge sind rechtlich gleichranging, daher hat die Charta den Rang von Primärrecht.[204] Der allgemeine Teil der Grundrechtecharta ist in Titel VII „Allgemeine Bestimmungen über die Auslegung und Anwendung der Charta“ enthalten. Die einzelnen Grundrechte und damit der besondere Teil der Charta sind in den Titeln I bis VI geregelt.

I. Verhältnis der Grundrechtecharta zur EMRK

Art. 6 Abs. 2 EUV sieht einen Beitritt der EU zur EMRK vor.[205] Die in den Verträgen festgelegten Zuständigkeiten der Union werden durch diesen Beitritt nicht

---

200 Vgl. EGMR (Große Kammer), Urt. v. 26.10.2000 – 30210/96, NJW 2001, 2694 (2699 f.) – Kudla/Polen.

201 Siehe *Meyer-Ladewig*, NJW 2001, 2679 (2679).

202 *Jarass*, EU-GRCharta, Einl. Rn. 2.

203 Vgl. *Borowsky*, in: Meyer, EU-GRCharta, Art. 52 Rn. 32 ff.

204 *Schorkopf*, in: Grabitz/Hilf/Nettesheim, EUV/AEUV, Art. 6 EUV Rn. 28.

205 Voraussetzung für einen Beitritt zur EMRK ist eine Mitgliedschaft der EU im Europarat. Im April 2013 wurde der Entwurf des Beitrittsvertrages von den 47 Staaten

geändert. Auch in der EMRK ist in Art. 59 Abs. 2 die Möglichkeit eines Beitritts der EU zur EMRK vorgesehen. Solange die Union nicht der EMRK beigetreten ist, können Hoheitsakte der EU nicht Prüfungsgegenstand eines Verfahrens vor dem EGMR sein.[206]

Das Verhältnis der Grundrechtecharta zur EMRK bestimmt sich nach den allgemeinen Regeln für das Verhältnis von Unionsrecht und Völkerrecht. Völkerrechtliche Verträge sind Bestandteil des Unionsrechts und stehen in der Normenhierarchie im Rang unter dem Primärrecht.[207] Nach einem Beitritt der EU wäre die EMRK im Rang zwischen Primär- und Sekundärrecht einzuordnen und damit unterhalb der primärrechtlich verankerten Grundrechtecharta.[208]

Soweit die Charta Rechte enthält, die den durch die EMRK garantierten Rechten entsprechen, haben sie die gleiche Bedeutung und Tragweite, wie sie ihnen in der EMRK verliehen wird (Art. 52 Abs. 3 S. 1 GRCh). Das Recht der Union kann gemäß Satz 2 einen weiter gehenden Schutz gewähren. Der durch die Charta gewährte Schutz darf jedoch nicht geringer sein als der durch die EMRK gewährte Schutz.[209] Demgegenüber sieht Art. 53 GRCh vor, dass keine Bestimmung der Charta als eine Einschränkung oder Verletzung von Menschenrechten und Grundfreiheiten auszulegen ist, wie sie unter anderem in der EMRK sowie in den Verfassungen der Mitgliedstaaten anerkannt werden.

Die Mitgliedstaaten wären in zweifacher Hinsicht an die EMRK gebunden, einerseits als Vertragsstaat der EMRK und andererseits als Mitgliedstaat der EU (Art. 216 Abs. 2 AEUV). Die EMRK würde als Bestandteil des Unionsrechts im

---

des Europarates verabschiedet. Abrufbar unter: http://www.coe.int/t/dghl/standard setting/cddh/cddh-documents/47_1%282013%29008rev2_EN.pdf (zuletzt abgerufen am 10.09.2015).

206 Die EU ist selbst nicht Vertragspartei der EMRK. Die Mitgliedstaaten der Union kann eine völkerrechtliche Verantwortung auch für solche Konventionsverstöße treffen, die dem Unionsrecht zuzurechnen sind. In der Entscheidung Bosphorus hat der EGMR festgestellt, dass die Konventionsstaaten für das Handeln internationaler Organisationen, denen sie Hoheitsrechte zur Ausübung übertragen haben, solange nicht nach der EMRK zur Verantwortung gezogen werden können, wie die Organisation einen der EMRK zumindest gleichwertigen Schutz gewährleistet. EGMR, Urt. v. 30.06.2005 – 45036/98, NJW 2006, 197 – Bosphorus Hava Yollari Turizm ve Ticaret Anonim Sirketi/Irland. Vgl. auch Vgl. *Grabenwarter/Pabel*, EMRK, § 4 Rn. 5 f.

207 *Schorkopf*, in: Grabitz/Hilf/Nettesheim, EUV/AEUV, Art. 6 EUV Rn. 57.

208 *Meyer*, in: Karpenstein/Meyer, EMRK, Einl. Rn. 160.

209 Siehe Amtsblatt der Europäischen Union Nr. C 303/02 vom 14.12.2007, Erläuterungen zur Charta der Grundrechte, Erläuterung zu Artikel 52.

innerstaatlichen Recht aufgrund des Anwendungsvorrangs des Unionsrechts gestärkt.[210] Ferner wäre der Beitritt der EU zur EMRK ein Schritt zur Schaffung eines kohärenten Menschenrechtsschutzsystems in Europa, da gegen Hoheitsakte der EU und somit auch gegen Urteile des EuGH eine Individualbeschwerde beim EGMR zulässig wäre.[211] Der EuGH hat jedoch das geplante Beitrittsabkommen in zentralen Punkten für unionsrechtswidrig erklärt.[212] Gemäß Protokoll Nr. 8 zu Art. 6 Abs. 2 EUV muss der Beitrittsvertrag dafür Sorge tragen, „dass die besonderen Merkmale der Union und des Unionsrechts erhalten bleiben.“ Zudem müssen die Zuständigkeiten der Union und ihrer Organe sowie die exklusive Zuständigkeit des EuGH für Streitigkeiten zwischen den Mitgliedstaaten über die Auslegung und Anwendung der Verträge unberührt bleiben.[213] Der EuGH kommt in seinem Gutachten zu dem Ergebnis, dass dies nicht der Fall ist. Ein Beitritt der EU zur EMRK ist damit vorerst nicht in Sicht.[214]

II. Art. 47 GRCh: Recht auf einen wirksamen Rechtsbehelf und ein unparteiisches Gericht

Nach der Rechtsprechung des EuGH wird in der europäischen Union ein effektiver gerichtlicher Rechtsschutz gewährt.[215] Gemäß Art. 19 Abs. 1 UAbs. 2 EUV obliegt es den Mitgliedstaaten, die erforderlichen Rechtsbehelfe zu schaffen, damit ein wirksamer Rechtsschutz in den vom Unionsrecht erfassten Bereichen gewährleistet ist. Nach dem Grundsatz der loyalen Zusammenarbeit (Art. 4 Abs. 3 EUV) dürfen die Verfahrensmodalitäten für Klagen, die den Schutz der aus dem

---

210 *Meyer*, in: Karpenstein/Meyer, EMRK, Einl. Rn. 161.

211 *Meyer*, in: Karpenstein/Meyer, EMRK, Einl. Rn. 163. *Jarass*, EU-GRCharta, Einl. Rn. 7.

212 Der EuGH wurde von der Kommission beauftragt, die Vereinbarkeit des Beitrittsvertrages mit Art. 6 EUV und dem Protokoll (Nr. 8) zu prüfen. Vgl. EuGH (Plenum), Gutachten v. 18.12.2014 – C-2/13, BeckRS 2015, 80256.

213 Zu den einzelnen Gründen der Unvereinbarkeit des geplanten Beitrittsabkommens siehe *Streinz*, JuS 2015, 567 (569 ff.).

214 Vgl. auch *Wendel*, NJW 2015, 921, wonach die zentrale Frage darin bestehe, wie sich die EU einer externen Menschenrechtskontrolle unterwerfen werden kann, die einerseits effektiv ist und andererseits jedoch die Zuständigkeiten der Union unberührt lässt und die Eigenheiten des Unionsrechts hinreichend berücksichtigt.

215 Siehe hierzu EuGH, Urt. v. 15.10.1987 – C-222/86, Slg. 1987, 4097 = BeckEuRS 1987, 133257 Rn. 14 – Unectef/Heylens; EuGH, Urt. v. 27.11.2001 – C-424/99, Slg. 2001, I-9285 = BeckRS 2004, 77184 Rn. 45 – Kommission/Österreich; EuGH, Urt. v. 25.07.2002 – C-50/00 P, Slg. 2002, I-6677 = NJW 2002, 2935 (2936) – Unión de Pequeños Agricultores/Rat; EuGH, Urt. v. 19.06.2003 – C-467/01, Slg. 2003, I-6471 = BeckRS 2004, 77386 Rn. 61 – Ministero delle Finanze/Eribrand.

Unionsrecht verliehenen Rechte gewährleisten sollen, nicht weniger günstig ausgestaltet sein als die Verfahrensmodalitäten für entsprechende innerstaatliche Klagen (Äquivalenzgrundsatz).[216] Darüber hinaus darf die Ausübung der durch die Unionsrechtsordnung verliehenen Rechte nicht praktisch unmöglich gemacht oder übermäßig erschwert werden (Effektivitätsgrundsatz). Die Mitgliedstaaten können daher verpflichtet sein, bestehende Rechtschutzmöglichkeiten anzupassen oder neue Rechtsbehelfe zu schaffen.[217]

Nach der Rechtsprechung des EuGH hat der Grundsatz des effektiven gerichtlichen Rechtsschutzes in Art. 47 GRCh eine positivrechtliche Ausgestaltung gefunden.[218] Die Rechtsschutzgarantien des Art. 47 GRCh verdeutlichen den Charakter der Union als Rechtsgemeinschaft.[219] Abs. 1 gewährleistet den Zugang zu den Gerichten, Abs. 2 die Beachtung von zentralen Verfahrensvorgaben und Abs. 3 den Anspruch auf Prozesskostenhilfe. In systematischer Hinsicht ist das Recht auf einen effektiven Rechtsschutz in Abs. 1 und Abs. 2 als einheitliches Grundrecht ausgestaltet.[220] „Ihre Sache" in Abs. 2 bezieht sich auf Abs. 1.

Art. 47 Abs. 1 GRCh beruht zwar auf Art. 13 Abs. 1 EMRK. Die Grundrechtecharta gewährleistet allerdings einen umfassenderen Rechtsschutz als Art. 13 EMRK, der nur eine wirksame Beschwerde bei einer nationalen Instanz vorsieht.[221] Art. 47 Abs. 2 GRCh entspricht Art. 6 Abs. 1 EMRK, es werden neben zivilrechtlichen Ansprüchen und strafrechtlichen Anklagen jedoch auch öffentlich-rechtliche Ansprüche erfasst.[222] Da die Union eine Rechtsgemeinschaft ist,

---

216 EuGH, Urt. v. 27.06.2013 – C-93/12, BeckRS 2013, 81290 Rn. 35 ff. – Agrokonsulting-04.

217 Siehe *Streinz*, in: Streinz, EUV/AEUV, Art. 47 GRCh Rn. 6; *Nowak*, in: Heselhaus/Nowak, EU-Grundrechte § 51 Rn. 13; *Baumeister*, EuR 2005, 1 (31).

218 Siehe hierzu EuGH, Urt. v. 13.03.2007 – C-432/05, Slg. 2007, I-2271 = NJW 2007, 3555 (3556) – Unibet/Justitiekansler; EuGH, Urt. v. 03.09.2008 – C-402/05 P u. C-415/05, Slg. 2008, I-6351 Rn. 335 – Kadi u. Al Barakaat International Foundation/Rat u. Kommission; EuGH, Urt. v. 16.12.2008 – C-47/07 P u. C-415/05, Slg. 2008, I-9761 Rn. 50 – Madar (UK)/Kommission.

219 *Voet van Vormizeele*, in: Schwarze, EU-Kommentar, Art. 47 GRCh Rn. 4.

220 *Jarass*, EU-GRCharta, Art. 47 Rn. 2; *Blanke*, in: Calliess/Ruffert, EUV/AEUV, Art. 47 GRCh Rn. 2; anders dagegen *Schenke R.*, in: FS W.-R. Schenke, S. 305 (316), nachdem Art. 47 Abs. 2 GRCh einen Art. 6 Abs. 1 S. 1 Halbsatz 1 EMRK entsprechenden Justizgewährleistungsanspruch normiere, wohingegen Art. 47 Abs. 1 GRCh allein den Rechtsschutz bei hoheitlichen Rechtsverletzungen zum Gegenstand habe.

221 Vgl. Amtsblatt der Europäischen Union Nr. C 303/02, Erläuterung zu Artikel 47; *Blanke*, in: Calliess/Ruffert, EUV/AEUV, Art. 47 GRCh Rn. 2.

222 Siehe Amtsblatt der Europäischen Union Nr. C 303/02, Erläuterung zu Artikel 47.

findet Art. 47 Abs. 2 GRCh auf alle Arten von Rechtsstreitigkeiten Anwendung. Art. 47 Abs. 3 GRCh beruht auf der Rechtsprechung des EGMR zu Art. 6 Abs. 1 EMRK und dem Prozesskostenhilfesystem für die beim EuGH anhängigen Rechtssachen.[223]

Das Recht auf eine gute Verwaltung und das Gebot der Sachbehandlung binnen angemessener Frist ist in Art. 41 Abs. 1 GRCh geregelt. Die Verfahrensvorgaben des Art. 41 GRCh stehen in Zusammenhang mit denen des Art. 47 GRCh.[224]

1. Recht auf einen wirksamen Rechtsbehelf (Abs. 1)

Gemäß Art. 47 Abs. 1 GRCh hat jede Person das Recht, bei einem Gericht einen wirksamen Rechtsbehelf einzulegen. In Art. 47 Abs. 1 GRCh ist nicht definiert, welche Anforderungen an einen wirksamen Rechtsbehelf zu stellen sind. Da Art. 47 Abs. 1 GRCh auf Art. 13 EMRK beruht, darf der Rechtbehelf nicht hinter den Anforderungen des Art. 13 EMRK zurückbleiben.[225]

Der persönliche Anwendungsbereich des Art. 47 Abs. 1 GRCh erfasst jeden Unionsbürger, wobei sowohl natürliche als auch juristische Personen und Personenvereinigungen Träger des Grundrechts sind.[226] Juristische Personen des öffentlichen Rechts können sich hingegen nur auf Art. 47 GRCh berufen, sofern sie ausnahmsweise Grundrechtsträger sind.[227] Die justiziellen Rechte des 6. Titels der Grundrechtecharta (Art. 47-50) sind als Menschenrechte ausgestaltet. Daher können sie auch Drittstaatsangehörige in Anspruch nehmen, wenn sie von der Hoheitsgewalt der Union unmittelbar oder mittelbar betroffen sind.[228]

Sachlich erfasst Art. 47 Abs. 1 GRCh Rechte oder Freiheiten, die durch das Unionsrecht garantiert werden. Die sachliche Anwendbarkeit des Art. 47 Abs. 1 GRCh setzt somit einen Bezug zum Unionsrecht voraus. Rechtsgrundlage der garantierten Rechte oder Freiheiten ist das Primärrecht, soweit ihm unmittelbare Wirkung zukommt und das Sekundärrecht. Daneben kommen völkerrechtliche Abkommen der Union in Betracht, soweit sie für die Union bindend sind.[229]

---

223 *Streinz*, in: Streinz, EUV/AEUV, Art. 47 Rn. 3; *Nowak*, in: Heselhaus/Nowak, EU-Grundrechte § 51 Rn. 38; zum Prozesskostenhilfesystem des EuGH siehe Art. 76 EuGH-VerfO und des EuG Art. 94-97 EuG-VerfO.

224 Im Einzelnen zu Art. 41 GRCh *Jarass*, EU-GRCharta, Art. 41 Rn. 1 ff.

225 Vgl. *Voet van Vormizeele*, in: Schwarze, EU-Kommentar, Art. 47 GRCh Rn. 10.

226 *Voet van Vormizeele*, in: Schwarze, EU-Kommentar, Art. 47 GRCh Rn. 5.

227 *Jarass*, EU-GRCharta, Art. 47 Rn. 12.

228 Vgl. *Eser*, in: Meyer, EU-GRCharta, Art. 47 Rn. 10; *Jarass*, EU-GRCharta, Art. 47 Rn.12.

229 Vgl. *Eser*, in: Meyer, EU-GRCharta, Art. 47 Rn. 16.

Art. 47 GRCh erfasst auch Rechtsvorschriften der Mitgliedstaaten, die in Umsetzung von Unionsrecht erlassen worden sind.[230]

Die Normen des Unionsrechts verleihen dem Einzelnen regelmäßig Rechte. Die Anforderungen an ein subjektives öffentliches Recht sind im Unionsrecht geringer als nach der Schutznormlehre des deutschen Rechts. Es genügt, wenn eine Norm auch dem Schutz subjektiver Rechte dient.[231] Davon abzugrenzen sind Normen, die ausschließlich dem öffentlichen Interesse dienen. Es muss eine Verletzung der genannten Rechte oder Freiheiten geltend gemacht werden, wobei die Rechtsverletzung noch nicht erwiesen sein muss. Die Behauptung des Klägers – die eine solche Verletzung der Rechte als möglich erscheinen lässt – ist ausreichend.[232]

Rechtsverletzungen können durch Organe, Einrichtungen und sonstige Stellen der Union und durch die Mitgliedstaaten bei der Durchführung des Rechts der Union erfolgen (Art. 51 Abs. 1 GRCh). Erfasst wird somit der unmittelbare und mittelbare Vollzug von EU-Recht.[233] Anders als Art. 19 Abs. 4 GG verlangt Art. 47 Abs. 1 GRCh keine Verletzung durch die öffentliche Gewalt. Daher fallen unter Art. 47 Abs. 1 GRCh auch Rechtsverletzungen von Privatpersonen, soweit sie durch das Unionsrecht gebunden sind.[234] Der Rechtsschutz erstreckt sich grundsätzlich auf Maßnahmen aller drei öffentlichen Gewalten.[235]

Das Grundrecht des Art. 47 GRCh garantiert einen Anspruch auf ein Verfahren in einer gerichtlichen Instanz, nicht jedoch ein Verfahren in zweiter Instanz.[236] Wenn das einschlägige Recht allerdings Rechtsmittel gegen die gerichtliche Entscheidung vorsieht, findet Art. 47 GRCh auf das Rechtsmittelverfahren Anwendung. Mit Gericht sind europäische und mitgliedstaatliche Gerichte gemeint.[237] Nach Auffassung des EuGH sind insbesondere solche Einrichtungen Gerichte, die in eine obligatorische Gerichtsbarkeit eingegliedert

---

230 *Jarass*, NJW 2011, 1393 (1394).

231 *Jarass*, EU-GRCharta, Art. 47 Rn. 7 f.

232 *Blanke*, in: Calliess/Ruffert, EUV/AEUV, Art. 47 GRCh Rn. 6; vgl. *Eser*, in: Meyer, EU-GRCharta, Art. 47 Rn. 4.

233 Siehe Amtsblatt der Europäischen Union Nr. C 303/02, Erläuterung zu Artikel 47.

234 *Voet van Vormizeele*, in: Schwarze, EU-Kommentar, Art. 47 GRCh Rn. 8.

235 So auch *Nowak*, in: Heselhaus/Nowak, EU-Grundrechte § 51 Rn. 29.

236 *Jarass*, EU-GRCharta, Art. 47 GRCh Rn. 28.

237 *Jarass*, NJW 2011, 1393 (1395).

sind, in einem streitigen Verfahren zu entscheiden haben, Rechtsnormen anwenden und unabhängig sind.[238]

Der Zugang zu den Gerichten wird gemäß Art. 47 Abs. 1 GRCh nach Maßgabe der in diesem Artikel vorgesehenen Bedingungen gewährt. Dazu gehört insbesondere ein „durch Gesetz" errichtetes Gericht (Abs. 2).[239] Die Einlegung eines gerichtlichen Rechtsbehelfs nach Abs. 1 setzt somit voraus, dass zuvor ein entsprechendes Gericht errichtet worden ist. Ausgeschlossen sind daher Gerichte, die ohne gesetzliche Grundlage und ad hoc für bestimmte Fälle eingerichtet werden.[240] Diese Auslegung steht in Einklang mit den Erläuterungen des Konventspräsidiums und mit Art. 51 Abs. 2 GRCh. Danach wird das in den Verträgen vorgesehene Rechtsschutzsystem, insbesondere die Zulässigkeit direkter Klagen beim EuGH durch die Grundrechtecharta nicht erweitert.[241] Ein Anspruch auf Schaffung zusätzlicher Gerichte und Verfahrensarten besteht somit nicht.

Soweit Rechtsakte und Handlungen von Behörden der Union angegriffen werden, ist das Rechtsschutzsystem der EU einschlägig.[242] Natürliche oder juristische Personen können gemäß Art. 263 Abs. 4 AEUV gegen Handlungen, die an sie gerichtet sind oder sie unmittelbar und individuell betreffen Klage erheben (Beschlüsse im Sinne von Art. 288 Abs. 4 AEUV). Legislativakte sind nur rechtsbehelfsfähig, wenn es sich um Rechtsakte mit Verordnungscharakter handelt, die keine Durchführungsmaßnahmen nach sich ziehen. Rechtsnormen können inzident bei Direktklagen und beim Vorabentscheidungsverfahren angegriffen werden (Art. 277 AEUV).[243]

Erfolgt die Rechtsverletzung durch die Mitgliedstaaten bei Durchführung des Unionsrechts, kommt das Rechtsschutzsystem des jeweiligen Mitgliedstaates zur Anwendung.[244] Im Bereich des indirekten Vollzugs des Unionsrechts obliegt es

---

238 EuGH, Urt. v. 17.09.1997 – C-54/96 P, Slg. 1997, I-4961 Rn. 23 – Dorsch Consult Ingenieursgesellschaft/Bundesbaugesellschaft Berlin; EuGH, Urt. v. 21.03.2000 – C-110/98, Slg. 2000, I-1577 Rn. 33 – Gabalfrisa u.a/Agencia Estatal de Administración Tributaria; EuGH, Urt. v. 29.11.2001 – C-17/00, Slg. 2001, I-9445 Rn. 10 – De Coster/Collège des bourgmestre et échevins de Watermael-Boitsfort.

239 *Voet van Vormizeele*, in: Schwarze, EU-Kommentar, Art. 47 GRCh Rn. 4.

240 Vgl. *Voet van Vormizeele*, in: Schwarze, EU-Kommentar, Art. 47 GRCh Rn. 4.

241 Siehe Amtsblatt der Europäischen Union Nr. C 303/02 vom 14.12.2007, Erläuterungen zur Charta der Grundrechte, Erläuterung zu Artikel 47.

242 *Jarass*, EU-GRCharta, Art. 47 GRCh Rn. 24.

243 *Streinz*, in: Streinz, EUV/AEUV, Art. 47 GRCh Rn. 10.

244 *Voet van Vormizeele*, in: Schwarze, EU-Kommentar, Art. 47 GRCh Rn. 9.

den nationalen Gerichten, die Rechtsakte der Mitgliedstaaten zu überprüfen.[245] Art. 47 GRCh ist dabei direkter Prüfungsmaßstab.

2. *Effektiver Rechtsschutz und faires Verfahren, insbesondere Verhandlung innerhalb angemessener Frist (Abs. 2)*

Art. 47 Abs. 2 GRCh beinhaltet grundlegende Verfahrensvorgaben, deren Einhaltung notwendig ist, um ein faires Verfahren und einen effektiven Rechtsschutz zu gewährleisten: Die Unabhängigkeit, Unparteilichkeit und gesetzliche Errichtung des Gerichts, das Recht auf ein faires, öffentliches und zügiges Verfahren (Satz 1) und das Recht sich beraten, verteidigen und vertreten zu lassen (Satz 2). Das Grundrecht auf einen fairen Prozess ist die bedeutsamste verfahrensrechtliche Garantie auf europäischer Ebene.[246] Art. 47 Abs. 2 S. 1 GRCh ist – bis auf die Beschränkung auf zivilrechtliche Ansprüche und Verpflichtungen – im Wortlaut nahezu mit Art. 6 Abs. 1 S. 1 EMRK identisch. Mit Ausnahme ihres Anwendungsbereichs, den Art. 51 GRCh regelt, gelten die Garantien der EMRK in der Union entsprechend.[247]

Gemäß Art. 47 Abs. 2 GRCh hat jede Person ein Recht darauf, dass ihre Sache innerhalb angemessener Frist („within a reasonable time“) verhandelt wird. Der EuGH leitet das Gebot der angemessenen Verfahrensdauer aus dem Anspruch auf einen fairen Prozess ab.[248] Dieses Gebot gilt sowohl für die Dauer von Gerichtsverfahren in erster Instanz vor dem EuG als auch für die Dauer von Verwaltungsverfahren.[249]

Die Angemessenheit der Verfahrensdauer beurteilt der EuGH nach den Umständen der jeweiligen Rechtssache. Zu berücksichtigen sind dabei insbesondere die Bedeutung des Verfahrensausgangs für die Betroffenen, die Komplexität der Rechtssache sowie das Verhalten des Klägers und der zuständigen Behörde.[250]

---

245 Vgl. *Schenke, R.*, in: FS W.-R. Schenke, S. 305 (320).

246 In diesem Sinne *Pache*, NVwZ 2001, 1342.

247 Amtsblatt der Europäischen Union Nr. C 303/02, Erläuterung zu Artikel 47.

248 Vgl. EuGH, Urt. v. 17.12.1998 – C-185/95 P, Slg. 1998, I-8417 = EuZW 1999, 115 (117) – Baustahlgewerbe/Kommission.

249 Siehe EuGH, Urt. v. 18.03.1997 – C-282/95 P, Slg. 1997, I-1503 = BeckRS 2004, 75969 Rn. 37 f. – Guérin automobiles/Kommission; EuGH, Urt. v. 15.10.2002 – C-238/99 P, Slg. 2002, I-8375 = BeckRS 2004, 75338 Rn. 165 ff. – Limburgse Vinyl Maatschappij u.a./Kommission; EuGH, Urt. v. 21.09.2006 – C-113/04 P, Slg. 2006, I-8831 = BeckRS 2006, 70711 Rn. 40 f. – Technische Unie/Kommission.

250 Siehe hierzu EuGH, Urt. v. 17.12.1998 – C-185/95 P, Slg. 1998, I-8417 = EuZW 1999, 115 (117) – Baustahlgewerbe/Kommission; EuGH, Urt. v. 25.01.2007 – C-403/04 P,

Die Komplexität der Sache kann sich aus umfangreichen Dokumenten sowie aus komplexen Tatsachen- und Rechtsfragen ergeben. Bei der Beurteilung der Verfahrensdauer ist auch zu prüfen, ob das Verhalten der Verfahrensbeteiligten wesentlich zur Verlängerung des Verfahrens beigetragen hat. Ferner kann die Bedeutung des Verfahrens für die Allgemeinheit berücksichtigt werden. So kann etwa ein Rechtsstreit über eine Zuwiderhandlung gegen die Wettbewerbsregeln wegen des Gebots der Rechtssicherheit und des Ziels den Wettbewerb im Binnenmarkt nicht zu verfälschen, nicht nur für die Verfahrensbeteiligten, sondern aufgrund der Anzahl der betroffenen Personen und der berührten finanziellen Interessen auch für Dritte von erheblicher Bedeutung sein.[251]

Die genannten Kriterien sind jedoch nicht abschließend. Es ist auch keine systematische Prüfung aller Kriterien erforderlich, wenn die Dauer des Verfahrens durch ein Kriterium gerechtfertigt erscheint.[252] Daher können allein die Komplexität der Sache oder vom Kläger herbeigeführte Verzögerungen eine auf den ersten Blick zu lange Verfahrensdauer rechtfertigen. Umgekehrt kann die Verfahrensdauer auch anhand nur eines Kriteriums als unangemessen lang eingestuft werden, insbesondere wenn sie aus dem Verhalten der zuständigen Behörde resultiert.[253] Im Einzelnen hat der EuGH in einer Rechtssache die Dauer eines wettbewerbsrechtlichen Verfahrens von fünf Jahren für gerechtfertigt gehalten[254] und in einer anderen Rechtssache die Dauer von fünfeinhalb Jahren als unangemessen lang eingestuft.[255] Daran zeigt sich, dass die Dauer eines Verfahrens kein absoluter Wert ist und die Umstände jedes Einzelfalls gesondert zu betrachten sind.

Slg. 2007, I-729 Rn. 116 f. – Sumitono Metal Industries/Kommission; EuGH, Urt. v. 26.03.2009 – C-146/08 P, Slg. 2009, I-49 = BeckRS 2009, 70627 Rn. 54 – Efkon/Parlament u. Rat;

251 EuGH, Urt. v. 17.12.1998 – C-185/95 P, Slg. 1998, I-8417 = EuZW 1999, 115 (117) – Baustahlgewerbe/Kommission.

252 EuGH, Urt. v. 16.07.2009 – C-385/07, Slg. 2009, I-6155 P = BeckRS 2009, 70816 Rn. 182 – Der Grüne Punkt - Duales System Deutschland/Kommission; so auch EuGH, Urt. v. 26.11.2013 – C-58/12 P = EuZW 2014, 142 (144) – Groupe Gascogne SA/Kommission.

253 EuGH, Urt. v. 02.10.2003 – C-194/99 P, Slg. 2003, I-10821 Rn. 156. – Thyssen Stahl/Kommission.

254 Vgl. EuGH, Urt. v. 03.09.2009 – C-322/07 P, Slg. 2009, I-7191 = BeckRS 2009, 70907 Rn. 146 ff. – Papierfabrik August Koehler u.a./Kommission.

255 Siehe EuGH, Urt. v. 16.07.2009 – C-385/07, Slg. 2009, I-6155 P = BeckRS 2009, 70816 Rn. 183 ff. – Der Grüne Punkt – Duales System Deutschland/Kommission.

Der EMRK und dem Gemeinschaftsrecht lässt sich eine Verpflichtung des Gerichts zur Verfahrensförderung und Verfahrensbeschleunigung entnehmen.[256] Eine gewisse Verzögerung beim Vorabentscheidungsverfahren ist im Interesse der Allgemeinheit hinzunehmen, da es die Einheitlichkeit der Rechtsprechung der Mitgliedstaaten im Hinblick auf das EU-Recht gewährleistet (Art. 267 AEUV).[257]

3. *Anspruch auf Prozesskostenhilfe (Abs. 3)*

Gemäß Art. 47 Abs. 3 GRCh wird Personen, die nicht über ausreichende Mittel verfügen, Prozesskostenhilfe bewilligt. Der Anspruch auf Prozesskostenhilfe gewährleistet den durch Art. 47 Abs. 1 GRCh eröffneten Zugang zu den Gerichten. Prozesskostenhilfe kann für alle Verfahrensarten gewährt werden und somit in allen Fällen, in denen die Verletzung von Unionsrechten im Sinne von Art. 47 Abs. 1 GRCh geltend gemacht wird.[258] Neben natürlichen Personen können auch juristische Personen Prozesskostenhilfe beantragen.[259]

Der Begriff der Prozesskostenhilfe ist weit auszulegen. Der Anspruch erstreckt sich auf alle Kosten, die für eine wirksame Rechtsverfolgung notwendig sind, insbesondere auf die Gebühren für den Beistand eines Rechtsanwalts und die Gerichtskosten.[260] Die Voraussetzungen sowie die nähere Ausgestaltung der Prozesskostenhilfe bleiben den nationalen Rechtsordnungen vorbehalten.[261]

D. Zwischenergebnis

Art. 19 Abs. 4 GG gewährleistet den Zugang zu den staatlichen Gerichten und einen effektiven Rechtsschutz gegen Akte der öffentlichen Gewalt. Nach wie vor ist jedoch umstritten, ob Art. 19 Abs. 4 GG Rechtsschutz gegenüber der Legislative und der Judikative gewährt. Der allgemeine Justizgewährungsanspruch sichert einen effektiven Rechtsschutz außerhalb des Anwendungsbereichs des Art. 19 Abs. 4 GG. Die Gewährleistungen der EMRK und die Rechtsprechung

---

256 *Pache*, NVwZ 2001, 1342 (1346).

257 In diesem Sinne *Jarass*, EU-GRCharta, Art. 47 Rn. 43.

258 *Jarass*, EU-GRCharta, Art. 47 Rn. 50; *Voet van Vormizeele*, in: Schwarze, EU-Kommentar, Art. 47 GRCh Rn. 14.

259 EuGH, Urt. v. 22.12.2010 – C-279/09, Slg. 2010 I-13849 = EuZW 2011, 137 (139) – DEB/Deutschland.

260 Vgl. *Blanke*, in: Calliess/Ruffert, EUV/AEUV, Art. 47 GRCh Rn. 19.

261 *Jarass*, EU-GRCharta, Art. 47 Rn. 50; *Voet van Vormizeele*, in: Schwarze, EU-Kommentar, Art. 47 GRCh Rn. 14.

des EGMR sind Auslegungshilfe bei der Bestimmung von Inhalt und Reichweite der Grundrechte.

Art. 6 Abs. 1 EMRK garantiert das Recht auf ein faires Verfahren und hat sich zur bedeutsamsten verfahrensrechtlichen Garantie auf europäischer Ebene entwickelt. Das BVerfG hat insbesondere die Gewährleistungen des Art. 6 EMRK herangezogen, um aus dem Rechtsstaatsprinzip in Verbindung mit den Grundrechten, einzelne Verfahrensrechte zu entwickeln.

Art. 13 EMRK garantiert im Falle einer Verletzung der in der Konvention anerkannten Rechten oder Freiheiten das Recht auf eine wirksame Beschwerde bei innerstaatlichen Instanz. Damit bleibt Art. 13 EMRK hinter Art. 19 Abs. 4 GG zurück, da der Schutzumfang wesentlich enger ist und kein gerichtlicher Rechtsschutz garantiert wird. Im Unterschied zu Art. 19 Abs. 4 GG muss eine Verletzung eines durch die EMRK oder die Zusatzprotokolle verliehenen Rechts vorliegen. Die Geltendmachung eines irgendwie gearteten subjektiven Rechts genügt hingegen nicht. Geht es um den Vollzug von Unionsrecht durch die nationalen Gerichte, garantiert Art. 47 GRCh einen Rechtsschutz innerhalb angemessener Zeit. Die Grundrechtecharta hat den Rang von Primärrecht. Art. 47 GRCh gewährleistet einen umfassenderen Rechtsschutz als Art.6 Abs. 1, 13 EMRK, der nur eine wirksame Beschwerde bei einer nationalen Instanz vorsieht. Art. 47 Abs. 1 GRCh garantiert vielmehr einen gerichtlichen Rechtsschutz. Darüber hinaus erfasst Art. 47 Abs. 2 GRCh neben zivilrechtlichen Ansprüchen und strafrechtlichen Anklagen auch öffentlich-rechtliche Ansprüche. Auf europäischer Ebene wird der Grundrechtsschutz durch die Charta gestärkt und der Grundsatz des effektiven gerichtlichen Rechtsschutzes weiter entwickelt.

Zweites Kapitel Rechtsschutzmöglichkeiten nach der bisherigen Rechtslage

Im Folgenden wird ein Überblick über die bisherigen Rechtsschutzmöglichkeiten bei überlanger Verfahrensdauer auf nationaler und auf europäischer Ebene gegeben.

A. Dienstaufsichtsbeschwerde (§ 26 DRiG)

Eine überlange Verfahrensdauer kann mit der Dienstaufsichtsbeschwerde beanstandet werden. Die Dienstaufsichtsbeschwerde ist kein Rechtsbehelf, sondern eine form- und fristlose Anregung auf Erlass einer dienstaufsichtsrechtlichen Maßnahme.[262] Der Richter untersteht gemäß § 26 Abs. 1 DRiG der Dienstaufsicht nur, soweit nicht seine Unabhängigkeit beeinträchtigt wird. Die Dienstaufsicht umfasst vorbehaltlich des Abs. 1 auch die Befugnis, die ordnungswidrige Art der Ausführung eines Amtsgeschäfts vorzuhalten und zu ordnungsgemäßer, unverzögerter Erledigung der Amtsgeschäfte zu ermahnen (§ 26 Abs. 2).

Deshalb sind Beanstandungen der richterlichen Amtsführung nur zulässig, soweit sie den ordnungsgemäßen Geschäftsablauf und die äußere Form der Erledigung der Amtsgeschäfte oder solche Fragen betreffen, die vom Kernbereich der eigentlichen Rechtsprechung so weit entfernt sind, dass sie als zur äußeren Ordnung gehörig anzusehen sind.[263] Der Dienstaufsicht ist nicht nur die eigentliche Rechtsfindung entzogen, sondern auch alle ihr mittelbar dienenden, sie vorbereitenden oder ihr nachfolgenden Sach- und Verfahrensentscheidungen.[264] Vorhalt und Ermahnung bilden die Grenzen einer zulässigen Dienstaufsichtsmaßnahme.[265]

Es ist mit der richterlichen Unabhängigkeit vereinbar, wenn der Richter lediglich allgemein zu einer zügigeren Bearbeitung angehalten wird.[266] Auch kann die

262 *Brockmöller/Weichbrodt*, NdsVBl. 2010, 225 (227).

263 BGH, Urt. v. 31.01.1984 - RiZ (R) 3/83, BGHZ 90, 41-52, NJW 1984, 2531 (2352).

264 BGH, Urt. v. 15.11.2007 - RiZ (R) 4/07, NJW 2008, 1448 (1450).

265 *Schmidt-Räntsch*, DRiG, § 26 Rn. 35; siehe auch *Huerkamp/Wielpütz*, JZ 2011, 139 (143).

266 Vgl. *Schmidt-Räntsch*, DRiG, § 26 Rn. 39; ferner *Breuer*, Staatshaftung für judikatives Unrecht, S. 346.

Dienstaufsichtsbehörde vor der Geschäftsprüfung eine Übersicht aller überlangen Verfahren mit einer kurzen Angabe der Nichterledigungsgründe verlangen.[267] Des Weiteren kann die gegen § 272 Abs. 2 ZPO verstoßende Terminierungspraxis eines Richters beanstandet werden, da nicht auf konkrete Verfahren Einfluss genommen wird, sondern allgemein auf die Zügigkeit richterlicher Arbeit.[268] Es ist hingegen unzulässig, den Richter aufzufordern, umgehend einzelne Verfahren zu bearbeiten oder mehr als einen Sitzungstag pro Woche abzuhalten.[269]

Zu einer Diskussion geführt hat die Frage, ob dem Richter unter Auflistung der Erledigungszahlen vorgehalten werden kann, dass er das durchschnittliche Erledigungspensum vergleichbarer Richterinnen und Richter seit Jahren erheblich unterschritten hat, und er deshalb zu ordnungsgemäßer, unverzögerter Erledigung ermahnt werden kann.[270] Teilweise wird vertreten, dass dadurch die richterliche Unabhängigkeit verletzt ist.[271] Diese Auffassung verkennt allerdings, dass dem Richter weder vorgeschrieben wird, welchen Aufwand er bei der Aufklärung des Sachverhalts und der rechtlichen Würdigung betreiben soll, noch wie er künftig seine Fälle zu bearbeiten hat.[272] Vorgehalten werden ihm lediglich die allgemeinen Laufzeiten der bei ihm anhängigen Verfahren. Darüber hinaus wird er ermahnt die Verfahren in angemessener Zeit zu erledigen. Es folgt unmittelbar aus dem Wortlaut des § 26 Abs. 2 DRiG, dass eine solche Ermahnung zulässig ist. Von Bedeutung sind in diesem Zusammenhang auch der Anspruch auf effektiven Rechtsschutz und Art. 6 Abs. 1 EMRK.[273]

Die Abgrenzung zwischen zulässiger Dienstaufsichtsmaßnahme und unzulässigem Eingriff in die richterliche Unabhängigkeit ist somit oftmals schwierig.[274] Des Weiteren hat der Betroffene keinen Anspruch auf Erlass dienstaufsichtlicher Maßnahmen. Die Dienstaufsichtsbehörde kann weder zum Einschreiten gezwungen werden noch wird der Betroffener Beteiligter im dienstaufsichtsrechtlichen

267 BGH, Urt. v. 14.09.1990 – RiZ (R) 1/90, NJW 1991, 421.

268 BGH, Urt. v. 10.01.1985 – RiZ (R) 7/84, NJW 1985, 1471 (1473).

269 Siehe im Einzelnen BGH, Urt. v. 06.11.1986 – RiZ (R) 4/86, NJW 1987, 1197 (1197 f.); BGH, Urt. v. 16.09.1987 – RiZ (R) 5/87, NJW 1988, 421 (422).

270 Diese Diskussion ausgelöst hat ein Urteil des Richterdienstgerichts Karlsruhe vom 04.12.2012, abrufbar unter: http://www.landgericht-karlsruhe.de/pb/,Lde/1160635/?LISTPAGE=1160343 (zuletzt abgerufen am 10.09.2015).

271 So *Wittreck*, DRiZ 2013, 60; *ders.* NJW 2012, 3287.

272 Ausführlich *Forkel*, DRiZ 2013, 132.

273 Siehe *Forkel*, DRiZ 2013, 132 (133).

274 Vgl. *Matusche-Beckmann/Kumpf*, ZZP 124 (2011), 173 (176).

Verfahren.[275] Nach zutreffender Ansicht des EGMR ist die Dienstaufsichtsbeschwerde keine wirksame Beschwerde im Sinne von Art. 13 EMRK, da sie den Staat nicht zur Ausübung seiner Aufsichtsbefugnisse verpflichten kann.[276]

B. Revision

Bei der unangemessenen Verfahrensdauer handelt es sich grundsätzlich um einen Verfahrensmangel. Ein Verfahrensmangel kann mit der Revision bzw. der Nichtzulassungsbeschwerde angegriffen werden, wenn die Entscheidung auf ihm beruhen kann. Die überlange Verfahrensdauer muss somit den Inhalt der Entscheidung beeinflusst haben. Das wird in der Regel allerdings nicht der Fall sein.[277] Des Weiteren kann nach Ansicht des BVerwG eine Verletzung des Rechts auf Entscheidung innerhalb angemessener Frist nicht durch Aufhebung des angefochtenen Urteils oder durch Zurückweisung geheilt werden, vielmehr würde sich das Verfahren bis zu einer rechtskräftigen Entscheidung weiter verzögern.[278] Der Verstoß gegen Art. 6 EMRK kann allenfalls durch die Zahlung einer Entschädigung ausgeglichen werden.

Nach der Rechtsprechung des BFH kann die überlange Verfahrensdauer zwar zu einem Verfahrensmangel führen und deshalb mit der Nichtzulassungsbeschwerde gemäß § 116 FGO geltend gemacht werden.[279] Es müssen jedoch Umstände vorgetragen werden, die dem Finanzgericht angelastet werden können und die Verfahrensdauer als unverständlich und nicht mehr gerechtfertigt erscheinen lassen. Der Kläger muss auch darlegen, dass es bei einer kürzeren Verfahrensdauer zu einer anderen Entscheidung hätte kommen können.

Dagegen ist es nach Ansicht des 4. Senats des BSG wegen Art. 6 und 13 EMRK und des allgemeinen Justizgewährungsanspruchs bei Verletzungen des Rechts auf zügige Entscheidung geboten, die Revisionszulassungsgründe weit auszulegen.[280] § 160 Abs. 2 Nr. 3 Halbsatz 1 SGG sei dahingehend teleologisch reduzieren, dass im Rahmen der Nichtzulassungsbeschwerde vom Beschwerdeführer

---

275 *Guckelberger*, DÖV 2012, 289 (291); *Pickenpack*, Rechtsschutz bei Verletzung von Verfahrensgrundrechten und bei Untätigkeit der Gerichte, S. 132.

276 Siehe EGMR (Große Kammer), Urt. 08.06.2006 – 75529/01, NJW 2006, 2389 (2392) – Sürmeli/Deutschland.

277 Vgl. *Breuer*, Staatshaftung für judikatives Unrecht, S. 349 f.

278 BVwerG, Beschl. v. 23.03.2005 – 8 B 3/05, NJW 2005, 2169 (2170).

279 BFH, Beschl. v. 17.01.2006 – VIII B 172/05, BeckRS 2006, 25009468; BFH, Beschl. v. 27.02.2007 – X B 178/06, BeckRS 2007, 25011310.

280 BSG, Beschl. v. 13.12.2005 – B 4 RA 220/04 B (Juris).

nicht dargelegt werden muss, inwiefern die angefochtene Entscheidung auf dem Verfahrensmangel beruhen kann. Es genüge, wenn der Beschwerdeführer den Verfahrensmangel ordnungsgemäß bezeichnet hat. Die übrigen Senate des BSG lehnen diese Ansicht jedoch ab.[281]

C. Untätigkeitsbeschwerde

Die Zivilgerichtsbarkeit hat verschiedene Ansätze einer gesetzlich nicht vorgesehenen Untätigkeitsbeschwerde entwickelt. Sie wurde als Notbehelf entwickelt, um den Vorgaben des EGMR hinsichtlich Art. 6 und Art. 13 EMRK Rechnung zu tragen. So haben die Gerichte eine Untätigkeitsbeschwerde in analoger Anwendung des § 567 ZPO zugelassen, wenn das Gericht seine Entscheidung ungewöhnlich lange verzögert hat oder völlig untätig bleibt und deshalb eine willkürliche Rechtsverweigerung angenommen werden kann.[282] Eine vom Beschwerdeführer darzulegende, sachlich nicht mehr zu rechtfertigende Untätigkeit des erstinstanzlichen Gerichts muss zu einem faktischen Verfahrensstillstand führen. Das ist insbesondere der Fall, wenn das Gericht es entgegen § 216 Abs. 2 ZPO unterlässt, unverzüglich einen Termin zu bestimmen oder den Termin zu einem unangemessen späten Zeitpunkt ansetzt.[283]

Die Untätigkeit des Gerichts steht dann einer fehlerhaften Aussetzung des Verfahrens gleich und kann wie diese mit der Beschwerde gemäß § 252 i.V.m. § 567 ZPO analog angefochten werden. Gegen erstinstanzliche Entscheidungen des AG oder des LG ist demnach die sofortige Beschwerde (§ 567 ZPO) statthaft, im Übrigen die Rechtsbeschwerde (§ 574 Abs. 1 Nr. 2 ZPO).[284] Verfahrensgegenstand der Beschwerde ist ausschließlich die Untätigkeit des erstinstanzlichen Gerichts, nicht hingegen die inhaltliche Überprüfung einer ggf. bereits ergangenen

---

281 BSG, Beschl. v. 04.09.2007 - B 2 U 308/06 B, BeckRS 2007, 48785 Rn. 13 f.; BSG, Urt. v. 19.02.2008 - B 13 R 391/07 B (Juris).

282 Vgl. etwa OLG Schleswig, Beschl. v. 26.06.1981 - 1 W 94/81, NJW 1982, 246; OLG Köln, Beschl. v. 25.05.1998 - 14 W 27-98, NJW-RR 1999, 290 (290 f.); OLG Naumburg, Beschl. v. 19.07.2004 - 14 WF 38/04, NJOZ 2005, 2082; OLG Frankfurt, Beschl. v. 30.01.2007 - 3 WF 232/06, BeckRS 2007, 11187; OLG Karlsruhe, Beschl. v. 03.05.2007 -2 WF 32/07, NJOZ 2007, 2997 (2999 ff.); OLG Brandenburg, Beschl. v. 22.10.2007 - 10 WF 237/07, BeckRS 2008, 02360; offen gelassen OLG Rostock, Beschl. v. 04.09.2009 - 3 W 74/09, BeckRS 2009, 27263; anders dagegen OLG München, Beschl. v. 28.09.2006 - 6 W 2112/06, NJOZ 2007, 45.

283 OLG Düsseldorf, Beschl. v. 23.09.2008 - 5 W 46/08, BeckRS 2009, 09664; so auch *Prütting*, in: MüKO-ZPO, § 272 Rn. 31.

284 *Lipp*, in: MüKO-ZPO, § 567 Rn. 27; ferner *Althammer/Schäuble*, NJW 2012, 1 (5).

Entscheidung. Bei Begründetheit der Untätigkeitsbeschwerde werden die Gerichte angewiesen, das Verfahren fortzusetzen.[285]

Die Untätigkeitsbeschwerde wurde schließlich teilweise als Unterfall der außerordentlichen Beschwerde wegen „greifbarer Gesetzeswidrigkeit" zugelassen. Ein solcher Fall liegt vor, wenn die erstinstanzliche Entscheidung jeglicher Grundlage entbehrt und damit eine nicht hinnehmbare Gesetzeswidrigkeit zur Folge hat.[286] Der Beschluss muss unter schwerwiegender Verletzung von Verfahrensvorschriften zu Stande gekommen sein oder auf einer Gesetzesauslegung beruhen, die offensichtlich dem Wortlaut und dem Zweck des Gesetzes widerspricht, und die eine Gesetzesanwendung zur Folge hat, die ersichtlich ausgeschlossen werden sollte.

Im Falle der Nichtbescheidung eines Antrags auf Prozesskostenhilfe wird die verfahrenswidrige Verzögerung einer ablehnenden Entscheidung des PKH-Antrags gleichgesetzt und die sofortige Beschwerde in entsprechender Anwendung des § 127 Abs. 2 S. 2 ZPO zugelassen.[287]

Im Gegensatz zu den ordentlichen Gerichten haben die Verwaltungsgerichte mit Ausnahme des Bayerischen Verwaltungsgerichtshofs eine Untätigkeitsbeschwerde ganz überwiegend abgelehnt.[288] Nach Auffassung des BVerwG sieht die VwGO eine Untätigkeitsbeschwerde nicht vor. Ferner sei sie weder verfassungsrechtlich geboten noch in entsprechender Anwendung anderer gesetzlicher Vorschriften oder der EMRK zulässig.[289] Auch BFH und BSG halten eine

285 Vgl. BVerfG, Beschl. v. 10.06.2005 – 1 BvR 2790/04, NJW 2005, 2685 (2687); OLG München, Beschl. v. 26.09.2007 – 33 Wx 193/07, FamRZ 2008, 704 (705); OLG Brandenburg, Beschl. v. 22.10.2007 – 10 WF 237/07, BeckRS 2008, 02360.

286 Siehe hierzu OLG Karlsruhe, Beschl. v. 29.09.1983 – 15 W 56/83, NJW 1984, 985; OLG Frankfurt, Beschl. v. 28.07.1998 – 3 WF 108/98, MDR 1998, 1368; BFH, Beschl. v. 18.10.2000 – IV B 98/00 (Juris Rn. 10); BFH, Beschl. v. 05.12.2002 – IV B 190/02, NJW 2003, 919 (920).

287 Vgl. OLG Hamburg, Beschl. v. 03.05.1989 – 2 UF 24/89, NJW-RR 1989, 1022; OLG Zweibrücken, Beschl. v. 10.09.2002 – 4 W 65/02, NJW-RR 2003, 1653; siehe auch *Pickenpack*, Rechtsschutz bei Verletzung von Verfahrensgrundrechten und bei Untätigkeit der Gerichte, S. 152.

288 *Breuer*, Staatshaftung für judikatives Unrecht, S. 352; anders dagegen *W.-R. Schenke*, NVwZ 2005, 729 (731), eine Untätigkeit des Verwaltungsgerichts komme einer Aussetzung des Verfahrens gleich, gegen die § 146 VwGO eine Beschwerdemöglichkeit vorsieht; so auch *Meyer-Ladewig/Rudisile*, in: Schoch/Schneider/Bier, VwGO, Vorb. § 124 Rn. 36.

289 BVerwG, Beschl. v. 30.01.2003 – 3 B 8/03, NVwZ 2003, 869; BVerwG, Urt. v. 05.12.2006 – 10 B 68/06 (Juris Rn 1).

Untätigkeitsbeschwerde für unzulässig, da es ein Rechtsinstitut der „verfassungsrechtlich gebotenen Untätigkeitsbeschwerde“ nicht gibt.[290]

Nach der Rechtsprechung des BVerfG entspricht die außerordentliche Beschwerde nicht dem Gebot der Rechtsmittelklarheit.[291] Ein Rechtsbehelf muss in der geschriebenen Rechtsordnung geregelt und für den Bürger klar erkennbar sein, insbesondere ob und unter welchen Voraussetzungen er zulässig ist. Es verstößt daher gegen die verfassungsrechtlichen Anforderungen an die Rechtsmittelklarheit, wenn von der Rechtsprechung außerordentliche Rechtsbehelfe außerhalb des geschriebenen Rechts geschaffen werden, um tatsächliche oder vermeintliche Lücken im bisherigen Rechtsschutzsystem zu schließen.[292] Im Plenarbeschluss ging es in der Sache um Rechtsschutz bei Gehörsverletzungen (Art. 103 Abs. 1 GG). Die Entscheidung des BVerfG wurde jedoch weit verstanden und auf alle anderen außerordentlichen Rechtsbehelfe übertragen, da das Gebot der Rechtsmittelklarheit für alle Verfahrensgrundrechte gilt.[293] Nach Ansicht der obersten Gerichtshöfe ist jedenfalls seit Inkrafttreten des § 321a ZPO eine außerordentliche Beschwerde wegen greifbarer Gesetzeswidrigkeit nicht mehr statthaft.[294]

Nach Inkrafttreten des Anhörungsrügengesetzes ist ferner diskutiert worden, ob Rechtsschutz gegen den untätigen Richter in Analogie zur Anhörungsrüge möglich ist.[295] Die Anhörungsrüge gilt nach dem Wortlaut und der Gesetzesbegründung für Verletzungen des rechtlichen Gehörs.[296] Teilweise wird jedoch

---

290 Vgl. nur BFH, Beschl. v. 04.10.2005 – II S 10/05 (Juris Rn. 4); BSG, Beschl. v. 04.09.2007 – B 2 U 308/06 B, BeckRS 2007, 48785 Rn. 16.

291 BVerfG, Beschl. v. 30.04.2003 – 1 PBvU 1/02, NJW 2003, 1924 (1928).

292 BVerfG, Beschl. v. 16.01.2007 – 1 BvR 2803/06, NJW 2007, 2538 (2359).

293 Siehe *Steinbeiß-Winkelmann*, NJW 2008, 1783 (1784); ferner *Bloching/Kettinger*, NJW 2005, 860 (862); vgl. auch *Voßkuhle*, NJW 2003, 2193 (2198).

294 BGH, Beschl. v. 07.03.2002 – IX ZB 11/02, NJW 2002, 1577; ebenso BFH, Beschl. v. 05.12.2002 – IV B 190/02, NJW 2003, 919; BVerwG, Beschl. v. 05.10.2004 – 2 B 90/0, NVwZ 2005, 232.

295 Das Gesetz über die Rechtsbehelfe bei Verletzung des Anspruchs auf rechtliches Gehör (Anhörungsrügengesetz) ist mit Wirkung zum 01.01.2005 in Kraft getreten (BGBl. 2004 I S. 3220). Infolgedessen ist in die Verfahrensordnungen die Anhörungsrüge eingefügt worden, vgl. § 321a ZPO, § 78a ArbGG, § 152a VwGO, § 133a FGO, § 178a SGG.

296 Siehe hierzu BT-Drucks. 15/3706.

vertreten, dass mit der Anhörungsrüge auch eine schwerwiegende Verletzung anderer Prozessgrundrechte geltend gemacht werden kann.[297]

Nach der Rechtsprechung des EGMR ist die außerordentliche Untätigkeitsbeschwerde aber nicht als wirksamer Rechtsbehelf anzusehen, da sie nicht von allen Gerichten anerkannt wird und ihre Zulässigkeitskriterien unterschiedlich beurteilt werden.[298]

D. Amtshaftungsklage

Des Weiteren kommt ein Anspruch aus § 839 BGB i.V.m. Art. 34 GG wegen pflichtwidriger und schuldhafter Unterlassung oder Verzögerung der richterlichen Amtsausübung in Betracht.

Ein Amtshaftungsanspruch ist gegeben, wenn folgende Voraussetzungen erfüllt sind: Handeln oder Unterlassen eines Amtsträgers in Ausübung eines öffentlichen Amtes, Verletzung einer drittbezogenen Amtspflicht, Verschulden und zuletzt Kausalität zwischen Amtspflichtverletzung und Schaden.[299] Amtspflichtverletzungen können sowohl durch ein positives Tun als auch durch ein Unterlassen begangen werden, sofern eine entsprechende Pflicht zum Handeln besteht.[300]

§ 839 BGB ist die haftungsbegründende und Art. 34 S. 1 GG die haftungsüberleitende Norm.[301] Die in § 839 BGB vorgesehene Eigenhaftung des Beamten wird durch Art. 34 GG mit schuldbefreiender Wirkung auf den Staat übergeleitet.[302] Richtiger Anspruchsgegner ist nicht der handelnde Beamte, sondern der Staat. Es handelt sich somit um einen Fall der mittelbaren Staatshaftung. Die Amtshaftungsklagen sind der ordentlichen Gerichtsbarkeit zugewiesen (Art. 34 S. 3 GG). Einfachgesetzlich wird dies durch § 40 Abs. 2 S. 1 VwGO bestätigt.

---

297 Für eine analoge Anwendung des § 152 VwGO, wenn ein Gericht nicht innerhalb angemessener Frist über ein Klagebegehren entscheidet, *W.-R. Schenke*, NVwZ 2005, 729 (737); anders dagegen *Rudisile*, in: Schoch/Schneider/Bier, VwGO, § 152a Rn. 40; ablehnend auch *Kerwer*, in: Schwab/Weth, ArbGG, S. 1705; *Breuer*, Staatshaftung für judikatives Unrecht, S. 357; *Steinbeiß-Winkelmann*, ZRP 2007, 177 (178), wonach ein Spannungsverhältnis zwischen Rechtsschutzauftrag und Rechtsmittelklarheit bestehe.

298 EGMR (Große Kammer), Urt. 08.06.2006 – 75529/01, NJW 2006, 2389 (2392) – Sürmeli/Deutschland.

299 *Tremml/Karger/Luber*, Der Amtshaftungsprozess, 3. Kap. Rn. 50.

300 *Tremml/Karger/Luber*, Der Amtshaftungsprozess, 3. Kap. Rn. 73, 98.

301 Vgl. BVerfG, Urt. v. 19.10.1982 – 2 BvF 1/81, NJW 1983, 25.

302 *Sprau*, in: Palandt, BGB, § 839 Rn. 12.

I. Verletzung einer drittbezogenen Amtspflicht

Die Drittbezogenheit der Amtspflichtverletzung gehört zu den Kernproblemen des Amtshaftungsrechts.[303] Der Haftungstatbestand des § 839 BGB setzt voraus, dass eine Amtspflicht verletzt worden ist, die einem Dritten gegenüber besteht. Es reicht dabei nicht aus, dass jemand infolge eines Amtspflichtverstoßes nachteilig in seinen Belangen betroffen ist. Die Amtspflicht muss zumindest auch im Interesse Dritter bestehen, der Geschädigte zum geschützten Personenkreis gehören und die Amtspflicht dem Schutz des Geschädigten vor dem eingetretenen Schaden dienen.[304] Die Amtspflicht muss neben der Erfüllung allgemeiner Interessen und der Verfolgung öffentlicher Belange auch den Zweck haben, die Interessen des Einzelnen zu schützen.[305] Amtspflichten, die allein der Aufrechthaltung der öffentlichen Sicherheit und Ordnung oder dem Interesse des Staates an einer ordnungsgemäßen Amtsführung der Beamten dienen, begründen keinen Amtshaftungsanspruch.

Die in § 839 Abs. 2 S. 2 BGB genannte Amtspflicht zur zügigen Arbeitsweise hat drittschützende Wirkung.[306] Jede Behörde hat die sich aus dem Justizgewährungsanspruch und aus Art. 6 Abs. 1 EMRK ergebende Pflicht, Anträge mit der gebotenen Beschleunigung zu bearbeiten und nach Abschluss der Prüfung unverzüglich zu bescheiden. Die Gerichte müssen Verfahren mit der gebotenen Beschleunigung bearbeiten und bei Entscheidungsreife beenden.[307] Diese Amtspflicht dient auch dem Interesse des Bürgers, deren einfachgesetzliche und verfassungsrechtliche Ansprüche durch die zügige Erledigung des Verfahrens durchgesetzt werden sollen.[308]

Der Staat hat seine Gerichte so auszustatten, dass sie die anhängigen Verfahren ohne Verzögerung abschließen können. Er hat alle Maßnahmen zu treffen, die geeignet und notwendig sind, um einer Überlastung der Gerichte vorzubeugen bzw. ihr abzuhelfen, und die dafür erforderlichen Sach- und Personalmittel bereitzustellen.[309] Oftmals wird es an einem Verschulden des Richters fehlen, da

---

303 Vgl. *Terhechte*, DVBl. 2007, 1134.

304 *Breuer*, Staatshaftung für judikatives Unrecht, S. 336.

305 Siehe *Papier*, in: MüKO-BGB, § 839 Rn. 227, 229.

306 *Tremml/Karger/Luber*, Der Amtshaftungsprozess, 3. Kap. Rn. 85.

307 Siehe BGH, Urt. 11.01.2007 – III ZR 302/05, NJW 2007, 830 (831); BGH, Urt. v. 04. 11. 2010 – III ZR 32/10, NJW 2011, 1072 (1073).

308 So *Brüning*, NJW 2007, 1094 (1096).

309 BGH, Urt. v. 11.01.2007 – III ZR 302/05, NJW 2007, 830 (832).

Ursache der Verfahrensverzögerung seine objektive Arbeitsüberlastung ist. Ein persönlicher Schuldvorwurf ist dann ausgeschlossen.[310]

Ein Amtshaftungsanspruch kommt nicht in Betracht, wenn die Unangemessenheit der Verfahrensdauer auf einem Verschulden des Haushaltsgesetzgebers beruht, der eine nicht ausreichende Zahl von Richterstellen vorgesehen hat. Es handelt sich dabei nicht um eine drittbezogene Amtspflicht.[311] Die Pflicht zum Erlass eines Gesetzes kann sich lediglich aus der Verfassung ergeben, allerdings besteht diese Pflicht nicht gegenüber bestimmten Personen oder Personengruppen, sondern nur gegenüber der Allgemeinheit.[312] Ferner besteht die Pflicht des Haushaltsgesetzgebers, die zuständigen Behörden so auszustatten, dass sie ihre Aufgaben erfüllen können, nur im Interesse einer ordnungsgemäßen Verwaltung.[313]

Der BGH hat in seiner bisherigen Rechtsprechung differenziert, ob die Zuweisung der personellen und sachlichen Mittel den Aufgabenbereich der Zentralbehörden oder der unteren Behörden betrifft.[314] Nur im letzteren Fall hat er diese Amtspflicht auch als drittschützend angesehen, während er hinsichtlich der Tätigkeit der Zentralbehörden lediglich ein öffentliches Interesse angenommen hat.

Diese Rechtsprechung hat der BGH aufgegeben. Die Verpflichtung der Judikative und der Exekutive zur sachgerechten Verteilung der vorhandenen Sach- und Personalmittel kann drittschützend sein, wenn es wegen Überlastung einzelner Behörden zu unangemessenen Verzögerungen kommt und es der übergeordneten Zentralbehörde obliegt, Abhilfe zu schaffen.[315] Daher haben die zur Richterverteilung berufenen Stellen wie Landgericht, Oberlandesgericht oder Ministerium für eine Verzögerungen vermeidende Personalausstattung Sorge zu tragen.[316] Anderenfalls ist eine drittschützende Amtspflicht verletzt. In diesem Fall stellt die Rechtsprechung bei der Prüfung des Verschuldens nicht auf das Verhalten des konkret handelnden Beamten im Sinne einer individuellen

310 Vgl. *Althammer/Schäuble*, NJW 2012, 1 (6).

311 *W.-R. Schenke*, NVwZ 2012, 257 (262).

312 Vgl. *Tremml/Karger/Luber*, Der Amtshaftungsprozess, 3. Kap. Rn. 143.

313 *Sprau*, in: Palandt, BGB, § 839 Rn. 49.

314 BGH, Urt. v. 11.01.2007 – III ZR 302/05, NJW 2007, 830 (832).

315 Vgl. BGH, Urt. v. 11.01.2007 – III ZR 302/05, NJW 2007, 830 (832).

316 *Remus*, NJW 2012, 1403 (1406).

Vorwerfbarkeit ab, sondern „objektiviert" den Verschuldensmaßstab, vor allem durch die „Anwendung" des Organisationsverschuldens.[317]

Dagegen obliegen den gesetzgebenden Organen nach wie vor Amtspflichten nur gegenüber der Allgemeinheit und nicht gegenüber Einzelnen.[318] Insbesondere die finanzielle Leistungsfähigkeit der betreffenden Körperschaft betrifft die Prärogative des Haushaltsgesetzgebers bei der Zuweisung von Stellen und der Bewilligung von Mitteln.

Im Amtshaftungsprozess gilt der Beibringungsgrundsatz. Der geschädigte Kläger muss nach den allgemeinen Beweislastgrundsätzen die Amtspflichtverletzung, das Verschulden, den eingetretenen Schaden sowie den Kausalzusammenhang beweisen.[319] Die pauschale Feststellung einer überlangen Verfahrensdauer alleine genügt nicht.[320] Die Darlegungs- und Beweislast für das Fehlen des Organisationsverschuldens trägt die beklagte Behörde, da dem Geschädigten die internen Abläufe im Behördenbetrieb oftmals nicht bekannt sind und auch nicht bekannt sein müssen.[321] Die Behörde muss darlegen und beweisen, dass alle möglichen und zumutbaren Maßnahmen ergriffen wurden, damit die Amtsgeschäfte in angemessener Zeit erledigt werden können.

II. Richterspruchprivileg des § 839 Abs. 2 S. 1 BGB

Der Amtshaftungsanspruch wird durch das sog. Richterspruchprivileg beschränkt. Verletzt ein Beamter gemäß § 839 Abs. 2 S. 1 BGB bei dem Urteil in einer Rechtssache seine Amtspflicht, so ist er für den daraus entstehenden Schaden nur dann verantwortlich, wenn die Pflichtverletzung in einer Straftat besteht. Das Richterspruchprivileg erfasst neben dem Urteil auch alle Maßnahmen, die objektiv darauf gerichtet sind, die Rechtssache durch Urteil zu entscheiden, also die Grundlagen für die Sachentscheidung zu gewinnen.[322]

---

317 Siehe *Papier*, in: MüKo-BGB, § 839 Rn. 283; ferner *Terhechte*, DVBl. 2007, 1134 (1137); *Brüning*, NJW 2007, 1094 (1096).

318 BGH, Urt. v. 11.01.2007 - III ZR 302/05, NJW 2007, 830 (832).

319 *Sprau*, in: Palandt, BGB, § 839 Rn. 84.

320 Im Einzelnen BGH, Urt. v. 04. 11. 2010 – III ZR 32/10, NJW 2011, 1072 (1074).

321 BGH, Urt. v. 11.01.2007 - III ZR 302/05, NJW 2007, 830 (832).

322 BGH, Urt. v. 03.07.2003 - III ZR 326/02, NJW 2003, 3052 (3053); BGH, Urt. v. 04.11.2010 – III ZR 32/10, NJW 2011, 1072;

Auf eine pflichtwidrige Verweigerung oder Verzögerung der Ausübung des Amts findet § 839 Abs. 2 S. 1 BGB keine Anwendung (§ 839 Abs. 2 S. 2 BGB).[323] Nach der Rechtsprechung des BGH fallen Maßnahmen des Gerichts, die rechtzeitig getroffen wurden, letztlich jedoch zu einer Verlängerung des Verfahrens geführt haben, nicht unter § 839 Abs. 2 S. 2 BGB.[324] Ferner kann bei der Beurteilung der Frage, ob eine haftungsbegründende Verzögerung vorliegt, der Grundsatz der richterlichen Unabhängigkeit (Art. 97 Abs. 1 GG) nicht unberücksichtigt bleiben.

Die sachgerechte Prozessführung ist in das Ermessen des verantwortlichen Richters gestellt.[325] Im Amtshaftungsverfahren wird die Prozessführung des Gerichts nicht auf ihre Richtigkeit, sondern nur auf ihre Vertretbarkeit geprüft.[326] Die Vertretbarkeit darf lediglich verneint werden, wenn das richterliche Verhalten bei voller Würdigung auch der Belange einer funktionstüchtigen Zivilrechtspflege nicht mehr verständlich ist. Der Zeitfaktor ist insoweit nicht allein entscheidend. Eine Amtspflichtverletzung wird deshalb nur bei besonders groben Verstößen gegeben sein, also bei vorsätzlichem oder grob fahrlässigem Verhalten.

Die Auslegung des § 839 BGB begegnet nach Ansicht des BVerfG im Ergebnis keinen durchgreifenden verfassungsrechtlichen Bedenken.[327] Das BVerfG ist bei der Überprüfung gerichtlicher Entscheidungen mit Rücksicht auf die Aufgabenverteilung zwischen BVerfG und Fachgerichten auf die Verletzung von Verfassungsrecht beschränkt. Allerdings kann sich nach Ansicht des BVerfG das Ermessen mit zunehmender Verfahrensdauer zu einer Pflicht verdichten, sich nachhaltig um eine Beschleunigung des Verfahrens und dessen Beendigung zu bemühen.

---

323 Gleichwohl ist die Amtshaftung bei Verzögerung eines Gerichtsverfahrens in der Rechtsprechung lange Zeit ein Tabuthema gewesen, so *Steinbeiß-Winkelmann*, NJW 2014, 1276.

324 Vgl. BGH, Urt. v. 04.11.2010 – III ZR 32/10, NJW 2011, 1072 (1073).

325 BGH, Urt. v. 04.11.2010 – III ZR 32/10, NJW 2011, 1072 (1073).

326 BGH, Urt. v. 04.11.2010 – III ZR 32/10, NJW 2011, 1072 (1074).

327 Siehe BVerfG, Beschl. v. 22.08.2013 – 1 BvR 1067/12, BeckRS 2013, 56344 Rn. 28 ff. Nach Ansicht von *Steinbeiß-Winkelmann*, NJW 2014, 1276 (1277) spricht die Formulierung des BVerfG dafür, dass durchaus Zweifel in der Sache angebracht sind; kritisch auch Anm. *Zuck*, JZ 2011, 476 (476 f.), der Senat verkenne, dass die Verpflichtung, in angemessener Zeit zu entscheiden, einen verfassungsrechtlich garantierten Anspruch der Verfahrensbeteiligten enthalte.

III. Inhalt und Umfang des Amtshaftungsanspruchs

§ 839 BGB ersetzt im Falle einer schuldhaften Verzögerung des Verfahrens den materiellen Schaden in voller Höhe nach Maßgabe der §§ 249 ff. BGB, allerdings ist eine Naturalrestitution wegen der Besonderheiten des Amtshaftungsrechts ausgeschlossen.[328] Der Amtshaftungsanspruch ist nur auf Geldersatz gerichtet. Maßgeblich ist, wie sich die Umstände und die Vermögenslage des Betroffenen bei pflichtgemäßem Handeln entwickelt hätten.[329] Es wird grundsätzlich jeder durch die unangemessene Verfahrensdauer adäquat verursachte Vermögensschaden ersetzt. Gemäß § 252 BGB umfasst der zu ersetzende Schaden auch den entgangenen Gewinn.

Immaterielle Schäden werden unter den engen Voraussetzungen des § 253 BGB ersetzt, somit nur bei Verletzung eines der in § 253 Abs. 2 BGB genannten absoluten Rechtsgüter – Körper, Gesundheit, Freiheit oder sexuelle Selbstbestimmung – und in den gemäß § 253 Abs. 1 BGB sonstigen im Gesetz bestimmten Fällen. Eine Verletzung des Körpers oder der sexuellen Selbstbestimmung infolge eines überlangen Gerichtsverfahrens ist kaum denkbar. In Betracht kommen allenfalls physische und psychische Beeinträchtigungen der Gesundheit. Es muss jedoch eine Geringfügigkeitsgrenze überschritten sein. Nicht ausreichend ist, wenn das Wohlbefinden des Verletzten nur kurzfristig und unerheblich beeinträchtigt worden ist.[330] Ersatz für Nichtvermögensnachteile wird auch bei einer schweren Verletzung des allgemeinen Persönlichkeitsrechts gewährt. Allerdings wird auch eine schwere Persönlichkeitsverletzung im Falle einer unangemessenen Verfahrensdauer regelmäßig nicht vorliegen.[331]

Sonstige immaterielle Nachteile, insbesondere psychische Belastungen aufgrund der langen Ungewissheit über den Verfahrensausgang, werden nicht ersetzt.[332] Daher genügt nach Ansicht des EGMR eine Amtshaftungsklage nicht den Anforderungen von Art. 13 EMRK, da kein Ersatz für Nichtvermögensschäden verlangt werden kann, den der EGMR typischerweise in Fällen überlanger Verfahrensdauer gemäß Art. 41 EMRK gewährt.[333]

---

328 *Papier*, in: MüKo-BGB, § 839 Rn. 295 ff.

329 BGH, Urt. v. 10.05.2001 – III ZR 111/99, NJW 2001, 2626 (2629).

330 *Grüneberg*, in: Palandt, BGB, § 253 Rn. 14.

331 *Breuer*, Staatshaftung für judikatives Unrecht, S. 341.

332 Zur Frage der Entschädigung allein für die Dauer des gerichtlichen Verfahrens siehe *Remus*, NJW 2012, 1403 (1406 ff.).

333 Vgl. EGMR(Große Kammer), Urt. 08.06.2006 – 75529/01, NJW 2006, 2389 (2392) – Sürmeli/Deutschland; ferner EGMR, Urt. v. 11.01.2007 – 20027/902, NVwZ 2008, 289 (291) – Herbst/Deutschland.

Darüber hinaus sind die Anforderungen an den Schuldvorwurf durch das Richterspruchprivileg und den Grundsatz der richterlichen Unabhängigkeit sehr hoch. Auch der Nachweis der Kausalität und des Eintritts eines Schadens stellen oftmals eine hohe Hürde dar.[334]

E. Verfassungsbeschwerde

Richterliche Untätigkeit bzw. eine unangemessen lange Verfahrensdauer können als Verstoß gegen den Justizgewährungsanspruch bzw. als Verstoß gegen Anspruch auf effektiven Rechtsschutz mit der Verfassungsbeschwerde geltend gemacht werden (Art. 93 Abs. 1 Nr. 4a GG, §§ 13 Nr. 8a, 90 ff. BVerfGG).

Mit der Verfassungsbeschwerde kann sich der Beschwerdeführer nicht nur gegen eine schon erlassene Maßnahme der öffentlichen Gewalt wenden, sondern auch ein Unterlassen rügen.[335] Wo ein Anspruch auf staatliches Tätigwerden besteht, kann sich die Untätigkeit eines Hoheitsträgers als Verletzung von Grundrechten oder grundrechtsgleichen Rechten darstellen, die Gegenstand einer Verfassungsbeschwerde sein kann.[336] Auch eine Untätigkeit des Richters bzw. des Gerichts ist ein Fall des Unterlassens und kann tauglicher Beschwerdegegenstand sein.[337] Wenn das Gericht in der Sache nicht entscheidet, kann der Beschwerdeführer in seinem Anspruch auf effektiven Rechtsschutz gemäß Art. 19 Abs. 4 GG verletzt sein. Das gleiche gilt, wenn die Verfahrensgestaltung des Gerichts gegen das Verbot überlanger Verfahrensdauer verstößt.[338] In diesen Fällen kann das Rechtsschutzbedürfnis des Beschwerdeführers an der Feststellung der Verfassungswidrigkeit der Verfahrensdauer auch dann fortbestehen, wenn die betreffende fachgerichtliche Instanz zwischenzeitlich abgeschlossen wurde.[339]

I. Annahmevoraussetzungen

Die Verfassungsbeschwerde bedarf zunächst der Annahme zur Entscheidung (§ 93a Abs. 1 BVerfGG). Sie ist gemäß § 93a Abs. 2a BVerfGG zur Entscheidung

---

334 *Matusche-Beckmann/Kumpf*, ZZP 124 (2011), 173 (176); so auch *Brockmöller/Weichbrodt*, NdsVBl. 2010, 225 (228).

335 Vgl. *Bethge*, in: Maunz/Schmidt-Bleibtreu/Klein/Bethge, § 13 BVerfGG Rn. 30.

336 *Lenz/Hansel*, BVerfGG, § 90 Rn. 187.

337 *Breuer*, Staatshaftung für judikatives Unrecht, S. 363; *Bethge*, in: Maunz/Schmidt-Bleibtreu/Klein/Bethge, § 90 BVerfGG Rn. 246 f.

338 BVerfG, Beschl. v. 07.06.2011 - 1 BvR 194/11, NVwZ-RR 2011, 625 (626).

339 Siehe BVerfG, Beschl. v. 04.11.2010 - 3389/08, NVwZ 2011, 486; BVerfG, Beschl. v. 14.12.2010 - 1 BvR 404/10, BeckRS 2011, 48160.

anzunehmen, soweit ihr grundsätzliche verfassungsrechtliche Bedeutung zukommt. Das ist der Fall, wenn sich die aufgeworfene verfassungsrechtliche Frage nicht ohne weiteres aus dem Grundgesetz beantworten lässt und durch das BVerfG noch nicht geklärt oder durch veränderte Verhältnisse erneut klärungsbedürftig geworden ist.[340]

Ferner ist die Verfassungsbeschwerde zur Entscheidung anzunehmen, wenn es zur Durchsetzung der Grundrechte oder grundrechtsgleichen Rechte angezeigt ist (§ 93a Abs. 2b Halbsatz 1 BVerfGG). Dies kann auch der Fall sein, wenn dem Beschwerdeführer durch die Versagung der Entscheidung zur Sache ein besonders schwerer Nachteil entsteht (§ 93a Abs. 2b Halbsatz 2 BVerfGG). Die geltend gemachte Verletzung der Grundrechte oder grundrechtsgleichen Rechte muss besonderes Gewicht haben und den Beschwerdeführer in existentieller Weise betreffen.[341] Die Hürden für die Annahme der Verfassungsbeschwerde sind somit sehr hoch.

II. Rechtswegerschöpfung bzw. Grundsatz der Subsidiarität

Voraussetzung einer zulässigen Verfassungsbeschwerde ist die vorherige Erschöpfung des Rechtsweges, § 90 Abs. 2 S. 1 BVerfGG. Der Beschwerdeführer muss alle vom Gesetz vorgesehenen Rechtsbehelfe eingelegt sowie den ganzen Instanzenzug durchlaufen haben, um den mit der Verfassungsbeschwerde angegriffenen Hoheitsakt zu beseitigen.[342] Der Grundsatz der Subsidiarität der Verfassungsbeschwerde verlangt über die Rechtswegerschöpfung im engeren Sinne hinaus, dass der Beschwerdeführer im Rahmen des Zumutbaren alle ihm zur Verfügung stehenden Möglichkeiten ergreift, um die Grundrechtsverletzung zu verhindern.[343] Die Zumutbarkeitsgrenze ist erst erreicht, wenn ein Rechtsbehelf offensichtlich aussichtslos ist.[344] Zum Rechtsweg gehören z.B. die Beschwerde gegen die Nichtzulassung der Berufung oder der Revision, nicht hingegen die Dienstaufsichtsbeschwerde und die Amtshaftungsklage.[345] Der Grundsatz der Subsidiarität erfordert es darüber hinaus, dass der Beschwerdeführer die Verfassungswidrigkeit der Verfahrensdauer zunächst vor den Fachgerichten rügt.[346]

---

340 BVerfG, Beschl. v. 08.02.1994 – 1 BvR 1693/92, NJW 1994, 993.

341 BVerfG, Beschl. v. 08.02.1994 – 1 BvR 1693/92, NJW 1994, 993.

342 Siehe *Lechner/Zuck*, BVerfGG, § 90 Rn. 151.

343 *Lechner/Zuck*, BVerfGG, § 90 Rn. 159.

344 Vgl. BVerfG, Beschluss vom 12.05.2009 – 2 BvR 890/06, NVwZ 2009, 1217 (1218).

345 *Lechner/Zuck*, BVerfGG, § 90 Rn. 148 f.; *Kerwer*, in: Schwab/Weth, ArbGG, S. 1703.

346 BVerfG, Beschl. v. 07.01.1992 – 1 BvR 1490/89, NJW 1992, 1497.

Eine Untätigkeitsbeschwerde muss zur Erschöpfung des Rechtsweges nicht erhoben werden, da sie dem Gebot der Rechtsmittelklarheit nicht genügt.[347] Mangels gesetzlicher Regelung ist für den Beschwerdeführer nicht klar erkennbar, ob und unter welchen Voraussetzungen eine Beschwerdemöglichkeit gegen die Untätigkeit des Gerichts gegeben ist. Eine Verweisung auf die Untätigkeitsbeschwerde ist dem Beschwerdeführer daher nicht zumutbar. Die Verfassungsbeschwerde ist deshalb auch ohne vorherige Einlegung einer Untätigkeitsbeschwerde zulässig.[348]

III. Entscheidung bei Stattgabe der Verfassungsbeschwerde

Die Verfassungsbeschwerde ist begründet, wenn der Grundrechtsverstoß in der Verletzung spezifischen Verfassungsrechts liegt.[349] Die Schwelle eines Verstoßes gegen Verfassungsrecht, den das BVerfG zu korrigieren hat, ist erst erreicht, wenn die Auslegung des Gerichts Auslegungsfehler erkennen lässt, die auf einer grundsätzlich unrichtigen Auffassung von der Bedeutung des Grundrechts beruhen, insbesondere vom Umfang des Schutzbereichs, und in der materiellen Bedeutung für den konkreten Rechtsfall von einigem Gewicht sind.[350]

Das BVerfG kann anders als das Rechtsmittelgericht nicht direkt und unmittelbar mit Weisungen in das laufende Verfahren eingreifen, sondern lediglich einen Verstoß gegen das Grundgesetz feststellen.[351] Andere Klageziele wie z.B. Schadensersatz kann der Beschwerdeführer mit der Verfassungsbeschwerde nicht verfolgen.

Ist die Verfassungsbeschwerde begründet, stellt das BVerfG fest, dass die überlange Verfahrensdauer den Beschwerdeführer in seinem Grundrecht auf effektiven Rechtschutz aus Art. 19 Abs. 4 bzw. in seinem Recht aus Art. 2 Abs. 1 i.V.m. 20 Abs. 3 GG verletzt hat (§ 95 Abs. 1 S. 1 BVerfGG).[352]

347 Vgl. BVerfG, Beschl. v. 20.09.2007 - 1 BvR 775/05, NJW 2008, 503.

348 Anders noch BVerfG, Beschl. v. 16.01.2003 - 1 BvR 2222/02, NVwZ 2003, 858, dem Betroffenen ist es zumutbar eine Untätigkeitsbeschwerde zu erheben; so auch BVerfG, Beschl. v. 19.01.2004 - 2 BvR 32/04, BeckRS 2004, 30337393.

349 *Lenz/Hansel*, BVerfGG, § 90 Rn. 251 ff.

350 BVerfG, Beschl. v. 26.05.1993 - 1 BvR 208/93, NJW 1993, 2035 (2036).

351 Siehe *Steger*, Überlange Verfahrensdauer bei öffentlich-rechtlichen Streitigkeiten, S. 270.

352 Vgl. BVerfG, Beschl. v. 05.10.2010 - 1 BvR 772/10 (Juris); BVerfG, Beschl. v. 14.12.2010 - 1 BvR 404/10, BeckRS 2011, 48160; BVerfG, Beschl. v. 07.06.2011 – 1 BvR 194/11, NVwZ-RR 2011, 625; BVerfG, Beschl. v. 02.12.2011 - 1 BvR 314/11, BeckRS 2012, 45683.

Bei Verletzung von Verfahrensgrundrechten ist in der Regel eine Aufhebung der Entscheidung und eine Zurückweisung der Sache an diejenige Instanz geboten (§ 95 Abs. 2 BVerfGG), die die Verfahrensgrundrechte des Beschwerdeführers verletzt hat, da anderenfalls die Gefahr besteht, ihm eine Instanz abzuschneiden.[353] In dem Fall, in dem das Verfahren andauert und noch keine fachgerichtliche Entscheidung ergangen ist, ist das BVerfG auf die Feststellung der Verfassungswidrigkeit der überlangen Verfahrensdauer beschränkt, ggf. verbunden mit dem Hinweis, dass das Gericht angehalten ist, unverzüglich geeignete Maßnahmen zu ergreifen, die zu einem möglichst raschen Abschluss des Verfahrens führen.[354]

Nach zutreffender Auffassung des EGMR erfüllt eine Verfassungsbeschwerde nicht die Anforderungen des Art. 13 EMRK, da das BVerfG nur feststellen kann, dass eine verfassungswidrige Verzögerung des Verfahrens vorliegt.[355] Es kann dem zuständigen Gericht jedoch weder eine Frist setzen noch konkrete Beschleunigungsmaßnahmen anordnen und auch keine Wiedergutmachung gewähren.[356] Im Wege der Verfassungsbeschwerde kann das Ausgangsverfahren deshalb weder beschleunigt noch eine Entschädigung zugesprochen werden.

Darüber hinaus wird auch nur ein geringer Prozentsatz der Verfassungsbeschwerden zur Entscheidung angenommen. Zudem erfordert die Rechtswegerschöpfung bzw. der Grundsatz der Subsidiarität die vorherige Einlegung aller in Betracht kommenden fachgerichtlichen Rechtsbehelfe.[357] In der Rechtsprechung des BVerfG wurde zwar stets betont, dass zu einem effektiven Rechtsschutz auch

---

353 Siehe BVerfG, Beschl. v. 08.02.2011 – 1 BvR 1946/06, NVwZ-RR 2011, 405; BVerfG, Beschl. v. 21.02.2011 – 2 BvR 1392/10, NVwZ-RR 2011, 420.

354 Siehe BVerfG, Beschl. v. 20.07.2000 - 1 BvR 352/00, NJW 2001, 214 (216); BVerfG, Beschl. v. 30.07.2009 - 1 BvR 2662/06, NJW-RR 2010, 207 (209); BVerfG, Beschl. v. 02.12.2011 - 1 BvR 314/11, BeckRS 2012, 45683.

355 EGMR (Große Kammer), Urt. 08.06.2006 - 75529/01, NJW 2006, 2389 (2391 f.) - Sürmeli/Deutschland; so auch EGMR, Urt. v. 11.01.2007 - 20027/902, NVwZ 2008, 289 (290) - Herbst/Deutschland.

356 Auch wenn das Ausgangsverfahren noch andauert, ist zweifelhaft, ob die Einlegung einer Verfassungsbeschwerde bzw. die Feststellung der Verfassungswidrigkeit der Verfahrensverzögerung geeignet ist, die Gerichte zur beschleunigten Bearbeitung des Verfahrens und zur Entscheidung anzuhalten. So auch *Ohrloff*, Der Rechtsschutz bei überlangen Gerichtsverfahren, S. 36 f.; a.A. wohl *Steger*, Überlange Verfahrensdauer bei öffentlich-rechtlichen Streitigkeiten, S. 270; *Steinbeiß-Winkelmann*, NJW 2008, 1783 (1785).

357 Im Jahr 2014 sind 6606 Verfassungsbeschwerden beim BVerfG eingegangen, davon sind 6155 nicht zur Entscheidung angenommen worden, siehe hierzu.

ein rechtzeitiger Rechtsschutz gehört, allerdings hat das BVerfG letztlich nur in sehr wenigen Fällen tatsächlich einen Verfassungsverstoß wegen überlanger Verfahrensdauer festgestellt.

F. Individualbeschwerde gemäß Art. 34, 35 EMRK

Als Rechtsschutzmöglichkeit auf europäischer Ebene kommt eine Individualbeschwerde in Betracht. Jede natürliche Person, nichtstaatliche Organisation oder Personengruppe, die behauptet, in einem in der Konvention oder den Protokollen anerkannten Recht verletzt zu sein, kann gemäß Art. 34 S. 1 EMRK eine Beschwerde vor dem EGMR erheben. Die Individualbeschwerde ist das wichtigste Verfahren vor dem EGMR. Sie dient einerseits dem subjektiven Rechtsschutz und andererseits kann der EGMR den Schutz der Menschenrechte nach der Konvention fortentwickeln.[358] Seit Inkrafttreten des 11. Zusatzprotokolls im Jahre 1998 ist das Individualbeschwerderecht nicht mehr von der Anerkennung der Mitgliedstaaten abhängig. Dies hat zu einer Klageflut vor dem EGMR geführt.[359]

I. Zulässigkeitsvoraussetzungen

Der Beschwerdeführer muss substantiiert und schlüssig vortragen, durch die angegriffene hoheitliche Handlung oder Unterlassung in einem seiner Konventionsrechte verletzt zu sein.[360] Er muss „Opfer" einer Konventionsverletzung sein. Der EGMR legt diesen Begriff autonom aus, nicht maßgebend ist deshalb die Klage- bzw. Beschwerdebefugnis nach innerstaatlichem Recht.[361] Der Begriff „Opfer" bezeichnet nach der Rechtsprechung des EGMR die Person, die von der streitigen Handlung oder Unterlassung direkt betroffen ist bzw. gegen die sich die Entscheidung oder sonstige hoheitliche Maßnahme unmittelbar richtet.[362]

---

http://www.bundesverfassungsgericht.de/DE/Verfahren/Jahresstatistiken/2014/gb2014/A-IV-1.html (zuletzt abgerufen am 10.09.2015). Vgl. auch *Guckelberger*, DÖV 2012, 289 (291); *Terhechte*, DVBl. 2007, 1134 (1140).

358 Siehe *Meyer-Ladewig*, EMRK, Art. 34 Rn. 1 f.

359 Vgl. *Peukert*, in: Frowein/Peukert, EMRK, Art. 34 Rn. 3; *Schäfer*, in: Karpenstein/Meyer, EMRK, Art. 34 Rn. 2.

360 *Peukert*, in: Frowein/Peukert, EMRK, Art. 34 Rn. 22.

361 Vgl. *Schäfer*, in: Karpenstein/Meyer, EMRK, Art. 34 Rn. 63.

362 EGMR, Urt. v. 28.10.1999 – 28342/95 Z. 50, Reports 1999-VII – Brumarescu/Rumänien.

Nichtstaatliche Organisationen und Personengruppen müssen eigene Rechte und nicht lediglich Rechte ihrer Mitglieder geltend machen.[363]

Der EGMR prüft das Bestehen der Opfereigenschaft während des gesamten Verfahrens von Amts wegen.[364] Die Opfereigenschaft kann entfallen, wenn ein Rechtsbehelf des Beschwerdeführers bei staatlichen Gerichten Erfolg hatte.[365] Voraussetzung dafür ist, dass der beklagte Vertragsstaat die Konventionsverletzung ausdrücklich oder in der Sache anerkannt und Wiedergutmachung geleistet hat.[366] Die Individualbeschwerde ist dann unzulässig. Wenn der Beschwerdeführer eine finanzielle Entschädigung erhalten hat, prüft der EGMR, ob sie angemessen und ausreichend ist. Er orientiert sich dabei an seiner Rechtsprechung zu Art. 41 EMRK.[367]

Vor Inkrafttreten des ÜGRG ist bei Beschwerden wegen überlanger Verfahrensdauer im deutschen Recht kein effektiver Rechtsbehelf vorhanden gewesen. Ein Wegfall der Opfereigenschaft kommt deshalb nicht in Betracht.[368]

Die sonstigen Zulässigkeitsvoraussetzungen der Individualbeschwerde sind in Art. 35 EMRK geregelt. Der EGMR kann sich erst nach Erschöpfung aller innerstaatlichen Rechtsbehelfe in Übereinstimmung mit den allgemein anerkannten Grundsätzen des Völkerrechts und nur innerhalb einer Frist von sechs Monaten nach der endgültigen innerstaatlichen Entscheidung mit der Beschwerde befassen (Art. 35 Abs. 1 EMRK). Den Konventionsstaaten wird so die Möglichkeit gegeben, von ihnen angeblich begangene Verletzungen der EMRK wiedergutzumachen, bevor sie sich vor einer internationalen Instanz verantworten müssen.[369] Im Hinblick auf die Individualbeschwerdeverfahren gegen Deutschland ist die Nichterschöpfung des innerstaatlichen Rechtswegs der häufigste Unzulässigkeitsgrund.[370]

Der Beschwerdeführer muss alle innerstaatlichen Rechtsbehelfe erschöpfen, die eine wirksame Beschwerde im Sinne des Art. 13 EMRK darstellen.[371] Der EGMR prüft, ob der Beschwerdeführer unter Berücksichtigung aller Umstände des Einzelfalles alles getan hat, was vernünftigerweise von ihm erwartet werden

---

363 Vgl. *Schäfer*, in: Karpenstein/Meyer, EMRK, Art. 34 Rn. 39 f.

364 *Meyer-Ladewig*, EMRK, Art. 34 Rn. 35.

365 Vgl. *Meyer-Ladewig*, EMRK, Art. 34 Rn. 27.

366 EGMR, Urt. v. 15.05.2008 – 58364/00, NJOZ 2009, 5003 – Lück/Deutschland.

367 Vgl. dazu näher unter Kapitel 2 B. I. 2. S. 54.

368 *Schäfer*, in: Karpenstein/Meyer, EMRK, Art. 34 Rn. 83.

369 Vgl. EGMR, Urt. v. 29.05.2012 – 53126/07, NVwZ 2013, 47 (48) – Taron/Deutschland.

370 *Schäfer*, in: Karpenstein/Meyer, EMRK, Art. 35 Rn. 7.

371 Vgl. *Grabenwarter/Pabel*, EMRK, § 24 Rn. 168.

konnte.[372] Der Beschwerdeführer muss die gerügte Konventionsverletzung zunächst der Sache nach und in Übereinstimmung mit den innerstaatlichen Verfahrens-, Frist- und Formvorschriften vor den zuständigen staatlichen Gerichten geltend machen.[373] Er muss sich nicht ausdrücklich auf die Konvention berufen. Es genügt, wenn er ein entsprechendes nationales Grundrecht vorträgt.[374] Wenn im innerstaatlichen Recht ein Rechtsbehelf vorhanden ist, mit dem eine Entschädigung geltend gemacht werden kann, müssen die nationalen Gerichte nach Ansicht des EGMR zuerst über diesen Antrag entscheiden. Sie können den für die Entscheidung erheblichen Sachverhalt besser feststellen und die Entschädigungshöhe berechnen.[375]

Vor Einlegung einer Individualbeschwerde beim EGMR müssen deshalb Berufung, Revision sowie die Beschwerde gegen die Nichtzulassung der Berufung und der Revision unter Beachtung der Rechtsmittelfristen, der Begründungsanforderungen, des Vertretungszwangs und des Erfordernisses von Kostenvorschüssen eingelegt werden.[376] Ebenso ist eine Anhörungsrüge und im verwaltungsgerichtlichen Verfahren eine Untätigkeitsklage nach § 75 VwGO zu erheben. Der Beschwerdeführer muss grundsätzlich auch eine Verfassungsbeschwerde erheben, um die innerstaatlichen Rechtsbehelfe zu erschöpfen, nicht jedoch bei Verletzungen des Rechts auf Verhandlung innerhalb angemessener Frist nach Art. 6 Abs. 1 EMRK.[377]

Weitere Zulässigkeitsvoraussetzung ist, dass die Individualbeschwerde innerhalb von sechs Monaten nach der endgültigen innerstaatlichen Entscheidung erhoben wird. Die Frist läuft ab Rechtskraft der Entscheidung.[378] Wenn die Entscheidung nach innerstaatlichem Recht zugestellt werden muss, ist für den Fristbeginn das Datum der Zustellung maßgebend.[379]

---

372 EGMR, Urt. v. 27.06.2000 – 21986/93, NJW 2001, 2001 (2002) – Salman/Türkei.

373 EGMR, Urt. v. 28.09.1999 – 29340/95, NJW 2001, 54 (55) – Civet/Frankreich; EGMR, Urt. v. 21.01.1999 – 26/1998/929/1141, NJW 1999, 1315 – Fressoz u. Roire/Frankreich.

374 Siehe EGMR, Urt. v. 21.01.1999 – 26/1998/929/1141, NJW 1999, 1315 (1316) – Fressoz u. Roire/Frankreich; EGMR, Urt. v. 28.04.2004 – 56679/00 Z. 38 f., Reports 2004-III – Azinas/Zypern.

375 Siehe EGMR, Urt. v. 29.05.2012 – 53126/07, NVwZ 2013, 47 (48) – Taron/Deutschland.

376 Vgl. *Meyer-Ladewig*, EMRK, Art. 35 Rn. 19; *Peukert*, in: Frowein/Peukert, EMRK, Art. 35 Rn. 22.

377 *Peukert*, in: Frowein/Peukert, EMRK, Art. 35 Rn. 12.

378 Vgl. *Schäfer*, in: Karpenstein/Meyer, EMRK, Art. 35 Rn. 58.

379 Vgl. EGMR, Urt. v. 29.08.1997 – 22714/93 Z. 33, Reports 1997-V – Worm/Österreich.

Im Falle einer überlangen Verfahrensdauer muss der Betroffene somit zunächst den gesamten Instanzenzug durchlaufen, bevor er eine zulässige Individualbeschwerde erheben kann. Das Verfahren vor dem EGMR nimmt allerdings ebenso wie das verfassungsgerichtliche Verfahren erhebliche Zeit in Anspruch.

II. Gerechte Entschädigung gemäß Art. 41 EMRK

Die Urteile des EGMR sind grundsätzlich feststellende Urteile. Es obliegt den Konventionsstaaten, die Konventionsverletzung zu beseitigen und wiedergutzumachen.[380] Eine Ausnahme bildet Art. 41 EMRK. Wenn der EGMR im Individualbeschwerdeverfahren eine Konventionsverletzung festgestellt hat, kann er dem Betroffenen als unselbständige Nebenentscheidung gemäß Art. 41 EMRK eine Entschädigung zusprechen.[381] Der beklagte Konventionsstaat wird unmittelbar verurteilt, eine Entschädigung in bestimmter Höhe zu zahlen. Die Entscheidung über eine gerechte Entschädigung steht im billigen Ermessen des EGMR.

Eine gerechte Entschädigung nach Art. 41 EMRK wird nur auf Antrag gewährt (Art. 60 Abs. 1 VerfO). Dieser Antrag muss beziffert sein. Der Beschwerdeführer muss alle Schadenspositionen benennen und belegen (Abs. 2), anderenfalls können die Ansprüche ganz oder teilweise zurückgewiesen werden (Abs. 3).[382] Der EGMR spricht keine über den Antrag des Beschwerdeführers hinausgehende Entschädigung zu.[383] Er kann sich die Entscheidung vorbehalten, wenn ein innerstaatliches Verfahren anhängig ist, in dem der Beschwerdeführer auf der Grundlage des nationalen Rechts eine Entschädigung geltend macht.[384]

Wenn der Beschwerdeführer während des Verfahrens verstirbt, können seine nahen Angehörigen oder sonstige Rechtnachfolger, soweit sie ein berechtigtes Interesse haben, das Verfahren auf Antrag fortsetzen und eine gerechte Entschädigung verlangen.[385]

---

380 Zur Verbindlichkeit der Urteile des EGMR und zur Überwachung durch das Ministerkomitee vgl. Art. 46 EMRK.

381 Siehe hierzu *Steger*, Überlange Verfahrensdauer bei öffentlich-rechtlichen Streitigkeiten, S. 255; *Ohrloff*, Der Rechtsschutz bei überlangen Gerichtsverfahren, S. 55.

382 Siehe EGMR, Urt. v. 25.03.1999 – 24557/94, NJW 2000, 2727 (2729) – Musial/Polen.

383 *Grabenwarter/Pabel*, EMRK, § 15 Rn. 2.

384 Vgl. EGMR, Urt. v. 13.01.2011 – 32715/06 Z. 78 – Kubler/Deutschland.

385 Ein berechtigtes Interesse liegt etwa vor, wenn das Verfahren Auswirkungen auf die Vermögensrechte eines nahe Angehörigen hat. Ferner können nahe Angehörige ein immaterielles Interesse an der Fortsetzung der Beschwerde haben. Eine Fortsetzung kommt auch dann in Betracht, wenn ein allgemeines Interesse an der Fortsetzung

1. Voraussetzungen

Das innerstaatliche Recht muss nur eine unvollkommene Wiedergutmachung für die Folgen der Konventionsverletzung gewähren. Diese Voraussetzung ist allerdings kaum von Bedeutung. Der EGMR gewährt lediglich in den Fällen keine Entschädigung, in denen das innerstaatliche Recht eine vollständige Wiedergutmachung vorsieht.[386] Darunter versteht der EGMR die Wiederherstellung des früheren Zustands („restitutio in integrum"). Wird der frühere Zustand nicht vollständig wiederhergestellt oder ist nach der Natur der Sache eine restitutio in integrum unmöglich – wie bei einer unangemessenen Verfahrensdauer – spricht der EGMR eine gerechte Entschädigung zu. Er entscheidet abschließend über die infolge der Konventionsverletzung entstandenen Schäden. Der Beschwerdeführer kann dann vor den nationalen Gerichten keine weitere Entschädigung geltend machen.[387]

Eine gerechte Entschädigung wird nur bei Vorliegen eines Schadens zugesprochen, der durch die Konventionsverletzung verursacht worden ist. Voraussetzung dafür ist, dass ein kausaler Zusammenhang zwischen dem eingetretenen Schaden und der festgestellten Konventionsverletzung besteht.[388] Schäden, die ungeachtet der Verletzung der Konvention eingetreten wären, werden nicht ersetzt.

Materieller Schaden ist zunächst eine eingetretene Einbuße an Vermögenswerten, etwa durch nachteilige Veränderungen am betroffenen Recht oder Rechtsgut selbst. Erfasst werden nicht nur unmittelbare Schäden, sondern auch Vermögensminderungen, die mittelbare Folge der Konventionsverletzung sind, sowie nicht realisierte Vermögenszuwächse.[389] Nach der Rechtsprechung des EGMR werden z.B. die Enteignung einer Sache, Erwerbs- und Nutzungsausfall, entgangener Unterhalt sowie Zins- und Inflationsverluste entschädigt.[390] Die

der Beschwerde besteht oder wenn es die Achtung der Menschenrechte nach Art. 37 Abs. 1 S. 2 EMRK fordert. Siehe EGMR, Urt. v. 15.01.2008 – 17056/06 Z. 25 ff. – Micallef/Malta; EGMR, Urt. v. 21.07.2007 – 8713/03 Z. 27 – Janus/Polen; *Grabenwarter/Pabel*, EMRK, § 13 Rn. 5 ff.

386 Vgl. *Meyer-Ladewig*, EMRK, Art. 41 Rn. 4.

387 Vgl. *Wenzel*, in: Karpenstein/Meyer, EMRK, Art. 41 Rn. 6.

388 EGMR, Urt. v. 27.08.1991 – 12750/87/13780/88/14003/88, EuGRZ 1991, 355 (358) – Philis/Griechenland; EGMR, Urt. v. 27.06.2000 – 21986/93, NJW 2001, 2001 (2006) – Salman/Türkei.

389 Im Einzelnen *Peukert*, in: Frowein/Peukert, EMRK, Art. 41 Rn. 6.

390 Vgl. EGMR, Urt. v. 27.10.1987 – 10426/83, EuGRZ 1988, 452 (456) – Bodén/Schweden (Enteignung); EGMR, Urt. v. 28.11.2002 – 25701/94, NJW 2003, 1721 (1723 f.) – früherer König von Griechenland u.a./Griechenland (Enteignung); EGMR, Urt. v. 07.04.2005 – 70665/01 Z. 47 ff. – Rainys u. Gasparavicius/Litauen

Darlegungs- und Beweislast für die Kausalität und den materiellen Schaden trägt der Beschwerdeführer.[391]

Schwierigkeiten bei der Feststellung von materiellen Schäden ergeben sich insbesondere bei Verletzung der in Art. 5 und Art. 6 EMRK enthaltenen Verfahrensgarantien. Nach ständiger Rechtsprechung des EGMR steht in diesen Fällen nicht mit Sicherheit fest, wie das Verfahren ohne die Konventionsverletzung ausgegangen wäre.[392]

Eine Entschädigung für immaterielle Schäden wird als Ausgleich für die psychologischen Wirkungen der Konventionsverletzung gewährt. Dabei berücksichtigt der EGMR Verzweiflung, Angst, Kummer, Frustration, Gefühle der Ungerechtigkeit oder Erniedrigung, eine längere Ungewissheit sowie den Verlust von Chancen.[393] Bei einer Verletzung des Rechts auf Verhandlung innerhalb angemessener Frist gewährt der EGMR in der Regel eine Entschädigung für immaterielle Schäden wegen der langen Ungewissheit über den Verfahrensausgang. Nach Rechtsprechung des EGMR besteht eine „starke, aber widerlegbare Vermutung“ dafür, dass die überlange Verfahrensdauer einen Nichtvermögensschaden verursacht hat.[394] Der Betroffene muss den immateriellen Schaden somit nicht nachweisen.[395]

(Erwerbseinbußen); EGMR, Urt. v. 14.10.2004 – 67629/01 Z. 77 – Assymomitis/Griechenland (entgangene Mieteinnahmen); EGMR, Urt. v. 27.06.2000 – 21986/93, NJW 2001, 2001 (2006) – Salman/Türkei (entgangener Unterhalt); EGMR, Urt. v. 01.07.1999 – 48/1996/667/853, EuGRZ 1997, 310 (316) – Pammel/Deutschland (entgangene Erwerbsmöglichkeiten und Zinsverlust).

391 *Grabenwarter/Pabel*, EMRK, § 15 Rn. 6.

392 Vgl. dazu EGMR, Urt. v. 12.02.1985 – 9024/80, 9317/81, EuGRZ 1985, 631 (635) – Colozza/Italien, Rubinat/Italien; EGMR, Urt. v. 25.03.1999 – 31195/96, EuGRZ 1999, 320 (321) – Nikolova/Bulgarien.

393 Siehe EGMR, Urt. v. 29.05.1989 – 9384/81, EuGRZ 1988, 20 (30) – Deumeland/Deutschland, es lässt sich nicht ausschließen, dass die Beschwerdeführerin „unter einer gewissen seelischen Anspannung gelitten hat, nachdem die angemessene Frist überschritten war“; vgl. EGMR, Urt. v. 25.03.1999 – 31195/96, EuGRZ 1999, 320 (321) – Nikolova/Bulgarien; EGMR, Urt. v. 18.09.2009 – 16064/90, NJOZ 2011, 516 (531) – Varnava u. a./Türkei; EGMR, Urt. v. 21.12.2010 – 20578/07, EuGRZ 2011, 124 (131) – Frank Eze Anayo/Deutschland.

394 EGMR (Große Kammer), Urt. v. 29.03.2006 – 36813/97, NJW 2007, 1259 (1265) – Scordino/Italien; EGMR, Urt. v. 10.04.2008 – 21071/05 Z. 50 – Wasserman/Russland. Die Rechtsprechung des EGMR orientiert sich an der Dogmatik des französischen und englischen Rechts, da dort zwischen materiellen und immateriellen Schäden nicht so streng differenziert wird. Vgl. *Althammer/Schäuble*, NJW 2012, 1 (4).

395 Vgl. EGMR, Urt. v. 14.02.2008 – 30422/03 Z. 35 – Pshenichnyy/Russland.

Nach der Rechtsprechung des EGMR können auch juristische Personen und nicht rechtsfähige Personengemeinschaften einen immateriellen Schaden erleiden und insoweit eine Entschädigung geltend machen.[396] Es kann z.B. der Ruf der Gesellschaft beeinträchtigt sein, ein Eingriff in die Unternehmensführung vorliegen oder Planungsunsicherheit infolge der überlangen Verfahrensdauer bestehen.[397]

2. *Art und Höhe der Entschädigung*

Die Höhe der Entschädigung bestimmt der EGMR nach billigem Ermessen.[398] Es kann im Einzelfall schwierig sein, materielle und immaterielle Schäden abzugrenzen. Daher berechnet er den Schaden nicht im Einzelnen, sondern setzt eine Gesamtsumme fest.[399] Ebenso verfährt der EGMR, wenn der materielle Schaden schwer zu berechnen ist.[400]

Bei der Bemessung der Höhe ist Sinn und Zweck der Entschädigung zu berücksichtigen sowie die Schwere der Konventionsverletzung und ihre Auswirkungen auf den Beschwerdeführer. Der Betrag muss im Verhältnis zum Gewicht der festgestellten Verletzung angemessen sein, insbesondere sind in vergleichbaren Fällen zugesprochene Beträge zu berücksichtigen.[401]

Im Falle einer überlangen Verfahrensdauer richtet sich die Entschädigung nach den Umständen des Einzelfalles, insbesondere nach Dauer und Anzahl der Instanzen, nach der Bedeutung der Sache für den Beschwerdeführer und seinem prozessualen Verhalten.[402] Eine höhere Entschädigung wird z.B. bei Verfahren in

---

396 Siehe hierzu EGMR, Urt. v. 08.12.1999 - 23885/94 Z. 57, Reports 1999 VIII - ÖZDEP/ Türkei (Partei); EGMR, Urt. v. 06.04.2000 - 35382/97 Z. 27 ff., Reports 2000-IV - Comingersoll/Portugal; EGMR, Urt. v. 16.09.2010 - 35677/04 Z. 35 - Holy Synod of the Bulgarian Orthodox Church (Metropolitan Inokentiy u.a./Bulgarien (Religionsgemeinschaft).

397 EGMR, Urt. v. 06.04.2000 - 35382/97 Z. 35, Reports 2000-IV - Comingersoll/Portugal.

398 Siehe EGMR, Urt. v. 15.02.2008 - 38111/02, NJW 2009, 655 (656) - Kakamoukas u.a./Griechenland.

399 EGMR, Urt. v. 06.04.2000 - 35382/97 Z. 29, Reports 2000 IV - Comingersoll/Portugal; vgl. EGMR, Urt. v. 07.06.2005 - 69338/01 Z. 49 - Calheiros Lopes u.a./Portugal.

400 EGMR, Urt. v. 01.07.1999 - 48/1996/667/853, EuGRZ 1997, 310 (316) - Pammel/ Deutschland.

401 Vgl. EGMR, Urt. v. 15.02.2008 - 38111/02, NJW 2009, 655 (656) - Kakamoukas u.a./ Griechenland.

402 In einem fast achtjährigen familiengerichtlichen Verfahren hat der EGMR dem Beschwerdeführer EUR 10.000 zugesprochen, da es um das Sorge- und Umgangsrechtsrecht für die Kinder ging und eine zusätzliche Verletzung von Art. 13 EMRK

Arbeitssachen, in zivilen Statussachen, bei Verfahren, die die Gesundheit oder das Leben betreffen, sowie bei Streitigkeiten über Pensionen gewährt.[403] Dementsprechend wird die Entschädigung niedriger zu bemessen sein, wenn die Sache für den Beschwerdeführer geringe Bedeutung hat oder er zur Verzögerung des Verfahrens beigetragen hat, ebenso wenn die Konventionsverletzung innerstaatlich bereits festgestellt worden ist. Entschädigungszahlungen, die der Beschwerdeführer von dem beklagten Konventionsstaat erhalten hat, werden abgezogen.[404]

Im Falle eines verbundenen Verfahrens wird jedem Beschwerdeführer eine Entschädigung gewährt.[405] Der EGMR berücksichtigt allerdings die Anzahl der Beteiligten und die Höhe des insgesamt zugesprochenen Betrages.

Der EGMR spricht eine Entschädigung zu, wenn die Feststellung der Konventionsverletzung eine nicht hinreichende Wiedergutmachung für den erlittenen Nichtvermögensschaden darstellt. Anderenfalls lehnt der EGMR – unter Berücksichtigung der Umstände des Einzelfalles – die Zahlung einer Entschädigung ab, z.B. wenn mangels Kausalzusammenhang eine Entschädigung nicht zugesprochen werden kann oder der geltend gemachte Schaden geringfügig ist.[406]

Anträge auf Strafschadensersatz werden vom EGMR grundsätzlich zurückgewiesen.[407] Nach der neueren Rechtsprechung des EGMR kann jedoch in Fällen einer konventionswidrigen Praxis die Entschädigung für immaterielle Nachteile erhöht werden, z.B. wenn der beklagte Konventionsstaat das Urteil des EGMR

---

vorgelegen hat, vgl. EGMR, Urt. v. 20.01.2011 – 21980/06 Z. 100 FamRZ 2011, 533 – Kuhlen-Rafsandjani.

403 In einem rund neunjährigen Arbeitsrechtstreit hat der EGMR 6.000 EUR als Entschädigung zugesprochen, vgl. EGMR, Urt. v. 20.07.2004 – 74628/01, Reports 2000-VII – Carries/Frankreich; bei Gesundheitsschäden infolge überlanger Verfahrensdauer (8 Jahre und 5 Monate) hat der EGMR 25.000 EUR für angemessen erachtet, siehe EGMR, Urt. v. 31.07.2003 – 50389/99 Z. 75 ff., Reports 2003-X – Doran/Irland; *Meyer-Ladewig*, EMRK, Art. 41 Rn. 21.

404 *Meyer-Ladewig*, EMRK, Art. 41 Rn. 21.

405 EGMR, Urt. v. 15.02.2008 – 38111/02, NJW 2009, 655 (656) – Kakamoukas u.a./Griechenland.

406 Siehe hierzu EGMR, Urt. v. 29.05.1989 – 9384/81, EuGRZ 1988, 20 (30) – Deumeland/Deutschland; EGMR, Urt. v. 05.12.2002 – 34896/97 Z. 112 – Craxi/Italien; EGMR, Urt. v. 27.05.2003 – 43425/98 Z. 48 – Skalka/Polen; EGMR, Urt. v. 28.04.2005 – 41604/98, NJW 2006, 1495 (1498) – Buck/Deutschland; ferner *Wenzel*, in: Karpenstein/Meyer, EMRK, Art. 41 Rn. 17, 23.

407 EGMR, Urt. v. 18.09.2009 – 16064/90, NJOZ 2011, 516 (531) – Varnava u. a./Türkei.

nicht umgesetzt hat und der Beschwerdeführer deswegen erneut vor dem EGMR klagen muss.[408] Darüber hinaus spricht der EGMR im Falle der Verletzung von Verfahrensgarantien zunehmend eine Entschädigung zu, wenn der Betroffene ohne die Verfahrensfehler die Möglichkeit gehabt hätte, stärker auf das Verfahren Einfluss zu nehmen.[409]

Nach Auffassung des EGMR sollte die für immaterielle Schäden gewährte Entschädigung unpfändbar sein. Der EGMR hat jedoch klargestellt, dass diese Frage der jeweiligen nationalen Rechtsordnung vorbehalten ist.[410]

3. *Erstattungsfähigkeit von Kosten und Auslagen*

Das Verfahren vor dem EGMR ist kostenfrei, es werden keine Gerichtsgebühren erhoben.[411] Teil der gerechten Entschädigung sind die Kosten und Auslagen vor den innerstaatlichen Gerichten sowie die Anwaltskosten vor den nationalen Gerichten und dem EGMR, Übersetzungskosten, Kosten für Sachverständigengutachten und Reise- und Aufenthaltskosten.[412] Die Kosten werden ersetzt, soweit sie tatsächlich entstanden und notwendig sind, im Zusammenhang mit der Konventionsverletzung stehen sowie im Hinblick auf ihre Höhe angemessen sind.[413] Das ist dann der Fall, wenn sie die Konventionsverletzung verhindern oder wiedergutmachen sollen.[414] Im Falle eines Verstoßes gegen Art. 6 Abs. 1 EMRK wegen der überlangen Dauer des Verfahrens werden beispielsweise Kosten und Auslagen für Rechtsbehelfe ersetzt, die zur Beschleunigung des Verfahrens eingelegt werden.[415]

---

408 Siehe EGMR, Urt. v. 15.01.2009 - 33509/04 Z. 156, Reports 2009 - Burdov/Russland.

409 Vgl. hierzu EGMR, Urt. v. 13.07.2000 - 25735/94, NJW 2001, 2315 (2318) - Elsholz/Deutschland, wonach nicht ausgeschlossen werden könne, dass der Beschwerdeführer bei stärker Beteiligung am Entscheidungsprozess, einen gewissen Erfolg hätte haben können. Dieser Verlust von Chancen rechtfertige eine Entschädigung; siehe auch *Peukert*, in: Frowein/Peukert, EMRK, Art. 41 Rn. 17.

410 EGMR, Urt. v. 28.07.1999 - 25803/94, NJW 2001, 56 (61) - Selmouni/Frankreich.

411 *Grabenwarter/Pabel*, EMRK, § 15 Rn. 10.

412 Siehe *Wenzel*, in: Karpenstein/Meyer, EMRK, Art. 41 Rn. 47.

413 EGMR, Urt. v. 01.07.1999 - 48/1996/667/853, EuGRZ 1997, 310 (316) - Pammel/Deutschland; EGMR Urt. v. 08.07.1999 - 23536/94 u. 24408/94, NJW 2001, 1995 - Baskaya u. Okcuoglu/Türkei; EGMR, Urt. v. 27.07.2000 - 33379/96, NJW 2001, 213 (214) - Klein/Deutschland.

414 Vgl. EGMR, Urt. v. 24.02.1983 - 7525/76, EuGRZ 1983, 496 (498) - Dudgeon/Vereinigtes Königreich; EGMR, Urt. v. 27.10.1987 - 10426/83, EuGRZ 1988, 448 (452) - Pudas/Schweden.

415 Siehe EGMR, Urt. v. 03.02.2005 - 37040/02 Z. 49 - Riepl/Österreich.

Hat der Beschwerdeführer im Verfahren vor den nationalen Gerichten oder vor dem EGMR Prozesskostenhilfe erhalten, werden die Beträge von den Kosten und Auslagen abgezogen.[416]

4. Konventionsstaat als Anspruchsverpflichteter

Der beklagte Konventionsstaat hat regelmäßig innerhalb von drei Monaten, nachdem das Urteil rechtskräftig geworden ist, die Entschädigung an den Beschwerdeführer zu zahlen.[417] Das Ministerkomitee des Europarats überwacht die Erfüllung des Entschädigungsanspruchs (Art. 46 Abs. 1 und Abs. 2 EMRK).

Die Bundesrepublik Deutschland ist als Vertragsstaat der Konvention Anspruchsschuldnerin und deshalb völkerrechtlich zur Zahlung der Entschädigung verpflichtet. Die Kostenteilung im Innenverhältnis zwischen Bund und Land bestimmt sich nach dem LastG. Der Bund hat bei Erfüllung des Entschädigungsanspruchs einen Regressanspruch gegen das Land (§ 5 LastG). Bei Verurteilungen wegen überlanger Verfahrensdauer und Anhängigkeit sowohl bei Gerichten des Bundes als auch eines Landes werden die Lasten im Verhältnis der Anteile der beteiligten Gerichte an der Verfahrensdauer getragen (§ 4 Abs. 2 LastG).

G. Zwischenergebnis

Zusammenfassend ist festzustellen, dass die Rechtsschutzmöglichkeiten gegen überlange Gerichtsverfahren nach der bisherigen Rechtslage nicht ausreichend sind. Ein Anspruch des Betroffenen auf ein dienstaufsichtsrechtliches Einschreiten besteht nicht. Auch die Revision ist kein geeignetes Rechtsmittel gegen die überlange Dauer eines Verfahrens, da die angefochtene Entscheidung auf dem Verfahrensmangel beruhen muss. Im Hinblick auf die Untätigkeitsbeschwerde ist die Rechtslage unübersichtlich und die Frage ihrer Zulässigkeit nicht abschließend geklärt.

Beim Amtshaftungsanspruch sind die Anforderungen an den Schuldvorwurf durch das Richterspruchprivileg und den Grundsatz der richterlichen Unabhängigkeit grundsätzlich sehr hoch. Ferner werden immaterielle Schäden nur in den gemäß § 253 BGB vorgesehenen Fällen ersetzt. Psychische Belastungen aufgrund der langen Ungewissheit des Verfahrensausgangs werden hingegen

416 Vgl. EGMR, Urt. v. 20.05.1999 – 21554/93, NJW 2001, 1991 (1995) – Ogur/Türkei; EGMR, Urt. v. 01.06.2010 – 22978/05, EuGRZ 2010, 417 (440) – Magnus Gäfgen/Deutschland.

417 *Wenzel*, in: Karpenstein/Meyer, EMRK, Art. 41 Rn. 55. Vgl. auch Art. 44 Abs. 2 EMRK.

nicht ersetzt. Auch nach der Rechtsprechung des EGMR genügen die genannten Rechtsschutzmöglichkeiten nicht den Anforderungen des Art. 13 EMRK an eine wirksame Beschwerde.

Wird einer Verfassungsbeschwerde stattgegeben, stellt das BVerfG fest, dass eine verfassungswidrige Verzögerung des Verfahrens vorliegt. Es kann jedoch weder konkrete Beschleunigungsmaßnahmen anordnen noch eine Entschädigung zusprechen. Zudem bedarf die Verfassungsbeschwerde der Annahme.

Schließlich kann der Betroffene eine zulässige Individualbeschwerde gemäß Art. 34, 35 EMRK erst erheben, wenn er den gesamten innerstaatlichen Instanzenzug durchlaufen hat.

Drittes Kapitel
Der Entschädigungsanspruch nach § 198 GVG – Anspruchsvoraussetzungen und Rechtsfolgen

Am 15. März 2010 hat das Bundesministerium der Justiz einen Referentenentwurf für ein Gesetz über den Rechtsschutz bei überlangen Gerichtsverfahren und strafrechtlichen Ermittlungsverfahren vorgelegt.[418] Die Bundesregierung brachte nach der Entscheidung des EGMR in der Sache Rumpf/Deutschland den Gesetzesentwurf am 17. November 2010 in den Bundestag ein und leitete ihn zur Stellungnahme an die Bundesländer und Verbände weiter.[419]

Die Gesetzgebungszuständigkeit des Bundes für den Entschädigungsanspruch folgt aus Art. 74 Abs. 1 Nr. 25 GG (Staatshaftung) und im Hinblick auf Rechtsweg und Verfahren aus Art. 74 Abs. 1 Nr. 1 GG (gerichtliche Verfahren). Der konkurrierenden Gesetzgebung (Art. 72 Abs. 2 GG) unterfällt Art. 74 Abs. 1 Nr. 25 GG. Eine bundeseinheitliche Regelung ist nach Auffassung des Gesetzgebers zur Wahrung der Rechtseinheit im gesamtstaatlichen Interesse erforderlich.[420] Verfahren können sowohl bei der Befassung von Gerichten der Länder als auch des Bundes im Instanzenzug unangemessen lang dauern. Für eine Verletzung des Art. 6 Abs. 1 EMRK ist jedoch ausschließlich die Bundesrepublik Deutschland als Konventionsstaat der EMRK verantwortlich.[421] Die Bundesrepublik Deutschland ist verpflichtet, ihre Justiz entsprechend den Anforderungen des Art. 6 Abs. 1 EMRK einzurichten.[422] Daher ist es erforderlich, den Rechtsschutz bei überlanger Verfahrensdauer bundeseinheitlich zu regeln.[423]

---

418 Referentenentwurf des BMJ vom 15.03.2010, abrufbar unter: http://www.bmj.de/SharedDocs/Downloads/DE/pdfs/Rechtsschutz_ueberlange_verfahren.pdf?_blob=publicationFile (zuletzt abgerufen am 10.09.2015).

419 BT-Drucks. 17/3802.

420 BT-Drucks. 17/3802, S. 17.

421 Vgl. *Meyer-Ladewig*, EMRK, Art. 6 Rn. 2.

422 Vgl. hierzu EGMR (Große Kammer), Urt. v. 08.06.2006 – 75529/01, NJW 2006, 2389 (2393) – Sürmeli/Deutschland.

423 Kritisch *Guckelberger*, DÖV 2012, 289 (290), die Erfüllung völkerrechtlicher Verpflichtungen begründet für sich allein noch kein gesamtstaatliches Interesse, der Gesetzgeber hat jedoch in Bezug auf Art. 72 Abs. 2 GG eine Einschätzungsprärogative.

Der Bundestag hat das Gesetz am 29. September 2011 nach mehrfacher Änderung in der Fassung des Rechtsausschusses beschlossen,[424] der Bundesrat am 14. Oktober 2011 zugestimmt.[425] Das Gesetz ist am 2. Dezember 2011 im Bundesgesetzblatt[426] verkündet worden und am darauffolgenden Tag in Kraft getreten.[427]

A. Die Neuregelung im Überblick

Das ÜGRG sieht einen verschuldensunabhängigen Entschädigungsanspruch gegen den Staat wegen der unangemessenen Dauer eines gerichtlichen Verfahrens vor. Kernstück der Regelung ist der neu eingefügte Siebzehnte Titel des Gerichtsverfassungsgesetzes (§§ 198 bis 201 GVG). Dieser Abschnitt enthält die wesentlichen Bestimmungen des neuen Gesetzes: § 198 GVG regelt Voraussetzungen und Rechtsfolge des Entschädigungsanspruchs, § 200 GVG wer Schuldner des Entschädigungsanspruchs ist, und § 201 GVG die Zuständigkeit für die Entschädigungsklage sowie weitere Verfahrensfragen. Ergänzende Regelungen für das Strafverfahren finden sich in § 199 GVG.

I. Allgemeines

Anspruchsgrundlage für die Entschädigung ist § 198 Abs. 1 S. 1 GVG. Die einzelnen Anspruchsvoraussetzungen sind in § 198 Abs. 1 bis Abs. 4 GVG geregelt. Zentrale Tatbestandsvoraussetzung des § 198 Abs. 1 S. 1 GVG und haftungsbegründende Rechtsgutverletzung ist die unangemessene Dauer eines Gerichtsverfahrens.[428] Infolge der unangemessenen Dauer des Verfahrens muss der Betroffene einen Nachteil erlitten haben. Erforderlich ist eine haftungsausfüllende Kausalität zwischen Verfahrensdauer und Nachteil.[429] Neben materiellen Nachteilen werden auch immaterielle Nachteile ersetzt, die grundsätzlich gemäß § 198 Abs. 2 S. 1 GVG vermutetet werden, wenn ein Verfahren unangemessen lang gedauert hat. Eine Entschädigung für immaterielle Nachteile kann nur

---

424 Siehe hierzu Amtliches Protokoll der 130. Sitzung des Deutschen Bundestages am 29.08.2011, abrufbar unter: http://webarchiv.bundestag.de/cgi/show.php?fileToLoad=2948&id=1223 (zuletzt abgerufen am 10.09.2015); BT-Drucks. 17/7217.

425 BR-Beschlussdrucks. 587/11 (B).

426 BGBl. 2011 I S. 2302.

427 Vgl. Art. 24 ÜGRG.

428 BGH, Urt. v. 23.01.2014 – III ZR 37/13, NJW 2014, 939 (940).

429 Vgl. *Ott*, in: Steinbeiß-Winkelmann/Ott, ÜGRG, § 198 GVG Rn. 66.

beanspruchte werden, soweit nicht Wiedergutmachung auf andere Weise ausreichend ist, insbesondere durch die Feststellung des Entschädigungsgerichts, dass die Verfahrensdauer unangemessen war (§ 198 Abs. 2 S. 2 i.V.m. § 198 Abs. 4 GVG). Die Wiedergutmachung auf andere Weise ist negatives Tatbestandsmerkmal für die Entschädigung immaterieller Nachteile.[430] Des Weiteren muss der Betroffene gemäß § 198 Abs. 3 GVG beim Ausgangsgericht die Dauer des Verfahrens rügen. Die Erhebung der Verzögerungsrüge ist materiellrechtliche Anspruchsvoraussetzung.

II. § 198 GVG als „staathaftungsrechtlicher Anspruch sui generis"

§ 198 Abs. 1 S. 1 GVG sieht als Rechtsfolge – in Anlehnung an § 906 Abs. 2 S. 2 BGB – eine angemessene Entschädigung vor.[431] Entschädigung und Schadensersatz sind unterschiedliche Ansprüche, daher sind bei der Bemessung des Ausgleichs die Grundsätze der §§ 249 ff. BGB nicht anwendbar. Der Ersatz des entgangenen Gewinns (§ 252 BGB) ist somit ausgeschlossen.[432] Nach Auffassung des Gesetzgebers genügt eine angemessene Entschädigung für materielle Nachteile dem EMRK-Grundsatz der sog. restitutio in integrum.[433] Danach wird jede Vermögenseinbuße in Form eines Substanzverlustes ausgeglichen.[434]

Diese Begrenzung des Entschädigungsanspruchs ist sachlich gerechtfertigt. §§ 249 ff. BGB finden grundsätzlich nur bei Schadensersatzansprüchen Anwendung, die ein Verschulden voraussetzen und nicht bei Aufopferungs- und Entschädigungsansprüchen. § 198 GVG ist dogmatisch verwandt mit dem verschuldensunabhängigen Aufopferungsanspruch, der auf Entschädigung und nicht auf Schadensersatz gerichtet ist.[435] Es handelt sich bei § 198 GVG um einen „staatshaftungsrechtlichen Anspruch sui generis", der Nachteile infolge rechtswidrigen hoheitlichen Verhaltens ausgleicht und ein Verschulden des Gerichts nicht voraussetzt.[436] Es muss kein schuldhaft pflichtwidriges Verhalten eines

---

430 *Ott*, in: Steinbeiß-Winkelmann/Ott, ÜGRG, § 198 GVG Rn. 66.

431 BT-Drucks. 17/3802, S. 34.

432 *Althammer/Schäuble*, NJW 2012, 1 (3); *W.-R. Schenke*, NVwZ 2012, 257 (262).

433 Vgl. BT-Drucks. 17/3802, S. 40.

434 Siehe BVerwG, Beschl. v. 27.02.2014 – 5 C 1/13, NVwZ 2014, 1523 (1528); *Heine*, MDR 2012, 327 (330); *Stahnecker*, Entschädigung bei überlangen Gerichtsverfahren, Rn. 139.

435 *W.-R. Schenke*, NVwZ 2012, 257 (262). Dazu näher unten 3. Kapitel C. I. S. 109.

436 BT-Drucks. 17/3802, S. 19. Ausführlich zur dogmatischen Einordnung von § 198 GVG vgl. S. 108.

Richters oder eines sonstigen Angehörigen der Justizverwaltung vorliegen. Maßgebend ist allein der objektive Tatbestand der unangemessenen Verfahrensdauer.

§ 198 GVG steht in Anspruchskonkurrenz zu dem Amtshaftungsanspruch aus § 839 BGB i.V.m. Art. 34 GG, der an ein Verschuldenserfordernis geknüpft ist und auch den entgangenen Gewinn ersetzt.[437]

III. Rechtsschutzelemente des § 198 GVG

Der frühere Gesetzesentwurf der Bundesregierung aus dem Jahre 2005 sah eine präventiv prozessuale Rechtsschutzmöglichkeit vor. Die Parteien konnten eine Untätigkeitsbeschwerde erheben, wenn ein anhängiges gerichtliches Verfahren ohne zureichenden Grund nicht in angemessener Frist gefördert wird. Das Ausgangsgericht sollte der Beschwerde innerhalb eines Monats abhelfen oder dem nächsthöheren Gericht vorlegen.[438] Bei Begründetheit der Beschwerde sah der Gesetzesentwurf vor, dass das Beschwerdegericht dem Ausgangsgericht eine Frist setzen kann, innerhalb derer es geeignete Maßnahmen zur Verfahrensbeschleunigung zu ergreifen hat. Das „Untätigkeitsbeschwerdegesetz" wurde letztlich aus verschiedenen Gründen verworfen. Hauptkritikpunkt war, dass ein zusätzliches Verfahren geschaffen werde und dadurch die knappen Ressourcen der Justiz noch stärker belastet würden und eine tatsächliche Beschleunigung nicht erreicht werde.[439] Daher ist eine „Beschwerdelösung" nach überwiegender Auffassung ineffektiv.[440] Ferner bestanden verfassungsrechtliche Bedenken im Hinblick auf die richterliche Unabhängigkeit (Art. 97 GG), da die „Beschwerdelösung" unmittelbar in die richterliche Tätigkeit der Vorinstanz eingreift.[441]

---

437 BFH, Urt. v. 17.04.2013 – X K 3/12, DStR 2013, 1027 (1029); *Hansen*, SchlHA 2013, 221 (224).

438 Gesetzesentwurf der Bundesregierung vom 22.08.2005, abrufbar unter: http://www.gesmat.bundesgerichtshof.de/gesetzesmaterialien/15_wp/untaetigkeitsbeschwerde/gesetzentwurf_22_08_05.pdf (zuletzt abgerufen am 10.09.2015). Auch das hessische Justizministerium legte im Jahr 2003 einen Gesetzesentwurf gegen überlange Verfahrensdauer vor. Ein neu einzufügender § 17c GVG-E sah eine Untätigkeitsbeschwerde vor, die § 567 ZPO ergänzen sollte. Zu den Gesetzesentwürfen *Breuer*, Staatshaftung für judikatives Unrecht, S. 358 f.; *Matusche-Beckmann/Kumpf*, ZZP 124 (2011), 173 (182 f.).

439 Vgl. *Kissel/Mayer*, GVG, § 198 Rn. 2.

440 Eine Übersicht aller Stellungnahmen findet sich bei *Steinbeiß-Winkelmann*, in: Steinbeiß-Winkelmann/Ott, ÜGRG, Einführung Rn. 142 ff.

441 *Germelmann*, in: JbArbR (2012), S. 41 (42).

Das ÜGRG kombiniert präventive und kompensatorische Rechtsschutzelemente.[442] Präventiven Charakter hat die in § 198 Abs. 3 GVG geregelte Verzögerungsrüge, deren Erhebung bei dem mit der Sache befassten Gericht Voraussetzung für die Geltendmachung eines Entschädigungsanspruchs ist.[443] Die Verzögerungsrüge gibt dem Ausgangsgericht Anlass zur Prüfung und – soweit erforderlich – die Möglichkeit zu einer beschleunigten Verfahrensförderung. Das ÜGRG sieht jedoch weder eine Pflicht zur förmlichen Bescheidung noch eine Beschwerdemöglichkeit für den Fall der Nichtabhilfe vor. Kompensatorischen Charakter hat der bei Eintritt eines Schadens nach Maßgabe des § 198 GVG bestehende Entschädigungsanspruch, der einen Ausgleich sowohl des materiellen wie auch des immateriellen Schadens vorsieht.

Die Neuregelung sieht somit ein zweistufiges Rechtsschutzverfahren vor, um sich gegen die unangemessene Dauer eines Gerichtsverfahrens zur Wehr zu setzen.[444] Im Ausgangsverfahren muss der Betroffene zunächst eine wirksame Verzögerungsrüge erheben. Nach Ablauf einer Wartefrist von sechs Monaten steht ihm zur Durchsetzung des Entschädigungsanspruchs der Klageweg offen (§ 198 Abs. 5 S. 1 GVG).

IV. Anwendungsbereich – alle Gerichtsbarkeiten

Das ÜGRG gilt neben der ordentlichen Gerichtsbarkeit auch für die Arbeits-, Sozial-, Verwaltungs- und Finanzgerichtsbarkeit.[445] Die §§ 198 ff. GVG finden unmittelbar nur auf die ordentliche Gerichtsbarkeit (Zivilverfahren einschließlich der Verfahren der freiwilligen Gerichtsbarkeit) Anwendung.[446] Die VwGO, das SGG, die FGO und das ArbGG sahen bislang eine entsprechende Anwendung des GVG nur für Verfahrensregelungen[447] oder für einzelne Regelungen des GVG[448] vor. Die §§ 198–201 GVG enthalten jedoch neben prozessualen auch materielle Regelungen. Daher sind die Verweisungsnormen der jeweiligen

442 Siehe hierzu *Roller*, DRiZ Beilage Juni 2012, 1 (6); ferner *W.-R. Schenke*, NVwZ 2012, 257 (258); *Söhngen*, NZS 2012, 493 (494); *Steinbeiß-Winkelmann*, ZRP 2010, 205 (206).

443 Vgl. BT-Drucks. 17/3802, S. 20 f.

444 Vgl. *Tiedemann*, ArbRB 12/2011, 382.

445 Die für die Fachgerichtsbarkeiten zentralen Änderungen sind in Art. 6–9 ÜGRG enthalten.

446 Teil der ordentlichen Gerichtsbarkeit sind auch Straf- und Bußgeldverfahren, die bei der Darstellung jedoch außer Betracht bleiben.

447 § 173 VwGO a.F., § 202 SGG a.F., § 55 FGO a.F.

448 Vgl. etwa § 9 Abs. 2 S. 1 ArbGG.

Prozessordnungen um einen gesonderten Verweis ergänzt worden, wonach die Vorschriften des Siebzehnten Titels des Gerichtsverfassungsgesetzes über den Rechtsschutz bei überlanger Verfahrensdauer entsprechend anzuwenden sind.[449]

Der Anwendungsbereich des ÜGRG ist weiter als die völkerrechtliche Bindung an die EMRK. Nach der Rechtsprechung des EGMR findet Art. 6 Abs. 1 EMRK auf alle in Deutschland vorhandenen Gerichte und Gerichtszweige mit Ausnahme der Finanzgerichtsbarkeit Anwendung.[450] Der EGMR legt die Begriffe der zivilrechtlichen Ansprüche und Verpflichtungen autonom aus, deshalb kann Art. 6 EMRK auch auf Rechte und Verpflichtungen Anwendung finden, die nach deutschem Verständnis dem öffentlichen Recht zuzuordnen sind. Eine Ausnahme bilden Streitigkeiten, die zum Kernbereich des öffentlichen Rechts und der dem Staat vorbehaltenen Aufgaben gehören, wie etwa steuerrechtliche Streitigkeiten.[451]

Im Steuerrecht überwiegt die öffentlich-rechtliche Beziehung zwischen Steuerzahler und Staat. Infolgedessen wendet der BFH Art. 6 Abs. 1 EMRK nicht an.[452] Es war somit EMRK-rechtlich nicht geboten, eine Entschädigung auch für die überlange Dauer finanzgerichtlicher Verfahren zu gewähren. In der Finanzgerichtsbarkeit sind jedoch ungeachtet des Art. 6 Abs. 1, 13 EMRK das Gebot des effektiven Rechtsschutzes und der Justizgewährungsanspruch zu beachten.[453] Aus diesem Grund hat der Gesetzgeber auch finanzgerichtliche Verfahren in die Entschädigungsregelung einbezogen.[454]

Ferner finden die §§ 198 ff. GVG in der Verwaltungsgerichtsbarkeit uneingeschränkt Anwendung. Angesichts der Abgrenzungsschwierigkeiten, ob ein aus deutscher Sicht öffentlich-rechtlicher Anspruch als „zivilrechtlich" im Sinne des

---

449 BT-Drucks. 17/3802, S. 17; vgl. die einzelnen Verweisungsvorschriften in § 9 Abs. 2 S. 2 ArbGG, § 173 S. 2 VwGO, § 202 S. 2 SGG, § 155 S. 2 FGO; geändert wurden auch die Bundesnotarordnung, die Bundesrechtsanwaltsordnung, das Gerichtskostengesetz, das Rechtsanwaltsvergütungsgesetz, das EG-Verbraucherschutzdurchsetzungsgesetz, das Patentgesetz, das Gebrauchsmustergesetz, das Markengesetz, die Patentanwaltsordnung, das Halbleiterschutzgesetz, das Geschmacksmustergesetz, die Wehrbeschwerdeordnung, die Wehrdisziplinarordnung, das Gesetz gegen Wettbewerbsbeschränkungen und das Energiewirtschaftsgesetz, siehe auch BT-Drucks. 17/3802, S. 9 ff.

450 EGMR, Urt. v. 12.07.2001 – 44759/98, NJW 2002, 3453 – Ferrazzini/Italien; *Meyer-Ladewig*, EMRK, Art. 6 Rn. 15; *Meyer*, in: Karpenstein/Mayer, EMRK, Art. 6 Rn. 17.

451 Siehe oben unter Kapitel 1 B. II. 2. S. 18.

452 BFH, Beschl. v. 25.10.2006 – VII B 269/06, BeckRS 2006, 25010774; BFH, Urt. v. 12.04.2007 – VI R 42/03, NJW 2007, 1999 (2000).

453 *Böcker*, DStR 2011, 2173.

454 Siehe BT-Drucks. 17/3802, S. 18.

Art. 6 Abs. 1 EMRK einzuordnen ist, werden alle öffentlich-rechtlichen Streitigkeiten von der Entschädigungsregelung erfasst.[455] So stuft der EGMR z.B. Streitigkeiten, die das Staatsangehörigkeitsrecht oder das Asyl- und Ausländerrecht betreffen, als öffentlich-rechtlich ein. Bei beamtenrechtlichen Streitigkeiten wird eine Anwendbarkeit des Art. 6 Abs. 1 EMRK vermutet. Die Einbeziehung aller öffentlich-rechtlichen Verfahren war demnach zwar nicht zwingend, aus Gründen der Rechtssicherheit und der Einheitlichkeit der Entschädigungsregelung jedoch geboten.

V. Sonderregelung für das Bundesverfassungsgericht

Nach der Rechtsprechung des EGMR gilt Art. 6 Abs. 1 EMRK auch für die nationalen Verfassungsgerichte.[456] Das ÜGRG hat daher auch das Bundesverfassungsgericht nicht ausgenommen. Ein neu eingefügter vierter Teil des Bundesverfassungsgerichtsgesetzes (§§ 97a bis 97e) sieht eine eigenständige Entschädigungsregelung vor und verzichtet auf Verweise in das GVG. Die Entschädigungsregelung des § 97a BVerfGG entspricht in Grundzügen der Regelung des § 198 GVG, weist jedoch einige Unterschiede auf, die sich aus den Besonderheiten des Verfahrens vor dem BVerfG ergeben.[457] Insbesondere bei der Prüfung der Angemessenheit der Verfahrensdauer sind die Aufgaben und die Stellung des BVerfG zu berücksichtigen (§ 97a Abs. 1 S. 2 BVerfG).

Eine entsprechende Regelung für die Verfahren vor den Landesverfassungsgerichten wurde nicht erlassen. Im Hinblick auf die Eigenstaatlichkeit der Länder bleibt der Erlass einer solchen Regelung den Landesgesetzgebern vorbehalten.[458]

B. Voraussetzungen des Entschädigungsanspruchs

I. Anspruchsberechtigte

Gemäß § 198 Abs. 1 S. 1 GVG wird angemessen entschädigt, wer infolge unangemessener Dauer eines Gerichtsverfahrens als Verfahrensbeteiligter einen

455 *Guckelberger*, DÖV 2012, 289 (292).

456 Vgl. EGMR, Urt. v. 25.02.2000 - 29357/95, NJW 2001, 211 - Gast u. Popp/Deutschland; EGMR, Urt. v. 08.01.2004 - 47169/99, NJW 2005, 41 - Voggenreiter/Deutschland; ferner *Meyer-Ladewig*, EMRK, Art. 6 Rn. 15.

457 Vgl. *Roderfeld*, in: Marx/Roderfeld, Rechtsschutz bei überlangen Gerichtsverfahren, § 97a BVerfGG Rn. 1.

458 BT-Drucks. 17/3802, S. 2, 17. Bislang wurden entsprechende landesrechtliche Vorschriften nicht erlassen.

Nachteil erleidet. Verfahrensbeteiligter ist gemäß der Legaldefinition des § 198 Abs. 6 Nr. 2 GVG jede Partei und jeder Beteiligter eines Gerichtsverfahrens mit Ausnahme der Verfassungsorgane, der Träger öffentlicher Verwaltung und sonstiger öffentlicher Stellen, soweit diese nicht in Wahrnehmung eines Selbstverwaltungsrechts an einem Verfahren beteiligt sind. Die Verwendung der Begriffe „Partei“[459] und „ Beteiligter“[460] berücksichtigt den unterschiedlichen Sprachgebrauch in den einzelnen Prozessordnungen.

1. Verfahrensbeteiligte

Verfahrensbeteiligter ist, wer kraft eigener Rechte auf den Verfahrensgegenstand einwirken und infolgedessen durch die Verzögerung des Verfahrens beeinträchtigt sein kann.[461] Das sind die Parteien im Zivilprozess und die Beteiligten in Verfahren der freiwilligen Gerichtsbarkeit.

Verfahrensbeteiligte sind auch Antragsteller und Antragsgegner in Verfahren auf Gewährung vorläufigen Rechtsschutzes und zur Bewilligung von Prozess- und Verfahrenskostenhilfe. Andere in das Verfahren einbezogene Personen, wie Zeugen, Sachverständige, Prozessbevollmächtigte oder gesetzliche Vertreter sind keine Verfahrensbeteiligten.[462] Im Bereich der freiwilligen Gerichtsbarkeit sind daher Betreuer und Nachlasspfleger keine Verfahrensbeteiligten.[463]

Parteien kraft Amtes wie der Testamentsvollstrecker (§§ 2212, 2213 BGB), der gerichtlich eingesetzte Nachlassverwalter (§ 1984 BGB), der Insolvenzverwalter (§ 80 InsO) und der Zwangsverwalter (§ 152 ZVG) sind selbst Partei des Verfahrens.[464] Parteien kraft Amtes führen das Verfahren in Ausübung ihres Amtes in eigenem Namen für die von ihnen verwaltete Vermögensmasse.[465] Der Entschädigungsanspruch entsteht dann zugunsten der verwalteten Vermögensmasse.[466]

---

459 Die ZPO spricht von Parteien, §§ 50 ff. ZPO, das FamFG von Beteiligten, § 7 FamFG.

460 Auch im verwaltungs-, sozial- und finanzgerichtlichen Verfahren ist von Beteiligten die Rede, § 63 VwGO, § 69 SGG und § 57 FGO.

461 *Kissel/Mayer*, GVG, § 198 Rn. 10; *Roderfeld*, in: Marx/Roderfeld, Rechtsschutz bei überlangen Gerichtsverfahren, § 198 GVG Rn. 190.

462 *Stahnecker*, Entschädigung bei überlangen Gerichtsverfahren, Rn. 17.

463 *Zimmermann*, FamRZ 2011, 1905 (1906).

464 Siehe *Zimmermann*, in: MüKo-ZPO, § 198 GVG Rn. 16.

465 Vgl. *Hüßtege*, in: Thomas/Putzo, ZPO, § 51 Rn. 25 ff.

466 *Ott*, in: Steinbeiß-Winkelmann/Ott, ÜGRG, § 198 GVG Rn. 232.

Im Zivilprozess kommt darüber hinaus dem Nebenintervenienten eine Beteiligtenstellung zu.[467] Zwar führt der Nebenintervenient den Rechtsstreit nicht selbst als Partei, er kann jedoch nach Maßgabe des § 67 ZPO auf die Prozessführung einwirken.[468] Er handelt dabei neben der Hauptpartei in eigenem Namen und aus eigenem Recht.[469] Der Nebenintervenient kann zudem Rechtsmittel einlegen (§ 66 Abs. 2 ZPO). Im Folgeprozess muss er die Interventionswirkung des § 68 Abs. 1 ZPO gegen sich gelten lassen. Somit stehen dem Nebenintervenienten eigene prozessuale Rechte zu. Insofern ist er von einer unangemessenen Verfahrensdauer ebenso betroffen wie die Hauptpartei. Es genügt hingegen nicht die Stellung als Streitverkündeter ohne Beitritt, da der Rechtsstreit in diesem Fall ohne Rücksicht auf die Streitverkündung fortgesetzt wird (§ 74 Abs. 2 ZPO).[470]

In der freiwilligen Gerichtsbarkeit ist der Beteiligtenbegriff in § 7 FamFG geregelt, der zwischen dem Antragsteller als Beteiligtem kraft Gesetzes (Abs. 1) und den Beteiligten durch Hinzuziehung differenziert. Bei den Beteiligten durch Hinzuziehung ist zwischen den Muss-Beteiligten (Abs. 2) und den Kann-Beteiligten (Abs. 3) zu unterscheiden.[471] Anspruchsberechtigt sind jedenfalls neben dem Antragssteller auch die Beteiligten, deren Recht durch das Verfahren unmittelbar betroffen wird (§ 7 Abs. 2 Nr. 1 FamFG). Fraglich ist, ob auch die Muss-Beteiligten gemäß § 7 Abs. 2 Nr. 2 FamFG und die Kann-Beteiligten gemäß § 7 Abs. 3 FamFG einen Anspruch auf Entschädigung geltend machen können. Da die §§ 198 ff. GVG einen Entschädigungsanspruch gegen den Staat vorsehen, ist eine Betroffenheit im Sinne von § 7 Abs. 2 Nr. 1 FamFG zu fordern.[472]

Im Verwaltungsprozess ist neben Kläger und Beklagtem auch der Beigeladene (§ 63 Nr. 3 VwGO) Verfahrensbeteiligter.[473] Ebenso gehört im sozialgerichtlichen und finanzgerichtlichen Verfahren der Beigeladene zu den Verfahrensbeteiligten (§§ 69 Nr. 3 SGG, 57 Nr. 3 FGO).[474]

---

467 So auch *Heine*, MDR 2012, 327 (328); *Lückemann*, in: Zöller, ZPO, § 201 GVG, Rn. 12; *Prütting*, in: Germelmann/Matthes/Prütting, ArbGG, § 9 Rn. 11c; *Roderfeld*, in: Marx/Roderfeld, Rechtsschutz bei überlangen Gerichtsverfahren, § 198 GVG Rn. 191; anders dagegen *Althammer/Schäuble*, NJW 2012, 1; *Ott*, in: Steinbeiß-Winkelmann/Ott, ÜGRG, § 198 GVG Rn. 229.

468 *Hüßtege*, in: Thomas/Putzo, ZPO, § 67 Rn. 1.

469 *Weth*, in: Musielak/Voit, ZPO, § 67 Rn. 2.

470 *Reinfelder*, in: Düwell/Lipke, ArbGG, § 9 Rn. 28c.

471 *Hüßtege*, in: Thomas/Putzo, FamFG, § 7 Rn. 7 ff.

472 Vgl. *Ott*, in: Steinbeiß-Winkelmann/Ott, ÜGRG, § 198 GVG Rn. 230.

473 *W.-R. Schenke*, in: Kopp/Schenke, VwGO, § 173 Rn. 20.

474 *Leitherer*, in: Meyer-Ladewig/Keller/Leitherer, SGG, § 202 Rn. 32.

2. *Ausnahmeregelung des § 198 Abs. 6 Nr. 2 GVG*

Keine Verfahrensbeteiligten sind die Träger öffentlicher Verwaltung oder sonstige öffentliche Stellen, selbst wenn sie Parteien oder Beteiligte des Gerichtsverfahrens sind. Hintergrund dieser Ausnahmeregelung ist, dass dem Staat kein Entschädigungsanspruch gegen sich selbst zustehen soll.[475] Nicht unter den Begriff des Verfahrensbeteiligten fallen somit staatliche Stellen, denen die Prozessordnungen bestimmte Funktionen zuschreiben. Im Bereich des Verwaltungsprozesses sind der Vertreter des Bundesinteresses beim BVerwG sowie der Vertreter des öffentlichen Interesses keine Verfahrensbeteiligten (§ 63 Nr. 4 VwGO).[476] Zu den Trägern öffentlicher Verwaltung zählen auch juristische Personen des Zivilrechts, an denen die öffentliche Hand mehrheitlich beteiligt ist.[477]

Den Trägern öffentlicher Verwaltung steht entgegen des genannten Grundsatzes ein Entschädigungsanspruch zu, wenn und soweit sie in Wahrnehmung einer Selbstverwaltungsangelegenheit am Verfahren beteiligt sind. In diesem Fall machen die Träger öffentlicher Verwaltung eine eigenständige Rechtsposition geltend. Eine Gemeinde, die im Ausgangsrechtsstreit in Wahrnehmung ihres kommunalen Selbstverwaltungsrechts (Art. 28 Abs. 2 GG) beteiligt gewesen ist und anschließend einen Entschädigungsanspruch wegen überlanger Verfahrensdauer geltend macht, tritt dem Staat wie ein außen stehender Dritter gegenüber.[478] Neben Gemeinden und Gemeindeverbänden können sich auch Universitäten, Religionsgemeinschaften, Rundfunkanstalten, Ärzte- und Rechtsanwaltskammern sowie Industrie- und Handelskammern gegenüber dem Staat auf eigene Rechte berufen.[479]

Es war nicht zwingend geboten, die Träger öffentlicher Verwaltung oder sonstige öffentliche Stellen, die über Selbstverwaltungsrechte verfügen, in die Entschädigungsregelung einzubeziehen. Gemäß Art. 34 S. 1 EMRK können nur nichtstaatliche Organisationen und Personengruppen eine Verletzung der Konventionsrechte geltend machen. Nach der Rechtsprechung des EGMR ist eine juristische Person des öffentlichen Rechts als nichtstaatliche Organisation

475 Vgl. BT-Drucks. 17/3802, S. 23. Die Ausnahmeregelung war im Referentenentwurf zunächst enthalten und wurde dann im Regierungsentwurf gestrichen. Auf Vorschlag des Bundesrates wurde die Ausnahmeregelung jedoch wieder aufgenommen, vgl. BT-Drucks. 17/3802, S. 36, 42.

476 BT-Drucks. 17/3802, S. 23.

477 *Wolff*, in: Posser/Wolff, VwGO, § 173 Rn. 26.

478 Vgl. BT-Drucks. 17/3802, S. 36.

479 *Wolff*, in: Posser/Wolff, VwGO, § 173 Rn. 26.

anzusehen, wenn ihr keine öffentlich-rechtlichen Befugnisse zustehen.[480] Demnach sind die Träger öffentlicher Verwaltung, auch wenn ihnen Selbstverwaltungsrechte zustehen, keine „nichtstaatliche Organisation“ im Sinne der EMRK. Sie sind gleichwohl mit der Wahrnehmung öffentlicher Aufgaben betraut. Ihre Einbeziehung war deshalb EMRK-rechtlich nicht geboten.

II. Begriff des Gerichtsverfahrens

Ein Entschädigungsanspruch besteht gemäß § 198 Abs. 1 S. 1 GVG nur bei unangemessener Dauer eines Gerichtsverfahrens. Ein Gerichtsverfahren im Sinne dieser Vorschrift ist nach der Legaldefinition des § 198 Abs. 6 Nr. 1 GVG jedes Verfahren von der Einleitung bis zum rechtskräftigen Abschluss. Die Einleitung betrifft alle Formen, mit denen ein Verfahren in Gang gesetzt werden kann, neben Antrag und Klage auch die Verfahrenseröffnung von Amts wegen.[481]

Rechtskräftig abgeschlossen ist ein Verfahren mit Eintritt der formellen Rechtskraft. Formelle Rechtskraft tritt ein, wenn eine Entscheidung nicht mehr mit Rechtsmitteln angefochten werden kann.[482] In zeitlicher Hinsicht ist daher auch das Verfahrensstadium zwischen der Verkündung der Entscheidung, der Zustellung und dem Eintritt der Rechtskraft zur Dauer des gerichtlichen Verfahrens zu zählen.[483] Ist eine Entscheidung nicht mehr anfechtbar, erwächst sie mit Zustellung in Rechtskraft, anderenfalls mit Ablauf der Rechtsmittelfrist.[484] Dem rechtskräftigen Abschluss steht eine Beendigung des Verfahrens durch Vergleich, Klagerücknahme und beiderseitige Erledigungserklärung[485] sowie durch Bekanntgabe des Zurückweisungsbeschlusses[486] gleich.

1. *Verfahrensarten*

§ 198 GVG erfasst neben Hauptsacheverfahren ausdrücklich auch Verfahren auf Gewährung vorläufigen Rechtsschutzes wie Arrest (§ 916 ZPO), einstweilige

---

480 Siehe hierzu bereits oben 1. Kapitel B. II. 1. S. 17.

481 Vgl. BT-Drucks. 17/3802, S. 22.

482 *Seiler*, in: Thomas/Putzo, ZPO, § 705 Rn. 1a.

483 *Breitkreuz*, in: Breitkreuz/Fichte, SGG, § 202 Rn. 12.

484 Siehe BSG, Urteil vom 21.02.2013 – B 10 ÜG 1/12 KL, NJW 2014, 248 (250); so auch BVerwG, Urt. v. 11.07.2013 - 5 C 23/12 D, NJW 2014, 96 (98).

485 Dies ergibt sich aus dem systematischen Rückschluss zu § 198 Abs. 5 S. 2 GVG, wo von „einer anderen Erledigung des Verfahrens“ die Rede ist, vgl. BVerwG, Urt. v. 26.02.2015 - 5 C 5/14, BeckRS 2015, 44209 Rn. 24; ebenso *Baumbach et al.*, ZPO, § 198 GVG Rn. 36; *Kissel/Mayer*, GVG, § 198 Rn. 7.

486 Vgl. BGH, Urt. v. 21.05.2014 – III ZR 355/13, NJW 2014, 2443 (2445).

Verfügung (§ 935 ZPO) oder einstweilige Anordnung (§ 49 FamFG).[487] Diese Verfahren dienen in besonderem Maße dem allgemeinen Justizgewährungsanspruch, der auch verletzt ist, wenn eine nur vorläufige gerichtliche Entscheidung zu spät erlassen wird.[488]

Ebenfalls zählen Verfahren zur Bewilligung von Prozess- oder Verfahrenskostenhilfe (§§ 114, 76 FamFG) zum gerichtlichen Verfahren im Sinne des § 198 GVG. Ein zentraler Aspekt der Rechtsstaatlichkeit besteht darin, dass der Staat Gerichte einrichtet und den Zugang zu ihnen jedermann in grundsätzlich gleicher Weise ermöglicht.[489] Aus diesem Grund ist es geboten, Vorkehrungen zu treffen, um bedürftigen und nicht bedürftigen Parteien weitgehend den gleichen Zugang zu Gericht zu ermöglichen. Daher kann der Anspruch auf Gewährung effektiven Rechtsschutzes verletzt sein, wenn Prozess- oder Verfahrenskostenhilfe nicht rechtzeitig bewilligt wird.[490] Des Weiteren sind Gerichtsverfahren die Rechtsmittelverfahren einschließlich der Nichtzulassungsbeschwerde (§ 544 ZPO). In der Zwangsvollstreckung sind Verfahren vor dem Vollstreckungsgericht als eigenständige Gerichtsverfahren anzusehen, nicht jedoch die Zwangsvollstreckung durch den Gerichtsvollzieher.[491]

Nicht jeder einzelne Antrag oder jedes einzelne Gesuch im Zusammenhang mit dem verfolgten Rechtsschutzbegehren ist als eigenständiges Gerichtsverfahren anzusehen.[492] Das ÜGRG geht von einem an der Hauptsache orientierten

---

487 *Kissel/Mayer*, GVG, § 198 Rn. 6.

488 Vgl. BVerfG, Beschl. v. 27.05.2006 – 2 BvR 1675/05, BeckRS 2007, 27181.

489 Siehe BVerfG, Beschl. v. 13.03.1990 – 2 BvR 94/88, NJW 1991, 413.

490 BT-Drucks. 17/3802, S. 23.

491 *Ott*, in: Steinbeiß-Winkelmann/Ott, ÜGRG, § 198 Rn. 54; a.A. *Zimmermann*, in: MüKo-ZPO, § 198 GVG Rn. 22, der eine analoge Anwendung auf den Rechtspfleger für geboten hält, da durch zögerliche Behandlung Schäden entstehen können. Diese Ansicht ist abzulehnen. Es liegt keine planwidrige Regelungslücke vor. Der Gesetzgeber hat in § 198 Abs. 1 S. 1 i.V.m. Abs. 6 Nr. 1 GVG eine Entschädigung bewusst nur für Gerichtsverfahren vorgesehen.

492 *Ott*, in: Steinbeiß-Winkelmann/Ott, ÜGRG, § 198 Rn. 33 ff.; *vom Stein/Brand*, NZA 2014, 113 (114); a.A. *Söhngen*, NZS 2012, 493 (495), der von einem sehr weiten Verständnis des Gerichtsverfahrens ausgeht. Er begründet dieses Verständnis damit, dass der Gesetzgeber explizit nur die konkrete Normenkontrolle und das Vorabentscheidungsverfahren vor dem EuGH von dem Anwendungsbereich des § 198 Abs. 6 Nr. 2 GVG ausgenommen hat. Seiner Auffassung nach sind daher u. a. auch Verfahren über Nebenentscheidungen, Kostengrundentscheidungen und Befangenheitsgesuche Gerichtsverfahren im Sinne dieser Vorschrift; ebenso *Breitkreuz*, in: Breitkreuz/Fichte, SGG, § 202 Rn. 12, Gerichtsverfahren sind alle Anträge oder Gesuche, über die nicht

Verfahrensbegriff aus.[493] Der Befangenheitsantrag ist deshalb kein Gerichtsverfahren im Sinne des § 198 GVG. Ebenso leitet ein im Rahmen eines Umgangsrechtsverfahrens gestellter Auskunftsantrag gemäß § 1686 BGB kein gesondertes Gerichtsverfahren ein.[494]

Nach Ansicht des BSG ist das Kostenfestsetzungs- und Erinnerungsverfahren nach § 197 SGG nicht Bestandteil des vorangegangenen Hauptsacheverfahrens, sondern bildet ein eigenständiges Gerichtsverfahren.[495] Es handele sich um ein chronologisch nachgeordnetes Verfahren, das auf das – unter Umständen bereits abgeschlossene – Hauptsacheverfahren folgt. Der Antrag auf Kostenfestsetzung gemäß § 197 SGG sei unabhängig vom Streitgegenstand des Ausgangsverfahrens, da Kostenfestsetzungsbeschlüsse aufgrund eines eigenständigen gerichtlichen Verfahrens ergehen und der Rechtskraft fähig sind.[496] Zudem sei keine anderweitige Beschleunigungsmöglichkeit ersichtlich, mit der der Antragssteller gegen ein überlanges Kostenfestsetzungs- und Erinnerungsverfahren vorgehen könnte.[497]

Dagegen spricht allerdings, dass der prozessuale Kostenerstattungsanspruch nur in dem Rechtsstreit geltend gemacht werden kann, in dem er erstanden ist, nicht hingegen in einem selbständigen Prozess.[498] Zudem beruht der Kostenerstattungsanspruch auf der Kostengrundentscheidung des Gerichts der Hauptsache. Daher sind die Ausführungen des BSG kritisch zu sehen. Es bleibt abzuwarten, ob sich die anderen Bundesgerichte die Auffassung des BSG teilen werden.

---

eine prozessleitende Verfügung, sondern eine förmliche – nicht notwendig anfechtbare – Entscheidung ergeht. Erfasst werden beispielsweise Anträge auf Beiladung, auf Aussetzung oder auf Ruhen des Verfahrens sowie Kostenfestsetzungsverfahren.

493 Vgl. hierzu BGH, Urt. v. 05.12.2013 – III ZR 73/12, NJW 2014, 789 (790); ebenso BGH, Urt. v. 21.05.2014 – III ZR 355/13, NJW 2014, 2443 (2444).

494 Siehe hierzu BGH, Urt. v. 13.03.2014 – III ZR 91/13, NJW 2014, 1816 (1817), nachdem der Antrag auf Auskunftserteilung gemäß § 1686 BGB, der kumulativ neben weiteren Anträgen gestellt wird, nicht als Einleitung eines getrennt zu betrachtenden Gerichtsverfahrens anzusehen ist. Dies gilt auch dann, wenn sich das Gericht mit diesem Antrag erstmals zu einem Zeitpunkt befasst, zu dem sich das Verfahren bereits in der zweiten Instanz befindet.

495 Siehe BSG, Urt. v. 10.07.2014 – B 10 ÜG 8/13 R (Juris Rn. 13 ff.); ebenso BSG, Urt. v. 12.02.2015 – B 10 ÜG 11/13 R (Juris Rn. 23).

496 BSG, Urt. v. 10.07.2014 – B 10 ÜG 8/13 R (Juris Rn. 18).

497 BSG, Urt. v. 10.07.2014 – B 10 ÜG 8/13 R (Juris Rn. 24).

498 Vgl. *Hüßtege*, in: Thomas/Putzo, ZPO, Vor § 91 Rn. 8; ablehnend auch *Vom Stein/Brand*, NZA 2014, 113 (114).

Ein eigenständiges Gerichtsverfahren im Sinne von § 198 Abs. 6 Nr. 1 GVG ist das selbständige Beweisverfahren gemäß § 485 Abs. 2 ZPO, das getrennt von dem nachfolgenden Hauptsacheverfahren zu betrachten ist.[499] Das selbstständige Beweisverfahren hat Eilcharakter, da Streitfragen tatsächlicher Art durch Einholung eines Gutachtens rasch geklärt werden sollen. Der Zweck des selbstständigen Beweisverfahrens besteht darin, ein Hauptsacheverfahren zu vermeiden oder zumindest zu beschleunigen. Wenn das Beweisverfahren bereits zu lange dauert, kann dieser Zweck nicht mehr erreicht werden.[500]

Gemäß § 485 Abs. 2 S. 1 ZPO kann eine Partei unter bestimmten Voraussetzungen die Begutachtung durch einen Sachverständigen beantragen, wenn ein Rechtsstreit noch nicht anhängig ist. Eine rechtliche Verbindung des Beweisverfahrens zu einem bestimmten Rechtsstreit ist somit nicht notwendig. Für das Beweisverfahren kann Prozesskostenhilfe beantragt werden. Dabei richten sich die Erfolgsaussichten des Antrags ausschließlich nach dem Beweissicherungsantrag und nicht nach der Hauptsache.[501] Das Beweisverfahren ist auch gebührenrechtlich selbstständig.[502] Kommt es sowohl im selbstständigen Beweisverfahren als auch im Hauptsacheverfahren zu Verzögerungen, bestehen deshalb zwei eigenständige nach § 198 Abs. 1 S. 1 GVG zu bemessende Entschädigungsansprüche.[503]

Im Bereich der freiwilligen Gerichtsbarkeit gibt es Verfahren, die auf Dauer angelegt sind, wie Betreuungssachen oder Angelegenheiten der Vormundschaft. Für diese Verfahren ist der Rechtsgedanke des Art. 111 Abs. 2 FGG-Reformgesetz heranzuziehen. Danach ist jedes gerichtliche Verfahren, das mit einer rechtskräftigen Endentscheidung abgeschlossen wird, ein selbstständiges Verfahren.[504]

Die Entschädigungsregelung ist außerdem auf das Anhörungsrügeverfahren nach § 44 FamFG unmittelbar anwendbar. Es ließe sich mit dem Gesetzeszweck des ÜGRG nicht vereinbaren, wenn die Anhörungsrüge nicht als Teil des Gerichtsverfahrens im Sinne des § 198 GVG anzusehen wäre.[505] Die Verpflichtung des Staates, Gerichtsverfahren in angemessener Zeit zu beenden, kann allein

499 BGH, Urt. v. 05.12.2013 – III ZR 73/12, NJW 2014, 789.

500 Vgl. *Kratz*, in: BeckOK-ZPO, § 485 Rn. 29.

501 Siehe hierzu BGH, Urt. v. 05.12.2013 – III ZR 73/12, NJW 2014, 789 (791).

502 Vgl. *Kratz*, in: BeckOK-ZPO, § 485 Rn. 45.

503 BGH, Urt. v. 05.12.2013 – III ZR 73/12, NW 2014, 789.

504 BT-Drucks. 17/3802, S. 23.

505 Ausführlich hierzu BGH, Urt. v. 21.05.2014 – III ZR 335/13, NJW 2014, 2443 (2444); anders dagegen *Vielmeier*, NJW 2013, 346 (347 f.), der die Anhörungsrüge nicht als Teil des Gerichtsverfahrens im Sinne von § 198 GVG ansieht.

dadurch verletzt sein, dass über eine einzelne Rechtsfrage – die Verletzung des rechtlichen Gehörs – in einem besonderen gesetzlichen Rechtsbehelfsverfahren verzögert entschieden wird.

Das Anhörungsrügeverfahren und das vorangegangene Hauptsacheverfahren sind entschädigungsrechtlich als ein einheitliches Gerichtsverfahren im Sinne des § 198 Abs. 6 Nr. 1 GVG zu behandeln.[506] Die Gehörsrüge ist kein selbstständiges Verfahren, sondern ein Annex des durch Beschluss zunächst beendeten Hauptsacheverfahrens. Die Anhörungsrüge ist kein Rechtsmittel, da ihr sowohl Suspensiv- als auch Devolutiveffekt fehlen. Vielmehr stellt sie einen außerordentlichen Rechtsbehelf eigener Art dar.[507] Im Anhörungsrügeverfahren wird ausschließlich geprüft, ob im Hauptsacheverfahren gegen Art. 103 Abs. 1 GG verstoßen worden ist.[508] Im Falle der Begründetheit der Gehörsrüge wird das ursprüngliche Verfahren fortgeführt (§ 44 Abs. 1 und Abs. 5 FamFG) und die Rechtskraft des angegriffenen Beschlusses durchbrochen.[509] Daher entsteht kein isolierter Entschädigungsanspruch, wenn es im Anhörungsrügeverfahren zu einer sachlich nicht mehr gerechtfertigten Verzögerung kommt.[510] Die Bearbeitungsdauer für die Gehörsrüge wird dem Hauptsacheverfahren hinzugerechnet und ist somit Teil der Gesamtverfahrensdauer.

In der Arbeitsgerichtsbarkeit gehören zu den gerichtlichen Verfahren auch Beschlussverfahren nach §§ 80 ff. ArbGG.[511] Nicht erfasst werden die Verfahren vor den Einigungsstellen nach § 76 BetrVG und § 71 BPersVG, schiedsgerichtliche Verfahren sowie kirchliche Schlichtungsverfahren.[512] Auch Mediationsverfahren werden nicht erfasst, da diese außerhalb des staatlichen Verantwortungsbereichs stattfinden.[513]

In der Verwaltungsgerichtsbarkeit werden alle Klageverfahren von § 198 Abs. 6 Nr. 2 GVG erfasst, einschließlich des Normenkontrollverfahrens nach § 47 VwGO, der vorläufigen Rechtsschutzverfahren, der Rechtsmittelverfahren,

---

506 Vgl. BGH, Urt. v. 21.05.2014 – III ZR 335/13, NJW 2014, 2443.

507 *Ulrici*, in: MüKo-FamFG, § 44 Rn. 9.

508 Vgl. *Ulrici*, in: MüKo-FamFG, § 44 Rn. 1 ff.

509 *Vielmeier*, NJW 2013, 346 (348).

510 BGH, Urt. v. 21.05.2014 – III ZR 335/13, NJW 2014, 2443 (2444); anders dagegen. *Ott*, in: Steinbeiß-Winkelmann/Ott, ÜGRG, § 198 GVG Rn. 54, der zwei gesonderte Entschädigungsansprüche annimmt.

511 *Vom Stein/Brand*, NZA 2014, 113 (114).

512 *Prütting*, in: Germelmann/Matthes/Prütting, ArbGG, § 9 Rn. 11a.

513 Siehe *Reinfelder*, in: Düwell/Lipke, ArbGG, § 9 Rn. 28d.

der in § 152a VwGO geregelten Anhörungsrüge sowie der Wiederaufnahme des Verfahrens nach § 153 VwGO.[514]

Nach der Gesetzesbegründung unterfallen Vorlagen an das BVerfG gemäß Art. 100 GG (konkrete Normenkontrolle) der Sonderregelung des § 97a BVerfGG.[515] Verzögerungen, die durch eine verspätete Vorlage des Fachgerichts entstanden sind, werden hingegen von § 198 GVG erfasst.[516] Vorabentscheidungsverfahren vor dem EuGH nach Art. 267 AEUV sind bei der Dauer des gerichtlichen Verfahrens nicht zu berücksichtigen, da die deutschen Gerichte die Verfahrensdauer vor dem EuGH nicht beeinflussen können.[517] Die Verfahrensdauer vor dem EuGH ist jedoch dann zur Dauer des gerichtlichen Verfahrens hinzuzurechnen, wenn die Vorlage des deutschen Gerichts offensichtlich unzulässig und daher missbräuchlich gewesen ist.[518]

Gerichtsverfahren ist auch das Entschädigungsverfahren selbst. Der Gesetzgeber hat den Vorschlag des Bundesrates, das Entschädigungsverfahren aus dem Anwendungsbereich des ÜGRG herauszunehmen – um eine „Endloskette" von Entschädigungsstreitigkeiten zu vermeiden – nicht aufgegriffen.[519] Nach Ansicht des Gesetzgebers fällt auch die Entschädigungsklage in den Anwendungsbereich des Art. 6 Abs. 1 EMRK, da eine vermögenswerte Rechtsposition betroffen ist.[520]

2. *Sonderstellung des Insolvenzverfahrens*

Gerichtsverfahren im Sinne des § 198 GVG ist bis zur Insolvenzeröffnung auch das Insolvenzverfahren. Nach der Eröffnung gilt nur noch die Herbeiführung einer gerichtlichen Entscheidung als Gerichtsverfahren (§ 198 Abs. 6 Nr. 1 Halbsatz 2 und 3 GVG). Hintergrund dieser Vorschrift ist die Überlegung des Gesetzgebers, dass das Verfahren nach der Insolvenzeröffnung von wirtschaftlichen Erwägungen bestimmt ist und die wesentlichen Entscheidungen durch die Insolvenzgläubiger im Rahmen der Gläubigerautonomie getroffen werden.[521] Die Dauer des eröffneten Insolvenzverfahrens hängt somit nicht von den Insolvenzgerichten ab. Etwas anderes gilt nur dann, wenn von Amts wegen oder auf Antrag gerichtliche Entscheidungen zu treffen sind, beispielsweise die Einberufung

514 Vgl. *Guckelberger*, DÖV 2012, 289 (294).
515 BT-Drucks. 17/3802, S. 22.
516 *W.-R. Schenke*, in: Kopp/Schenke, VwGO, § 173 Rn. 14.
517 Vgl. BT-Drucks. 17/3802, S. 22.
518 *Guckelberger*, DÖV 2012, 289 (295); *Wolff*, VR 2012, 289 (290).
519 BT-Drucks. 17/3802, S. 36.
520 BT-Drucks. 17/3802, S. 43.
521 BT-Drucks. 17/3802, S. 23; *Kissel/Mayer*, GVG, § 198 Rn. 8.

einer Gläubigerversammlung (§ 74 InsO) oder die Aufhebung eines Beschlusses der Gläubigerversammlung (§ 78 InsO).[522]

3. *Widerspruchsverfahren kein gerichtliches Verfahren im Sinne des § 198 Abs. 6 Nr. 1 GVG*

Nach der Rechtsprechung des EGMR beginnt die angemessene Frist des Art. 6 Abs. 1 EMRK nicht mit Klageerhebung zu laufen, sondern mit Durchführung des Vorverfahrens, sofern das Vorverfahren ein notwendiger erster Schritt vor Klageerhebung ist.[523] Behördliches und gerichtliches Verfahren sind in diesem Fall als Einheit zu betrachten. Daher hat der EGMR bislang das Widerspruchsverfahren bei der Prüfung der Verfahrensdauer berücksichtigt.[524]

Nach dem Wortlaut des § 198 GVG („Gerichtsverfahren") und dem Willen des Gesetzgebers ist jedoch das Widerspruchsverfahren als behördliches Vorverfahren kein Gerichtsverfahren im Sinne von § 198 Abs. 1 S. 1 und Abs. 6 Nr. 1 GVG.[525] Dieses Auslegungsergebnis ist mit Art. 6 und Art. 13 EMRK vereinbar. Nach Auffassung des Gesetzgebers besteht für eine Entschädigungsregelung kein Bedürfnis, da bei unangemessenen Verzögerungen des Vorverfahrens die Untätigkeitsklage bereits ausreichenden Rechtsschutz gewährleistet.[526]

Für den Fall, dass über einen Widerspruch ohne zureichenden Grund in angemessener Frist sachlich nicht entschieden worden ist, kann gemäß § 75 S. 1 VwGO unmittelbar Klage erhoben werden. Die Untätigkeitsklage kann nach

522 Siehe hierzu *Heine*, MDR 2012, 327 (328); *Zimmermann*, in: MüKo-ZPO, § 198 GVG Rn. 24.

523 Vgl. dazu oben 1. Kapitel B 3. S. 20.

524 Es erscheint fraglich, ob der EGMR heute noch uneingeschränkt an seiner Auffassung festhalten wird. Denn das Widerspruchsverfahren ist nicht mehr in allen Fällen obligatorisch durchzuführen und somit nicht zwingend Klagevoraussetzung. In Bayern kann von dem Betroffenen fakultativ in den in Art. 15 Abs. 1 AGVwGO genannten Fällen ein Widerspruchsverfahren durchgeführt werden, in den übrigen Fällen entfällt das Vorverfahren. Auch in anderen Bundesländern wie Nordrhein-Westfalen – das Widerspruchsverfahren wurde ganz aufgehoben – oder Hessen – das Vorverfahren findet nicht in allen Fällen statt – bestehen insoweit Abweichungen von § 68 Abs. 1 S. 1 VwGO. Das Vorverfahren ist dann nicht Zulässigkeitsvoraussetzung der Klage.

525 BT-Drucks. 17/3802, S. 17; BFH, Beschl. v. 26.07.2012 – X S 18/12, BeckRS 2012, 96081 Rn. 2; BFH, Urt. v. 19.03.2014 – X K 3/13, BeckRS 2014, 95131 Rn. 28; ebenso BVerwG, Urt. v. 11.07.2013 – 5 C 23/12 D, NJW 2014, 96 (98).

526 *Erkelenz*, in: Jansen, SGG, § 202 Rn. 24; *Maidowski*, jM 2014, 81 (82); *Wolff*, in: Posser/Wolff, VwGO, § 173 Rn. 14.

Ablauf von drei Monaten seit der Einlegung des Widerspruchs erhoben werden, außer wenn wegen besonderer Umstände des Falles eine kürzere Frist geboten ist (§ 75 S. 2 VwGO). Für das sozialgerichtliche und finanzgerichtliche Vorverfahren enthalten die jeweiligen Verfahrensordnungen in § 88 SGG und § 46 FGO entsprechende Rechtschutzmöglichkeiten. Der EGMR ist der Auffassung, dass die Untätigkeitsklage im Hinblick auf die Rüge der Verfahrensdauer grundsätzlich einen wirksamen Rechtsbehelf darstellt.[527] Die Dauer des Widerspruchsverfahrens ist daher nicht zur Gesamtverfahrensdauer hinzuzurechnen. Auch die Dauer des Verwaltungsverfahrens beim Finanzamt kann nicht Gegenstand einer Entschädigungsklage nach §§ 198 ff. GVG sein und ist deshalb nicht zum gerichtlichen Verfahren zu zählen.[528]

Setzt das Gericht die Untätigkeitsklage allerdings aus, da es einen zureichenden Grund für die verzögerte behördliche Entscheidung annimmt (§ 75 S. 3 VwGO), kann es in diesem Verfahrensabschnitt zu Verzögerungen kommen. § 198 GVG findet dann entsprechende Anwendung.[529] Das ÜGRG und die Untätigkeitsklage sind zwei nebeneinander stehende Rechtsbehelfe.[530] Die Anforderungen von Art. 13 EMRK können auch mehrere Rechtsbehelfe zusammen erfüllen, da ein einheitlicher Rechtsbehelf nicht zwingend notwendig ist.[531]

III. Unangemessenheit der Verfahrensdauer

Zentrale Tatbestandsvoraussetzung des Entschädigungsanspruchs ist die unangemessene Dauer eines Gerichtsverfahrens. Die Kernfrage ist somit, wann ein Verfahren unangemessen lang gedauert hat. Der Gesetzgeber hat sich dagegen entschieden, eine schematische Fristenregelung oder feste Zeitabschnitte in § 198 GVG aufzunehmen, bei deren Überschreiten die Unangemessenheit vermutet wird. Nach der Gesetzesbegründung ist die Dauer eines Verfahrens kein absoluter Wert, da sie im Zusammenhang mit den Verfahrensgrundsätzen und dem Interesse an einer gründlichen Bearbeitung durch das Gericht zu sehen ist.[532]

---

527 Vgl. hierzu EGMR, Urt. v. 10.01.2008 - 1679/03, BeckRS 2008, 06509 Rn. 66 f. - G./Deutschland.

528 Rechtsbehelfe sind insofern der Untätigkeitseinspruch und die Untätigkeitsklage. Siehe dazu BFH, Beschl. v. 26.07.2012 - X S 18/12, BeckRS 2012, 96081 Rn. 5; ebenso BFH, Urt. v. 19.03.2014 - X K 3/13 (NV), BeckRS 2014, 95131 Rn. 28.

529 BT-Drucks. 17/3802, S. 17.

530 BVerwG, Urt. v. 11.07.2013 - 5 C 23/12 D, NJW 2014, 96 (98).

531 Siehe hierzu oben 1. Kapitel B. III. 2. S. 26.

532 BT-Drucks. 17/3802, S. 18.

Der Auffassung des Gesetzgebers ist zuzustimmen, da starre Fristenlösungen die Vielgestaltigkeit prozessualer Situationen nicht berücksichtigen. Beispielsweise werden nicht in jedem Verfahren Beweise erhoben und nicht jedes Verfahren durchläuft eine zweite Instanz.[533] Außerdem bestehen zwischen den Gerichtszweigen nicht unerhebliche Unterschiede. Die regelmäßige Dauer eines Verfahrens kann deshalb auch von der jeweiligen Gerichtsbarkeit oder dem jeweiligen Teilrechtsgebiet abhängig sein.[534]

„Die unangemessene Dauer eines Gerichtsverfahrens" ist ein unbestimmter Rechtsbegriff, der zu konkretisieren ist.[535] Der Gesetzgeber hat dies der Rechtsprechung überlassen. Da kein Fall von Ermessen vorliegt, besteht eine unbeschränkte Nachprüfbarkeit in der höheren Instanz.[536]

1. Maßgeblichkeit der Umstände des Einzelfalls

Die Angemessenheit der Verfahrensdauer richtet sich nach den Umständen des Einzelfalls.[537] Es sind die einzelfallbezogenen Gründe zu untersuchen, auf denen die Dauer des Verfahrens beruht, und diese sind im Rahmen einer abschließenden Gesamtabwägung umfassend zu würdigen und zu gewichten.[538] Die Umstände des Einzelfalls sind in einen allgemeinen Wertungsrahmen einzuordnen, der insbesondere durch verfassungs- und menschenrechtliche Maßstäbe geprägt wird.[539]

Gemäß § 198 Abs. 1 S. 2 GVG richtet sich die Angemessenheit der Verfahrensdauer insbesondere nach der Schwierigkeit und Bedeutung des Verfahrens und nach dem Verhalten der Verfahrensbeteiligten und gegebenenfalls Dritter. Die Formulierung „insbesondere" macht deutlich, dass die Aufzählung nur

533 *Hansen*, SchlHA 2013, 221 (223).

534 Siehe *Roller*, DRiZ Beilage Juni 2012, 1 (7).

535 Siehe hierzu *Kämpfer*, SchlHA 2011, 389 (390); *Roller*, DRiZ Beilage Juni 2012, 1; *Schlick*, in: FS Tolksdorf, S. 549. Vgl. zu den Überlegungen, ob die Unangemessenheit der Verfahrensdauer mit Hilfe der Theorie der „beweglichen Systeme" nach Wilburg konkretisiert werden kann, 6. Kapitel C. S. 163.

536 Vgl. *Zimmermann*, in: MüKo-ZPO, § 198 GVG Rn. 29.

537 BVerwG, Urt. v. 11.07.2013 – 5 C 23/12 D, NJW 2014, 96 (103); BGH, Urt. v. 14.11.2013 – III ZR 376/12, NJW 2014, 220 (222).

538 BGH, Urt. v. 10.04.2014 – III ZR 335/12, NJW 2014, 1967 (1969).

539 Vgl. BSG, Urt. v. 21.02.2013 – B 10 ÜG 1/12 KL, NJW 2014, 248 (250); ferner BVerwG, Urt. v. 11.07.2013 – 5 C 23/12 D, NJW 2014, 96 (100); BFH, Zwischenurt. v. 07.11.2013 – X K 13/12, BeckRS 2013, 96642 Rn. 51b.

bespielhaft und ohne abschließenden Charakter ist.[540] Der Gesetzgeber hat in § 198 Abs. 1 S. 2 GVG Kriterien aufgegriffen, die sowohl das BVerfG als auch der EGMR zur Bestimmung der Angemessenheit der Verfahrensdauer entwickelt haben. Der Rechtsprechung des BVerfG wie auch – wegen der EMRK-konformen Auslegung des § 198 GVG – der Rechtsprechung des EGMR kommt in diesem Zusammenhang besondere Bedeutung zu.[541] Weitere gewichtige Kriterien sind die Verfahrensführung durch das Gericht sowie die rechtsstaatliche Gewährleistung der inhaltlichen Richtigkeit von Entscheidungen, die Grundsätze der richterlichen Unabhängigkeit und des gesetzlichen Richters.[542]

a) Schwierigkeit des Verfahrens

Bei der Beurteilung der Verfahrensdauer sind zunächst Schwierigkeit, Umfang und Komplexität des Falles zu berücksichtigen. Die Schwierigkeit kann sich aus rechtlichen und tatsächlichen Umständen ergeben. Rechtliche Schwierigkeiten bestehen, wenn die Entscheidung von komplizierten, bisher höchstrichterlich nicht geklärten Rechtsfragen abhängt oder die maßgeblichen Rechtsvorschriften häufig geändert worden sind.[543] Somit ist ein Verfahren nicht rechtlich schwierig, wenn sich eine entscheidungserhebliche Frage mit Hilfe des Gesetzes oder bereits ergangener Rechtsprechung beantworten lässt. Ferner kann die Anwendung ausländischer oder komplexer europarechtlicher Rechtsvorschriften einen hohen Schwierigkeitsgrad indizieren.[544] Tatsächliche Schwierigkeiten können sich aus einem unklaren Sachverhalt ergeben, der eine umfangreiche Beweisaufnahme oder eine Sachverhaltsermittlung im Ausland erfordert.[545] Ebenso ist ein Sachverhalt, der die Privatsphäre des Klägers betrifft, in der Regel nicht ohne Schwierigkeiten aufklärbar.[546] Ferner können Fälle mit einer umfangreichen Klageschrift, Widerklagen- und Drittwiderklagen, mehreren Personen auf Kläger- oder Beklagtenseite, zahlreichen Anlagen und der Einvernahme vieler Zeugen

---

540 BT-Drucks. 17/3802, S. 18.

541 Siehe BVerwG, Urt. v. 11.07.2013 – 5 C 23/12 D, NJW 2014, 96 (97); BGH, Urt. v. 14.11.2013 – III ZR 376/12, NJW 2014, 220 (222); *W.-R. Schenke*, in: Kopp/Schenke, VwGO, § 173 Rn. 12.

542 BGH, Urt. v. 13.03.2014 – III ZR 91/13, NJW 2014, 1816 (1817).

543 *W.-R. Schenke*, in: Kopp/Schenke, VwGO, § 173 Rn. 13; *Böcker*, DStR 2011, 2173 (2174).

544 Vgl. BFH, Zwischenurt. v. 07.11.2013 – X K 13/12, BeckRS 2013, 96642 Rn. 76.

545 Vgl. *Roller*, DRiZ Beilage Juni 2012, 1 (9); *Kulosa*, jM 2014, 293 (294).

546 BFH, Urt. v. 19.03.2014 – X K 8/13, DStRE 2014, 883 (885).

als schwierig und komplex einzustufen sein.[547] Auch die Notwendigkeit, andere staatliche Stellen wie etwa das Jugendamt oder einen Verfahrenspfleger zu beteiligen, kann auf ein umfangreiches Verfahren hindeuten.[548]

Im Zivilprozess kann § 348 Abs. 3 S. 1 Nr.1 ZPO als Auslegungshilfe herangezogen werden. Wenn der Rechtsstreit durch den Einzelrichter entschieden wird, kann dies dafür sprechen, dass das Verfahren keine besonderen Schwierigkeiten tatsächlicher oder rechtlicher Art aufweist.[549] Auch im Verwaltungsprozess ist die Übertragung der Sache auf den Einzelrichter gemäß § 6 Abs. 1 S. 1 Nr. 1 VwGO ein Indiz für einen durchschnittlichen Schwierigkeitsgrad.[550]

b) Bedeutung des Verfahrens

Des Weiteren richtet sich die Angemessenheit der Verfahrensdauer gemäß § 198 Abs. 1 S. 2 GVG nach der Bedeutung des Verfahrens. Die Bedeutung des Verfahrens bestimmt sich im Hinblick auf eine EMRK-konforme Auslegung nach dem Interesse der Verfahrensbeteiligten an einer baldigen Entscheidung.

Nach der Gesetzesbegründung kann das Verfahren nicht nur für den auf Entschädigung klagenden Verfahrensbeteiligten von Bedeutung sein, sondern auch für die Allgemeinheit. So ist beispielsweise ein Musterverfahren, dem für eine Vielzahl gleichgelagerter Fälle richtungsweisende Bedeutung zukommt, für die Allgemeinheit von Belang.[551] Der Ausgang des Musterverfahrens ist für zahlreiche weitere Verfahren und ihre Beteiligten entscheidend.[552] Deshalb müssen Musterverfahren grundsätzlich zügig geführt werden. In der Arbeitsgerichtsbarkeit können Beschlussverfahren mit kollektivem Bezug oder Verfahren, die viele Arbeitnehmer betreffen, wie etwa Massenentlassungen und Betriebsrentenverfahren, ein solches Musterverfahren darstellen.[553]

---

547 BGH, Urt. v. 23.01.2014 – III ZR 37/13, NJW 2014, 939 (942); siehe auch *Ott*, in: Steinbeiß-Winkelmann/Ott, ÜGRG, § 198 GVG Rn. 106; *Natter*, in: Natter/Gross, ArbGG, Anhang zu § 9 Rn. 11.

548 BGH, Urt. v. 13.03.2014 – III ZR 91/13, NJW 2014, 1816 (1819).

549 Vgl. *Zimmermann*, in: MüKo-ZPO, § 198 GVG Rn. 32.

550 BVerwG, Urt. v. 11.07.2013 – 5 C 23/12 D, NJW 2014, 96 (102).

551 BT-Drucks. 17/3802, S. 18.

552 Kritisch *Roller*, DRiZ Beilage Juni 2012, 1 (10), es ist unklar, ob ein Musterverfahren besonders zügig zu erledigen ist, da von seinem Ausgang weitere Verfahren abhängen oder ob es deshalb besonders gründlich und daher mit mehr Zeitaufwand betrieben werden muss. In der Rechtsprechung des EGMR und des BVerfG sind jedenfalls Musterverfahren im Zusammenhang mit der Frage der Angemessenheit der Verfahrensdauer nicht von Bedeutung.

553 Siehe *vom Stein/Brand*, NZA 2014, 113 (115).

Handelt es sich nicht um ein Musterverfahren, stehen allerdings die Auswirkungen der überlangen Verfahrensdauer für die Beteiligten im Vordergrund. Entscheidend ist, ob und wie der Zeitablauf sich auf die Verfahrensposition des Klägers und das geltend gemachte materielle Recht sowie seine weiteren geschützten Interessen auswirkt.[554] Maßgeblich ist die Sicht eines verständigen Betroffenen. Das Interesse an einer alsbaldigen Entscheidung ist insbesondere zu bejahen, wenn sich aus einer Verzögerung der Entscheidung schwere und irreparable Nachteile ergeben.[555] Das kann beispielsweise der Fall sein, wenn die wirtschaftliche Existenz bedroht ist, oder bei hohem Alter und schlechtem Gesundheitszustand eines Beteiligten.[556] Wenn der Kläger durch die aufschiebende Wirkung der Anfechtungsklage Zeit gewonnen hat und Vorteile behalten konnte, ist sein Interesse an einer alsbaldigen Entscheidung in der Regel geringer.[557]

Es kann sinnvoll sein, dass der Betroffene das Gericht über diese Umstände bereits zu Verfahrensbeginn in Kenntnis setzt und nicht erst nach Ablauf von sechs Monaten mit der Verzögerungsrüge.[558] Das Gericht kann sich dann frühzeitig auf eine besondere Beschleunigung einstellen. Es gilt folgender Grundsatz: Je größer die Bedeutung des Verfahrens für die Beteiligten ist, desto schneller muss eine gerichtliche Entscheidung ergehen.[559]

Die Bedeutung des Verfahrens bemisst sich neben der Bedeutung für die Verfahrensbeteiligten vor allem nach dem Verfahrensgegenstand. Einige Verfahren bedürfen auf Grund des Verfahrensgegenstands einer besonderen Beschleunigung.[560] Dazu gehören Verfahren über das Sorge- und Umgangsrecht für Kinder, die in der Regel besonders belastend sind. Die Gesetzesbegründung nimmt ausdrücklich auf das kindliche Zeitempfinden und die damit verbundene Gefahr der Entfremdung zwischen Eltern und Kind Bezug.[561] Es besteht die Gefahr, dass

---

554 BSG, Urt. v. 03.09.2014 –B 10 ÜG 2/13 R (Juris Rn. 29); BSG, Urt. v. 12.02.2015 – B 10 ÜG7/14 R, BeckRS 2015, 68616 Rn. 30.

555 *W.-R. Schenke*, in: Kopp/Schenke, VwGO, § 173 Rn. 13.

556 Vgl. *W.-R. Schenke*, in: Kopp/Schenke, VwGO, § 173 Rn. 13; *Link/Van Dorp*, Rechtsschutz bei überlangen Gerichtsverfahren, Rn. 43, 48.

557 Vgl. BVerwG, Urt. v. 11.07.2013 – 5 C 23/12 D, NJW 2014, 96 (102); *Ott*, in: Steinbeiß-Winkelmann/Ott, ÜGRG, § 198 GVG Rn. 107.

558 So *Böcker*, DStR 2011, 2173 (2176).

559 *Ott*, in: Steinbeiß-Winkelmann/Ott, ÜGRG, § 198 GVG Rn. 112; *Kämpfer*, SchlHA 2011, 389 (390).

560 *Stahnecker*, Entschädigung bei überlangen Gerichtsverfahren, Rn. 43 ff.

561 Vgl. BT-Drucks. 17/3802, S. 18; BVerfG, Beschl. v. 06.05.1997 – 1 BvR 711/96, NJW 1997, 2811.

allein die Verfahrensdauer zu einer faktischen Entscheidung der Sache führt.[562] Vor allem kleine Kinder empfinden den Verlust einer Bezugsperson im Vergleich zu älteren Kindern oder Erwachsenen schneller als endgültig. In § 155 FamFG ist deshalb ein Vorrang- und Beschleunigungsgebot normiert. Ebenso unterliegen Anordnungen nach dem Gewaltschutzgesetz einer gewissen Eilbedürftigkeit.[563] Ferner bedürfen Verfahren über den Personenstand und die Geschäftsfähigkeit der Beschleunigung.[564]

Die Verfahren in der Arbeitsgerichtsbarkeit unterliegen dem arbeitsgerichtlichen Beschleunigungsgrundsatz (§ 9 Abs. 1 ArbGG), da zügiger Rechtsschutz in diesen Verfahren grundsätzlich eine wichtige Rolle spielt. Eine besondere Prozessförderung sieht § 61a ArbGG in Kündigungsverfahren vor.[565] Der Arbeitnehmer benötigt rasche Klärung der Frage, ob sein Arbeitsverhältnis fortbesteht oder er zumindest eine wirtschaftliche Kompensation in Form einer Abfindung erhält. Der Arbeitgeber hingegen möchte eine zeitnahe Entscheidung über die Wiederbesetzung des Arbeitsplatzes treffen.[566] Für ihn besteht während des Kündigungsschutzverfahrens außerdem ein Annahmeverzugsrisiko.

Des Weiteren sind Rentensachen sowie Rechtsstreitigkeiten über Grundsicherungs- und Sozialhilfeleistungen, die der Sicherung des Lebensunterhalts dienen, besonders zügig zu verhandeln.[567] Der Streit um Versicherungsleistungen nach dem SGB XI berührt ebenfalls häufig die finanzielle Basis der Pflegebedürftigen und ist deshalb für die Betroffenen von erheblicher Bedeutung.[568]

Im finanzgerichtlichen Verfahren kann sich die besondere Bedeutung des Verfahrens z.B. aus einem hohen Streitwert ergeben sowie daraus, dass die Entscheidung im Ausgangsverfahren auch für die nachfolgenden Veranlagungszeiträume relevant ist.[569] Außerdem kommen Klagen auf Gewährung von Kindergeld regelmäßig eine besondere Bedeutung zu, da diese Leistung ihren

---

562 BGH, Urt. v. 13.03.2014 – III ZR 91/13, NJW 2014, 1816 (1819).

563 Vgl. *Roller*, DRiZ Beilage Juni 2012, 1 (9).

564 *Ott*, in: Steinbeiß-Winkelmann/Ott, ÜGRG, § 198 GVG Rn. 111.

565 Der Grundsatz der Beschleunigung wird auch in anderen Vorschriften betont, z.B. in §§ 56, 57, 50 Abs. 1 ArbGG.

566 *Natter*, in: Natter/Gross, ArbGG, Anhang zu § 9 Rn. 1; Kämpfer, SchlHA 2011, 389 (390).

567 Siehe BSG, Urt. v. 03.09.2014 – B 10 ÜG 2/14 R (Juris Rn. 39); ferner *Söhngen*, NZS 2012, 493 (494).

568 Vgl. BSG, Beschl. v. 22.01.2012 – B 3 P 10/12 B, BeckRS 2012, 76359 Rn. 16.

569 BFH, Urt. v. 19.03.2014 – X K 3/13, BeckRS 2014, 95131 Rn. 22; BFH, Urt. v. 09.04.2014 – X K 10/13, BeckRS 2014, 95484 Rn. 23.

Förderzweck grundsätzlich nur erfüllen kann, wenn sie den Berechtigten in zeitlichem Zusammenhang mit dem Entstehen der Unterhaltsaufwendungen ausgezahlt wird.[570]

Eine zügige Verhandlung und Entscheidung ist hingegen von geringerer Bedeutung, wenn zu der entscheidungserheblichen Rechtsfrage mehrere Musterverfahren anhängig sind, da die Entscheidung bis zum Abschluss der Musterverfahren ohnehin nicht rechtskräftig wird.[571]

Die Bedeutung des Verfahrens richtet sich schließlich auch nach der Verfahrensart. Für ein Verfahren im einstweiligen Rechtsschutz ist eine deutlich kürzere Verfahrensdauer angemessen als für das entsprechende Hauptsacheverfahren.[572] Das folgt aus dem Rechtsschutzziel des vorläufigen Rechtsschutzes, das der Sicherung eines Anspruchs oder eines Rechts sowie der vorläufigen Regelung eines streitigen Rechtsverhältnisses dient. Auch das Prozesskostenhilfeverfahren gehört zu den Verfahren, die wegen ihrer Natur und Bedeutung für den Betroffenen einer gewissen Eilbedürftigkeit unterliegen.[573] Das Gericht nimmt sowohl in Verfahren des vorläufigen Rechtsschutzes als auch in Prozesskostenhilfeverfahren in tatsächlicher und rechtlicher Hinsicht nur eine summarische Prüfung vor.[574] Eine Beweisaufnahme findet in der Regel nicht statt. Es spielt hingegen keine Rolle, ob das Verfahren nur auf Antrag des Betroffenen betrieben wird oder von Amts wegen einzuleiten ist.[575]

c) Verhalten der Verfahrensbeteiligten und Dritter

aa) Verhalten der Verfahrensbeteiligten

Das Verhalten des Entschädigungsklägers im Ausgangsverfahren ist im Hinblick auf eine mögliche Mitverantwortung zu prüfen. Nach der Rechtsprechung des EGMR ist eine unangemessene Verfahrensdauer zu verneinen, wenn die Verzögerung des Verfahrens ausschließlich durch die Verfahrensbeteiligten selbst verursacht worden ist.[576] Eine Mitverursachung kann etwa vorliegen, wenn ein Verfahrensbeteiligter häufig den Rechtsanwalt gewechselt oder eine frühere Aufklärung des Sachverhalts verhindert hat.[577] Ein Verschulden oder eine „Prozessverschleppungsabsicht" des

---

570 Vgl. BFH, Zwischenurt. v. 07.11.2013 – X K 13/12, BeckRS 2013, 96642 Rn. 77.

571 BFH, Urt. v. 19.03.2014 – X K 3/13, BeckRS 2014, 95131 Rn. 22.

572 *W.-R. Schenke*, NVwZ 2012, 257 (259).

573 Vgl. BVerfG, Beschl. v. 14.10.2003 – 1 BvR 901/03, NVwZ 2004, 334 (335).

574 Siehe *W.-R. Schenke*, in: Kopp/Schenke, VwGO, § 173 Rn. 14.

575 *W.-R. Schenke*, in: Kopp/Schenke, VwGO, § 173 Rn. 14.

576 vgl. dazu näher unter Kapitel 1 B. II. 4. c) S. 23.

577 *Stahnecker*, Entschädigung bei überlangen Gerichtsverfahren, Rn. 52.

Verfahrensbeteiligten ist keine Voraussetzung.[578] Ausreichend ist, wenn die Umstände, die zur Verfahrensverzögerung geführt haben, aus seiner Sphäre stammen, z.B. eine längere Erkrankung, ein Antrag auf Fristverlängerung oder Ablehnung eines Richters wegen Besorgnis der Befangenheit.[579]

In diesen Fällen liegt zwar kein vorwerfbares Verhalten des Verfahrensbeteiligten vor, da er in zulässiger Weise von seinen prozessualen Verfahrensrechten Gebrauch gemacht hat. Nach überwiegender Auffassung sind an ein zulässiges Prozessverhalten deshalb keine nachteiligen Folgen zu knüpfen.[580] Diese Verzögerungen fallen jedoch auch nicht in den staatlichen Verantwortungsbereich.[581] Der Entschädigungskläger kann eine Verletzung seines Rechts auf eine angemessene Verfahrensdauer nicht aus eigenem Tun oder Unterlassen herleiten.[582] In diesen Fällen wird die Zeit, die das Gericht zur ordnungsgemäßen Bearbeitung der Anträge oder Rechtsmittel benötigt, zur angemessenen Verfahrensdauer gezählt.[583] Andererseits kann auch berücksichtigt werden, wenn der Kläger durch sein Prozessverhalten zur Beschleunigung des Verfahrens beigetragen hat.[584]

Folgende weitere Gesichtspunkte sind im Hinblick auf eine mögliche Mitverursachung zu prüfen: Klageerhebung beim unzuständigen Gericht, verspätetes Einzahlen des Gerichtskostenvorschusses (§ 12 GKG) oder der Auslagenvorschüsse für Zeugen und Sachverständige (§ 379 ZPO), verspätete Klagebegründung, Säumnis im Termin, Klageänderung und Klageerweiterung, umfangreiche Schriftsätze und Stellungnahmen, Anträge auf Terminverlegung, Aussetzung[585]

---

578 BGH, Urt. v. 13.03.2014 - III ZR 91/13, NJW 2014, 1816 (1819).

579 *Böcker*, DStR 2011, 2173 (2174); *W.-R. Schenke*, NVwZ 2012, 257 (260).

580 *Reinfelder*, in: Düwell/Lipke, ArbGG, § 9 Rn. 28d; ebenso *Althammer/Schäuble*, NJW 2012, 1 (2); ferner *Wolff*, VR 2012, 289 (290); *Heine*, MDR 2012, 327 (329); *Söhngen*, NZS 2012, 493 (495).

581 *Althammer/Schäuble*, NJW 2012, 1 (2); *Heine*, MDR 2012, 327 (329).

582 *Roller*, DRiZ Beilage Juni 2012, 1 (11); vgl. auch *Lückemann*, in: Zöller, ZPO, § 198 GVG Rn. 9.

583 BGH, Urt. v. 13.03.2014 - III ZR 91/13, NJW 2014, 1816 (1819); *vom Stein/Brand*, NZA 2014, 113 (115); fermer *Schlick*, NJW 2014, 2686 (2687).

584 Ein solcher Beitrag stellt das Einverständnis des Klägers mit einer Entscheidung des Verwaltungsgerichts ohne mündliche Verhandlung dar, siehe BVerwG, Urt. v. 11.07.2013 - 5 C 23/12 D, NJW 2014, 96 (102).

585 Nach der Rechtsprechung des EGMR kann hingegen die Aussetzung des Verfahrens nicht alleine dem Beschwerdeführer zugerechnet werden, da ihr sowohl die beklagte Partei als auch das Gericht zugestimmt haben. Vgl. EGMR, Urt. v. 11.01.2007 - 20027/902, NVwZ 2008, 289 (291) - Herbst/Deutschland.

oder Ruhen des Verfahrens, außergerichtliche Vergleichsverhandlungen sowie Anhörungsrügen.[586]

Das Gericht trifft allerdings weiterhin die Pflicht, das Verfahren aktiv zu fördern, beispielsweise durch Hinweise, Fristsetzungen, Auflagen, Betreibensaufforderungen oder rechtzeitige Terminierung.[587] Unterlässt das Gericht die Förderung des Verfahrens, beruht die Verzögerung nicht ausschließlich auf dem Verhalten der Beteiligten, sondern auch auf einer Nachlässigkeit des Gerichts. Die Verfahrensbeteiligten sind abgesehen von der Obliegenheit zur Erhebung der Verzögerungsrüge nicht verpflichtet, aktiv auf eine Beschleunigung des Verfahrens hinzuwirken und den Sachstand bei Gericht zu erfragen.[588]

bb) Verhalten Dritter

Wird eine Verzögerung durch das Verhalten eines Dritten ausgelöst, ist zu prüfen, ob sie dem Gericht zugerechnet werden kann. Handlungen Dritter, auf die das Gericht keinen Einfluss nehmen kann, begründen grundsätzlich keine unangemessene Verfahrensdauer.[589]

In der Praxis entstehen häufig Verzögerungen durch die Einholung von Sachverständigengutachten.[590] Das Entschädigungsgericht hat ex post unter Berücksichtigung der richterlichen Unabhängigkeit und der Einzelfallumstände zu prüfen, ob die Verzögerung dem Gericht zuzurechnen ist.[591] Dabei ist

586 Im Einzelnen *Zimmermann*, in: MüKo-ZPO, § 198 GVG Rn. 33; *Natter*, in: Natter/Gross, ArbGG, Anhang zu § 9 Rn. 11; *Roller*, DRiZ Beilage Juni 2012, 1 (11); *Söhngen*, NZS 2012, 493 (495).

587 *Orth*, in: Gärditz, VwGO, § 173 Rn. 39; ebenso *Stahnecker*, Entschädigung bei überlangen Gerichtsverfahren, Rn. 53.

588 BVerwG, Urt. v. 26.02.2015 – 5 C 5/14 D, BeckRS 2015, 44209 Rn. 36 f.

589 Vgl. *Scheidler*, LKV 2012, 260 (262).

590 Der Sachverständigenbeweis ist ein die Dauer des Verfahrens maßgeblich bestimmender Faktor, *Keders*, NJW 2013, 1697 (1700). Das BMJV hat deshalb am 29.05.2015 einen Gesetzesentwurf zur Änderung des Sachverständigenrechts veröffentlicht. Es soll u.a. eine möglichst zügige Erstattung von Sachverständigengutachten erreicht werden. Der Referentenentwurf ist abrufbar unter: http://www.bmjv.de/SharedDocs/Downloads/DE/pdfs/Gesetze/RefE_Sachverstaendigenrat.pdf;jsessionid=260799F35F56D22E0B385743BD5B02DC.1_cid297?__blob=publicationFile (zuletzt abgerufen am 10.09.2015).

591 Siehe hierzu BT-Drucks. 17/3802, S. 18.

insbesondere entscheidend, inwieweit das Gericht auf die Erstellung des Sachverständigengutachtens Einfluss nehmen konnte und Handlungsalternativen im Hinblick auf die Gutachterauswahl und einen Gutachterwechsel bestanden.

Gemäß § 404a ZPO hat das Gericht die Tätigkeit des Sachverständigen zu leiten und auf eine zügige Gutachtenerstellung hinzuwirken.[592] Zunächst hat es zu prüfen, ob eine mündliche Gutachtenerstattung durch Vernehmung des Sachverständigen ausreichend ist.[593] Bei komplexen Beweisfragen wird ein schriftliches Gutachten sachgerecht sein. Das Gericht kann einen Beweisbeschluss zur Einholung eines schriftlichen Sachverständigengutachtens bereits vor der mündlichen Verhandlung erlassen (§ 358a ZPO). Vor Erteilung des Gutachtenauftrags hat das Gericht mit dem Sachverständigen über die voraussichtliche Bearbeitungsdauer zu sprechen und bei Überlastung einen anderen Sachverständigen zu beauftragen.[594] Ferner hat das Gericht dem Sachverständigen gemäß § 411 Abs. 1 ZPO eine Frist zu setzen, innerhalb derer er das Gutachten zu übermitteln hat.[595] Bei Fristversäumung kann ein Ordnungsgeld gemäß § 411 Abs. 2 ZPO und bei Ausbleiben des Sachverständigen oder bei Gutachtenverweigerung können Zwangsmaßnahmen nach § 409 ZPO verhängt werden. Auch nach der Rechtsprechung des EGMR sind die Gerichte verpflichtet, nur Sachverständige zu bestellen, die für eine mündliche Verhandlung zur Verfügung stehen, und soweit erforderlich von den gesetzlich vorgesehenen Zwangsmaßnahmen Gebrauch zu machen.[596]

Verzögerungen können auch bei der Erreichbarkeit von Zeugen auftreten. Sie werden dem Gericht solange nicht zugerechnet, wie es auf sachdienliche Weise versucht, die Zeugen ausfindig zu machen.[597]

Auch das Verhalten von Trägern der öffentlichen Verwaltung oder sonstiger öffentlicher Stellen, die in das Verfahren einbezogen sind, ist in diesem Zusammenhang von Bedeutung.[598] Dies gilt auch, wenn sie keine Verfahrensbeteiligten

---

592 In der Praxis wird § 404a ZPO allerdings oftmals nicht angewandt, vgl. *Hirtz*, NJW 2014, 2529 (2531).

593 Im Einzelnen *Stahnecker*, Entschädigung bei überlangen Gerichtsverfahren, Rn. 58 ff.; *Heine*, MDR 2012, 327 (329); ebenso *Schneider/Schmaltz*, NJW 2011, 3270 (3272), der in Arzthaftpflichtverfahren eine Beschleunigung durch eine mündliche Gutachtenerstattung befürwortet. Anders dagegen *Dietrich*, ZZP 127 (2014), 169 (183).

594 *Stahnecker*, Entschädigung bei überlangen Gerichtsverfahren, Rn. 58.

595 Auch hiervon wird in der Praxis selten Gebrauch gemacht, *Hirtz*, NJW 2014, 2529 (2531).

596 EGMR, Urt. v. 21.10.2010 – 43155/08, NJW 2011, 1055 (1056) – Grumann/Deutschland.

597 Siehe *Breitkreuz*, in: Breitkreuz/Fichte, SGG, § 202 Rn. 30.

598 BT-Drucks. 17/3802, S. 18.

im Sinne des § 198 Abs. 6 Nr. 2 GVG sind. Wenn die Verfahrensverzögerung durch die Verwaltung mitversursacht wurde, ist dies bei der Beurteilung der Angemessenheit der Verfahrensdauer zu berücksichtigen.[599] Das zögerliche Verhalten ausländischer Behörden kann den inländischen Gerichten nicht zugerechnet werden.[600]

2. Weitere Gesichtspunkte

a) Gesamtdauer des Verfahrens

Bezugspunkt für die Beurteilung der Angemessenheit der Verfahrensdauer ist das Gesamtverfahren, auch wenn dieses über mehrere Instanzen oder bei verschiedenen Gerichten geführt worden ist.[601] Dafür spricht der Wortlaut des § 198 Abs. 1 S. 1 („Gerichtsverfahren"), der nicht zwischen den Instanzen oder verschiedenen Gerichten differenziert.[602] Das gleiche gilt für die Legaldefinition des Gerichtsverfahrens in § 198 Abs. 6 Nr. 2 GVG, die auf den Zeitraum von der Einleitung bis zum rechtskräftigen Abschluss abstellt. Nach Auffassung des Gesetzgebers ist auf das Gesamtverfahren abzustellen, soweit es in die Haftungsverantwortung des in Anspruch genommenen Rechtsträgers fällt.[603] Die Bezugnahme auf das Gesamtverfahren ergibt sich auch im Umkehrschluss aus § 198 Abs. 3 S. 5 GVG, wonach im Falle einer weiteren Verzögerung bei einem anderen Gericht eine erneute Verzögerungsrüge erhoben werden muss.[604] Diese Vorschrift wäre überflüssig, wenn jeder Rechtszug als eigenes Verfahren anzusehen wäre. Auch der EGMR und das BVerfG stellen auf die Gesamtdauer des Verfahrens ab.[605]

---

599 *W.-R. Schenke*, in: Kopp/Schenke, VwGO, § 173 Rn. 16.

600 Vgl. BFH, Zwischenurt. v. 07.11.2013 – X K 13/12, BeckRS 2013, 96642 Rn. 92.

601 BVerwG, Urt. v. 11.07.2013 – 5 C 23/12 D, NJW 2014, 96 (97), Bezugsrahmen des Entschädigungsanspruchs ist das gesamte verwaltungsgerichtliche Verfahren im Ausgangsrechtsstreit, vorliegend die Dauer des Verfahrens vor dem VG und dem OVG; ebenso *Kissel/Mayer*, GVG, § 198 Rn. 13; *W.-R. Schenke*, in: Kopp/Schenke, VwGO, § 173 Rn. 12; *Lückemann*, in: Zöller, ZPO, § 201 GVG Rn. 5; a.A. *Zimmermann*, in: MüKo-ZPO, § 198 GVG Rn. 25, jede Klage, jeder Antrag innerhalb eines Verfahrens muss isoliert betrachtet werden.

602 BVerwG, Urt. v. 11.07.2013 – 5 C 23/12 D, NJW 2014, 96 (97).

603 Vgl. BT-Drucks. 17/3802, S. 18.

604 *Söhngen*, NZS 2012, 493 (495).

605 Siehe BVerfG, Beschl. v. 20.07.2000 – 1 BvR 352/0, NJW 2001, 214 (215); BVerfG, Beschl. v. 24.09.2009 – 1 BvR 1304/09, NZS 2010, 381 (382); EGMR, Urt. v. 30.03.2010 –

Ferner kann die Verzögerung in einer Instanz durch eine zügige Behandlung der Sache in einer anderen (vorangegangenen oder nachfolgenden) Instanz ausgeglichen werden.[606] Eine Ausnahme gilt nur, wenn schon vor Abschluss des Verfahrens eine unangemessene und irreparable Verzögerung feststellbar ist und über eine Entschädigung für die eingetretenen Nachteile bereits entschieden werden kann, obwohl das Ausgangsverfahren noch nicht beendet ist.[607]

Ein Entschädigungsanspruch scheidet aus, wenn einzelne Verfahrensschritte zu Beginn des Verfahrens, beispielsweise die Terminierung, unangemessen lang gedauert haben, der dadurch entstandene Zeitverlust jedoch im weiteren Verfahrensverlauf – durch eine besonders zügige Bearbeitung – kompensiert werden kann.[608] Verzögerungen, die in einem Stadium des Verfahrens oder in einzelnen Verfahrensabschnitten eingetreten sind, bewirken nicht zwingend die Unangemessenheit der (Gesamt-)Verfahrensdauer.[609] Im Rahmen einer abschließenden Gesamtabwägung ist vielmehr zu prüfen, ob die Verzögerungen in einer späteren Phase des Verfahrens ausgeglichen wurden.[610] Eine zeitweilige Untätigkeit des Gerichts ist somit nicht zu entschädigen, wenn die Gesamtverfahrensdauer noch als angemessen anzusehen ist. Es kommt allein auf die absolute Verzögerung des Verfahrens an.

Bei den Bemühungen des Gerichts um Verfahrensbeschleunigung ist die bisherige Gesamtdauer des Verfahrens zu berücksichtigen. Mit zunehmender Dauer des Verfahrens hat sich das Gericht nachhaltig um eine Beschleunigung des Verfahrens und dessen Beendigung zu bemühen.[611] Das Gericht muss sämtliche

---

46682/07 (Juris Rn. 36) – Herr S./Deutschland; EGMR, Urt. v. 24.06.2010 – 25756/09 (Juris Rn. 27) – Herr P./Deutschland.

606 EGMR, Urt. v. 22.03.2012 – 23338/09, NJW 2013, 1937 (1940) – Kautzor/Deutschland; so auch BVerwG, Beschl. v. 27.02.2014 – 5 C 1/13 D, BeckRS 2014, NVwZ 2014, 1523 (1524); BGH, Urt. v. 10.04.2014 – III ZR 335/12 NJW 2014, 1967 (1969).

607 BT-Drucks. 17/3802, S. 18 f.; vgl. dazu näher unter Kapitel 4 C. I. S. 129.

608 Die Verzögerung in einem Verfahrensstadium ist vertretbar, wenn die Gesamtverfahrensdauer nicht als überlang erachtetet werden kann. Siehe hierzu EGMR, Urt. v. 04.02.2010 – 13791/06, BeckRS 2014, 01301 Rn. 85 – G./Deutschland.

609 BGH, Urt. v. 13.03.2014 – III ZR 91/13, NJW 2014, 1816 (1818).

610 BGH, Urt. v. 05.12.2013 – III ZR 73/12, NJW 2014, 789 (792), es wäre zu kurz gegriffen, Verzögerungen in einzelnen Verfahrensabschnitten schlicht „aufzuaddieren“; BGH, Urt. v. 10.04.2014 – III ZR 335/13, NJW 2014, 1967 (1969); ferner BSG, Urt. v. 03.09.2014 – B 10 ÜG 2/13 R (Juris Rn. 43); siehe auch *Roller*, DRiZ Beilage Juni 2012, 1 (2).

611 Vgl. dazu BVerfG, Beschl. v. 20.07.2000 – 1 BvR 352/00, NJW 2001, 214; BVerfG, Bschl. v. 14.12.2010 – 1 BvR 404/10, BeckRS 2011, 48160; ebenso BVerwG, Urt.

ihm zu Verfügung stehenden Möglichkeiten der Verfahrensbeschleunigung nutzen. Dazu gehören gegebenenfalls auch gerichtsinterne Entlastungsmaßnahmen. Es ist dann nicht mehr ausreichend, wenn das Gericht das Verfahren wie einen gewöhnlichen, wenn auch komplizierten Rechtsstreit behandelt. So können großzügige Fristen zur Stellungnahme oder das mehrfache Austauschen von Schriftsätzen ohne Einflussnahme des Gerichts mit zunehmender Verfahrensdauer in Konflikt mit dem Anspruch auf Rechtsschutz in angemessener Zeit geraten.[612]

Die Begrenzung der Entschädigungsklage auf eine von mehreren Instanzen ist prozessrechtlich zulässig.[613] Davon zu trennen ist die Frage nach dem materiellrechtlichen Bezugsrahmen des Entschädigungsanspruchs. Materiellrechtlicher Bezugsrahmen des beschränkten Streitgegenstands bleibt das gesamte gerichtliche Verfahren.

b) Gewisse Schwere der Belastung

Nicht jede Verzögerung eines Verfahrens ist nach dem Willen des Gesetzgebers unangemessen und löst einen Entschädigungsanspruch aus.[614] Durch die Anknüpfung des § 198 GVG an die Verletzung konventions- und verfassungsrechtlicher Normen wird deutlich, dass die verursachte Belastung einen gewissen Schweregrad erreichen muss. Es reicht nicht jede Abweichung von einer optimalen Verfahrensführung aus.[615] Die Verfahrensdauer muss eine Grenze überschreiten, die sich auch unter Berücksichtigung gegenläufiger rechtlicher Interessen für den Betroffenen als sachlich nicht mehr gerechtfertigt oder unverhältnismäßig darstellt.[616] Die äußerste Grenze der Angemessenheit muss überschritten sein.[617]

---

v. 27.02.2014 – 5 C 1/13 D, NVwZ 2014, 1523 (1527); BSG, Urt. v. 12.02.2015 – B 10 ÜG7/14 R, BeckRS 2015, 68616 Rn. 38.

612 Vgl. BSG, Urt. v. 03.09.2014 – B 10 ÜG 2/13 R (Juris Rn. 37).

613 In diesem Fall kommt eine Teilklage in Betracht, vgl. hierzu 4. Kapitel D. I. S. 133.

614 Vgl. BT-Drucks. 17/3802, S. 43; BSG, Urt. v. 21.02.2013 – B 10 ÜG 1/12 KL, NJW 2014, 248.

615 Siehe BGH, Urt. v. 13.02.2014 – III ZR 311/13, NJW 2014, 1183 (1184); BGH, Urt. v. 10.04.2014 – III ZR 335/13, NJW 2014, 1967 (1969).

616 BVerwG, Urt. v. 11.07.2013 – 5 C 23/12 D, NJW 2014, 96 (100); ebenso BGH, Urt. v. 13.03.2014 – III ZR 91/13, NJW 2014, 1816 (1818).

617 Deshalb darf der zeitliche Rahmen bei der Bestimmung der Angemessenheit der Verfahrensdauer nicht zu eng gezogen werden. Vgl. BFH, Zwischenurt. v. 07.11.2013 – X K 13/12, BeckRS 2013, 96642 Rn. 54.

Geringfügige Verzögerungen in einzelnen Verfahrensabschnitten sind daher regelmäßig entschädigungslos hinzunehmen, wenn sie gegenüber der Gesamtverfahrensdauer nicht ins Gewicht fallen.[618] Der Gesetzgeber ist von einem längeren Zeitraum ausgegangen. So kann die Verzögerungsrüge gemäß § 198 Abs. 3 S. 2 Halbsatz 2 GVG frühestens nach einem halben Jahr wiederholt werden. Außerdem beträgt die Entschädigungspauschale 1.200 EUR für jedes Jahr der Verzögerung (§ 198 Abs. 2 S. 3 GVG).

c) Überlastung des Gerichts

Die Dauer eines Verfahrens ist in hohem Maße von den personellen und sachlichen Mitteln des jeweils zuständigen Gerichts abhängig. Deshalb kann Ursache einer unangemessenen Verfahrensdauer auch die Überlastung des Gerichts durch eine Vielzahl anhängiger Verfahren sein. Die Verfahrensdauer kann nicht durch eine chronische Überlastung des Gerichts, länger bestehende Rückstände oder eine allgemein angespannte Personalsituation gerechtfertigt werden.[619] Denn die Überlastung der Gerichte gehört zu den strukturellen Mängeln, die sich der Staat zuzurechnen lassen muss und die er zu beseitigen hat.[620] Der Staat kann sich nicht auf Umstände innerhalb seines Verantwortungsbereichs berufen. Er muss vielmehr alle notwendigen Maßnahmen treffen, damit Gerichtsverfahren innerhalb angemessener Frist beendet werden können.[621] Dabei ist unerheblich, ob sich der zuständige Spruchkörper pflichtwidrig oder schuldhaft verhalten hat.[622] Der Entschädigungsanspruch nach § 198 GVG setzt keine Pflichtwidrigkeit des Gerichts voraus. Entscheidend ist vielmehr, dass die Verzögerungen dem Staat zurechenbar sind.[623] Somit kann ein Richterwechsel während des Verfahrens oder eine Überlastung des Spruchkörpers nach längerer Krankheit eine

---

618 BGH, Urt. v. 10.04.2014 – III ZR 335/12 NJW 2014, 1967 (1969), eine Verfahrenslücke von zwei Monaten ist entschädigungsrechtlich ohne Relevanz.

619 BT-Drucks. 17/3802, S. 18.

620 Vgl. BVerwG, Urt. v. 11.07.2013 – 5 C 23/12 D, NJW 2014, 96 (100); BVerwG, Urt. v. 26.02.2015 – 5 C 5/14 D, BeckRS 2015, 44209 Rn. 44; so auch BSG, Urt. v. 03.09.2014 – B 10 ÜG 2/13 R (Juris Rn. 34).

621 BVerfG, Urt. v. 02.07.2003 – 2 BvR 273/03, BeckRS 2003, 24461; BVerfG, Beschl. v. 14.10.2003 – 1 BvR 901/03, NVwZ 2004, 334 (335); BVerfG, Beschl. v. 29.03.2005 – 2 BvR 1610/03, NJW 2005, 3488 (3489).

622 Vgl. BT-Drucks. 17/3802, S. 19; zustimmend *Kissel/Mayer*, GVG, § 198 Rn. 38; *Althammer/Schäuble*, NJW 2012, 1 (2).

623 *Orth*, in: Gärditz, VwGO, § 173 Rn. 42.

Unangemessenheit der Verfahrensdauer zur Folge haben.[624] Auch eine Säumnis des Gesetzgebers kann eine Entschädigungspflicht auslösen.[625]

Das gilt jedenfalls dann, wenn die Überlastung des Gerichts voraussehbar war und durch eine andere Geschäftsverteilung oder durch die Bewilligung zusätzlicher Personal- und Sachmittel hätte vermieden werden können. Verzögerungen, die hingegen auch bei optimaler Organisation und Personalausstattung nicht vermieden werden können, sind hinzunehmen.[626] Das Präsidium eines Gerichts hat im Rahmen der Geschäftsverteilung nach § 21e GVG seiner Verantwortung im Hinblick auf ein zügiges Verfahren gerecht zu werden.[627] So hat das Präsidium z.B. für eine möglichst gleichmäßige Belastung der Spruchkörper zu sorgen.

Auch in Fällen, in denen es zu einer außergewöhnlichen Belastung des Gerichts kommt, kann eine abweichende Beurteilung gerechtfertigt sein. Wenn die Justizverwaltung sofortige Gegenmaßnahmen ergreift, liegt in der durch den kurzfristigen Anstieg der Fallzahlen bedingten Verzögerung keine unangemessene Verfahrensdauer.[628] Im Falle von Massenverfahren (im konkreten Fall mehr als 4000 Kläger) kann es zu einer „Klagewelle" kommen, die weder vorhersehbar noch kurzfristig auffangbar ist.[629] Dem Gericht ist in diesem Fall eine Übergangsfrist zu gewähren, um entsprechende Maßnahmen zu treffen.

Die unvorhergesehene Erkrankung des berichterstattenden Vorsitzenden kann als ein Fall höherer Gewalt anzusehen sein.[630] Die Erkrankung des Richters kann allerdings nur eine kurzfristige Terminverschiebung rechtfertigen, da die Geschäftsverteilungspläne der Gerichte Vertretungsregelungen vorsehen.

Insbesondere Verfahrensverzögerungen, die durch die schlichte Nichtbearbeitung eines Verfahrens über Monate hinweg ohne rechtfertigenden Grund entstehen, können dem Staat zugerechnet werden.[631] Es handelt sich hierbei um

---

624 *Lückemann*, in: Zöller, ZPO, § 198 GVG Rn. 4; so auch *Böcker*, DStR 2011, 2173 (2174); *Hirtz*, NJW 2014, 2529 (2530), bei einem Richterwechsel handele es sich um eine von der Gerichtsverwaltung veranlasste Verzögerungsursache.

625 *W.-R. Schenke*, in: Kopp/Schenke, VwGO, § 173 Rn. 15.

626 Siehe *Hansen*, SchlHA 2013, 221 (223).

627 Vgl. *Dietrich*, ZZP 127 (2014), 169 (180).

628 Vgl. *Roderfeld*, in: Marx/Roderfeld, Rechtsschutz bei überlangen Gerichtsverfahren, § 198 GVG Rn. 16; *Ott*, in: Steinbeiß-Winkelmann/Ott, ÜGRG, § 198 GVG Rn. 93.

629 Siehe BGH, Urt. v. 12.02.2015 – III ZR 141/14, BeckRS 2015, 04157 Rn. 17, 34.

630 BVerwG, Urt. v. 11.07.2013 – 5 C 27/12 D, BeckRS 2013, 56027 Rn. 44.

631 BSG, Beschl. v. 22.01.2012 – B 3 P 10/12 B, BeckRS 2012, 76359 Rn. 16; siehe auch BVerwG, Urt. v. 11.07.2013 – 5 C 23/12 D, NJW 2014, 96 (101); ferner BFH, Urt. v. 20.08.2014 – X K 9/13, DStR 2014, 2022 (2025); *Kissel/Mayer*, GVG, § 198 Rn. 13; *Reinfelder*, in: Düwell/Lipke, ArbGG, § 9 Rn. 28d.

Zeiten, in denen weder Fristen gesetzt noch terminiert wurde, und die Parteien über einen längeren Zeitraum – ohne jegliche Aktivität des Gerichts – Schriftsätze gewechselt haben.[632]

Die Aussetzung eines Verfahrens kann aus Gründen der Prozessökonomie und zur Vermeidung divergierender Entscheidungen geboten sein.[633] Sie muss allerdings im Hinblick auf die Umstände der Rechtssache verhältnismäßig sein.[634] Der Zweck der Aussetzung ist insbesondere gegenüber den Nachteilen einer langen Verfahrensdauer und den Folgen für die Parteien abzuwägen.[635] Wird das Verfahren ausgesetzt, muss das Gericht prüfen, ob der Aussetzungsgrund in der Folgezeit entfallen ist und das Verfahren fortgesetzt werden kann.[636]

d) Richterliche Unabhängigkeit

Bei der Prüfung der Angemessenheit der Verfahrensdauer sind darüber hinaus die aus dem Rechtsstaatsprinzip (Art. 20 Abs. 3 GG) folgende Gewährleistung der inhaltlichen Richtigkeit von Entscheidungen sowie die Grundsätze der richterlichen Unabhängigkeit (Art. 97 Abs. 1 GG) und des gesetzlichen Richters (Art. 101 Abs. 1 S. 2 GG) zu berücksichtigen.[637] Die zügige Erledigung des Rechtsstreits ist kein Selbstzweck. Der Zeitfaktor ist nicht der allein entscheidende Maßstab. Das Rechtsstaatsprinzip verlangt vielmehr eine umfassende tatsächliche und rechtliche Prüfung des Streitgegenstands durch das zuständige Gericht.

Deshalb muss dem Gericht eine angemessene Vorbereitungs- und Bearbeitungszeit zur Verfügung stehen. Die Verfahrensgestaltung steht – abgesehen von den zwingenden gesetzlichen Vorgaben – im Ermessen des zuständigen Richters. Dem Ausgangsgericht ist ein weiter Gestaltungspielraum zuzugestehen, um den Umfang und die Schwierigkeit der einzelnen Rechtssachen angemessen zu

---

632 Vgl. *Roderfeld*, in: Marx/Roderfeld, Rechtsschutz bei überlangen Gerichtsverfahren, § 198 GVG Rn. 26.

633 Siehe *Natter*, in: Natter/Gross, ArbGG, Anhang zu § 9 Rn. 11.

634 Vgl. EGMR, Urt. v. 11.01.2007 – 20027/902, NVwZ 2008, 289 (291) – Herbst/Deutschland.

635 Im Rahmen dieser Abwägung sind der Beschleunigungsgrundsatz des § 9 Abs. 1 ArbGG ebenso zu berücksichtigen wie die Vorschriften zum Schutz vor überlanger Verfahrensdauer, § 9 Abs. 2 S. 2 ArbGG i.V.m. §§ 198 ff. GVG. Siehe BAG, Beschl. v. 16.04.2014 – 10 AZB 6/14 (Juris Rn. 5); ferner BSG, Urt. v. 03.09.2014 – B 10 ÜG 2/13 R (Juris Rn. 40 ff.).

636 Vgl. *Roller*, DRiZ Beilage Juni 2012, 1 (10).

637 BVerwG, Urt. v. 11.07.2013 – 5 C 23/12 D, NJW 2014, 96 (100); BGH, Urt. v. 14.11.2013 – III ZR 376/12, NJW 2014, 220 (223).

berücksichtigen und zu entscheiden, wann welches Verfahren sinnvollerweise gefördert werden kann und welche Verfahrenshandlungen dafür erforderlich sind.[638]

Erst wenn die Dauer des Verfahrens unter Berücksichtigung dieses Gestaltungsspielraums in Abwägung mit den weiteren Kriterien des § 198 Abs. 1 S. 2 GVG sachlich nicht mehr zu rechtfertigen ist, liegt eine unangemessene Verfahrensdauer vor. Maßgeblich ist, wie das Ausgangsgericht die Sach- und Rechtslage aus seiner Sicht ex ante einschätzen durfte.[639]

Das Gericht muss deshalb die Verfahren nicht in der Reihe des Eingangs bearbeiten, sondern kann sie in abweichender Reihenfolge gewichten.[640] Es hat nur besonders eilbedürftige Streitigkeiten vorzuziehen.[641] Die intensive Befassung mit einem in tatsächlicher oder rechtlicher Hinsicht schwierigen Verfahren hat zwangsläufig zur Folge, dass während dieser Zeit andere Verfahren einstweilen nicht gefördert werden können.[642] Eine gleichzeitige inhaltlich umfassende Bearbeitung aller Verfahren ist aus tatsächlichen Gründen nicht möglich und wird von Art. 20 Abs. 3 GG und Art. 6 Abs. 1 S. 1 EMRK auch nicht verlangt.[643] Ein Recht auf sofortige Befassung des Gerichts besteht nicht. Der Rechtsschutzsuchende muss damit rechnen, dass der zuständige Richter neben seiner Klage noch weitere Verfahren zu bearbeiten hat. Insofern sind ihm gewisse Wartezeiten zumutbar.[644]

Die Entscheidung, ein Pilotverfahren durchzuführen, gehört zu den verfahrensgestaltenden Befugnissen des Gerichts.[645] Im Falle von Massenverfahren muss das Gericht zahlreiche Verfahren bearbeiten und die dazugehörigen Akten

---

638 BGH, Urt. v. 14.11.2013 – III ZR 376/12, NJW 2014, 220 (223); BGH, Urt. v. 12.02.2015 – III ZR 141/14, BeckRS 2015, 04157 Rn. 26; so auch BSG, Urt. v. 03.09.2014 – B 10 ÜG 2/13 R (Juris Rn. 37).

639 Vgl. BGH, Urt. v. 14.11.2013 – III ZR 376/12, NJW 2014, 220 (222); ferner BVerwG, Beschl. v. 27.02.2014 – 5 C 1/13 D, NVwZ 2014, 1523 (1526).

640 Vgl. BVerwG, Urt. v. 11.07.2013 – 5 C 23/12 D, NJW 2014, 96 (101); *Zimmermann*, in: MüKo-ZPO, § 198 GVG Rn. 3. Siehe auch 6. Kapitel D. I. S. 166.

641 Anderenfalls kommt ein Amtshaftungsanspruch wegen richterlichen Fehlverhaltens in Betracht, *W.-R. Schenke*, NVwZ 2012, 257 (262).

642 Vgl. BFH, Zwischenurt. v. 07.11.2013 – X K 13/12, BeckRS 2013, 96642 Rn. 54; ebenso BSG, Urt. v. 03.09.2014 – B 10 ÜG 2/13 R (Juris Rn. 44).

643 BGH, Urt. v. 23.01.2014, NJW 2014, 939 (942); ferner BGH, Urt. v. 12.02.2015 – III ZR 141/14, BeckRS 2015, 04157 Rn. 33.

644 Vgl. BSG, Urt. v. 21.02.2013 – B 10 ÜG 1/12 KL, NJW 2014, 248 (250); ferner BSG, Urt. v. 03.09.2014 – B 10 ÜG 2/14 R (Juris Rn. 45).

645 BGH, Urt. v. 12.02.2015 – III ZR 141/14, BeckRS 2015, 04157 Rn. 37.

durchsehen. Es kann in diesem Fall sachgerecht sein, Musterverfahren oder Pilotverfahren auszuwählen und vorrangig zu bearbeiten, um in einigen wenigen Verfahren über die gesamte „Fallbreite" zu entscheiden. Währenddessen werden die übrigen – meist gleichgelagerten – Verfahren zunächst zurückgestellt. So können zentrale Rechtsfragen verfahrensübergreifend prozessökonomisch geklärt werden.

Im Amtshaftungsrecht besteht ebenso wie bei § 198 GVG ein Spannungsverhältnis zwischen der richterlichen Unabhängigkeit und dem Gebot effektiven Rechtschutzes. Außerhalb des Anwendungsbereichs des § 839 Abs. 2 S. 1 BGB wird die Verfahrensgestaltung des Richters nicht auf ihre Richtigkeit, sondern nur auf ihre Vertretbarkeit überprüft. Die Vertretbarkeit ist nur dann zu verneinen, wenn das richterliche Fehlverhalten bei voller Würdigung auch der Belange einer funktionstüchtigen Rechtspflege nicht mehr verständlich ist.[646] Es ist nach Ansicht des BGH sachgerecht, diese im Amtshaftungsprozess entwickelten Grundsätze auf das Entschädigungsverfahren nach §§ 198 ff. GVG zu übertragen.[647] Demnach begründen eine vertretbare Rechtsauffassung des Gerichts oder eine nach der jeweiligen Prozessordnung vertretbare Verfahrensleitung keinen Entschädigungsanspruch, auch wenn sie zu einer Verlängerung des Verfahrens geführt haben. Ein Anspruch des Rechtssuchenden auf optimale Verfahrensförderung besteht nicht.[648] Diese Entscheidung des BGH ist allerdings sehr kritisch zu sehen, da durch diese restriktive Interpretation die Vorgaben der EMRK verfehlt werden und diese zudem auch keine Stütze in der Entstehungsgeschichte des Gesetzes findet.[649]

e) Berücksichtigung statistischer Durchschnittswerte

In der Rechtsprechung wird die Frage, inwiefern bei der Prüfung der Unangemessenheit der Verfahrensdauer statistische Durchschnittswerte berücksichtigt werden können, unterschiedlich beurteilt.[650]

Der BFH vertritt die Auffassung, dass bei einem finanzgerichtlichen Verfahren, das keine wesentlichen Besonderheiten aufweist, eine Vermutung dafür

---

646 Vgl. dazu oben unter Kapitel 2. A. IV. 2. S. 46.

647 BGH, Urt. v. 05.12.2013 – III ZR 73/12, NJW 2014, 789 (793); ebenso *Remus*, NJW 2012, 1403 (1409); ferner *Schlick*, NJW 2014, 2686 (2687); ablehnend hingegen Anm. *Heinisch*, NJW 2014, 220 (224 f.), wonach der BGH bei seiner Auslegung des § 198 Abs. 1 GVG den Willen des Gesetzgebers nicht ausreichend berücksichtigt.

648 BVerfG, Beschl. v. 14.12.2010 – 1 BvR 404/10, BeckRS 2011, 48160 Rn. 16.

649 Ausführlich hierzu Kapitel 6. E. II. S. 169.

650 Ausführlich dazu 6. Kapitel A. S. 151.

besteht, dass die Dauer des Verfahrens angemessen ist, wenn das Gericht zwei Jahre nach Eingang der Klage mit Maßnahmen beginnt, die das Verfahren zum Abschluss bringen sollen, und diese Phase nicht durch nennenswerte Zeiträume unterbrochen wird, in denen das Gericht die Akte unbearbeitet lässt.[651] Diese Vermutung gilt nicht, wenn der Verfahrensbeteiligte rechtzeitig und in schlüssiger Weise auf Umstände hinweist, aus denen sich eine besondere Eilbedürftigkeit des Verfahrens ergibt.

Nach Ansicht des BSG kann bei der Beurteilung der Dauer eines Verfahrens von Bedeutung sein, in welcher Zeit vergleichbare Verfahren erledigt werden, sofern die betreffenden statistischen Zahlen nicht eine im Durchschnitt überlange Verfahrensdauer wiederspiegeln.[652] Diesen statistischen Zahlen kann eine indizielle Bedeutung zukommen. Maßgeblich für die Beurteilung der Angemessenheit der Verfahrensdauer bleiben jedoch die Umstände des Einzelfalls.[653] Schließlich hat das BSG ebenfalls zeitraumbezogene Konkretisierungen vorgenommen.[654] Von der Gesamtverfahrensdauer ist eine Vorbereitungszeit von bis zu zwölf Monaten je Instanz abzuziehen, selbst wenn sie nicht durch konkrete Verfahrensförderungsschritte begründet ist.

Nach Auffassung des BGH ist hingegen eine generelle Festlegung, wann ein Verfahren unverhältnismäßig lange dauert, nicht möglich und würde in der ordentlichen Gerichtsbarkeit bereits an der Vielgestaltigkeit der Verfahren und prozessualen Situationen scheitern.[655] Statistische Durchschnittwerte können bei der Beurteilung der Angemessenheit der Verfahrensdauer nicht herangezogen werden, da der Gesetzgeber bewusst auf feste Zeitvorgaben verzichtet habe.[656]

Ebenso lehnt es das BVerwG ab, Orientierungs- oder Richtwerte für die Laufzeit verwaltungsgerichtlicher Verfahren heranzuziehen und zwar unabhängig davon, ob diese auf eigener Annahme oder auf statistisch ermittelten

---

651 BFH, Urt. v. 19.03.2014 – X K 4/13, BeckRS 2014, 95136 Rn. 17; BFH, Urt. v. 09.04.2014 – X K 10/13, BeckRS 2014, 95484 Rn. 18.

652 BSG, Urt. v. 21.02.2013 – B 10 ÜG 1/12 KL, NJW 2014, 248 (250 f.); so auch die Entscheidung des BSG im Parallelverfahren, Urt. v. 21.02.2013 – B 10 ÜG 2/12 KL, BeckRS 2013, 69268.

653 Das vorherige Urteil etwas einschränkend BSG, 16.12.2013 – B 10 ÜG 13/13 B (Juris Rn. 5 f.).

654 BSG, Urt. v. 03.09.2014 – B 10 ÜG 2/13 R (Juris Rn. 45).

655 Siehe BGH, Urt. v. 14.11.2013 – III ZR 376/12, NJW 2014, 220 (222).

656 Vgl. BGH, Urt. v. 05.12.2013 – III ZR 73/12, NJW 2014, 789 (792); BGH, Urt. v. 13.03.2014 – III ZR 91/13, NJW 2014, 1816 (1818).

durchschnittlichen Verfahrenslaufzeiten beruhen.[657] Angesichts der Vielgestaltigkeit verwaltungsrechtlicher Verfahren sind Durchschnittswerte kaum aussagekräftig.[658] Darüber hinaus sind die Verfahrenslaufzeiten in den einzelnen Bundesländern teilweise sehr unterschiedlich.

Es spricht durchaus einiges dafür, statistische Durchschnittwerte als Indiz heranzuziehen, ob das Verfahren unangemessen lange gedauert hat. Mit Hilfe von Datenbanken ist leicht zu erkennen, ob der statistische Wert vergleichbarer Verfahren überschritten ist. Das Gericht hat dann einen ersten Anhaltspunkt dafür, dass das betreffende Verfahren gegenüber vergleichbaren Verfahren eine zeitliche Überlänge aufweist. Ausgehend von den statistischen Zahlen sind im nächsten Schritt die einzelfallbezogenen Gründe zu prüfen, auf denen die Verfahrensdauer beruht, und die einzelnen Abschnitte des Verfahrens konkret zu betrachten. Nicht überzeugend ist hingegen der Ansatz von BFH und BSG, von vornherein anzunehmen, dass ein Verfahren über einen bestimmten Zeitraum unbearbeitet bleiben darf.

IV. Nachteil

Wer infolge unangemessener Dauer des Verfahrens einen Nachteil erleidet, wird gemäß § 198 Abs. 1 S. 1 GVG angemessen entschädigt. „Nachteil" kann sowohl ein materieller als auch immaterieller Nachteil sein. Während ein immaterieller Nachteil gemäß § 198 Abs. 2 S. 1 GVG vermutet wird, wenn ein Gerichtsverfahren unangemessen lange gedauert hat, muss zwischen dem materiellen Nachteil und der überlangen Verfahrensdauer ein Kausalzusammenhang bestehen.

1. Materielle Nachteile

Vermögensnachteile können Kostenerhöhungen im Ausgangsverfahren, Ausfälle wegen zwischenzeitlicher Insolvenz des Schuldners, Kreditkosten wegen verspäteter Durchsetzung des Anspruchs, Lohnausfälle, Wohnungsverlust, Unterhaltsbelastungen, Wertminderungen, Rechtsverluste, Zinsverluste und sonstige Mehraufwendungen sein.[659] Einen materiellen Nachteil stellen insbesondere

657 Siehe BVerwG, Urt. v. 11.07.2013 – 5 C 23/12 D, NJW 2014, 96 (99); BVerwG, Urt. v. 11.07.2013 – 5 C 27/12 D, BeckRS 2013, 56027 Rn. 21.

658 Siehe BVerwG, Urt. v. 11.07.2013 – 5 C 23/12 D, NJW 2014, 96 (99); BVerwG, Urt. v. 11.07.2013 – 5 C 27/12 D, BeckRS 2013, 56027 Rn. 23.

659 Vgl. BT-Drucks. 17/3802, S. 19; siehe auch *Kissel/Mayer*, GVG, § 198 Rn. 26; *Natter*, in: Natter/Gross, ArbGG, Anhang zu § 9 Rn. 11; *Althammer/Schäuble*, NJW 2012, 1 (3).

auch die notwendigen Anwaltskosten für die vorprozessuale Verfolgung des Entschädigungsanspruchs dar.[660]

2. *Immaterielle Nachteile*

Immaterielle Nachteile können körperliche Beeinträchtigungen, Rufschädigungen oder sonstige nachteilige Entwicklungen aufgrund der Verzögerung sein. Auch die Entfremdung eines Kindes von einem Elternteil durch einen nicht in angemessener Zeit abgeschlossenen Sorgerechtsstreit kann einen Nichtvermögensnachteil darstellen.[661] Ferner kommen psychische Belastungen über die lange Unsicherheit in Betracht, z.B. wenn von dem Ausgang des Prozesses die wirtschaftliche Existenz einer Prozesspartei abhängt.[662]

Eine schwerwiegende Beeinträchtigung der Persönlichkeitsrechte ist hingegen nicht erforderlich.[663] Der immaterielle Nachteil muss nicht die Voraussetzungen eines Anspruchs nach § 253 BGB erfüllen.[664]

3. *Kausalität*

Der Nachteil muss gemäß § 198 Abs. 1 S. 1 GVG „infolge" der unangemessenen Verfahrensdauer entstanden sein. Erforderlich ist ein Kausalzusammenhang zwischen der überlangen Verfahrensdauer und dem materiellen Nachteil.[665] Die Kausalität ist im Sinne der conditio sine qua non-Formel zu verstehen.[666]

---

660 Dem Betroffenen steht jedoch keine über die gesetzlichen Gebühren und Auslagen hinausgehende Entschädigung zu. Etwaige auf einer Honorarvereinbarung beruhende Mehrkosten werden nicht ersetzt. Siehe BGH, Urt. v. 23.01.2014, NJW 2014, 939 (943).

661 Vgl. BT-Drucks. 17/3802, S. 19.

662 Vgl. *Roderfeld,* in: Marx/Roderfeld, Rechtsschutz bei überlangen Gerichtsverfahren, § 198 GVG Rn. 52.

663 *Wolff,* in: Posser/Wolff, VwGO, § 173 Rn. 29.

664 Vgl. *Roderfeld,* in: Marx/Roderfeld, Rechtsschutz bei überlangen Gerichtsverfahren, § 198 GVG Rn. 52.

665 In der Praxis bestehen bislang keine Schwierigkeiten hinsichtlich des Kausalitätsnachweises. Nach Auffassung des Deutschen Richterbundes (DRB) könnte künftig die Frage, welche Folgeschäden noch als kausal anzusehen sind, an Bedeutung gewinnen. Vgl. Stellungnahme des DRB zur Evaluation des ÜGRG Nr. 4/14, S. 3, abrufbar unter: http://www.drb.de/cms/fileadmin/docs/Stellungnahmen/2014/DRB_140304_Stn_Nr_04_UEberlange_Gerichtsverfahren_Evaluation.pdf (zuletzt abgerufen am 10.09.2015).

666 *Ott,* in: Steinbeiß-Winkelmann/Ott, ÜGRG, § 198 GVG Rn. 156; siehe auch *Germelmann,* in: JbArbR (2012), S. 41 (53).

Es muss deshalb zunächst feststehen, dass der Nachteil ohne die Verfahrenslänge nicht entstanden wäre. Dabei ist nicht der fiktive, hypothetische Kausalverlauf maßgeblich, sondern der tatsächliche Kausalverlauf.[667] Unerheblich ist daher, ob das Ausgangsverfahren ohne die Verzögerung früher beendet worden wäre.

Der materielle Nachteil muss des Weiteren adäquate Folge der überlangen Verfahrensdauer sein.[668] Demnach muss die überlange Verfahrensdauer bei wertender Betrachtung im Allgemeinen und nicht nur unter besonders unwahrscheinlichen Umständen geeignet sein, einen Nachteil der eingetretenen Art herbeizuführen. Zudem muss der entstandene Nachteil vom Schutzzweck der Entschädigungsregelung erfasst sein. Der Kläger kann beispielsweise bei Klageabweisung nicht geltend machen, dass das Gericht ohne die Verfahrensverzögerung der Klage stattgegeben hätte, etwa verbunden mit dem Hinweis, dass sich infolge der überlangen Verfahrensdauer die Rechtsauffassung des Gerichts geändert habe.[669] Im Hinblick auf die Anwaltskosten gilt Folgendes: Die notwendigen Anwaltskosten für die vorprozessuale Verfolgung des Entschädigungsanspruchs sind infolge der Verfahrensverzögerung entstanden, wenn die Verzögerung nicht hinweggedacht werden kann, ohne dass die Anwaltskosten entfielen.[670] Ferner sind die Anwaltskosten auch adäquate Folge der unangemessenen Verfahrensdauer und werden vom Schutzzweck des § 198 GVG erfasst. Nicht erfasst sind demgegenüber anwaltliche Mehrkosten, die nicht durch die Verfahrensführung des Gerichts, sondern durch das Verhalten des eigenen Prozessbevollmächtigten oder der Prozessführung des Gegners entstanden sind.

667 BFH, Urt. v. 20.11.2013 – X K 2/12, BeckRS 2014, 94159 Rn. 38.

668 Vgl. *Heine*, MDR 2012, 327 (330).

669 Das ÜGRG soll vor den spezifischen Gefahren einer Verfahrensüberlange schützen, nicht hingegen vor der allgemeinen Gefahr, dass sich z.B. die Kammerbesetzung des Gerichts oder auch die höchstrichterliche Rechtsprechung ändert. Ausführlich dazu *Roderfeld*, in: Marx/Roderfeld, Rechtsschutz bei überlangen Gerichtsverfahren, § 198 GVG Rn. 54. Auch der EGMR lehnt es ab, die Frage zu beantworten, wie das Verfahren bei zügiger Verhandlung ausgegangen wäre, vgl. etwa EGMR (Große Kammer), Urt. v. 08.06.2006 – 75529/01, NJW 2006, 2389 (2394) – Sürmeli/Deutschland; EGMR, Urt. v. 05.10.2006 – 66491/01 (Juris Rn. 65) – G./Deutschland.

670 Siehe hierzu BVerwG, Urt. v. 27.02.2014 – 5 C 1/13 D, NVwZ 2014, 1523 (1528); BVerwG, Beschl. v. 08.05.2014 – 5 B 3/14 D, BeckRS 2014, 51765 Rn. 15; siehe *Schlick*, NJW 2014, 2686 (2689).

Bei Forderungsausfällen aufgrund der Insolvenz des Beklagten muss der Kläger geltend machen, dass er bei angemessener Verfahrensdauer noch Befriedigung seiner Forderung hätte erlangen können.[671]

V. Verzögerungsrüge

Eine Entschädigung erhält ein Verfahrensbeteiligter gemäß § 198 Abs. 3 S. 1 GVG nur, wenn er bei dem mit der Sache befassten Gericht die Dauer des Verfahrens gerügt hat. Zwingende Voraussetzung eines Entschädigungsanspruchs ist somit, dass der Betroffene im Ausgangsverfahren eine Verzögerungsrüge erhoben hat.[672] Ihr Vorliegen prüft das Entschädigungsgericht von Amts wegen.[673] Anderenfalls ist eine Entschädigung ausgeschlossen. Das Entschädigungsgericht kann lediglich die Unangemessenheit der Verfahrensdauer gemäß § 198 Abs. 4 S. 3 Halbsatz 2 GVG feststellen. Im Unterschied zu § 97b Abs. 1 S. 2 BVerfGG ist die Verzögerungsrüge nach § 198 Abs. 3 S. 1 GVG keine Zulässigkeitsvoraussetzung der Entschädigungsklage,[674] sondern materiellrechtliche Anspruchsvoraussetzung.[675]

Der Gesetzgeber verfolgt mit der Verzögerungsrüge einen doppelten Zweck. Die Verzögerungsrüge besitzt einerseits „Warnfunktion" für den zuständigen Richter.[676] Er erhält Anlass zur Prüfung der Verfahrensdauer und die Möglichkeit zur beschleunigten Verfahrensförderung.[677] Die Gesetzesbegründung spricht

---

671 BGH, Urt. v. 23.01.2014 – III ZR 37/13, NJW 2014, 939 (940).

672 *Lückemann*, in: Zöller, ZPO, § 198 GVG Rn. 9.

673 BT-Drucks. 17/3802, S. 20.

674 Die Verzögerungsrüge ist nicht als Tatbestandsmerkmal, sondern als von der Beschwerdekammer zu prüfenden Verzögerungsbeschwerde ausgestaltet, vgl. BT-Drucks. 17/3802, S. 27.

675 Das Fehlen einer Verzögerungsrüge macht eine Entschädigungsklage wegen überlanger Verfahrensdauer nicht unzulässig. Vgl. BSG, Urt. v. 27.06.2013 – B 10 ÜG 9/13 B, NJW 2014, 253 (255); BFH, Urt. v. 09.04.2014 – X K 10/13, BeckRS 2014, 95484 Rn. 16; BGH, Urt. v. 17.07.2014 – III ZR 228/13, NJW 2014, 2588; siehe auch *Marx*, in: Marx/Roderfeld, Rechtsschutz bei überlangen Gerichtsverfahren, § 198 GVG Rn. 104; *Wolff*, in: Posser/Wolff, VwGO, § 173 Rn. 30; *Kissel/Mayer*, GVG, § 198 Rn. 16; *Breitkreuz*, in: Breitkreuz/Fichte, SGG, § 202 Rn. 35; *Reinfelder*, in: Düwell/Lipke, ArbGG, § 9 Rn. 28e.

676 BT-Drucks. 17/3802, S. 20.

677 In der Vergangenheit wurden Beschleunigungsmöglichkeiten nicht genutzt oder Verfahren nur unzureichend gefördert, deshalb wollte der Gesetzgeber Verfahrensverzögerungen auch präventiv entgegenwirken, siehe BGH, Urteil v. 14.11.2013 – III ZR 376/12, NJW 2014, 220 (224); kritisch *Magnus*, ZZP 125 (2012), 75 (88),

auch von einer Beschleunigungsrüge.[678] Die Verzögerungsrüge soll Verletzungen des Rechts auf angemessene Verfahrensdauer vorbeugen.[679] Eine Entschädigungsklage kann frühestens sechs Monate nach Erhebung der Verzögerungsrüge erhoben werden (§ 198 Abs. 5 S. 1 GVG). Ein vorbeugender Rechtsbehelf ist nach Ansicht des EGMR im Vergleich zu einem kompensatorischen Rechtsbehelf „die beste Lösung".[680] Einen „echten" präventiven Rechtsbehelf stellt die Verzögerungsrüge jedoch nicht dar, da sie weder Rechtsmittel noch Rechtsbehelf im prozessualen Sinn ist, sondern eine Prozesshandlung.

Andererseits soll die Verzögerungsrüge ein sog. „Dulden und Liquidieren" verhindern. Sie dient damit dem Vorrang des Primärrechtsschutzes und der Missbrauchsabwehr.[681] Der Betroffene soll die Verzögerung nicht ohne Beanstandung hinnehmen und anschließend eine Entschädigung verlangen können.

1. Rechtsnatur

Die Verzögerungsrüge ist kein selbstständiger Rechtsbehelf,[682] sondern eine haftungsbegründende Obliegenheit der Verfahrensbeteiligten.[683] Die Erfüllung einer Obliegenheit lässt sich rechtlich nicht erzwingen. Sie ist vielmehr eine Verhaltensanforderung im eigenen Interesse, deren Nichteinhaltung rechtliche Nachteile nach sich zieht.[684] Das Gesetz sieht daher weder eine Pflicht zur Bescheidung der Verzögerungsrüge noch eine Beschwerdemöglichkeit für den Fall

---

der bezweifelt, dass die Rüge tatsächlich geeignet ist, das Ausgangsverfahren zu beschleunigen.

678 BT-Drucks. 17/3802, S. 21.

679 Vgl. *Marx*, in: Marx/Roderfeld, Rechtsschutz bei überlangen Gerichtsverfahren, § 198 GVG Rn. 102; *Althammer/Schäuble*, NJW 2012, 1 (3); ferner *Huerkamp/Wielpütz*, JZ 2011, 139 (142).

680 EGMR (Große Kammer), Urt. v. 08.06.2006 - 75529/01, NJW 2006, 2389 (2390) - Sürmeli/Deutschland.

681 BT-Drucks. 17/3802, S. 20; *Marx*, in: Marx/Roderfeld, Rechtsschutz bei überlangen Gerichtsverfahren, § 198 GVG Rn. 103; *Wolff*, VR 2012, 289 (291).

682 Die Gerichte sollten nicht durch ein zusätzliches Verfahren und weitere Entscheidungspflichten belastet werden, *Steinbeiß-Winkelmann*, in: Steinbeiß-Winkelmann/Ott, ÜGRG, Einführung Rn. 225 f.

683 BGH, Urt. v. 23.01.2014 - III ZR 37/13, NJW 2014, 939 (941); BGH, Urt. v. 10.04.2014 - III ZR 335/13, NJW 2014, 1967 (1968); BGH, Urt. v. 17.07.2014 - III ZR 228/13, NJW 2014, 2588 (2589).

684 BT-Drucks. 17/3802, S. 21; vgl. *Althammer*, JZ 2011, 446 (453); *Marx*, in: Marx/Roderfeld, Rechtsschutz bei überlangen Gerichtsverfahren, § 198 GVG Rn. 105.

der Nichtabhilfe vor.[685] Eine Beschwerde gegen die Nichtabhilfe ist nicht statthaft, da die Verzögerungsrüge kein das Verfahren betreffendes Gesuch im Sinne des § 567 Abs. 1 Nr. 2 ZPO ist.[686]

Hält das Gericht die Rüge für unbegründet, kann es das Verfahren ohne Rücksicht auf die Verzögerungsrüge fortsetzen. Da § 139 ZPO keine Anwendung findet, muss das Gericht den Verfahrensbeteiligten im Rahmen seiner Fürsorgepflicht keinen entsprechenden Hinweis erteilen.[687] Die Verzögerungsrüge ist kein Gesichtspunkt, auf den das Ausgangsgericht seine Entscheidung stützt (§ 139 Abs. 2 S. 1 ZPO).

Es kann allerdings geboten sein, kurz Stellung zu nehmen und den Verfahrensbeteiligten die Gründe einer etwaigen Verzögerung zu erläutern.[688] Auch dem Entschädigungsgericht wird dadurch die Beurteilung der Angemessenheit der Verfahrensdauer erleichtert. Ist nach Auffassung des Gerichts die Rüge begründet, wird es prozessleitende Verfügungen zur raschen Erledigung des Rechtsstreits treffen. Dies können z.B. Anberaumung eines Termins, Fristsetzung für das Parteivorbringen, Ladung von Zeugen und Sachverständigen oder auch Herbeiziehung von Akten anderer Verfahren sein.[689]

Die Verzögerungsrüge ist eine Prozesshandlung. Sie ist auf Förderung und Beschleunigung des Verfahrens gerichtet und hat somit Auswirkungen auf die Gestaltung des Prozessablaufs.[690] Die Voraussetzungen ihrer Wirksamkeit bestimmen sich deshalb nach den prozessrechtlichen Grundsätzen. Die Wirksamkeit der Rüge wird in der Begründetheit der Entschädigungsklage geprüft.[691]

Wenn für das Ausgangsverfahren Vertretungszwang besteht, gilt das auch für die Erhebung der Verzögerungsrüge. Im Anwaltsprozess ist sie daher durch einen bevollmächtigten Rechtsanwalt zu erheben.[692] Als Prozesshandlung ist sie

---

685 *Link/Van Dorp*, Rechtsschutz bei überlangen Gerichtsverfahren, Rn. 51.

686 *Lückemann*, in: Zöller, ZPO, § 198 GVG Rn. 9; *Ball*, in: Musielak/Voit, ZPO, § 567 Rn. 14.

687 *Kissel/Mayer*, GVG, § 198 Rn. 19; *Reichold*, in: Thomas/Putzo, ZPO, § 139 Rn. 1; ferner *Ott*, in: Steinbeiß-Winkelmann/Ott, ÜGRG, § 198 GVG Rn. 177.

688 *Stahnecker*, Entschädigung bei überlangen Gerichtsverfahren, Rn. 114; ebenso *Breitkreuz*, in: Breitkreuz/Fichte, SGG, § 202 Rn. 45; so auch *Reinfelder*, in: Düwell/Lipke, ArbGG, § 9 Rn. 28e.

689 *Natter*, in: Natter/Gross, ArbGG, Anhang zu § 9 Rn. 24.

690 Siehe dazu *Marx*, in: Marx/Roderfeld, Rechtsschutz bei überlangen Gerichtsverfahren, § 198 GVG Rn. 106; *Ott*, in: Steinbeiß-Winkelmann/Ott, ÜGRG, § 198 GVG Rn. 176; *Orth*, in: Gärditz, VwGO, § 173 Rn. 42.

691 Vgl. BGH, Urt. v. 17.07.2014 – III ZR 228/13, NJW 2014, 2588.

692 Vgl. BT-Drucks. 17/3802, S. 20.

bedingungsfeindlich, ihre Wirksamkeit darf nicht von außerprozessualen Ereignissen abhängig gemacht werden.[693]

2. Inhalt

An den Inhalt der Verzögerungsrüge sind keine hohen Anforderungen zu stellen, insbesondere ist kein besonderer Antrag notwendig.[694] Ein Begründungserfordernis besteht anders als im Verfahren vor dem BVerfG (§ 97b Abs. 1 S. 3 BVerfGG) grundsätzlich nicht. Der Betroffene muss lediglich zum Ausdruck bringen, dass er mit der Dauer des Verfahrens nicht einverstanden ist.[695] Er muss nicht darlegen, aus welchen Umständen sich die Unangemessenheit der Verfahrensdauer ergibt und welche Alternativen zur Verfahrensgestaltung in Betracht kommen. Diese Regelung orientiert sich am Widerspruch im Verwaltungsverfahren, der inhaltlich auch nicht begründet werden muss.[696]

Nach Auffassung des Gesetzgebers ist ein Begründungserfordernis unter zwei Gesichtspunkten entbehrlich. Eine Belehrung der Richter hinsichtlich der Verfahrensgestaltung sei nicht notwendig. Außerdem wären anwaltlich nicht vertretene Verfahrensbeteiligte mit einem Begründungserfordernis überfordert.[697] Ferner hat der Gesetzgeber die Erwartung, dass die Verzögerungsrüge Anlass für

693 Siehe BFH, Urt. v. 17.04.2013 – X K 3/12, DStR 2013, 1027, (1032), auch die Verzögerungsrüge ist als Prozesshandlung im Interesse der Rechtsklarheit bedingungsfeindlich.

694 Da keine Bescheidungspflicht des Ausgangsgerichts besteht, muss auch der Inhalt der Verzögerungsrüge nicht substantiiert dargelegt werden, *Steinbeiß-Winkelmann*, in: Steinbeiß-Winkelmann/Ott, ÜGRG, Einführung Rn. 226.

695 Ausführlich hierzu BT-Drucks. 17/3802, S. 21.

696 BT-Drucks. 17/3802, S. 21; vgl. auch § 70 VwGO.

697 Kritisch *Lückemann*, in: Zöller, ZPO, § 198 GVG Rn. 9, der die Auffassung vertritt, dass das Gericht ohne Angabe von Gründen eine sinnvolle Überprüfung des Verfahrensgangs nicht vornehmen kann. Die Angabe von Gründen sei auch für die Prüfung des Entschädigungsgerichts erforderlich, ob tatsächlich Anlass zur Besorgnis bestand, dass das Verfahren nicht in angemessener Zeit abgeschlossen wird; ähnlich auch *Prütting*, in: Germelmann/Matthes/Prütting, ArbGG, § 9 Rn. 11c, wonach die Verzögerungsrüge verdeutlichen muss, worin die Erwartung einer unangemessenen Verzögerung bestehen könnte; ferner *Natter*, in: Natter/Gross, ArbGG, Anhang zu § 9 Rn. 17, der eine gewisse Mindestbegründung – die nicht den Anforderungen zur Begründung von Rechtsmitteln entsprechen muss – für sinnvoll hält.

eine Kommunikation zwischen Gericht und Verfahrensbeteiligten sein wird und die Ursachen der Verzögerung erörtert werden.[698]

Kommt es allerdings für die Verfahrensförderung auf Umstände an, die noch nicht in das Verfahren eingeführt worden sind, muss die Rüge gemäß § 198 Abs. 3 S. 3 GVG hierauf hinweisen. Aus der präventiven Funktion der Verzögerungsrüge folgt für den Betroffenen die Obliegenheit, auf solche Umstände hinzuweisen. Nach der Gesetzesbegründung können das besondere Nachteile wie drohender Wohnungsverlust oder bevorstehende Insolvenz sein.[699] In Betracht kommen auch eine eingetretene Arbeitslosigkeit, der Wegfall von Sozialleistungen, eine drohende Vermögensverschiebung durch den Schuldner oder eine eingetretene Erkrankung.[700] Im Ausgangsverfahren ist der Betroffene nicht beweispflichtig, auch eine Glaubhaftmachung der Tatsachen ist nicht erforderlich.[701] Es ist somit ausreichend, wenn er die Umstände, die für die Zügigkeit des Verfahrens von Bedeutung sind, benennt. Das tatsächliche Vorliegen dieser Umstände wird erst im Entschädigungsprozess geprüft. Im Falle einer nicht ausreichend begründeten Verzögerungsrüge, besteht keine Hinweispflicht des Gerichts.

Unterlässt der Betroffene den Hinweis auf diese Umstände, werden sie gemäß § 198 Abs. 3 S. 4 GVG von dem Gericht, das über die Entschädigung zu entscheiden hat, bei der Bestimmung der angemessenen Verfahrensdauer nicht berücksichtigt. Nach dem Gesetz sind solche Umstände präkludiert, die für das Maß der gebotenen Verfahrensförderung von Bedeutung waren, dem Ausgangsgericht jedoch nicht mitgeteilt worden sind.[702] Hatte das Ausgangsgericht z.B. von einer bevorstehenden Insolvenz keine Kenntnis, kann das Entschädigungsgericht die Verfahrensdauer – anders als bei Berücksichtigung dieser Tatsache – noch als angemessen einstufen.[703]

3. Form

Die Verzögerungsrüge kann in der Verhandlung mündlich zu Protokoll erhoben werden. Außerhalb der mündlichen Verhandlung kann die Rüge sowohl mündlich als auch schriftlich – in einem Schriftsatz an das Gericht – erhoben

---

698 Vgl. Beschlussempfehlung und Bericht des Rechtsausschusses, BT-Drucks. 17/7217, S. 38.

699 BT-Drucks. 17/3802, S. 21.

700 Siehe *Natter*, in: Natter/Gross, ArbGG, Anhang zu § 9 Rn. 18; *Germelmann*, in: JbArbR (2012), S. 41 (49); ferner *Hansen*, SchlHA 2013, 221.

701 *Kissel/Mayer*, GVG, § 198 Rn. 22.

702 Vgl. *Kissel/Mayer*, GVG, § 198 Rn. 22.

703 BT-Drucks. 17/3802, S. 21.

werden.[704] Ein Schriftformerfordernis besteht grundsätzlich nicht, da weder das Gesetz noch die Gesetzesbegründung eine schriftliche Einlegung vorsehen.[705] Das ergibt sich auch im Umkehrschluss aus § 97b Abs. 1 S. 3 BVerfGG, der eine schriftliche Einlegung der Verzögerungsrüge vor dem Bundesverfassungsgericht verlangt.[706] Nach der Gesetzesbegründung erfolgt die Einlegung entweder durch Eingang beim Ausgangsgericht in schriftlicher Form oder durch Einlegung in mündlicher Form.[707]

Die Vornahme einer Prozesshandlung ist grundsätzlich formfrei möglich, daher kann sie auch durch schlüssiges Verhalten vorgenommen werden.[708] In vielen Vorschriften ist eine bestimmte Form vorgeschrieben, in § 198 GVG hingegen nicht. Daher ist auch eine mündliche Einlegung beispielsweise in einem Telefongespräch mit dem Vorsitzenden Richter wirksam.[709]

Dennoch sollte die Verzögerung aus Gründen der Nachweisbarkeit und der Rechtssicherheit schriftlich gerügt werden.[710] Mit Erhebung der Verzögerungsrüge beginnen die Fristen des § 198 Abs. 3 S. 2 Halbsatz 2 GVG und des § 198

---

704 *Natter*, in: Natter/Gross, ArbGG, Anhang zu § 9 Rn. 17, hält auch eine Erklärung zu Protokoll der Geschäftsstelle für möglich. Diese Auffassung ist jedoch abzulehnen, da eine Erklärung vor dem Urkundsbeamten der Geschäftsstelle nur in den vom Gesetz vorgesehenen Fällen zulässig ist, vgl. § 129a ZPO; ebenso *Germelmann*, in: JbArbR (2012), S. 41 (48), der eine Erhebung der Verzögerungsrüge zu Protokoll der Geschäftsstelle für ausgeschlossen hält.

705 So auch *Wolff*, in: Posser/Wolff, VwGO, § 173 Rn. 31; *Orth*, in: Gärditz, VwGO, § 173 Rn. 42; *Kissel/Mayer*, GVG, § 198 GVG Rn. 23; *Guckelberger*, DÖV 2012, 289 (293); *Ott*, in: Steinbeiß-Winkelmann/Ott, ÜGRG, § 198 Rn. 213; a.A. *Zimmermann*, FamRZ 2011, 1905 (1908).

706 Nach der Gesetzesbegründung bestimmt § 97b Abs. 1 S. 3 BVerfGG – weitergehend als § 198 Abs. 3 GVG – ein Schriftformerfordernis für die Verzögerungsrüge. Es wird damit dem Umstand Rechnung getragen, dass fast alle Verfahren vor dem Bundesverfassungsgericht schriftlich geführt werden, BT-Drucks. 17/3802, S. 27.

707 Vgl. BT-Drucks. 17/3802, S. 25.

708 *Reichold*, in: Thomas/Putzo, ZPO, Einl III, Rn. 11.

709 A.A. *Zimmermann*, in: MüKo-ZPO, § 198 GVG Rn. 57; siehe *Lückemann*, in: Zöller, ZPO, § 198 GVG Rn. 9, die Verzögerungsrüge ist in einem bestimmenden Schriftsatz zu erheben. Im Hinblick darauf, dass die Rüge Entschädigungsvoraussetzung ist, sollte sie darüber hinaus in einem gesonderten Schriftsatz erhoben werden. Ferner *Loytved*, SGb 2014, 293 (295), in der Sozialgerichtsbarkeit sei noch nicht geklärt, ob die Verzögerungsrüge auch telefonisch erhoben werden kann. Offen gelassen, BSG, Urt. v. 12.02.2015 – B 10 ÜG 11/13 R (Juris Rn. 20).

710 Vgl. *Stahnecker*, Entschädigung bei überlangen Gerichtsverfahren, Rn. 115.

Abs. 5 S. 1 GVG zu laufen.[711] Die Rüge ist außerdem Entschädigungsvoraussetzung. Der Kläger ist im Entschädigungsprozess für ihr Vorliegen darlegungs- und beweispflichtig.[712]

Die Verzögerungsrüge muss nicht ausdrücklich als solche bezeichnet werden.[713] Im Wege der Auslegung (§ 133 BGB) ist gegebenenfalls zu ermitteln, ob eine Verzögerungsrüge vorliegt. Die bloße Bitte, das Verfahren zu beschleunigen, genügt hierfür allerdings nicht.[714] Vielmehr muss der Betroffene das konkrete gerichtliche Verfahren beanstanden. Es muss deutlich sein, dass kein Einverständnis mit der Verfahrensdauer besteht. Unzureichend ist auch eine Sachstandsanfrage oder eine Nachfrage bei Gericht, wann mit einer Entscheidung in der Sache oder der Fortführung des Verfahrens zu rechnen ist.[715] Solche Anfragen können jederzeit bei Gericht gestellt werden.[716]

Bei einem anwaltlich nicht vertretenen Verfahrensbeteiligten ist bei Auslegung seiner Erklärung anzunehmen, dass er diejenige Erklärung abgeben wollte, die seiner Interessenlage entspricht. Demnach ist in der Regel von einer Verzögerungsrüge auszugehen, wenn bei Abgabe der Erklärung bereits die Besorgnis bestanden hat, dass das Verfahren nicht in angemessener Zeit abgeschlossen wird.[717] Besteht eine solche Besorgnis hingegen nicht, liegt eine bloße Bitte um Beschleunigung des Verfahrens nahe. Das Gericht hat im Hinblick auf seine Fürsorgepflicht aufzuklären, ob die Bitte als Verzögerungsrüge zu werten ist.[718]

---

711 *W.-R. Schenke*, in: Kopp/Schenke, VwGO, § 173 Rn. 17.

712 Siehe BT-Drucks. 17/3802, S. 21.

713 Die Verzögerungsrüge muss nicht als solche bezeichnet werden, da sie in Verfahren ohne Anwaltszwang auch von anwaltlich nicht vertretenen Verfahrensbeteiligten erhoben werden kann, *Guckelberger*, DÖV 2012, 289 (293); ebenso *Marx*, in: Marx/Roderfeld, Rechtsschutz bei überlangen Gerichtsverfahren, § 198 GVG Rn. 115.

714 Vgl. *Guckelberger*, DÖV 2012, 289 (293).

715 *Marx*, in: Marx/Roderfeld, Rechtsschutz bei überlangen Gerichtsverfahren, § 198 GVG Rn. 115.

716 Um diese Auslegungsfragen zu vermeiden, sollte die Verzögerungsrüge als solche bezeichnet werden, *Hansen*, SchlHA 2013, 221.

717 Vgl. *Stahnecker*, Entschädigung bei überlangen Gerichtsverfahren, Rn. 117; so auch *Guckelberger*, DÖV 2012, 289 (293); ebenso *Kulosa*, jM 2014, 293 (299), der die Auffassung vertritt, dass bei der Auslegung, ob eine bestimmte Äußerung als Verzögerungsrüge zu werten ist, großzügig verfahren werden muss. Da die Verzögerungsrüge keine Prozesshandlung im engeren Sinne ist, seien die geltenden Klarheitsanforderungen nicht anzuwenden; ebenso BFH, Zwischenurt. v. 07.11.2013 - X K 13/12, BeckRS 2013, 96642 Rn. 28.

718 *W.-R. Schenke*, in: Kopp/Schenke, VwGO, § 173 Rn. 17.

Die Verzögerungsrüge ist nicht notwendiger Inhalt des Sitzungsprotokolls gemäß § 160 Abs. 2, Abs. 3 ZPO. In die Sitzungsniederschrift aufzunehmen sind die wesentlichen Vorgänge der Verhandlung (§ 160 Abs. 2 ZPO). Darunter fallen alle Vorgänge, die für das laufende Verfahren entscheidungserheblich oder sonst von Bedeutung sein können.[719] Die Verzögerungsrüge ist kein wesentlicher Vorgang des Ausgangsverfahrens. Vielmehr kann das Ausgangsgericht die Rüge unbeachtet lassen, insbesondere muss kein gerichtlicher Hinweis ergehen.

Allerdings können die Verfahrensbeteiligten gemäß § 160 Abs. 4 ZPO beantragen, dass bestimmte Vorgänge oder Äußerungen in das Protokoll aufgenommen werden. Dazu gehören Erklärungen, Reaktionen auf bestimmte Aussagen oder sonstiges Verhalten der Beteiligten und andere Zwischenfälle während der Verhandlung, soweit ein anerkennenswertes Interesse an ihrer Feststellung besteht. Ein anerkennenswertes Interesse ist beispielsweise gegeben, wenn der Vorgang oder die Äußerung für ein anderes Verfahren von Bedeutung sein können.[720] Die Verzögerungsrüge ist Tatbestandsvoraussetzung des § 198 Abs. 1 S. 1 GVG. Somit ist die Erhebung der Rüge ein Vorgang, der für das nachfolgende Entschädigungsverfahren von Bedeutung ist. Es ist deshalb zweckmäßig, wenn der Entschädigungskläger bzw. sein bevollmächtigter Rechtsanwalt im Ausgangsverfahren beantragen, dass die Verzögerungsrüge in das Protokoll aufgenommen wird.

4. *Zeitpunkt der Rüge*

a) *Maßgeblicher Zeitpunkt*

§ 198 Abs. 3 S. 2 Halbsatz 1 GVG bestimmt den Zeitpunkt, zu dem die Verzögerungsrüge frühestens erhoben werden kann. Die Verzögerungsrüge kann erst erhoben werden, wenn Anlass zur Besorgnis besteht, dass das Verfahren nicht in angemessener Zeit abgeschlossen wird. Es soll vermieden werden, dass die Verzögerungsrüge aus formalen Gründen und vorsorglich bereits zu Beginn des Verfahrens eingelegt wird.[721] Die Verzögerung muss allerdings nicht mit Sicherheit feststehen, da anderenfalls die Warnfunktion gegenüber dem Gericht nicht mehr oder nur noch teilweise im Hinblick auf eine weitergehende Verzögerung erfüllt werden könnte.

---

719 *Wendtland*, in: BeckOK-ZPO, § 160 Rn. 6.

720 *Wendtland*, in: BeckOK-ZPO, § 160 Rn. 26.

721 BT-Drucks. 17/3802, S. 20.

Der Rügezeitpunkt wird – wie die Unangemessenheit der Verfahrensdauer – durch einen unbestimmten Rechtsbegriff festgelegt.[722] Nach der Gesetzesbegründung besteht Anlass zur Besorgnis, wenn der Betroffene erstmals Anhaltspunkte dafür hat, dass eine zügige Erledigung des Verfahrens nicht zu erwarten ist.[723] Maßgeblich ist die konkrete Möglichkeit einer Verzögerung. Das subjektive Gefühl des Verfahrensbeteiligten ist hierfür nicht ausreichend.[724] Es müssen aus der ex-ante Sicht des Betroffenen ausreichende objektive Anhaltspunkte vorliegen, die eine solche Besorgnis rechtfertigen.[725]

Anlass zur Besorgnis kann beispielsweise die Nichtzustellung der Klage trotz Kostenvorschuss, keine oder eine zu späte Terminierung, die Nichtbeauftragung eines Sachverständigen, mehrfache Verlängerungen einer Frist zur Stellungnahme sowie die unzureichende Beantwortung von Sachstandsanfragen geben.[726] In der Regel genügen nicht eine sachdienliche Klageänderung, ein Parteiwechsel, eine Streitverkündung, die mündliche Erläuterung des Sachverständigengutachtens oder die Wiedereröffnung der mündlichen Verhandlung.[727]

In einfachen oder durchschnittlich schwierigen finanzgerichtlichen Verfahren sollte eine Verzögerungsrüge nicht vor Ablauf eines Jahres nach Klageerhebung erhoben werden.[728] Wenn nach wechselseitigen Schriftsätzen zwischen Kläger und Finanzamt zur mündlichen Verhandlung nicht geladen worden ist und auch sonstige Hinweis- oder Beweisbeschlüsse nicht ergangen sind, ist im Laufe des zweiten Jahres eine erste Verzögerungsrüge einzulegen.[729]

Nach Abschluss eines Verfahrens scheidet eine Verzögerungsrüge aus, da das Gericht nicht mehr auf eine zügige Verhandlung des Rechtstreits Einfluss nehmen kann.[730] Die Verzögerung kann zudem nicht mehr bei dem nach § 198 Abs. 3 S. 1 GVG „mit der Sache befassten Gericht“ gerügt werden.

---

722 *Ott*, in: Steinbeiß-Winkelmann/Ott, ÜGRG, § 198 GVG Rn. 187.

723 Siehe hierzu BT-Drucks. 17/3802, S. 20.

724 Vergleichbar mit der Richterablehnung wegen Besorgnis der Befangenheit, *Guckelberger*, DÖV 2012, 289 (293); *Vom Stein/Brand*, NZA 2014, 113 (117).

725 Vgl. *Stahnecker*, Entschädigung bei überlangen Gerichtsverfahren, Rn. 121; ebenso *Scholz*, SGb 2012, 19 (24).

726 Vgl. *Zimmermann*, in: MüKo-ZPO, § 198 GVG Rn. 64.

727 Siehe hierzu *Marx*, in: Marx/Roderfeld, Rechtsschutz bei überlangen Gerichtsverfahren, § 198 GVG Rn. 130.

728 *Mack/Wollweber*, Stbg 2012, 7 (9).

729 So *Mack/Wollweber*, Stbg 2012, 7 (9).

730 *Stahnecker*, Entschädigung bei überlangen Gerichtsverfahren, Rn. 121; *W.-R. Schenke*, NVwZ 2012, 257 (261).

Auch im Anhörungsrügeverfahren nach § 44 FamFG ist eine Verzögerungsrüge zu erheben, wenn Anlass zur Besorgnis besteht, dass über die Gehörsrüge nicht in angemessener Zeit entschieden wird.[731] Im vorangegangenen Hauptsacheverfahren eingetretene Verzögerungen können jedoch nicht durch eine erstmals im Rügeverfahren erhobene Verzögerungsrüge geltend gemacht werden, da einziger Gegenstand des Anhörungsrügeverfahrens der behauptete Verstoß gegen Art. 103 Abs. 1 GG ist.[732] Das Gericht kann das bereits beendete Hauptsacheverfahren nicht mehr beschleunigen.

b) Folgen verspäteter oder verfrühter Rügen

Die Verzögerungsrüge kann einen Entschädigungsanspruch nicht begründen, wenn sie vor dem in Satz 2 bestimmten Zeitpunkt erhoben wird. Die Rüge ist dann gegenstandslos. Sie entfaltet keine materiellrechtlichen Wirkungen.[733] Allerdings kann eine erneute zulässige Verzögerungsrüge erst sechs Monate später eingelegt werden.[734] Die Verzögerungsrüge ist unwirksam, auch wenn im Laufe des Verfahrens tatsächlich eine Verzögerung eintritt.[735] In diesem Fall scheidet ein Entschädigungsanspruch des Betroffenen aus. Als Rechtsfolge kommt allenfalls die Feststellung der unangemessenen Verfahrensdauer nach § 198 Abs. 4 S. 1 GVG in Betracht.

Wird die Rüge nach dem in Satz 2 bestimmten Zeitpunkt eingelegt, ist das grundsätzlich unerheblich.[736] Da das Gesetz nur bestimmt, wann die Verzögerungsrüge frühestens erhoben werden kann, ist die Einlegung der Rüge auch noch zu einem späteren Zeitpunkt möglich.[737] Nach dem Willen des Gesetzgebers soll die Geduld eines Verfahrensbeteiligten nicht „bestraft“ und kein Anreiz für verfrühte Rügen geschaffen werden.

---

731 A.A. *Vielmeier*, NJW 2013, 346 (347), der die Anhörungsrüge nicht als Teil des Gerichtsverfahrens im Sinne von § 198 GVG ansieht und infolgedessen die Verzögerungsrüge für nicht anwendbar hält.

732 Siehe BGH, Urt. v. 21.05.2014 – III ZR 355/13, NJW 2014, 2443 (2444).

733 *Link/Van Dorp*, Rechtsschutz bei überlangen Gerichtsverfahren, Rn. 50; *Orth*, in: Gärditz, VwGO, § 173 Rn. 41.

734 *Roller*, DRiZ Beilage Juni 2012, 1 (6); so auch *Wolff*, VR 2012, 289 (291); *Scholz*, SGb 2012, 19 (24); ferner *Marx*, in: Marx/Roderfeld, Rechtsschutz bei überlangen Gerichtsverfahren, § 198 GVG Rn. 140; anders dagegen *Mack/Wollweber*, Stbg 2012, 7 (8).

735 *Breitkreuz*, in: Breitkreuz/Fichte, SGG, § 202 Rn. 40.

736 BT-Drucks. 17/3802, S. 21.

737 BGH, Urt. v. 10.04.2014 – III ZR 335/13, NJW 2014, 1967 (1969); *Stahnecker*, Entschädigung bei überlangen Gerichtsverfahren, Rn. 123.

Anderseits darf die Rüge jedoch nicht so spät erhoben werden, dass das Gericht keine Reaktionsmöglichkeiten mehr hat und das Verhalten des Betroffenen letztlich doch eine Duldung der Verzögerung ist.[738] Dieses Verhalten kann dann sowohl bei der Prüfung der Angemessenheit der Verfahrensdauer als auch bei der Frage, ob Wiedergutmachung auf andere Weise gemäß Abs. 4 ausreichend ist, berücksichtigt werden.[739] Ein Entschädigungsanspruch ist jedenfalls nicht ausgeschlossen, wenn das Ausgangsverfahren kurz nach Erhebung der Verzögerungsrüge beendet wird.[740]

c) Wiederholung der Rüge

Innerhalb einer Instanz muss die Verzögerungsrüge grundsätzlich nur einmal erhoben werden, auch wenn später noch weitere Verzögerungen hinzutreten.[741] Die Verzögerungsrüge kann wiederholt werden. Eine Wiederholung ist allerdings frühestens nach sechs Monaten möglich, außer wenn ausnahmsweise eine kürzere Frist geboten ist (§ 198 Abs. 3 S. 2 Halbsatz 2 GVG). Diese Regelung dient dem Schutz der Gerichte vor „Kettenrügen" in kurzen Abständen sowie der Entlastung der Betroffenen und der Anwälte.[742] Eine kürzere Frist kann nach der Gesetzesbegründung beispielsweise bei einem Richterwechsel geboten sein. Auch bei einer Verfügung des Gerichts, die auf eine weitere erhebliche Verzögerung schließen lässt – z.B. überlange Fristsetzung für ein Sachverständigengutachten – ist eine Wiederholung der Verzögerungsrüge vor Ablauf der sechs Monate denkbar. Des Weiteren kommt in Verfahren des einstweiligen Rechtsschutzes sowie in Bestandsschutzstreitigkeiten eine Wiederholung der Rüge vor Ablauf der Frist in Betracht.[743] Die Ausnahmeregelung des § 198 Abs. 3 S. 2 Halbsatz 2 GVG ist jedoch sehr restriktiv anzuwenden.[744]

Wenn ein Verfahrensbeteiligter, der nicht anwaltlich vertreten ist, die Rüge vor Ablauf der Sechsmonatsfrist wiederholt, ist die Verzögerungsrüge regelmäßig

---

738 *Reinfelder*, in: Düwell/Lipke, ArbGG, § 9 Rn. 28e.

739 BT-Drucks. 17/3802, S. 21; *Kissel/Mayer*, GVG, § 198 Rn. 20.

740 Vgl. *Kulosa*, jM 2014, 293 (299).

741 BT-Drucks. 17/3802, S. 21.

742 BT-Drucks. 17/3802, S. 21.

743 Siehe hierzu *Breitkreuz*, in: Breitkreuz/Fichte, SGG, § 202 Rn. 41; *Natter*, in: Natter/Gross, ArbGG, Anhang zu § 9 Rn. 22; *Germelmann*, in: JbArbR (2012), S. 41 (51).

744 Eine Ausnahme ist nur bei neuen erheblichen Gesichtspunkten zuzulassen, vgl. *Lückemann*, in: Zöller, ZPO, § 198 GVG Rn. 9.

aufgrund der Schwierigkeiten bei der Bestimmung des richtigen Rügezeitpunkts zuzulassen.[745]

Von der Wiederholung der Verzögerungsrüge ist die erneute Verzögerungsrüge zu unterscheiden. Verzögert sich das Verfahren bei einem anderen Gericht weiter, bedarf es gemäß § 198 Abs. 3 S. 5 GVG einer erneuten Verzögerungsrüge. Die Rüge muss wegen der Warnfunktion für das jeweilige Gericht wiederholt werden.[746] Ein anderes Gericht kann z.B. ein höheres Gericht im Instanzenzug oder ein anderer Spruchkörper des Ausgangsgerichts nach Zurückweisung durch das Rechtsmittelgericht sein. Auch im Falle einer Abgabe oder einer Verweisung der Sache ist die Verzögerung erneut zu rügen.[747] Die Rüge ist ferner zu wiederholen bei einer Beweisaufnahme im Wege der Rechtshilfe durch einen ersuchten Richter (§ 362 ZPO).[748] Die erneute Verzögerungsrüge kann jederzeit erhoben werden. Eine Frist ist nicht zu beachten, insbesondere findet die Sechsmonatsfrist des § 198 Abs. 3 S. 2 Halbsatz 2 GVG keine Anwendung.[749]

5. *Widerruf der Verzögerungsrüge*

Im Falle eines wirksamen Widerrufs der Verzögerungsrüge, kann sie nicht noch einmal erhoben werden.[750] Prozesshandlungen können zwar grundsätzlich widerrufen werden. Nicht widerruflich sind allerdings solche Prozesshandlungen, durch die der Prozessgegner eine Rechtsstellung erlangt hat.[751] Demnach ist der Widerruf der Verzögerungsrüge zulässig, wenn die Interessen anderer Verfahrensbeteiligter nicht beeinträchtigt werden.[752] Der Widerruf beseitigt die Prozesshandlung rückwirkend. Eine Neuvornahme der Prozesshandlung ist zulässig.

---

745 *Guckelberger*, DÖV 2012, 289 (294); befürwortend *W.-R. Schenke*, in: Kopp/Schenke, VwGO, § 173 Rn. 18.

746 Siehe BT-Drucks. 17/3802, S. 21.

747 *Zimmermann*, FamRZ 2011, 1905 (1909).

748 *Germelmann*, in: JbArbR (2012), S. 41 (51).

749 Vgl. *Link/Van Dorp*, Rechtsschutz bei überlangen Gerichtsverfahren, Rn. 54; *Natter*, in: Natter/Gross, ArbGG, Anhang zu § 9 Rn. 23.

750 Hierzu *W.-R. Schenke*, in: Kopp/Schenke, VwGO, § 173 Rn. 17; ebenso *Marx*, in: Marx/Roderfeld, Rechtsschutz bei überlangen Gerichtsverfahren, § 198 GVG Rn. 120; ferner *Ott*, in: Steinbeiß-Winkelmann/Ott, ÜGRG, § 198 GVG Rn. 176; a.A. *Germelmann*, in: JbArbR (2012), S. 41 (49).

751 Vgl. hierzu *Reichold*, in: Thomas/Putzo, ZPO, Einl III, Rn. 21 f.

752 Siehe im Einzelnen *Baumbach et al.*, ZPO, § 198 GVG Rn. 32; *Reichold*, in: Thomas/Putzo, ZPO, Einl IV, Rn. 22; anders dagegen *Zimmermann*, in: MüKo-ZPO, § 198 GVG Rn. 59, der die Verzögerungsrüge für nicht anfechtbar und unwiderruflich hält.

Das gilt jedoch nicht für die Verzögerungsrüge. Anderenfalls könnte auf diese Weise die Sechsmonatsfrist des § 198 Abs. 3 S. 2 GVG umgangen werden. Eine solche Betrachtungsweise wäre mit dem Sinn und Zweck der Vorschrift – Rügen in kurzen Abständen zu verhindern – nicht vereinbar. Davon abzugrenzen ist die Berichtung der Verzögerungsrüge. Sie kommt in Fällen offensichtlicher Irrtümer in Betracht.[753]

6. *Entbehrlichkeit in Ausnahmefällen*

In Ausnahmefällen kann ein Entschädigungsanspruch auch in Betracht kommen, wenn im Ausgangsverfahren keine Verzögerungsrüge erhoben worden ist. Ist bei Erhebung der Verzögerungsrüge bereits ein irreparabler Schaden eingetreten und sind weitere Schäden nicht zu erwarten, kann die Rüge weder ihre präventive Funktion noch ihre Warnfunktion erfüllen.[754] Es wäre reine Förmelei, in diesem Fall an der Einlegung der Verzögerungsrüge festzuhalten, was sich mit der Rechtsschutzgarantie des Art. 19 Abs. 4 GG und Art. 6 Abs. 1, 13 EMRK nicht vereinbaren lässt.[755]

Die Übergangsvorschrift des Art. 23 ÜGRG sieht zudem Fälle vor, in denen eine Entschädigung auch ohne Verzögerungsrüge im Ausgangsverfahren geltend gemacht werden kann. Danach bedarf es keiner Verzögerungsrüge, wenn die Verzögerung in einer schon abgeschlossenen Instanz eines anhängigen Verfahrens oder in einem bereits abgeschlossenen Verfahren erfolgt ist. Sinn und Zweck dieser Regelung ist, dass der durch die Verfahrensdauer verursachte Schaden durch die Erhebung einer Verzögerungsrüge nicht mehr verhindert werden kann.

Außerhalb des Art. 23 S. 4 und S. 5 ÜGRG dürfte diese Fallgestaltung im Wesentlichen im Bereich des vorläufigen Rechtsschutzes von Bedeutung sein.[756]

753 Vgl. BGH, Urt. v. 01.08.2013 – VII ZR 268/11, NJW 2014, 155 (157); *Marx*, in: Marx/Roderfeld, Rechtsschutz bei überlangen Gerichtsverfahren, § 198 GVG Rn. 120, es sind die allgemeinen Regeln zur Ergänzung und Berichtigung von Prozesshandlungen heranzuziehen; a.A. *Baumbach et al.*, ZPO, § 198 GVG Rn. 41, wonach die Regeln heranzuziehen sind, die bei Ergänzung oder Berichtigung eines Rechtsmittels oder eines Einspruchs gelten. Diese Auffassung überzeugt allerdings nicht, da die Verzögerungsrüge kein Rechtsmittel im prozessualen Sinn ist.

754 Ausführlich dazu *W.-R. Schenke*, NVwZ 2012, 257 (261); so auch *Kissel/Mayer*, GVG, § 198 Rn. 18; *Prütting*, in: Germelmann/Matthes/Prütting, ArbGG, § 9 Rn. 11d.

755 Ferner *Ott*, in: Steinbeiß-Winkelmann/Ott, ÜGRG, § 198 GVG Rn. 180, der in diesem Fall eine teleologische Reduktion der Rügeobliegenheit für geboten hält.

756 *W.-R. Schenke*, NVwZ 2012, 257 (261); ebenso *Germelmann*, in: JbArbR (2012), S. 41 (52); *vom Stein/Brand*, NZA 2014, 113 (116).

Insbesondere im Versammlungsrecht ist folgender Fall denkbar: Es wird ein sofort vollziehbares Verbot für eine Versammlung oder eine sonstige Veranstaltung ausgesprochen, die an einem bestimmten Termin stattfinden soll. Der Veranstalter stellt daraufhin einen Antrag auf Wiederherstellung der aufschiebenden Wirkung nach § 80 Abs. 5 VwGO. Im vorläufigen Rechtsschutzverfahren kann der Antragssteller in der Regel von einer alsbaldigen Befassung des Gerichts ausgehen. Deshalb besteht für ihn kein Anlass, eine Verzögerungsrüge zu erheben. Zudem wäre die Verzögerungsrüge verfrüht erhoben und somit unwirksam.[757] Wenn sich das vorläufige Rechtsschutzverfahren verzögert und eine rechtzeitige Aussetzung des Verbots nicht mehr möglich ist, kann die Verzögerungsrüge zudem ihre präventive Funktion nicht erfüllen.[758]

Die Verweisung des Betroffenen auf das Hauptsacheverfahren ist für einen effektiven Rechtsschutz nicht ausreichend. Der Verwaltungsakt hat sich bis zur Entscheidung in der Hauptsache erledigt. Es kann lediglich die Rechtswidrigkeit des Verbots festgestellt werden (§ 113 Abs. 1 S. 4 VwGO). Dabei wird die Rechtmäßigkeit der Verwaltungsentscheidung geprüft, nicht hingegen das Verhalten des säumigen Gerichts. Daher kommt in diesem Fall ein Anspruch auf Entschädigung auch dann in Betracht, wenn keine Verzögerungsrüge erhoben worden ist. Anderenfalls bliebe die Verletzung des Rechts auf eine angemessene Verfahrensdauer folgenlos.[759]

VI. Zwischenergebnis zu B.

Verfahrensbeteiligter ist, wer kraft eigener Rechte auf den Verfahrensgegenstand einwirken und infolgedessen durch die Verzögerung des Verfahrens beeinträchtigt sein kann. Ein Gerichtsverfahren im Sinne des § 198 GVG ist jedes Verfahren

757 Nach Auffassung der Bundesrechtsanwaltskammer (BRAK) ist grundsätzlich auch im Eilverfahren eine Verzögerungsrüge zu erheben. Der Zeitpunkt, zu dem die Verzögerungsrüge zu erheben ist, wird allerdings maßgeblich durch die Dringlichkeit des Antragsbegehrens bestimmt. Siehe Stellungnahme der BRAK zur Evaluation des Gesetzes über den Rechtsschutz bei überlangen Gerichtsverfahren und strafrechtlichen Ermittlungsverfahren Nr. 11/2014, März 2014, S. 13. Abrufbar unter: http://www.brak.de/zur-rechtspolitik/stellungnahmen-pdf/stellungnahmen-deutschland/2014/maerz/stellungnahme-der-brak-2014-11.pdf (zuletzt abgerufen am 10.09.2015).

758 Im Einzelnen *W.-R. Schenke*, NVwZ 2012, 257 (261).

759 Vgl. W.-R. Schenke, NVwZ 2012, 257 (261), wonach wenigstens ein repressiver Rechtsschutz möglich sein müsse, wenn der im ÜGRG vorgesehene präventive Rechtsschutz aus tatsälichen Gründen ausscheidet.

von der Einleitung bis zum rechtskräftigen Abschluss, einschließlich der Verfahren auf Gewährung vorläufigen Rechtsschutzes und zur Bewilligung von Prozesskostenhilfe (§ 198 Abs. 6 Nr. 1 GVG). Das Widerspruchsverfahren ist nicht als gerichtliches Verfahren im Sinne der Neuregelung anzusehen.

Zentrale Tatbestandsvoraussetzung des Entschädigungsanspruchs ist die unangemessene Dau-er des Gerichtsverfahrens. Der Gesetzgeber hat sich dagegen entschieden, feste Zeitabschnitte in § 198 GVG aufzunehmen, bei deren Überschreiten die Unangemessenheit vermutet wird. Die Angemessenheit der Verfahrensdauer richtet sich vielmehr nach den Umständen des Einzelfalls, insbesondere nach der Schwierigkeit und Bedeutung des Verfahrens und nach dem Verhalten der Verfahrensbeteiligten und Dritter (§ 198 Abs. 1 S. 2 GVG). Die Bedeutung des Verfahrens bestimmt sich nach dem Interesse der Verfahrensbeteiligten an einer baldigen Entscheidung. Ferner bedürfen einige Verfahren auf Grund des Verfahrensgegenstands einer besonderen Beschleunigung.

Wird eine Verzögerung durch das Verhalten eines Dritten ausgelöst, ist zu prüfen, ob sie dem Gericht zugerechnet werden kann. In diesem Zusammenhang sind insbesondere Verzögerungen durch die Einholung von Sachverständigengutachten von Bedeutung.

Die Verfahrensdauer kann nicht durch eine chronische Überlastung des Gerichts, länger bestehende Rückstände oder eine allgemein angespannte Personalsituation gerechtfertigt werden.

Bezugspunkt für die Beurteilung der Angemessenheit der Verfahrensdauer ist das Gesamtverfahren, auch wenn dieses über mehrere Instanzen oder bei verschiedenen Gerichten geführt worden ist. Dabei kann die Verzögerung in einer Instanz durch eine zügige Verfahrensführung in einer anderen Instanz ausgeglichen werden.

„Nachteil“ kann sowohl ein materieller als auch immaterieller Nachteil sein. Während ein immaterieller Schaden vermutet wird, ist zwischen der überlangen Verfahrensdauer und dem materiellen Schaden ein Kausalzusammenhang erforderlich (vgl. § 198 Abs. 2 S. 1 GVG).

Voraussetzung eines Entschädigungsanspruchs ist, dass der Betroffene im Ausgangsverfahren eine Verzögerungsrüge erhoben hat (§ 198 Abs. 3 S. 1 GVG). Anderenfalls kann das Entschädigungsgericht lediglich die Unangemessenheit der Verfahrensdauer feststellen (vgl. § 198 Abs. 4 S. 3 Halbsatz 2 GVG). Die Verzögerungsrüge besitzt „Warnfunktion“ für den zuständigen Richter und soll ein „Dulden und Liquidieren“ des Betroffenen verhindern. Die Verzögerungsrüge ist kein selbstständiger Rechtsbehelf, sondern eine haftungsbegründende Obliegenheit der Verfahrensbeteiligten. Sie muss grundsätzlich nicht begründet werden. Kommt es allerdings für die Verfahrensförderung auf Umstände an, die dem Gericht noch nicht bekannt sind, muss die Rüge hierauf hinweisen (§ 198 Abs. 3 S. 3 GVG). Die Verzögerungsrüge sollte außerhalb der mündlichen Verhandlung schriftlich bei Gericht eingelegt werden.

Die Verzögerungsrüge kann erst erhoben werden, wenn Anlass zur Besorgnis besteht, dass das Verfahren nicht in angemessener Zeit abgeschlossen wird (§ 198 Abs. 3 S. 2 Halbsatz 1 GVG). Das ist der Fall, wenn der Betroffene erstmals Anhaltspunkte dafür hat, dass eine zügige Erledigung des Verfahrens nicht zu erwarten ist. Eine verfrüht erhobene Verzögerungsrüge entfaltet keine materiellrechtlichen Wirkungen. Andererseits darf die Verzögerungsrüge nicht so spät erhoben werden, dass das Gericht letztlich nicht mehr beschleunigen kann. Nach Abschluss des Ausgangsverfahrens scheidet eine Verzögerungsrüge daher aus. In Ausnahmefällen ist eine Verzögerungsrüge entbehrlich, z.B. wenn bereits ein irreparabler Schaden eingetreten ist und weitere Schäden nicht zu erwarten sind.

C. Rechtsfolge: Angemessene Entschädigung

Eine angemessene Entschädigung wird nach der Neuregelung sowohl für materielle als auch für immaterielle Schäden gewährt. § 198 GVG ist ein „staatshaftungsrechtlicher Anspruch sui generis", der Nachteile infolge rechtswidrigen hoheitlichen Verhaltens ausgleicht und ein Verschulden des Gerichts nicht voraussetzt.[760] Materielle Nachteile werden voll ersetzt und für immaterielle Nachteile wird ein Ausgleich geleistet.

Die Bezeichnung „sui generis" wird in der Regel verwendet, um Institute zu bezeichnen, die sich dogmatisch nicht einordnen lassen. Zudem wird nach der Gesetzesbegründung der Begriff „Entschädigung" in einem erweiterten, vom sonstigen Staatshaftungsrecht abweichenden Sinn verwendet.[761] In der Gesetzesbegründung heißt es weiter, dass der Entschädigungsanspruch nicht unter dem Blickwinkel des deutschen Schadensersatzrechts zu beurteilen ist.[762] Die allgemeine schadensrechtliche und staatshaftungsrechtliche Dogmatik kann daher nicht auf den Anspruch aus § 198 GVG übertragen werden. Der Gesetzgeber hat die Bezeichnung „sui generis" gerade deshalb gewählt, weil er § 198 GVG außerhalb des Staatshaftungsrechts und des Schadensersatzrechts verorten möchte.

760 BT-Drucks. 17/3802, S. 19.
761 BT-Drucks. 17/3802, S. 19.
762 BT-Drucks. 17/3802, S. 40.

I. Entschädigung materieller Nachteile

Die §§ 249 ff. BGB sind entgegen dem ursprünglichen Regierungsentwurfs nicht auf den Entschädigungsanspruch nach § 198 GVG anwendbar.[763] Die Differenzhypothese des allgemeinen Schadensersatzrechts findet daher keine Anwendung. Auf Vorschlag des Bundesrates hat der Gesetzgeber das Wort „angemessen" in den Gesetzestext eingefügt.[764] § 198 GVG gewährt deshalb keinen vollen Schadensersatzanspruch, sondern in Anlehnung an § 906 Abs. 2 S. 2 BGB eine angemessene Entschädigung.[765] Ersetzt wird demnach der erlittene Substanzverlust, d.h. Vermögensnachteile, die infolge der überlangen Verfahrensdauer entstanden sind, werden ausgeglichen. Sämtliche finanziellen Einbußen sind in voller Höhe zu ersetzen. Ein Anspruch auf Ersatz des entgangenen Gewinns nach § 252 BGB ist hingegen ausgeschlossen.[766] Eine sachgerechte Abgrenzung zum Inhalt des Amtshaftungsanspruchs ist deshalb möglich.

Teilweise wird unter Bezugnahme auf die Stellungnahme des Bundesrates im Gesetzgebungsverfahren vertreten, dass der Substanzverlust nicht vollständig auszugleichen sei.[767] Bei der Bemessung des Ausgleichs seien die Höhe des entstandenen Schadens zu berücksichtigen, wie schwerwiegend die Verzögerung war und ob es sich um einen unmittelbaren oder mittelbaren Schaden handelt.[768]

Diese Ansicht ist jedoch aus mehreren Gründen abzulehnen. Es ist vielmehr geboten, die infolge der überlangen Verfahrensdauer erlittenen Vermögenseinbußen

763 Siehe BT-Drucks. 17/3802, S. 19, wonach bei der Bemessung des Ausgleichs die §§ 249 ff. BGB zu beachten sind.

764 Vgl. BT-Drucks. 17/3802, S. 19.

765 Kritisch *Magnus*, ZZP 125 (2012), 75 (85), der Zweifel hat, ob eine an § 906 Abs. 2 S. 2 BGB angelehnte Ausgleichszahlung, den Anforderungen des EGMR an einen effektiven Rechtsbehelf genügt.

766 *Tiedemann*, ArbRB 12/2011, 382 (383) findet diese Einschränkung nicht überzeugend, da der Anspruch auf gerechte Entschädigung gemäß Art. 41 EMRK ebenfalls ein vollwertiger Schadensersatzanspruch sei, der nach der Rechtsprechung des EMGR auch den entgangenen Gewinn erfasse; ebenso zweifelt *Mack/Wollweber*, Stbg 2012, 7 (9), ob der Ausschluss des entgangenen Gewinns den Vorgaben der EMRK und des EGMR entspricht.

767 Ausführlich hierzu die Stellungnahme des Bundesrates, vgl. BT-Drucks. 17/3802, S. 34; vgl. auch BT-Drucks. 17/7217, S. 28.

768 *Ott*, in: Steinbeiß-Winkelmann/Ott, ÜGRG, § 198 GVG Rn. 220 ff.; ebenso *Kissel/Mayer*, GVG, § 198 Rn. 26; ferner *Lückemann*, in: Zöller, ZPO, § 201 GVG Rn. 7; *Reinfelder*, in: Düwell/Lipke, ArbGG, § 9 Rn. 28f.; *Althammer/Schäuble*, NJW 2012, 1 (4).

vollständig zu ersetzen.[769] Zunächst ist bei der Bemessung der Entschädigungshöhe der Zweck der gesetzlichen Neuregelung zu berücksichtigen. Der Gesetzgeber wollte mit § 198 GVG einen wirksamen Rechtsbehelf im Sinne des Art. 13 EMRK schaffen und eine Rechtsschutzlücke im deutschen Recht schließen. Die Effektivität der Entschädigungsregelung wäre fraglich, wenn für die erlittene Vermögenseinbuße nicht in vollem Umfang Ersatz geleistet wird. Ferner beschränkt sich die angemessene Entschädigung nach § 906 Abs. 2 S. 2 BGB insbesondere bei Eingriffen in die Sachsubstanz nicht auf den Ausgleich des Substanzverlusts, sondern ersetzt den vollen Schaden.[770] Die Entschädigung kann zudem wie bei § 906 Abs. 2 S. 2 BGB mittelbare Schäden und Folgeschäden erfassen.[771]

Des Weiteren muss die „angemessene Entschädigung" der restitutio in integrum genügen. Lässt sich der Ausgangszustand nicht wiederherstellen, muss der Schaden soweit wie möglich durch eine Geldentschädigung ersetzt werden.[772] Eine „gerechte Entschädigung" im Sinne von Art. 41 EMRK soll zu einer größtmöglichen Wiedergutmachung führen.[773] Der Betroffene ist vermögensrechtlich so zu stellen, als ob das Verfahren in angemessener Zeit beendet worden wäre. Deshalb ist die Vermögenseinbuße grundsätzlich in voller Höhe auszugleichen.[774]

Ferner ist der Entschädigungsanspruch zwar dogmatisch mit dem Aufopferungsanspruch verwandt, da beide Ansprüche verschuldensunabhängig sind und als Rechtsfolge eine angemessene Entschädigung vorsehen. Tatbestandsvoraussetzung des Aufopferungsanspruchs ist allerdings, dass der Betroffene durch ein hoheitliches Handelns in seinen Rechten aus Art. 2 Abs. 1 GG (Leben, Gesundheit, körperliche Unversehrtheit) verletzt wird und dadurch ein Sonderopfer im Interesse des Gemeinwohls erbringt.[775] Eine überlange Verfahrensdauer ist allerdings kein Sonderopfer, da sie nicht der Allgemeinheit dient.[776] Vielmehr verkürzt sie den grundgesetzlich garantierten Rechtsschutz. Der erlittene

769 *Stahnecker*, Entschädigung bei überlangen Gerichtsverfahren, Rn. 39; ebenso *Wolff*, VR 2012, 289 (291), der Begriff der „Entschädigung" ist weit zu verstehen; so wohl auch *Dietrich*, ZZP 127 (2014), 169 (198).

770 *Bassenge*, in: Palandt, BGB, § 906 Rn. 29; *Fritsche*, in: BeckOK-BGB, § 906 Rn. 79.

771 Vgl. *Fritsche*, in: BeckOK-BGB, § 906 Rn. 79; siehe auch *Roderfeld*, in: Marx/Roderfeld, Rechtsschutz bei überlangen Gerichtsverfahren, § 198 GVG Rn. 67.

772 Siehe bereits oben 2. Kapitel B. I. 2. S. 54.

773 *Althammer*, JZ 2011, 446 (450).

774 *Roderfeld*, in: Marx/Roderfeld, Rechtsschutz bei überlangen Gerichtsverfahren, § 198 GVG Rn. 67; *Ossenbühl*, DVBl. 2012, 857 (859).

775 *Ossenbühl/Cornils*, Staatshaftungsrecht, S. 137.

776 Vgl. *Ossenbühl*, DVBl. 2012, 857 (858 f.); siehe auch *Reiter*, NJW 2015, 2554 (2556).

Schaden kann auch nach den Grundsätzen des Aufopferungsanspruchs vollständig ersetzt werden, wenn erst dann das Sonderopfer kompensiert wird.[777]

Darüber hinaus hat der Gesetzgeber die Bezeichnung „staatshaftungsrechtlicher Anspruch sui generis" gewählt, da er § 198 GVG außerhalb des Schadensersatzrechts einordnen möchte. Die allgemeine schadensrechtliche Dogmatik kann daher nicht auf den Anspruch aus § 198 GVG übertragen werden.

Eine Beschränkung der Ausgleichszahlung wird deshalb nur unter dem Gesichtspunkt des fehlenden Schutzzwecks der Norm und des Mitverschuldens gemäß § 254 BGB analog erfolgen können.[778] Ferner kommt ein Vorteilsausgleich bei der Bemessung einer zu gewährenden Entschädigung in Betracht, da andere mögliche Ansprüche unberührt bleiben. Sie stehen mit dem Entschädigungsanspruch in Anspruchskonkurrenz. Nach dem Willen des Gesetzgebers darf es – z.B. bei einem erfüllten Amtshaftungsanspruch – nicht zu einer Überkompensation kommen.[779]

II. Entschädigung immaterieller Nachteile

Gemäß § 198 Abs. 2 S. 1 GVG wird ein immaterieller Nachteil vermutet, wenn ein Gerichtsverfahren unangemessen lang gedauert hat.[780] Es handelt sich um eine widerlegbare gesetzliche Vermutung. In der Praxis ist der Nachweis, dass ein Nichtvermögensschaden eingetreten ist, oftmals nur schwer oder nicht zu führen.[781] Auch der EGMR nimmt eine starke Vermutung dafür an, dass eine überlange Verfahrensdauer einen Nichtvermögensschaden zur Folge hat.

---

777 Siehe *Ossenbühl/Cornils*, Staatshaftungsrecht, S. 147.

778 BT-Drucks. 17/3802, S. 19

779 *Roderfeld*, in: Marx/Roderfeld, Rechtsschutz bei überlangen Gerichtsverfahren, § 198 GVG Rn. 68.

780 Der Bundesrat hatte vorgeschlagen, die Vermutungsregelung zu streichen, da sie sich nicht in die Systematik des deutschen Schadensersatzrechts einfüge und einen hohen Anreiz zur Geltendmachung von Entschädigungsansprüchen schaffe. Der Ersatz immaterieller Schäden erfolge nur in den durch das Gesetz bestimmten Fällen, insbesondere wegen einer Verletzung des Körpers, der Gesundheit, der Freiheit oder der sexuellen Selbstbestimmung. Siehe hierzu. BT-Drucks. 17/3802, S. 35. Diesen Vorschlag lehnte der Bundestag mit der Begründung ab, dass ohne die Vermutungsregelung angesichts der praktischen Nachweisschwierigkeiten die Effektivität des Rechtsbehelfs zweifelhaft sei. Außerdem beurteile sich § 198 GVG als Anspruch sui generis nicht nach den Grundsätzen des deutschen Schadensersatzrechts, vgl. BT-Drucks. 17/3802, S. 40 f.

781 Vgl. BT-Drucks. 17/3802, S. 19.

1. Personenrechtlicher Anspruch

Der Anspruch auf Entschädigung des immateriellen Nachteils ist ein personenbezogener Anspruch. Das ist bereits dem Wortlaut des § 198 Abs. 1 S. 1 GVG („wer") zu entnehmen. Mehrere Personen auf Kläger- und Beklagtenseite sind hinsichtlich eines Nachteils deshalb nicht als eine (Personen-)Einheit zu behandeln. Der Anspruch auf Rechtsschutz in angemessener Zeit ist ein Jedermann-Recht und steht dementsprechend jeder Person zu, die an einem Gerichtsverfahren beteiligt ist.[782] Wenn z.B. in einem finanzgerichtlichen Verfahren die zusammenveranlagten Ehepartner den Einkommenssteuerbescheid angreifen oder mehrere Gesellschafter den Feststellungsbescheid, ist jedem Verfahrensbeteiligten eine Entschädigung für die überlange Verfahrensdauer zu gewähren.[783]

Auch juristischen Personen des Privatrechts steht nach der Rechtsprechung des EGMR eine Entschädigung für Nichtvermögensnachteile zu. Immaterielle Nachteile einer juristischen Person können demnach z.B. eine Rufschädigung des Unternehmens oder eine Ungewissheit über die künftige Geschäftsplanung sein.[784] Nach deutschem Verständnis sind hingegen immaterielle Schäden juristischer Personen nur schwer vorstellbar.[785]

Weder dem Wortlaut des § 198 Abs. 2 S. 1 GVG noch der Entstehungsgeschichte des ÜGRG ist zu entnehmen, dass lediglich natürliche Personen eine Entschädigung für immaterielle Schäden erhalten sollen. Der Entschädigungsanspruch ist nicht nach den Grundsätzen des deutschen Schadensersatzrechts zu beurteilen, sondern stellt vielmehr einen „staatshaftungsrechtlichen Anspruch sui generis" dar.[786] Die allgemeine schadensrechtliche Dogmatik kann deshalb nicht auf den Anspruch aus § 198 GVG übertragen werden.[787]

Auch unter konventionsrechtlichen Gesichtspunkten ist juristischen Personen des Privatrechts eine Geldentschädigung für immaterielle Nachteile zu gewähren, da der EGMR insoweit nicht zwischen natürlichen und juristischen

782 BVerwG, Beschl. v. 27.02.2014 – 5 C 1/13 D, NVwZ 2014, 1523 (1527); ferner BFH, Urt. v. 20.08.2014 – X K 9/13, DStR 2014, 2022 (2025).

783 Siehe *Mack/Wollweber*, Stbg 2012, 7 (9).

784 Vgl. oben unter Kapitel 2 B. I. 2. a) S. 55.

785 So können z.B. psychische Belastungen nur natürliche Personen erleiden. Vgl. BT-Drucks. 17/3802, S. 40. Auch *Dietrich*, ZZP 127 (2014), 169 (178), ist der Ansicht, dass immaterielle Nachteile natürlicher Personen nicht ohne Weiteres mit solchen juristischer Personen vergleichbar sind.

786 BT-Drucks. 17/3802, S. 40.

787 BSG, Urt. v. 12.02.2015 – B 10 1/13 R (Juris Rn. 35).

Personen unterscheidet.[788] Darüber hinaus werden in der Praxis auch die hinter den juristischen Personen stehenden natürlichen Personen Schwierigkeiten haben, den Eintritt eines Nichtvermögensschadens nachzuweisen.[789]

Zudem ist im allgemeinen Deliktsrecht anerkannt, dass das Recht am eingerichteten und ausgeübten Gewerbebetrieb nicht nur vor Beeinträchtigungen der materiellen Vermögenswerte schützt, sondern alles umfasst, was den Betrieb als wirtschaftliche Einheit betrifft.[790] Dazu zählen auch immaterielle Güter wie Erscheinungsform, Geschäftsidee, Kundenstamm und Lieferantenbeziehungen. Deshalb findet die Entschädigungsregelung des § 198 GVG auch auf immaterielle Nachteile juristischer Personen des Privatrechts Anwendung.[791]

2. Jährliche Entschädigungspauschale in Höhe von 1.200 EUR

Die Entschädigung beträgt 1.200 EUR für jedes Jahr der Verzögerung, § 198 Abs. 2 S. 3 GVG. Nach der Gesetzesbegründung sollen mit der Pauschalisierung unter Verzicht auf einen einzelfallbezogenen Nachweis Streitigkeiten über die Höhe der Entschädigung, die zu einer zusätzlichen Belastung der Gerichte führen würde, vermieden werden.[792] Zugleich soll eine zügige Erledigung der Entschädigungsansprüche im Interesse der Betroffenen erreicht werden.

Die Höhe der Entschädigung orientiert sich an der Rechtsprechung des EGMR. Die Entschädigungspauschale knüpft an die Bemessungsgröße von einem Jahr (12 Monate) an. Für Zeiträume unter einem Jahr erfolgt eine zeitanteilige Berechnung,[793] pro Monat als kleinste Einheit 100 EUR.[794] Eine Entschädigung ist

---

788 EGMR, Urt. v. 06.04.2000 – 35382/97 Z. 27, Reports 2000-IV – Comingersoll/Portugal.

789 *Roderfeld*, in: Marx/Roderfeld, Rechtsschutz bei überlangen Gerichtsverfahren, § 198 GVG Rn. 86.

790 BSG, Urt. v. 12.02.2015 – B 10 1/13 R (Juris Rn. 36).

791 BSG, Urt. v. 12.02.2015 – B 10 1/13 R (Juris Rn. 34); so auch *Roderfeld*, in: Marx/Roderfeld, Rechtsschutz bei überlangen Gerichtsverfahren, § 198 GVG Rn. 85 f.; *Böcker*, DStR 2011, 2173 (2176).

792 Vgl. BT-Drucks. 17/3802, S. 20; BGH, Urt. v. 13.03.2014 – III ZR 91/13, NJW 2014, 1816 (1820).

793 BSG, Urt. v. 12.02.2015 – B 10 ÜG 11/13 R (Juris Rn. 23); ferner BVerwG, Urt. v. 26.02.2015 – 5 C 5/14 D, BeckRS 2015, 44209 Rn. 55; ebenso *Zimmermann*, FamRZ 2011, 1905 (1907); *Söhngen*, NZS 2012, 493 (496); *Heine*, MDR 2013, 1147 (1148); anders *Böcker*, DStR 2011, 2173 (2176), der für jedes angefangene Jahr der Verzögerung die Entschädigungspauschale zusprechen will; so auch *Mack/Wollweber*, Stbg 2012, 7 (9).

794 Anders hingegen Stellungnahme des DRB zur Evaluation des ÜGRG Nr. 4/14, S. 5, abrufbar unter: http://www.drb.de/cms/fileadmin/docs/Stellungnahmen/2014/DRB_140304_Stn_Nr_04_UEberlange_Gerichtsverfahren_Evaluation.pdf (zuletzt

somit auch für einzelne oder mehrere Monate der Verzögerung möglich.[795] Bei Verzögerungen unter einem Jahr verringert sich die Entschädigungspauschale von 1.200 EUR deshalb auf einen entsprechenden Teilbetrag für jeden vollen Monat der Verzögerung.[796]

Für die Berechnung der Entschädigungssumme ist nicht die Gesamtdauer des Verfahrens maßgeblich, sondern vielmehr der konkrete Zeitraum der Verzögerung. Es ist zwischen Verfahrensabschnitten, die das Verfahren verzögert haben, und Verfahrensabschnitten, die durch notwenige Verfahrensschritte begründet waren, zu differenzieren.[797] Die Verfahrensabschnitte, die zur Verzögerung des Verfahrens geführt haben, werden zusammengerechnet und ergeben die Gesamtverzögerung, die Grundlage für die Berechnung der Entschädigungssumme ist.[798] Dabei bleiben verzögerte Verfahrensabschnitte, die die Gesamtverfahrensdauer nicht verlängert haben, außer Betracht.[799]

---

abgerufen am 10.09.2015). Die Verzögerung muss grundrechts- und menschenrechtswidrig sein, es sei deshalb schwer nachvollziehbar, Entschädigungen von wenigen hundert Euro zuzusprechen.

795 Vgl. BFH, Urt. v. 20.08.2014 – X K 9/13, DStR 2014, 2022 (2025).

796 Siehe hierzu BSG, Urt. v. 21.02.2013 – B 10 ÜG 1/12 KL, NJW 2014, 248 (253); *Ott*, in: Steinbeiß-Winkelmann/Ott, ÜGRG, § 198 Rn. 224; *Zimmermann*, FamRZ 2011, 1905 (1907).

797 *Scholz*, SGb 2012, 19 (24).

798 Siehe hierzu BGH, Urt. v. 13.03.2014 – III ZR 91/13, NJW 2014, 1816, „die Verfahrensführung des Amtsgerichts habe zu einer entschädigungspflichtigen Gesamtverzögerung des Verfahrens im Umfang von acht Monaten geführt, insbesondere durch die unzureichende Verfahrensförderung in Bezug auf den Bericht der Fachklinik für Kinder- und Jugendpsychiatrie vom 23.01.2008, die verspätete Bestellung der Verfahrenspflegerin und die zwischen den Verfügungen vom 22.06. und 30.09. liegende, sachlich nicht gerechtfertigte Lücke"; vgl. auch BFH, Zwischenurt. v. 07.11.2013 – X K 13/12, BeckRS 2013, 96642 Rn. 90, „danach ist das Verfahren von Januar 2007 bis März 2009 (27 Monate), von November 2010 bis Juli 2011 (neun Monate) und von Januar bis Juli 2012 (sieben Monate) unangemessen verzögert worden, insgesamt also während eines Zeitraums von 43 Monaten"; ferner BVwerG, Urt. v. 27.02.2014 – 5 C 1/13 D, NVwZ 2014, 1523 (1527), „die danach errechnende sachlich nicht gerechtfertigte Verzögerung des Berufungszulassungsverfahrens im Umfang von zwei Jahren und rund vier Monaten ist mit Blick auf das zügige erstinstanzliche Verfahren um rund vier Monate zu reduzieren."

799 BGH, Urt. v. 13.03.2014 – III ZR 91/13, NJW 2014, 1816 (1820).

3. *Festsetzung eines höheren oder niedrigeren Betrages*

Das Gericht kann einen höheren oder niedrigeren Betrag festsetzen, wenn die jährliche Entschädigungspauschale unbillig ist (§ 198 Abs. 2 S. 4 GVG). Teilweise wird vertreten, dass eine Abweichung von der Entschädigungspauschale auf atypische Sonderfälle zu beschränken ist.[800] Allerdings ist diese Anforderung weder dem Gesetz noch der Gesetzesbegründung zu entnehmen. Es ist daher ausreichend, wenn besondere Umstände die Höhe der Entschädigungspauschale unbillig erscheinen lassen.[801] Das Verfahren muss sich durch eine oder mehrere entschädigungsrelevante Besonderheiten in tatsächlicher oder rechtlicher Hinsicht von vergleichbaren Fällen unterschieden.[802]

Die Festsetzung eines höheren Betrags kommt vor allem in Betracht, wenn die Verzögerung zur Fortdauer der Freiheitsentziehung oder zu einer schwerwiegenden Persönlichkeitsverletzung geführt hat. Außerdem kann die Festsetzung eines höheren Betrags der Billigkeit entsprechen, wenn es auch im Entschädigungsprozess zu Verzögerungen kommt.[803] Die Erhöhung des Regelsatzes ist hingegen nicht alleine dadurch gerechtfertigt, dass ein Sorge- und Umgangsrechtsverfahren betroffen ist. Vielmehr ist auch in diesem Fall erforderlich, dass sämtliche Umstände des Einzelfalls die Entschädigungspauschale als unbillig erscheinen lassen.[804]

Die Festsetzung eines niedrigeren Betrags kommt in Betracht, wenn das Verfahren eine sehr geringe Bedeutung für den Betroffenen hat oder nur eine kurzzeitige Verzögerung eingetreten ist. Eine geringe Bedeutung hat etwa ein Kostenfestsetzungsverfahren mit niedrigem Streitwert.[805] Demgegenüber ist in

---

800 *Böcker*, DStR 2011, 2173 (2177); zustimmend *W.-R. Schenke*, NVwZ 2012, 257 (262); so auch *Roderfeld*, in: Marx/Roderfeld, Rechtsschutz bei überlangen Gerichtsverfahren, § 198 GVG Rn. 82.

801 *Ott*, in: Steinbeiß-Winkelmann/Ott, ÜGRG, § 198 GVG Rn. 227; ferner *Schlick*, NJW 2014, 2686 (2689). Nach Ansicht des BSG eröffnet § 198 Abs. 2 S. 4 GVG nur für Ausnahmefälle die Möglichkeit, abweichend von der Entschädigungspauschale einen höheren bzw. niedrigeren Betrag festzusetzen, vgl. BSG, Urt. v. 03.09.2014 – B 10 ÜG 2/13 R (Juris Rn. 52); ferner BSG, Urt. v. 12.02.2015 – B 10 ÜG 11/13 R (Juris Rn. 38).

802 Vgl. BSG, Urt. v. 12.02.2015 – B 10 ÜG 11/13 R (Juris Rn. 39).

803 Siehe *Ott*, in: Steinbeiß-Winkelmann/Ott, ÜGRG, § 198 GVG Rn. 227.

804 BGH, Urt. v. 23.01.2014 – III ZR 37/13, NJW 2014, 939 (943); BGH, Urt. v. 13.03.2014 – III ZR 91/13, NJW 2014, 1816 (1820).

805 Vgl. *Althammer/Schäuble*, NJW 2012, 1 (5); siehe auch BSG, Urt. v. 10.07.2014 – B 10 ÜG 8/13 R (Juris Rn. 31).

Grundsicherungsangelegenheiten der niedrige Streitwert keine Besonderheit und führt daher nicht zur Festsetzung eines niedrigeren Betrages.[806]

Nach Ansicht des BVerwG ist eine Billigkeitsentscheidung nach § 198 Abs. 2 S. 4 GVG nicht deshalb veranlasst, weil der Gesamtbetrag der Entschädigung um ein Vielfaches höher liegt als der Streitwert des Ausgangsverfahrens.[807]

4. *Keine Entschädigung bei anderweitiger Wiedergutmachung*

Eine Entschädigung für immaterielle Nachteile kann nur beansprucht werden, soweit nicht nach den Umständen des Einzelfalles Wiedergutmachung auf andere Weise ausreichend ist (§ 198 Abs. 2 S. 2 GVG). Es handelt sich um ein negatives Tatbestandsmerkmal des § 198 Abs. 1 S. 1 GVG, soweit Entschädigung für immaterielle Nachteile begehrt wird. Die Entschädigung materieller Nachteile wird dadurch nicht berührt.[808] Nach § 198 Abs. 4 S. 1 GVG ist Wiedergutmachung auf andere Weise insbesondere möglich durch die Feststellung des Entschädigungsgerichts, dass die Verfahrensdauer unangemessen war.

a) Anderweitige Wiedergutmachung

Die Formen der Wiedergutmachung auf andere Weise sind nach der Gesetzesbegründung in der Praxis sehr vielfältig.[809] Daher werden sie in §§ 198 ff. GVG nicht abschließend geregelt. Ausdrücklich werden im Gesetz nur zwei Formen der anderweitigen Wiedergutmachung genannt: die Feststellung der unangemessenen Verfahrensdauer durch das Entschädigungsgericht (§ 198 Abs. 4 S. 1 GVG) und die Kompensationsmöglichkeit im Strafverfahren (§ 199 Abs. 3 GVG).

Es stellt sich deshalb einerseits die Frage, auf welche andere Weise eine solche Wiedergutmachung erfolgen kann. In Betracht kommen vor allem anderweitige staatliche Zahlungen, die die immateriellen Nachteile eines überlangen Verfahrens ausgleichen sollen.[810] Andererseits ist fraglich, ob das Entschädigungsgericht auch andere als die in § 198 Abs. 2 und Abs. 4 GVG genannten Wiedergutmachungsfolgen – Entschädigungszahlung und/oder Feststellung

---

806 BSG, Urt. v. 12.02.2015 – B 10 ÜG 11/13 R (Juris Rn. 39).

807 Die Entschädigung betrifft den Ausgleich für die durch die Verfahrensverzögerung erlittenen immateriellen Nachteile, während der Streitwert des Ausgangsverfahrens angibt, welche wirtschaftliche Bedeutung das Verfahren für den Kläger hat, BVerwG, Urt. v. 26.02.2015 – 5 C 5/14 D, BeckRS 2015, 44209 Rn. 56.

808 Siehe BT-Drucks. 17/3802, S. 20.

809 BT-Drucks. 17/3802, S. 19.

810 Vgl. *Roderfeld*, in: Marx/Roderfeld, Rechtsschutz bei überlangen Gerichtsverfahren, § 198 GVG Rn. 88 f.

der unangemessenen Verfahrensdauer – anordnen darf, wie z.B. eine Aussprache beim Gerichtspräsidenten oder die Veröffentlichung in der Presse[811] sowie einen Verweis auf dienstaufsichtsrechtliche Maßnahmen.[812] Der Wortlaut des § 198 Abs. 4 S. 1 GVG könnte dafür sprechen, dass eine Wiedergutmachung auf andere Weise „insbesondere" durch die Feststellung des Entschädigungsgerichts möglich ist.

Der Referentenentwurf des Bundesjustizministeriums vom 15.03.2010 sah zunächst als Wiedergutmachungsfolge die Bekanntmachung der Feststellung im Bundesanzeiger vor.[813] Der Gesetzgeber hat diese Form der Wiedergutmachung jedoch nicht in das ÜGRG aufgenommen. Außerdem kann das Entschädigungsgericht dem Betroffenen nur zusprechen, worauf der Betroffene einen materiellrechtlichen Anspruch hat.[814] Rechtsgrundlage für die Entschädigungszahlung ist § 198 Abs. 1 i.V.m. Abs. 2 GVG und für die Feststellung § 198 Abs. 4 GVG. Eine Befugnis des Gerichts, anderweitige Wiedergutmachungsfolgen anzuordnen, besteht somit nicht.[815] Mit Wiedergutmachung auf andere Weise kann daher neben der Feststellung nur eine Wiedergutmachung außerhalb des Entschädigungsverfahrens sein.[816]

b) *Insbesondere: Gerichtliche Feststellung der Unangemessenheit der Verfahrensdauer*

Der Gesetzgeber orientiert sich bei der Frage, ob eine Feststellung der unangemessenen Verzögerung ausreichend ist, an der Rechtsprechung des EGMR. Nach der Gesetzesbegründung kann eine Feststellung z.B. getroffen werden, wenn das

---

811 *Roderfeld*, in: Marx/Roderfeld, Rechtsschutz bei überlangen Gerichtsverfahren, § 198 GVG Rn. 88 f.

812 Vgl. *Ott*, in: Steinbeiß-Winkelmann/Ott, ÜGRG, § 198 GVG Rn. 160.

813 Referentenentwurf des BMJV vom 15.3.2010, abrufbar unter: http://www.bmj.de/SharedDocs/Downloads/DE/pdfs/Rechtsschutz_ueberlange_verfahren.pdf?_blob=-publicationFile (zuletzt abgerufen am 10.09.2015).

814 Siehe *Roderfeld*, in: Marx/Roderfeld, Rechtsschutz bei überlangen Gerichtsverfahren, § 198 GVG Rn. 89.

815 Anders dagegen *Ott*, in: Steinbeiß-Winkelmann/Ott, ÜGRG, § 198 GVG Rn. 160, der verschiedene Arten einer nichtfinanziellen Genugtuung für denkbar hält; ebenso *Althammer/Schäuble*, NJW 2012, 1 (5), der die Auffassung vertritt, dass Wiedergutmachung auf andere Weise nicht allein durch die gerichtliche Feststellung erfolgen kann. Offen lässt er allerdings, welche Wiedergutmachungsfolgen in Betracht kommen.

816 So *Roderfeld*, in: Marx/Roderfeld, Rechtsschutz bei überlangen Gerichtsverfahren, § 198 GVG Rn. 89.

Verfahren für den Verfahrensbeteiligten keine besondere Bedeutung hatte. Das ist etwa der Fall, wenn der Betroffene keinen weitergehenden immateriellen Schaden erlitten hat und die Überlänge des Verfahrens seinen einzigen Nachteil darstellt.[817] Eine Feststellung statt einer Geldentschädigung kann auch ausgesprochen werden, wenn das Klagevorbringen des Entschädigungsklägers im Ausgangsprozess offensichtlich unbegründet war.[818] Darüber hinaus kann zu berücksichtigen sein, von welchem Ausmaß die überlange Verfahrensdauer gewesen ist und ob das Ausgangsverfahren für den Betroffenen eine besondere Dringlichkeit hatte.[819] Ferner kann die unangemessene Verfahrensdauer – entsprechend dem Rechtsgedanken des § 254 BGB – festgestellt werden, wenn der Geschädigte erheblich zur Verfahrensverzögerung beigetragen hat.[820] Eine Feststellung kommt auch in Betracht, wenn eine unangemessene und irreparable Verzögerung bereits vor Abschluss des Ausgangsverfahrens eingetreten ist.[821]

Das Verhältnis von Geldentschädigung und gerichtlicher Feststellung ist in der Rechtsprechung noch nicht abschließend geklärt.[822] Das BVerwG nimmt eine umfassende Abwägung sämtlicher Umstände des Einzelfalls vor und prüft, ob auf dieser Grundlage eine Feststellung im Sinne des § 198 Abs. 2 S. 2 GVG ausreichend ist.[823] Nach Auffassung des BFH gilt weder ein Vorrang der Geldentschädigung noch eine anderweitige Vermutungsregel. Nach dem Gesetzeswortlaut sei vor Gewährung einer Geldentschädigung jeweils konkret zu prüfen, ob Wiedergutmachung durch einen bloßen Feststellungsausspruch ausreichend

817 BT-Drucks. 17/3802, S. 20.

818 Vgl. *Kissel/Mayer*, GVG, § 198 Rn. 30; BGH, Urt. v. 23.01.2014, NJW 2014, 939 (944); BFH, Urt. v. 17.04.2013 – X K 3/12, DStR 2013, 1027 (1033); kritisch dagegen BSG, Urt. v. 03.09.2014 – B 10 ÜG 2/13 R (Juris Rn. 52).

819 Siehe BVerwG, Urt. v. 11.07.2013 – 5 C 23/12 D, NJW 2014, 96 (103).

820 BSG, Urt. v. 21.02.2013 – B 10 ÜG 1/12 KL, NJW 2014, 248 (252).

821 Vgl. *W.-R. Schenke*, in: Kopp/Schenke, VwGO, § 173 Rn. 28.

822 Nach Auffassung der BRAK ist der Gesetzeswortlaut unzureichend. Es bleibe offen, in welcher Reihenfolge die Arten der Wiedergutmachung zu gewähren sind. Im Hinblick auf eine einheitliche Rechtsprechung und einen effektiven Rechtsschutz sei ausschließlich eine Entschädigung in Geld zuzusprechen. Der bloßen Feststellung komme keine substantielle Wirkung einer Wiedergutmachung zu. Siehe Stellungnahme der BRAK zur Evaluation des ÜGRG Nr. 11/2014, S. 13 f., 17, abrufbar unter: http://www.brak.de/zur-rechtspolitik/stellungnahmen-pdf/stellungnahmen-deutschland/2014/maerz/stellungnahme-der-brak-2014-11.pdf (zuletzt abgerufen am 10.09.2015).

823 BVerwG, Urt. v. 11.07.2013 – 5 C 23/12 D, NJW 2014, 96 (103); BVerwG, Urt. v. 27.02.2014 – 5 C 1/13 D, NVwZ 2014, 1523 (1527).

ist.[824] Demgegenüber ist nach Ansicht des BSG eine Entschädigung in der Regel zu zahlen, eine Feststellung nach § 198 Abs. 4 S. 1 GVG hingegen die Ausnahme.[825]

Das Entschädigungsgericht prüft von Amts wegen, ob die Voraussetzungen für eine Feststellung gegeben sind.[826] Die Feststellung setzt keinen Antrag voraus (§ 198 Abs. 4 S. 2 GVG). Sie kann somit abweichend vom Antrag des Betroffenen, der auf eine Geldentschädigung gerichtet ist, ausgesprochen werden.[827] § 198 Abs. 4 S. 2 GVG enthält eine Ausnahme vom Dispositionsgrundsatz, nach dem das Gericht an die Anträge der Beteiligten gebunden ist und einer Partei nichts zusprechen darf, was nicht beantragt ist.[828]

Ob die Verfahrensbeteiligten unmittelbar auf Feststellung der unangemessen Verfahrensdauer klagen können, wird von der Rechtsprechung nicht einheitlich beurteilt.[829] Nach Ansicht des BGH ist die Feststellung der überlangen Verfahrensdauer kein subjektives Recht des Betroffenen, das dieser gerichtlich geltend machen kann.[830] Das Entschädigungsgericht werde lediglich ermächtigt, nicht hingegen verpflichtet, eine Feststellung zu treffen. Eine allgemeine Feststellungsklage nach § 256 Abs. 1 ZPO scheide ferner aus, da einzelne Elemente eines Rechtsverhältnisses nicht Gegenstand einer Feststellungsklage sein können. Auch nach Ansicht des BSG ist eine isolierte Klage auf Feststellung der unangemessenen Verfahrensdauer unzulässig, während das BVerwG die Zulässigkeit einer Klage auf Feststellung der überlangen Verfahrensdauer bejaht.[831]

---

824 BFH, Urt. v. 17.04.2013 – X K 3/12, DStR 2013, 1027 (1033).

825 Siehe BSG, Urteil vom 21.02.2013 – B 10 ÜG 1/12 KL, NJW 2014, 248 (252); BSG, Urt. v. 12.02.2015 – B 10 1/13 R (Juris Rn. 40); anders dagegen *Kissel/Mayer*, GVG, § 198 Rn. 29, eine Geldentschädigung für Nichtvermögensnachteile ist subsidiär.

826 BVerwG, Urt. v. 11.07.2013 – 5 C 23/12 D, NJW 2014, 96 (103).

827 Vgl. BT-Drucks. 17/3802, S. 21.

828 Vgl. § 308 Abs. 1 ZPO; *Ott*, in: Steinbeiß-Winkelmann/Ott, ÜGRG, § 198 GVG Rn. 166.

829 Im Einzelnen hierzu 6. Kapitel B. S. **Fehler! Textmarke nicht definiert.**

830 BGH, Urt. v. 05.12.2013 – III ZR 73/12, NJW 2014, 789 (791); BGH, Urt. v. 23.01.2014, NJW 2014, 939 (944).

831 Siehe BVerwG, Urt. v. 11.07.2013 – 5 C 23/12 D, NJW 2014, 96 (103); BSG, Urt. v. 03.09.2014 – B 10 ÜG 2/14 R (Juris Rn. 11).

c) *Feststellung nebst Entschädigung*

In schwerwiegenden Fällen kann die Feststellung neben der Entschädigung ausgesprochen werden (§ 198 Abs. 4 S. 3 Halbsatz 1 GVG).[832] Ob ein schwerwiegender Fall vorliegt, ist anhand der Würdigung aller Einzelfallumstände zu ermitteln. Neben der Bedeutung des Rechtsstreits für den Verfahrensbeteiligten ist vor allem maßgeblich, wie lange das Verfahren insgesamt gedauert hat und wie groß der Zeitraum ist, in dem eine nicht gerechtfertigte Untätigkeit des Gerichts vorliegt.[833] Der Begriff „schwerwiegend" bezieht sich auf das Gewicht der Beeinträchtigung, das mit einer überlangen Verfahrensdauer verbunden ist.

Ob das Entschädigungsgericht diese Feststellung zusätzlich zur Entschädigung ausspricht, ist in sein Ermessen gestellt.[834] Insofern hat das Gericht eine weitere Abwägungsentscheidung zu treffen, ob es im konkreten Fall der Feststellung bedarf, um dem Betroffenen eine ergänzende Form der Wiedergutmachung zu verschaffen.[835] Als Abwägungskriterium ist dabei zu berücksichtigen, ob der Kläger eine solche Feststellung ausdrücklich beantragt hat. Der Kläger bringt damit zum Ausdruck, dass er diese zusätzliche Wiedergutmachung als Genugtuung für die Verletzung seiner Rechte ansieht.

d) *Verzögerungsrüge keine Voraussetzung für die Feststellung*

Gemäß § 198 Abs. 4 S. 3 Halbsatz 2 GVG kann die Unangemessenheit der Verfahrensdauer ebenso festgestellt werden, wenn eine oder mehrere Voraussetzungen des § 198 Abs. 3 GVG nicht erfüllt sind. Die Verzögerungsrüge ist somit keine Voraussetzung für die Feststellung.[836] Auch wenn der Betroffene die Verzögerung nicht oder zu früh gerügt hat oder der Entschädigungsanspruch auf Umstände gestützt wird, die gemäß Abs. 3 S. 4 präkludiert sind, kann das Entschädigungsgericht eine entsprechende Feststellung treffen und dem Betroffenen auf

832 Hierzu *Stahnecker*, Entschädigung bei überlangen Gerichtsverfahren, Rn. 153, der zweifelt, ob für eine zusätzliche Feststellung ein Bedürfnis des Betroffenen besteht. Seiner Auffassung nach beinhaltet die Gewährung einer Entschädigung bereits die Feststellung der unangemessenen Verfahrensdauer.

833 Siehe BVerwG, Urt. v. 11.07.2013 - 5 C 23/12 D, NJW 2014, 96 (103).

834 Es stellt sich folglich die Frage, ob der Betroffene ein Recht auf fehlerfreie Ermessenausübung hat. Vgl. auch Stellungnahme des DRB zur Evaluation des ÜGRG Nr. 4/14, S. 4 f., abrufbar unter: http://www.drb.de/cms/fileadmin/docs/Stellungnahmen/2014/DRB_140304_Stn_Nr_04_UEberlange_Gerichtsverfahren_Evaluation.pdf (zuletzt abgerufen am 10.09.2015).

835 BVerwG, Urt. v. 11.07.2013 - 5 C 23/12 D, NJW 2014, 96 (104).

836 Vgl. BFH, Urt. v. 17.04.2013 - X K 3/12, DStR 2013, 1027 (1034).

diese Weise Genugtuung verschaffen.[837] Nach der Gesetzesbegründung kommt eine Feststellung in Betracht, wenn bei einem im Ausgangsverfahren anwaltlich nicht vertretenen Verfahrensbeteiligten eine vollständige Klageabweisung unter Würdigung der Gesamtumstände unbillig erscheint.

D. Anspruchsverpflichtete

I. Haftungsverteilung

§ 200 GVG bestimmt, gegen wen der Entschädigungsanspruch zu richten ist und wer Anspruchsgegner und Beklagter im Entschädigungsverfahren ist.[838] Danach haftet für Nachteile, die auf Grund von Verzögerungen bei Gerichten eines Landes eingetreten sind, das Land (Satz 1). Für Nachteile, die auf Grund von Verzögerungen bei Gerichten des Bundes eingetreten sind, haftet der Bund (Satz 2). Die Vorschrift normiert eine Aufteilung der Haftungsbereiche, die der Verbandskompetenz der unterschiedlichen Rechtsträger entspricht (sog. Rechtsträgerhaftung).[839]

II. Haftung mehrerer Rechtsträger

Offen lässt das Gesetz, welcher Rechtsträger haftet, wenn der verzögerte Rechtsstreit von dem Gericht eines Landes an das Gericht eines anderen Landes verwiesen wurde. Denkbar ist, dass der Rechtsstreit nach § 281 ZPO oder § 17 GVG verwiesen wird und bei beiden Gerichten Verzögerungen auftreten. In diesem Fall haften beide Länder und sind gesondert zu verklagen.[840] Auch bei Verzögerungen durch ein Gericht eines Landes und zugleich des Bundes im Instanzenzug haften Land und Bund gemeinsam und sind ebenfalls gesondert zu verklagen.[841]

Es wird vereinzelt die Auffassung vertreten, dass die beteiligten Länder bzw. Bund und Land gesamtschuldnerisch haften.[842] Danach haftet jeder der

837 BT-Drucks. 17/3802, S. 20.

838 *Leitherer*, in: Meyer-Ladewig/Keller/Leitherer, SGG, § 202 Rn. 33; *Lückemann*, in: Zöller, ZPO, § 201 GVG Rn. 1.

839 BT-Drucks. 17/3802, S. 25; *Tiedemann*, ArbRB 12/2011, 382 (384).

840 *Ott*, in: Steinbeiß-Winkelmann/Ott, ÜGRG, § 200 GVG Rn. 66; ebenso *Zimmermann*, FamRZ 2011, 1905 (1909); *ders.*, in: MüKo-ZPO, § 200 GVG Rn. 4.

841 Vgl. BVerwG, Urt. v. 27.02.2014 – 5 C 1/13 D, NVwZ 2014, 1523 (1524) bei einem bis zum Bundesverwaltungsgericht geführten Rechtsstreit können verschiedene Rechtsträger – das jeweilige Land und der Bund – entsprechend der von ihnen zu verantwortenden Verfahrensverzögerungen in Anspruch genommen werden.

842 *Magnus*, ZZP 125 (2012), 75 (83); so auch *Kissel/Mayer*, GVG, § 200 Rn. 4.

beteiligten Rechtsträger für den gesamten Schaden. Der Geschädigte hat insofern die Wahl, ob er den Bund oder das Land in Anspruch nimmt. Im Innenverhältnis findet ein Gesamtschuldnerausgleich zwischen Bund und Land bzw. den beteiligten Ländern statt. Für eine gesamtschuldnerische Haftung spricht, dass der Kläger anderenfalls die durch die Verzögerungen entstandenen Nachteile im Wege einer Teilklage geltend machen muss.[843] Außerdem lässt sich die Höhe der Entschädigung nur auf Grund einer Gesamtbetrachtung der Verfahrensdauer bestimmen.

Im Hinblick auf die Entstehungsgeschichte des ÜGRG ist eine gesamtschuldnerische Haftung jedoch abzulehnen.[844] Der ursprüngliche Referentenentwurf sah zunächst eine gesamtschuldnerische Haftung der Gerichte unterschiedlicher Rechtsträger und eine entsprechende Anwendbarkeit der §§ 421 ff. BGB vor.[845] Im Innenverhältnis bestand eine Ausgleichspflicht nach den Anteilen der Gerichte an der Verfahrensdauer. Der Referentenentwurf enthielt folgende Begründung: „Müsste ein kompensatorischer Rechtsbehelf gemäß Art. 13 EMRK in einem Verfahren gegen mehrere Rechtsträger gerichtet werden, würde dies seine Effektivität voraussichtlich erheblich einschränken."[846]

Der Gesetzgeber hat trotz dieser Erwägungen die Haftung in § 200 GVG getrennt geregelt. Die Aufteilung nach Haftungsbereichen hat zur Folge, dass Verzögerungen im Ausgangsprozess zu Entschädigungsklagen bei unterschiedlichen Gerichten führen können.[847] Eine analoge Anwendung des § 421 BGB kommt

843 Vgl. dazu näher 4. Kapitel D. I. S. 133.

844 *Roderfeld*, in: Marx/Roderfeld, Rechtsschutz bei überlangen Gerichtsverfahren, § 200 GVG Rn. 3.

845 § 200 GVG des Referentenentwurf des BMJV vom 15.03.2010 lautete folgendermaßen: Sind an dem Gerichtsverfahren Gerichte verschiedener Rechtsträger beteiligt, gelten die Vorschriften der §§ 421 bis 426 des Bürgerlichen Gesetzbuches entsprechend. Für den Ausgleich im Innenverhältnis sind die Anteile der beteiligten Gerichte an der Verfahrensdauer maßgeblich. Hat ein Gericht die Verfahrensverzögerung nicht mit verursacht, bleibt sein Anteil für den Ausgleich unberücksichtigt. Abrufbar unter: http://www.bmj.de/SharedDocs/Downloads/DE/pdfs/Rechtsschutz_ueberlange_verfahren.pdf?_blob=publicationFile (zuletzt abgerufen am 10.09.2015).

846 Referentenentwurf des BMJV vom 15.03.2010 S. 24, abrufbar unter: http://www.bmj.de/SharedDocs/Downloads/DE/pdfs/Rechtsschutz_ueberlange_verfahren.pdf?_blob=publicationFile (zuletzt abgerufen am 10.09.2015).

847 Die unterschiedlichen Rechtsträger sind lediglich Teilschuldner gemäß § 420 BGB, *Magnus*, ZZP 125 (2012), 75 (83); ebenso *Reinfelder*, in: Düwell/Lipke, ArbGG, § 9 Rn. 28i, wenn sich das Verfahren sowohl beim ArbG bzw. LAG als auch beim BAG verzögert hat.

nicht in Betracht, da keine planwidrige Gesetzeslücke vorliegt. Im Hinblick auf den klaren gesetzgeberischen Willen scheidet eine Analogie aus.[848]

Es könnten sich allerdings Schwierigkeiten ergeben, den Haftungsanteil des jeweiligen Rechtsträgers für die Verfahrensverzögerung festzustellen, insbesondere bei Entschädigung materieller Nachteile.[849] Eine Zahlungsklage ist z.B. fünf Jahre beim LG und zwei Jahre beim BGH anhängig. Das OLG als Entschädigungsgericht müsste dann zwangsläufig auch prüfen, ob und ggf. in welchem Umfang der BGH unangemessene Verfahrensverzögerungen verursacht hat, um den eigenen Haftungsanteil bestimmen zu können. Eine solche Auslegung entspricht allerdings nicht dem Willen des Gesetzgebers, da nach der Gesetzesbegründung auf das Gesamtverfahren abzustellen ist, soweit es in die Haftungsverantwortung des in Anspruch genommenen Rechtsträgers fällt.[850]

Bei Entschädigung immaterieller Nachteile ist die Abgrenzung der jeweiligen Haftungsanteile in der Regel leichter, da § 198 Abs. 2 S. 3 GVG für Nichtvermögensnachteile eine jährliche Entschädigungspauschale vorsieht.[851] Das OLG prüft im oben genannten Fall die Verfahrensdauer vor den Gerichten des Landes und spricht ggf. eine Entschädigung zu, während der BGH die Verzögerungen im eigenen Verantwortungsbereich feststellt und ggf. den Bund zur Entschädigung verurteilt.

E. Übergangsrecht

I. Bei Inkrafttreten des § 198 GVG bereits abgeschlossene Verfahren

Art. 23 ÜGRG bestimmt den zeitlichen Anwendungsbereich des Gesetzes. Es wird zwischen abgeschlossenen und anhängigen Verfahren unterschieden. Entscheidend ist der Eintritt der formellen Rechtskraft.[852] Vor Inkrafttreten des

---

848 Siehe *Heine*, MDR 2013, 1147 (1150); OLG Hamm, Beschl. v. 26.04.2013 – Az. 11 EK 12/13 (Juris).

849 *Roderfeld*, in: Marx/Roderfeld, Rechtsschutz bei überlangen Gerichtsverfahren, § 200 GVG Rn. 4 f.

850 Vgl. BT-Drucks. 17/3802, S. 18. Dieses Problem ist bislang noch nicht diskutiert worden, da lediglich in drei Fällen Entschädigungsansprüche (wegen überlanger Verfahrensdauer vor dem BSG) gegen den Bund geltend gemacht, siehe BT-Drucks. 18/2950, S. 28.

851 *Roderfeld*, in: Marx/Roderfeld, Rechtsschutz bei überlangen Gerichtsverfahren, § 200 GVG Rn. 4 f.

852 BSG, Urt. v. 12.02.2015 – B 10 1/13 R (Juris Rn. 15).

ÜGRG bereits abgeschlossene Verfahren erfasst die Entschädigungsregelung nicht. Sie gilt nach Art. 23 S. 1 ÜGRG nur für Verfahren, die bei Inkrafttreten des ÜGRG am 3. Dezember 2011 bereits anhängig waren, sowie für abgeschlossene Verfahren, deren Dauer Gegenstand von anhängigen Beschwerden beim EGMR ist oder noch werden kann. Demnach werden abgeschlossene Verfahren von §§ 198 ff. GVG erfasst, wenn sie nach Erschöpfung aller innerstaatlichen Rechtsbehelfe zu einer Individualbeschwerde vor dem EGMR geführt haben oder noch führen können. Die Übergangsregelung soll weitere Verurteilungen der Bundesrepublik Deutschland verhindern und den EGMR entlasten.[853] Der Verfahrensabschluss darf nicht länger als sechs Monate zurückliegen, da die Beschwerdefrist des Art. 35 Abs. 1 EMRK sechs Monate beträgt. Maßgeblich ist die endgültige innerstaatliche Entscheidung. Die Zulässigkeit einer solchen Beschwerde richtet sich nach Art. 35 EMRK und der Rechtsprechung des EGMR.[854]

Allerdings reicht die formale Erhebung einer Beschwerde beim EGMR nicht aus, um einen Entschädigungsanspruch für abgeschlossene Verfahren zu begründen, wenn sie offensichtlich verfristet ist.[855] Die Beschwerde muss in zulässiger Weise erhoben werden, insbesondere muss die Sechsmonatsfrist des Art. 35 Abs. 1 EMRK gewahrt sein. Diese Voraussetzung ist dem Wortlaut des Art. 23 ÜGRG zwar nicht zu entnehmen. Es würde jedoch dem Sinn und Zweck der Übergangsregelung und dem Willen des Gesetzgebers nicht entsprechen, wenn mit der Einlegung verfristeter Individualbeschwerden eine Entschädigung wegen unangemessener Verfahrensdauer für bereits abgeschlossene Verfahren geltend gemacht werden könnte.[856]

Auf abgeschlossene Verfahren gemäß Satz 1 ist § 198 Abs. 3 und Abs. 5 GVG nicht anzuwenden (Art. 23 S. 5 ÜGRG). Nach der Gesetzesbegründung gilt für diese Verfahren eine Ausnahme vom Rügeerfordernis, da die Neuregelung noch nicht in Kraft getreten war.[857] Die Klage zur Durchsetzung eines Anspruchs nach § 198 Abs. 1 GVG kann bei abgeschlossenen Verfahren sofort erhoben werden, spätestens jedoch bis zum 3. Juni 2012 (Art. 23 S. 6 ÜGRG). Diese Regelung gewährleistet, dass der Betroffene ebenso wie bei § 198 Abs. 5 S. 2 GVG eine sechsmonatige – Art. 35 EMRK entsprechende – Überlegungsfrist zur Verfügung

853 BT-Drucks. 17/3802, S. 31.

854 Vgl. *Natter*, in: Natter/Gross, ArbGG, Anhang zu § 9 Rn. 49.

855 BGH, Urt. v. 11.07.2013 – III ZR 361/12, NJW 2014, 218; vgl. auch *Kissel/Mayer*, GVG, § 198 Rn. 26.

856 BGH, Urt. v. 11.07.2013 – III ZR 361/12, NJW 2014, 218 (219).

857 Vgl. BT-Drucks. 17/3802, S. 31.

hat.[858] Inwiefern das ÜGRG auf abgeschlossene Verfahren Anwendung findet, ist erst im Rahmen der Begründetheit der Entschädigungsklage zu prüfen.[859]

II. Bei Inkrafttreten des § 198 GVG anhängige Verfahren

Für anhängige Verfahren, die bei Inkrafttreten der Entschädigungsregelung schon verzögert sind, gilt § 198 Abs. 3 GVG mit der Maßgabe, dass die Verzögerungsrüge unverzüglich nach Inkrafttreten erhoben werden muss (Art. 23 S. 2 ÜGRG). Außerdem sind dem Gericht solche Umstände, die für die Verfahrensführung von Bedeutung sind, unverzüglich nach Inkrafttreten mitzuteilen.[860] In diesem Fall wahrt die Verzögerungsrüge einen Anspruch nach § 198 GVG auch für den vorausgehenden Zeitraum (Art. 23 S. 3 ÜGRG).

1. Unverzüglichkeit der Verzögerungsrüge

Nach der Gesetzesbegründung bedeutet unverzüglich „ohne schuldhaftes Zögern".[861] Es wird auf die Legaldefinition des § 121 Abs. 1 S. 1 BGB abgestellt. Demnach muss eine Anfechtung nicht sofort, jedoch innerhalb einer nach den Umständen des Einzelfalls zu bemessenden Prüfungs- und Überlegungsfrist erklärt werden.[862] Als Obergrenze für ein unverzügliches Handeln wird in der Regel ein Zeitraum von zwei Wochen angesehen.

Art. 23 S. 2 ÜGRG ist jedoch weit auszulegen, da dem Betroffenen eine angemessene Überlegungsfrist einzuräumen ist, um prüfen zu können, ob eine entschädigungspflichtige Verzögerung bereits eingetreten und eine Rügeerhebung daher geboten ist.[863] Bei der Bemessung der Überlegungsfrist kommt dem Zweck der gesetzlichen Neuregelung maßgebende Bedeutung zu. Der Entschädigungsanspruch wegen überlanger Verfahrensdauer soll eine Rechtsschutzlücke schließen. Außerdem ist das Gesetz nur einen Tag vor seinem Inkrafttreten verkündet worden (Art. 24 ÜGRG).[864] Eine zu kurze Überlegungsfrist wäre mit den Erfordernissen eines effektiven Rechtsschutzes kaum zu vereinbaren. Nach der

---

858 BGH, Urt. v. 11.07.2013 – III ZR 361/12, NJW 2014, 218 (219); BGH, Urt. v. 05.12.2013 – III ZR 73/12, NJW 2014, 789 (790). Vgl. unten 4. Kapitel C. II. S. 132.

859 BSG, Urt. v. 27.06.2013 – B 10 ÜG 9/13 B, NJW 2014, 253.

860 Siehe *Reinfelder*, in: Düwell/Lipke, ArbGG, § 9 Rn. 28o.

861 BT-Drucks. 17/3802, S. 31.

862 *Ellenberger*, in: Palandt, BGB, § 121 Rn. 3.

863 BGH, Urt. v. 10.04.2014 – III ZR 335/12, NJW 2014, 1967 (1968).

864 BGH, Urt. v. 10.04.2014 – III ZR 335/12, NJW 2014, 1967 (1968).

Rechtsprechung wird eine Drei-Monats-Frist als erforderlich aber auch als ausreichend erachtet, um den Anforderungen des Art. 13 EMRK zu entsprechen.[865] Somit wird eine Verzögerungsrüge unverzüglich im Sinne des Art. 23 S. 2 ÜGRG erhoben, wenn sie spätestens drei Monate nach Inkrafttreten des ÜGRG beim Ausgangsgericht eingegangen ist. Frühere Beanstandungen der Verfahrensdauer bzw. eine bereits vor Inkrafttreten des ÜGRG erhobene Verzögerungsrüge erfüllen diese Voraussetzung nicht.[866] Ebenso genügen eine Untätigkeitsbeschwerde sowie ein Schadensersatzverlangen vor Inkrafttreten des Art. 23 ÜGRG nicht.[867]

Das BSG hat zunächst offen gelassen, wann die Verzögerungsrüge spätestens eingelegt werden muss. Unverzügliches Erheben der Verzögerungsrüge erfordere jedenfalls ein nach den Umständen des Falles beschleunigtes Handeln, das dem Interesse des Empfängers der Erklärung an der gebotenen Klarstellung Rechnung trägt.[868] Das BSG hat diesen Ansatz nunmehr – auch für den Fall anwaltlicher Vertretung – in Einklang mit der Rechtsprechung des BFH und BGH dahingehend konkretisiert, dass eine Verzögerungsrüge noch unverzüglich erhoben ist, wenn sie spätestens drei Monate nach Inkrafttreten des ÜGRG beim Ausgangsgericht eingegangen ist.[869]

2. *Präklusion des Entschädigungsanspruchs*

Eine unverzüglich erhobene Verzögerungsrüge wahrt gemäß Art. 23 S. 3 ÜGRG den Entschädigungsanspruch auch für den vorausgehenden Zeitraum. Damit ist der Zeitraum bis zur Erhebung der Verzögerungsrüge gemeint.[870] Der vorausgehende Zeitraum bezieht sich nach Wortlaut und Stellung unmittelbar auf die Erhebung der Verzögerungsrüge. Nach der Gesetzesbegründung wird der Entschädigungsanspruch in diesem Fall rückwirkend in vollem Umfang gewahrt,

865 BFH, Zwischenurt. v. 07.11.2013 – X K 13/12, BeckRS 2013, 96642 Rn. 46; BFH, Urt. v. 19.03.2014 – X K 8/13, DStRE 2014, 883 (884); sich anschließend BGH, Urt. v. 10.04.2014 – III ZR 335/12, NJW 2014, 1967 (1968); ferner BGH, Urt. v. 17.07.2014 – III ZR 228/13, NJW 2014, 2588 (2590).

866 Vgl. BFH, Zwischenurt. v. 07.11.2013 – X K 13/12, BeckRS 2013, 96642 Rn. 25b; so auch BFH, Urt. v. 20.08.2014 – X K 9/13, DStR 2014, 2022 (2023).

867 BGH, Urt. v. 17.07.2014 – III ZR 228/13, NJW 2014, 2588 (2589).

868 Siehe BSG, Urt. v. 27.06.2013 – B 10 ÜG 9/13 B, NJW 2014, 253 (255).

869 BSG, Urt. v. 03.09.2014 – B 10 ÜG 2/14 R (Juris Rn. 27); ferner BSG, Urt. v. 12.02.2015 – B 10 ÜG 11/13 R (Juris Rn. 19); BSG, Urt. v. 12.02.2015 – B 10 ÜG7/14 R, BeckRS 2015, 68616 Rn. 41.

870 BGH, Urt. v. 10.04.2014 – III ZR 335/12, NJW 2014, 1967 (1968).

so als ob die Verzögerung bereits zu dem in § 198 Abs. 3 S. 2 GVG bestimmten Zeitpunkt gerügt worden wäre.[871]

Im Umkehrschluss aus Art. 23 S. 3 ÜGRG folgt, dass im Falle einer nicht unverzüglich erhobenen Verzögerungsrüge ein Anspruch nach § 198 GVG erst vom Rügezeitpunkt an entsteht.[872] Für den vorausgehenden Zeitraum ist der Entschädigungsanspruch materiellrechtlich präkludiert. § 198 Abs. 3 S. 2 GVG regelt den Zeitpunkt, zu dem die Verzögerungsrüge frühestens wirksam erhoben werden kann. Demnach kann sie erhoben werden, wenn Anlass zur Besorgnis besteht, dass das Verfahren nicht in einer angemessenen Zeit abgeschlossen wird.[873] Da nach dem Willen des Gesetzgebers die Geduld eines Verfahrensbeteiligten nicht „bestraft" werden soll, kann die Rüge auch nach dem in § 198 Abs. 3 S. 2 GVG bestimmten Zeitpunkt eingelegt werden. Die Übergangsregelung des Art. 23 S. 2 und S. 3 ÜGRG bestimmt hingegen den Zeitpunkt, zu dem die Verzögerungsrüge spätestens erhoben werden muss.[874] Sinn und Zweck der Übergangsregelung ist, dass der Betroffene innerhalb einer angemessenen Frist prüft, ob entschädigungspflichtige Verzögerungen eingetreten sind und eine Rüge zur Rechtswahrung erhoben werden muss.

Deshalb hat die Versäumung der Rügefrist zur Folge, dass eine Feststellung des Entschädigungsgerichts gemäß § 198 Abs. 4 S. 3 Halbsatz 2 GVG nicht in Betracht kommt.[875] Die Präklusionswirkung des Art. 23 S. 3 ÜGRG erfasst nicht nur den Anspruch auf Geldentschädigung, sondern alle Formen der Wiedergutmachung nach § 198 GVG.[876]

---

871 BT-Drucks. 17/3802, S. 31.

872 BGH, Urt. v. 10.04.2014 – III ZR 335/12 NJW 2014, 1967 (1968); *Ott*, in: Steinbeiß-Winkelmann/Ott, ÜGRG, Art. 23 ÜGRG Rn. 6.

873 Siehe hierzu bereits oben unter Kapitel 3 V. 4. S. 101.

874 BGH, Urt. v. 10.04.2014 – III ZR 335/12, NJW 2014, 1967 (1969).

875 BGH, Urt. v. 10.04.2014 – III ZR 335/12, NJW 2014, 1967 (1969).

876 Anders noch BFH, Urt. v. 17.04.2013 – X K 3/12, DStR 2013, 1027 (1035). Der BFH stellte eine unangemessene Verfahrensdauer fest, ohne zu prüfen, ob die Verzögerungsrüge unverzüglich nach Inkrafttreten des ÜGRG erhoben wurde. Denn eine Feststellung könne auch ausgesprochen werden, wenn eine oder mehrere Voraussetzungen des § 198 Abs. 3 GVG nicht erfüllt sind. Das gelte auch in Fällen der Übergangsregelung des Art. 23 S. 2 ÜGRG. Diese Rechtsansicht hat der BFH jedoch aufgegeben, vgl. hierzu BFH, Urt. v. 20.08.2014 – X K 9/13, DStR 2014, 2022 (2024). Der BFH schließt sich im Hinblick auf die Wahrung der Einheitlichkeit der Rechtsprechung der obersten Gerichtshöfe des Bundes der Rechtsauffassung des BGH in der Entscheidung vom 10.04.2014 – III ZR 335/13 an. Demnach kommt eine

Ist bei einem anhängigen Verfahren die Verzögerung in einer schon abgeschlossenen Instanz erfolgt, bedarf es keiner Verzögerungsrüge (Art. 23 S. 4 ÜGRG). In diesem Fall kann die Rüge ihre präventive Wirkung nicht mehr entfalten, sondern würde das zuständige Gericht nur unnötig belasten.[877] Kommt es bei dem zuständigen Gericht hingegen zu einer weiteren Verzögerung, findet die allgemeine Rügepflicht des § 198 Abs. 3 GVG Anwendung.

F. Zwischenergebnis

Das ÜGRG sieht eine Entschädigung sowohl für materielle als auch für immaterielle Nachteile vor. Da die §§ 249 ff. BGB nach der Gesetzesbegründung nicht anwendbar sind, wird der entgangene Gewinn nicht ersetzt. Der erlittene Substanzverlust ist jedoch vollständig auszugleichen. Eine Beschränkung der Ausgleichszahlung kommt lediglich unter dem Gesichtspunkt des Mitverschuldens gemäß § 254 BGB analog sowie des Vorteilsausgleichs in Betracht.

Sowohl natürliche als auch juristische Personen des Privatrechts können immaterielle Nachteile infolge einer überlangen Verfahrensdauer geltend machen. Die Entschädigung beträgt 1.200 EUR für jedes Jahr der Verzögerung. Für Zeiträume unter einem Jahr erfolgt eine zeitanteilige Berechnung. Das Entschädigungsgericht kann einen höheren oder niedrigeren Betrag festsetzen, wenn die jährliche Entschädigungspauschale unbillig ist.

Eine Entschädigungszahlung für immaterielle Nachteile kann nur beansprucht werden, soweit nicht nach den Umständen des Einzelfalles Wiedergutmachung auf andere Weise ausreichend ist, insbesondere durch die Feststellung des Entschädigungsgerichts, dass die Verfahrensdauer unangemessen war. Eine Feststellung der Unangemessenheit der Verfahrensdauer kommt auch dann in Betracht, wenn der Betroffene im Ausgangsverfahren keine Verzögerungsrüge erhoben hat. In schwerwiegenden Fällen kann eine gerichtliche Feststellung neben einer Entschädigung ausgesprochen werden. Ob ein schwerwiegender Fall vorliegt, ist anhand der Würdigung aller Einzelfallumstände zu ermitteln.

Anspruchsgegner für Nachteile, die aufgrund von Verzögerungen bei Gerichten eines Landes eingetreten sind, ist das Land. Der Bund haftet für Nachteile, die aufgrund von Verzögerungen bei Gerichten des Bundes entstanden sind. Bei Verzögerungen durch Gerichte eines Landes und zugleich eines Bundesgerichts im Instanzenzug haften Land und Bund gemeinsam und sind gesondert zu

Feststellung der unangemessenen Verfahrensdauer für den Zeitraum vor Erhebung der Verzögerungsrüge nicht in Betracht.

877 BT-Drucks. 17/3802, S. 31.

verklagen. Das gleiche gilt, wenn das Verfahren von den Gerichten eines Landes an die Gerichte eines anderen Landes verwiesen wird.

Nach der Gesetzesbegründung ist Bezugspunkt für die Beurteilung der angemessenen Verfahrensdauer die Dauer des Gesamtverfahrens. Das gilt jedoch nur, soweit es in die Haftungsverantwortung des in Anspruch genommenen Rechtsträgers fällt. Kommt es etwa vor dem LG und vor dem BGH zu Verfahrensverzögerungen, prüft das OLG die Verfahrensdauer vor dem LG und spricht ggf. eine Entschädigung zu, während der BGH die Verzögerungen im eigenen Verantwortungsbereich feststellt und ggf. den Bund zur Entschädigung verurteilt.

Nach der Übergangsregelung gelten die §§ 198 ff. GVG für Verfahren, die bei Inkrafttreten des ÜGRG bereits anhängig waren, sowie für abgeschlossene Verfahren, deren Dauer Gegenstand einer Individualbeschwerde beim EGMR ist. Bei abgeschlossenen Verfahren ist eine Verzögerungsrüge nicht Voraussetzung des Entschädigungsanspruchs.

Für anhängige Verfahren, die bei Inkrafttreten der Entschädigungsregelung schon verzögert sind, gilt § 198 Abs. 3 GVG mit der Maßgabe, dass die Verzögerungsrüge unverzüglich erhoben werden muss. Das ist der Fall, wenn sie spätestens drei Monate nach Inkrafttreten des ÜGRG beim Ausgangsgericht eingegangen ist. Anderenfalls ist ein Entschädigungsanspruch für den vorausgehendenden Zeitraum materiellrechtlich präkludiert. Auch eine Feststellung des Entschädigungsgerichts scheidet in diesem Fall aus.

Viertes Kapitel
Prozessuale Geltendmachung des Entschädigungsanspruchs

Die §§ 198 ff. GVG enthalten keine eigenen Verfahrensregelungen für den Entschädigungsprozess.[878] Gemäß § 201 Abs. 2 S. 1 GVG sind die Vorschriften der Zivilprozessordnung über das Verfahren vor den Landgerichten im ersten Rechtszug entsprechend anzuwenden. An die Stelle der ZPO treten entsprechend der Verweisungsvorschriften das ArbGG, die VwGO, das SGG und die FGO.[879]

Der Entschädigungsanspruch kann vor Klageerhebung nach allgemeinen Grundsätzen gegenüber dem jeweils haftenden Rechtsträger außergerichtlich geltend gemacht und befriedigt werden.[880] Die richterliche Unabhängigkeit muss bei der außergerichtlichen Einigung gewahrt werden. Deshalb kann die Justizverwaltung im Rahmen eines laufenden Verfahrens weder eine vorrangige Bearbeitung der Sache noch eine bestimmte Verfahrensdauer zusagen.

A. Allgemeines

Die Entschädigungsklage zur Durchsetzung eines Anspruchs nach § 198 Abs. 1 S. 1 GVG ist eine auf Zahlung gerichtete Leistungsklage.[881] Nach Ansicht des BGH ist eine Klage unmittelbar auf Feststellung der unangemessenen Dauer neben oder anstelle einer Klage auf Entschädigung nicht möglich.[882] Auch das BSG lehnt dies ab. Das BVerwG hält hingegen eine Feststellungsklage für zulässig.

Davon zu unterscheiden ist eine Klage auf Feststellung der Entschädigungspflicht. Bei der Geltendmachung von Vermögensnachteilen können Schwierigkeiten bei der Bezifferung der Entschädigungshöhe auftreten. In diesem Fall

878 Vgl. *Dietrich*, ZZP 127 (2014), 169 (174).

879 Siehe § 9 Abs. 2 S. 2 ArbGG, § 173 S. 2 VwGO, § 202 S. 2 SGG, § 155 S. 2 FGO.

880 BT-Drucks. 17/3802, S. 22; ebenso *Zimmermann*, in: MüKo-ZPO, § 198 GVG Rn. 70. Grundsätzlich bedarf es jedoch keiner außergerichtlichen Geltendmachung des Zahlungsanspruchs, vgl. BSG, Urt. v. 12.02.2015 – B 10 ÜG 7/14 R, BeckRS 2015, 68616 Rn. 18.

881 BSG, Beschl. v. 27.06.2013 – B 10 ÜG 9/13 B, NJW 2014, 253 (254); BGH, Urt. v. 23.01.2014, NJW 2014, 939 (940); *Ott*, in: Steinbeiß-Winkelmann/Ott, ÜGRG, § 198 GVG Rn. 242.

882 Ausführlich dazu 6. Kapitel B. S. **Fehler! Textmarke nicht definiert.**.

kann ausnahmsweise auf bloße Feststellung der Entschädigungspflicht nach § 256 Abs. 1 ZPO geklagt werden, und zwar auch dann, wenn eine Entschädigungsklage während des noch laufenden Ausgangsverfahrens erhoben wird.[883] Die Feststellungsklage ist nach allgemeinen zivilprozessualen Grundsätzen zulässig, wenn der Kläger seinen Anspruch noch nicht oder nicht ohne aufwendige Begutachtung beziffern kann.[884] Ein besonderes Feststellungsinteresse ist z.B. zu bejahen, wenn die Schadensentwicklung noch nicht abgeschlossen ist.[885] Der Kläger darf in diesem Fall nicht auf den Vorrang der Leistungsklage verwiesen werden.

Das erforderliche Feststellungsinteresse nach § 256 Abs. 1 ZPO ist allerdings zu verneinen, wenn dem Kläger die Erhebung einer Leistungsklage ohne Weiteres möglich und zumutbar ist, sodass die Entschädigungsfrage in einem Prozess abschließend geklärt werden kann.[886]

B. Zuständiges Gericht

Die Entschädigungsklage ist beim sog. Entschädigungsgericht (§ 193 Abs. 3 S. 5 GVG) zu erheben. Gemäß § 201 Abs. 1 S. 1 GVG ist für Klagen auf Entschädigung gegen ein Land das Oberlandesgericht, in dessen Bezirk das streitgegenständliche Verfahren durchgeführt wurde, zuständig. Zuständig für Klagen auf Entschädigung gegen den Bund ist der Bundesgerichtshof (S. 2). Die Zuständigkeitsaufteilung entspricht der Aufteilung der Haftung zwischen Bund und Land in § 200 GVG.[887] Diese Zuständigkeiten sind ausschließliche (S. 3), sowohl sachlich als auch örtlich.[888] Eine wirksame Gerichtsstandsvereinbarung nach § 38 ZPO kann daher nicht getroffen werden. Auch eine Zuständigkeitsbegründung kraft rügeloser Einlassung nach § 39 ZPO ist ausgeschlossen (§ 40 Abs. 2 S. 1 Nr. 2, S. 2 GVG). Werden mehrere Länder verklagt, weil der Ausgangsrechtsstreit länderübergreifend abgegeben wurde, hat der Kläger ein Wahlrecht, welches der örtlich zuständigen Oberlandesgerichte er anruft.[889]

---

883 BGH, Urt. v. 23.01.2014 – III ZR 37/13, NJW 2014, 939 (941); insoweit nicht eindeutig *Ott*, in: Steinbeiß-Winkelmann/Ott, ÜGRG, § 198 GVG Rn. 263.

884 *Foerste*, in: Musielak/Voit, ZPO, § 256 Rn. 14.

885 *Heine*, MDR 2014, 1008 (1009).

886 BGH, Urt. v. 23.01.2014 – III ZR 37/13, NJW 2014, 939 (943).

887 Vgl. BT-Drucks. 17/3802, S. 25.

888 *Roderfeld*, in: Marx/Roderfeld, Rechtsschutz bei überlangen Gerichtsverfahren, § 200 GVG Rn. 2 f.

889 Vgl. oben 3. Kapitel D. II. S. 120.

Im Referentenentwurf des Bundesjustizministeriums war zunächst vorgesehen, alle Entschädigungsklagen einheitlich der ordentlichen Gerichtsbarkeit zuzuweisen.[890] Dafür spricht, dass die Amtshaftungsklagen bereits der ordentlichen Gerichtsbarkeit zugewiesen sind und eine Zuständigkeitskonzentration der Entwicklung einer einheitlichen Rechtsprechung dient. Eine Zuständigkeit bei der ordentlichen Gerichtsbarkeit hat sich jedoch nicht durchgesetzt.

Für die Entschädigungsklagen sind infolge der einzelnen Verweisungsvorschriften in den Verfahrensordnungen die Gerichte der jeweils betroffenen Gerichtsbarkeit zuständig.[891] Über Ansprüche gegen ein Land entscheiden die Oberlandesgerichte, die Landesarbeitsgerichte, die Oberverwaltungsgerichte bzw. die Verwaltungsgerichtshöfe und die Landessozialgerichte. Über Ansprüche gegen den Bund sind der Bundesgerichtshof, das Bundesarbeitsgericht, das Bundesverwaltungsgericht und das Bundesozialgericht zur Entscheidung berufen. Eine Ausnahme besteht in der Finanzgerichtsbarkeit. Gemäß § 155 S. 2 FGO tritt an die Stelle des Oberlandesgerichts und des Bundesgerichtshofs der Bundesfinanzhof. Daher ist der Bundesfinanzhof sowohl für Entschädigungsklagen gegen ein Land als auch gegen den Bund zuständig.

Begründet wird diese Zuständigkeitsregelung damit, dass auf diese Weise über Besonderheiten des jeweiligen materiellen und prozessualen Rechts, insbesondere über das Tatbestandmerkmal der „Angemessenheit" der Verfahrensdauer sachkundig geurteilt werden kann.[892] Bei Uneinigkeit über grundsätzliche Rechtsfragen kann der Gemeinsame Senat der obersten Bundesgerichte (Art. 95 Abs. 3 GG) angerufen werden.[893]

Die Entscheidung des Entschädigungsgerichts ergeht durch den Senat. Gemäß § 201 Abs. 2 S. 2 GVG ist eine Entscheidung durch den Einzelrichter im Hinblick auf die besondere Schwierigkeit der Entschädigungssachen ausgeschlossen. Nach Ansicht des Gesetzgebers bedarf es im besonderen Maße der „qualitätssichernden Wirkung der Kollegialspruchkörper".[894] Dabei ist ein Richter, der in dem beanstandeten Verfahren in einem Rechtszug mitgewirkt hat, auf dessen

890 Vgl. Referentenentwurf des BMJV vom 15.3.2010, abrufbar unter: http://www.bmj.de/SharedDocs/Downloads/DE/pdfs/Rechtsschutz_ueberlange_verfahren.pdf?__blob=publicationFile (zuletzt abgerufen am 10.09.2015).

891 Siehe § 173 S. 2 VwGO, § 202 S. 2 SGG, § 9 Abs. 2 S. 2 ArbGG.

892 Vgl. BT-Drucks. 17/3802, S. 25; *Roller*, DRiZ Beilage Juni 2012, 1 (8).

893 BT-Drucks. 17/3802, S. 25. Dazu näher 6. Kapitel G. II. 3. S. 178.

894 BT-Drucks. 17/3802, S. 25.

Dauer der Entschädigungsanspruch gestützt wird, gemäß § 41 Nr. 7 ZPO kraft Gesetzes von der Ausübung des Richteramtes ausgeschlossen.[895]

C. Zeitpunkt der Klageerhebung

I. Frühester Zeitpunkt

Gemäß § 198 Abs. 5 S. 1 GVG kann eine Klage zur Durchsetzung eines Anspruchs auf Entschädigung frühestens sechs Monate nach Erhebung der Verzögerungsrüge erhoben werden.

Sinn und Zweck der Wartefrist ist es, dem Gericht des Ausgangsverfahrens hinreichend Zeit zu geben, um auf die Verzögerungsrüge zu reagieren und das Verfahren beschleunigt zu führen, sodass es in angemessener Zeit beendet werden kann.[896] Ist eine unangemessene Verzögerung bei Erhebung der Verzögerungsrüge bereits eingetreten, kann das Gericht weiteren Schaden vermeiden. Darüber hinaus sollen die Gerichte vor verfrühten Klagen geschützt werden. Die sechsmonatige Wartefrist gilt auch für eine Klage auf Feststellung der Entschädigungspflicht nach § 256 Abs. 1 ZPO.[897]

Die Klagefrist ist eine besondere Sachurteilsvoraussetzung, die in jeder Lage des Verfahrens von Amts wegen zu prüfen ist.[898] Eine vor Fristablauf erhobene Klage wird nach Ablauf von sechs Monaten nicht zulässig, vielmehr ist sie durch ein Prozessurteil als unzulässig abzuweisen. Der Mangel ist nicht heilbar.[899] Eine rügelose Einlassung nach § 295 ZPO kommt nicht in Betracht. Allerdings kann nach Ablauf der Wartefrist eine erneute Entschädigungsklage eingelegt

---

895 In der Arbeitsgerichtsbarkeit findet § 41 Nr. 7 ZPO über § 46 Abs. 2 S. 1 ArbGG Anwendung. Im Verwaltungsprozess gelten gemäß § 54 Abs. 1 VwGO für die Ausschließung und Ablehnung von Gerichtspersonen die §§ 41 bis 49 ZPO entsprechend. Vgl. auch § 51 FGO und § 60 SGG.

896 Vgl. BT-Drucks. 17/3802, S. 22.

897 Siehe BGH, Urt. v. 23.01.2014 - III ZR 37/13, NJW 2014, 939 (941).

898 BGH, Urt. v. 17.07.2014 - III ZR 228/13, NJW 2014, 2588 (2589); ferner BVerwG, Urt. v. 26.02.2015 - 5 C 5/14 D, BeckRS 2015, 44209 Rn. 18; vgl. *Reinfelder*, in: Düwell/Lipke, ArbGG, § 9 Rn. 28g; *Baumbach et al.*, ZPO, § 198 GVG Rn. 46.

899 BVerwG, Urt. v. 26.02.2015 - 5 C 5/14 D, BeckRS 2015, 44209 Rn. 18; ebenso *Marx*, in: Marx/Roderfeld, Rechtsschutz bei überlangen Gerichtsverfahren, § 198 GVG Rn. 179; a.A. *Zimmermann*, in: MüKo-ZPO, § 198 GVG Rn. 72, der die Auffassung vertritt, dass es keine Auswirkungen hat, wenn die Klage geringfügig zu früh eingereicht wird und die Klagefrist dann zu Beginn der mündlichen Verhandlung abgelaufen ist.

werden.[900] Die Frist beginnt mit schriftlichem Eingang der Verzögerungsrüge beim Ausgangsgericht oder durch Einlegung in mündlicher Form zu laufen.[901]

In der Sozialgerichtsbarkeit bestand zunächst Unsicherheit darüber, ob eine frühzeitig erhobene Entschädigungsklage nach Fristablauf zulässig werden kann.[902] Das BSG hat sich schließlich der Rechtsprechung des BGH angeschlossen. Es sei zwar anerkannt, dass im Falle der Untätigkeitsklage aus Gründen der Prozessökonomie eine vor Fristablauf erhobene Klage im Laufe des Klageverfahrens zulässig werden kann.[903] Die Untätigkeitsklage ist ebenfalls gemäß § 88 Abs. 1 S. 1 VwGO nicht vor Ablauf von sechs Monaten seit dem Antrag auf Vornahme des Verwaltungsakts zulässig. Des Weiteren sollen die Instanzgerichte in Fällen, in denen die Rechtsmäßigkeit und Zweckmäßigkeit eines Verwaltungsakts in einem Vorverfahren nachzuprüfen ist, Gelegenheit zur Nachholung des gebotenen Vorverfahrens geben.

§ 198 Abs. 5 S. 1 GVG sei allerdings keine auf das sozialgerichtliche Verfahren abgestimmte Prozessnorm. Daher ist nach Ansicht des BSG hinsichtlich der für alle Verfahrensordnungen einheitlichen Regelung das Verfahren der Heilung durch Zeitablauf bzw. Nachholung des Verwaltungshandelns nicht auf das Entschädigungsverfahren zu übertragen.[904] Zugleich hat das BSG den Betroffenen eine Übergangsfrist eingeräumt. Demnach ist die Nichteinhaltung der Wartefrist im sozialgerichtlichen Entschädigungsverfahren bis zum 31. Dezember 2014 unschädlich, denn vor Bekanntwerden der Entscheidung des BSG sei es denkbar gewesen, den Rechtsgedanken der Heilung durch Zeitablauf auf die Entschädigungsklage zu übertragen.[905]

900 *Vom Stein/Brand*, NZA 2014, 113 (118); *Heine*, MDR 2012, 327.

901 Vgl. BT-Drucks. 17/3802, S. 25.

902 Siehe hierzu *Loytved*, SGb 2014, 293 (295).

903 BSG, Urt. v. 03.09.2014 – B 10 ÜG 2/14 R (Juris Rn. 20).

904 BSG, Urt. v. 03.09.2014 – B 10 ÜG 2/14 R (Juris Rn. 20).

905 Im Einzelnen BSG, Urt. v. 03.09.2014 – B 10 ÜG 2/14 R (Juris Rn. 22); kritisch Anm. *Voelzke/Schlegel*, jurisPR-SozR 10/2015, es erscheine sehr fraglich, ob das BSG eine Norm für nicht anwendbar erklären kann. Eine Normverwerfungskompetenz steht gemäß § 95 Abs. 3 BVerfGG nur dem BVerfG zu. Hält das Gericht eine Norm für verfassungswidrig, muss es das Verfahren aussetzen und die Entscheidung des BVerfG einholen (Art. 100 GG). Lediglich in den Fällen, in denen das Gericht eine Norm für europarechtswidrig hält, ist es befugt – aufgrund des Anwendungsvorrangs des Unionsrechts – die Norm nicht anzuwenden. Die richterliche Rechtsfortbildung bedarf im Falle der Abweichung von positivem Gesetzesrecht einer entsprechenden Kompetenzzuweisung, vgl. *Hillgruber*, in: Maunz/Dürig, GG, Art. 97 Rn. 63 f. Eine solche Kompetenzzuweisung sei vorliegend nicht ersichtlich.

Die Klage kann auch erhoben werden, wenn das Ausgangsfahren noch andauert.[906] Der Abschluss des Ausgangsverfahrens ist keine Zulässigkeitsvoraussetzung.[907] Nach der Gesetzesbegründung kann der Anspruch auf ein zügiges Verfahren schon vor dem rechtskräftigen Abschluss des Verfahrens verletzt sein und ein Entschädigungsanspruch deshalb bereits bestehen.[908] Das Entschädigungsgericht hat in diesem Fall die Möglichkeit, das Verfahren nach § 201 Abs. 3 S. 1 GVG auszusetzen.[909] Verfahrensrechtlich handelt es sich um eine Teilklage, da eine Entschädigung nur für einen bestimmten Abschnitt des Gesamtverfahrens geltend gemacht wird.[910]

Aus dem Schutzzweck des § 198 Abs. 5 S. 1 GVG folgt, dass eine Klageerhebung vor Fristablauf zulässig ist, wenn das verzögerte Verfahren bereits vor Fristablauf beendet wird. Das ist z.B. bei Verfahren des vorläufigen Rechtsschutzes[911] sowie bei Anhörungsrügeverfahren regelmäßig der Fall.[912] Nach der Gesetzesbegründung soll die Wartefrist der präventiven Funktion der Verzögerungsrüge Rechnung tragen und dem Ausgangsgericht die Möglichkeit geben, das Verfahren zu beschleunigen.[913] Wird ein Verfahren vor Ablauf der Sechsmonatsfrist beendet, würde ein Abwarten der Frist keinen Sinn mehr machen und wäre reine Förmelei. Deshalb ist § 198 Abs. 5 S. 1 GVG in diesen Fällen dahingehend teleologisch zu reduzieren, dass eine Entschädigungsklage vom Zeitpunkt des Verfahrensabschlusses an zulässig ist.[914]

---

906 Der Bundesrat hatte sich im Gesetzgebungsverfahren gegen diese Möglichkeit ausgesprochen. Wenn die Entschädigungsklage während des laufenden Verfahrens erhoben werden kann, bestehe die Gefahr von (weiteren) Verzögerungen, vgl. BT-Drucks. 17/3802, S. 35.

907 BGH, Urt. v. 10.04.2014 – III ZR 335/12, NJW 2014, 1967.

908 Aus diesem Grund hat die Bundesregierung dem Vorschlag des Bundesrates nicht zugestimmt, vgl. BT-Drucks. 17/3802, S. 41.

909 Vgl. dazu näher 4. Kapitel D. IV. S. 138.

910 Siehe unten 4. Kapitel D. I. S. 133.

911 Vgl. *W.-R. Schenke*, in: Kopp/Schenke, VwGO, § 173 Rn. 24; ebenso *Marx*, in: Marx/Roderfeld, Rechtsschutz bei überlangen Gerichtsverfahren, § 198 GVG Rn. 150.

912 BGH, Urt. v. 21.05.2014 – III ZR 355/13, NJW 2014, 2443 (2444).

913 Siehe BVerwG, Urt. v. 26.02.2015 – 5 C 5/14 D, BeckRS 2015, 44209 Rn. 15.

914 BGH, Urt. v. 21.05.2014 – III ZR 355/13, NJW 2014, 2443 (2444); BGH, Urt. v. 17.07.2014 – III ZR 228/13, NJW 2014, 2588 (2589); a.A. *Stahnecker*, Entschädigung bei überlangen Gerichtsverfahren, Rn. 166, der die Auffassung vertritt, dass ein Abwarten von ein paar wenigen Monaten bis zur Erhebung der Entschädigungsklage keine Einschränkung des effektiven Rechtsschutzes sei.

Eine teleologische Reduktion der Klagefrist scheidet hingegen aus, wenn das erstinstanzliche Verfahren zwar vor Ablauf von sechs Monaten abgeschlossen wird, bei Erhebung der Entschädigungsklage jedoch in der Rechtsmittelinstanz anhängig ist.[915] Die eingetretenen Verzögerungen können noch durch eine zügige Verhandlung der Sache in der zweiten Instanz kompensiert werden.[916]

II. Spätester Zeitpunkt

Die Entschädigungsklage muss spätestens sechs Monate nach Eintritt der Rechtskraft der Entscheidung, die das Verfahren beendet, oder einer anderen Erledigung des Verfahrens erhoben werden (§ 198 Abs. 5 S. 2 GVG). Die Länge der Ausschlussfrist orientiert sich an Art. 35 EMRK. Es handelt sich hierbei um eine absolute Ausschlussfrist für die Geltendmachung des Entschädigungsanspruchs, nach deren Ablauf der Anspruch verwirkt ist.[917] Die Klagefrist hat materiellrechtliche Ausschlusswirkung. Wird die Frist versäumt, ist die Entschädigungsklage als unbegründet abzuweisen.[918] Eine Wiedereinsetzung in den vorherigen Stand ist ausgeschlossen.[919] Nach der Gesetzesbegründung soll allerdings die entsprechende Anwendung einzelner Verjährungsvorschriften in Betracht kommen.[920] Möglich ist demnach eine Anwendung der Hemmungsgründe der §§ 206, 210,

915 Vgl. BGH, Urt. v. 17.07.2014 – III ZR 228/13, NJW 2014, 2588 (2589).

916 Im Einzelnen oben unter Kapitel 3. B. III. 2. a) S. 85.

917 BT-Drucks. 17/3802, S. 22; *Wolff*, in: Posser/Wolff, VwGO, § 173 Rn. 35; so auch *Breitkreuz*, in: Breitkreuz/Fichte, SGG, § 202 Rn. 54; ferner *Lückemann*, in: Zöller, ZPO, § 198 GVG Rn. 11; *Reinfelder*, in: Düwell/Lipke, ArbGG, § 9 Rn. 28g; ausführlich *Marx*, in: Marx/Roderfeld, Rechtsschutz bei überlangen Gerichtsverfahren, § 198 GVG Rn. 159 ff.

918 *Kämpfer*, SchlHA 2011, 389 (391); *W.-R. Schenke*, NVwZ 2012, 257 (263); anders dagegen *Heine*, MDR 2012, 327, der § 198 Abs. 5 S. 2 GVG mit der Regelung des § 13 Abs. 1 S. 2 StrEG für vergleichbar hält. Die Einhaltung der in § 13 Abs. 1 S. 2 StrEG vorgesehenen Klagefrist sei ein besonderes Zulässigkeitserfordernis, mit deren Ablauf das Klagerecht verwirkt ist, nicht jedoch der materiellrechtliche Anspruch.

919 BSG, Urt. v. 10.07.2014 – B 10 ÜG 8/13 R (Juris Rn. 12); ebenso *W.-R. Schenke*, in: Kopp/Schenke, VwGO, § 173 Rn. 25, § 60 VwGO ist nicht anwendbar; ferner *Zimmermann*, in: MüKo-ZPO, § 198 GVG Rn. 74, wonach eine Wiedereinsetzung kommt nicht in Betracht, da die Frist des § 198 Abs. 5 S. 2 GVG nicht in § 233 ZPO genannt wird; ferner *Reinfelder*, in: Düwell/Lipke, ArbGG, § 9 Rn. 28o, nachdem ein möglicher Anspruch auf Wiedereinsetzung oder eine Anwendung des § 5 KSchG ausscheidet.

920 BT-Drucks. 17/3802, S. 22; § 204 Abs. 1 Nr. 14 BGB ist entsprechend anwendbar, vgl. BSG, Urt. v. 10.07.2014 – B 10 ÜG 8/13 R (Juris Rn. 12).

211 BGB.[921] Offen ist insoweit, ob der Fristablauf durch eine beim Landgericht erhobene Amtshaftungsklage gehemmt werden kann.[922]

Nach der Gesetzesbegründung soll § 198 Abs. 5 S. 2 GVG der öffentlichen Hand einen alsbaldigen Überblick über etwaige Entschädigungszahlungen verschaffen und einen endgültigen Abschluss der Entschädigungsverfahren ermöglichen.[923] Die Frist beginnt unabhängig von der Kenntnis des Anspruchsinhabers vom Fristbeginn mit der Rechtskraft der Entscheidung im Ausgangsverfahren oder einer anderen Erledigung des Verfahrens.

Bei abgeschlossenen Verfahren kann die Klage sofort erhoben werden (Art. 23 Abs. 6 ÜGRG). Eine Wartefrist ist nicht einzuhalten.[924] Die Entschädigungsklage muss spätestens bis 3. Juni 2012 erhoben werden. Dabei handelt es sich ebenfalls um eine gesetzliche Ausschlussfrist.[925] Die Länge der Frist entspricht der in § 198 Abs. 5 S. 2 GVG vorgesehenen Zeitspanne. Somit hat der Gesetzgeber für alle Verfahren eine einheitliche Überlegungsfrist von sechs Monaten vorgesehen, in der die Betroffenen über die Erhebung einer Entschädigungsklage entscheiden können.[926]

Die Entschädigungsklage wird durch Zustellung der Klageschrift an den Beklagten erhoben (§ 201 Abs. 2 S. 1 GVG i.V.m. § 253 Abs. 1 ZPO).[927] Die bloße Einreichung der Klageschrift beim Entschädigungsgericht wahrt die Frist nicht. Die Fristberechnung bestimmt sich nach § 222 ZPO i.V.m. §§ 187 Abs. 1, 188

---

921 Siehe *Marx*, in: Marx/Roderfeld, Rechtsschutz bei überlangen Gerichtsverfahren, § 198 GVG Rn. 180; *Ott*, in: Steinbeiß-Winkelmann/Ott, ÜGRG, § 198 GVG Rn. 261.

922 *Wolff*, VR 2012, 289 (292); siehe auch *Althammer/Schäuble*, NJW 2012, 1 (3), der eine Hemmung für möglich hält. § 204 Abs. 1 Nr. 1 BGB sei zwar nicht anwendbar, da der Streitgegenstand der Amtshaftungsklage und des Entschädigungsanspruchs unterschiedlich sind. Allerdings komme eine entsprechende Anwendung von § 213 BGB in Betracht, da die Vorschrift die Hemmungswirkung auf miteinander konkurrierende Ansprüche erstreckt.

923 BT-Drucks. 17/3802, S. 22.

924 *Ott*, in: Steinbeiß-Winkelmann/Ott, ÜGRG, § 198 GVG Rn. 6.

925 *Kissel/Mayer*, GVG, § 198 Rn. 10.

926 Vgl. *Reinfelder*, in: Düwell/Lipke, ArbGG, § 9 Rn. 28o; *Link/Van Dorp*, Rechtsschutz bei überlangen Gerichtsverfahren, Rn. 160.

927 Die Zustellung der Klageschrift erfolgt, sobald die Gebühr für das Verfahren im Allgemeinen gemäß §§ 12a, 12 Abs. 1 S. 1 GKG gezahlt worden ist. Siehe BGH, Urt. v. 17.07.2014 – III ZR 228/13, NJW 2014, 2588 (2589 f.); vgl. auch *Marx*, in: Marx/Roderfeld, Rechtsschutz bei überlangen Gerichtsverfahren, § 198 GVG Rn. 149; *Baumbach et al.*, ZPO, § 198 GVG Rn. 46.

Abs. 2 BGB. Des Weiteren findet § 167 ZPO Anwendung.[928] Wenn durch die Zustellung eine Frist gewahrt werden soll, wie bei § 198 Abs. 5 S. 2 GVG, tritt diese Wirkung bereits mit Eingang der Klage ein, wenn die Zustellung demnächst erfolgt.

D. Weitere prozessuale Gesichtspunkte

I. Teilklage

Die Entschädigungsklage kann prozessrechtlich auf eine von mehreren Instanzen begrenzt werden. Die Begrenzung der Entschädigungsklage z.B. auf die infolge der unangemessenen Dauer des Berufungszulassungsverfahrens entstandenen Nachteile ist zulässig.[929] Dies folgt aus der Dispositionsbefugnis des Klägers als Rechtsmittelführer (§ 88 VwGO). Ein Rechtsmittel kann auf einen von mehreren selbständigen Streitgegenständen einer Klage oder auf einen Teil des Streitgegenstandes beschränkt werden, wenn dieser Teil abtrennbar ist und materiellrechtliche Gründe einer gesonderten Entscheidung nicht entgegenstehen.[930] Davon zu trennen ist die Frage nach dem materiellrechtlichen Bezugsrahmen des Entschädigungsanspruchs. Bezugsrahmen ist gleichwohl die Gesamtdauer des gerichtlichen Verfahrens von dessen Einleitung in der ersten Instanz bis zum rechtskräftigen Abschluss in der letzten Instanz. Das materielle Recht steht der Gewährung einer Entschädigung lediglich für die in einer Instanz erlittenen Nachteile nicht entgegen.

Für die Zulässigkeit einer Teilklage spricht ferner, dass die Klage auf Entschädigung während des noch laufenden Ausgangsverfahrens erhoben werden kann.[931] Darüber hinaus differenziert das Gesetz nach den verschiedenen

928 *Heine*, MDR 2013, 1081 (1082 f.); vgl. *Roderfeld*, in: Marx/Roderfeld, Rechtsschutz bei überlangen Gerichtsverfahren, § 198 GVG Rn. 171.

929 Siehe BVerwG, Urt. v. 27.02.2014 – 5 C 1/13 D, NVwZ 2014, 1523.

930 BVerwG, Urt. v. 11.07.2013 – 5 C 23/12 D, NJW 2014, 96 (103); ferner BVerwG, Urt. v. 27.02.2014 – 5 C 1/13 D, NVwZ 2014, 1523 (1524); BVerwG, Beschl. v. 08.05.2014 – 5 B 3/14 D, BeckRS 2014, 51765 Rn. 6.

931 Vgl. BVerwG, Urt. v. 27.02.2014 – 5 C 1/13 D, NVwZ 2014, 1523 (1524); kritisch hingegen der DRB, es bestehe ein hohes Missbrauchspotential und die Gefahr, dass durch eine parallele Führung der Entschädigungsklage die Dauer des Ausgangsverfahrens noch weiter verzögert werde. Stellungnahme des DRB zur Evaluation des ÜGRG Nr. 4/14, S. 5, abrufbar unter: http://www.drb.de/cms/fileadmin/docs/Stellungnahmen/2014/DRB_140304_Stn_Nr_04_UEberlange_Gerichtsverfahren_Evaluation.pdf (zuletzt abgerufen am 10.09.2015).

Verfahrensabschnitten. So muss eine erneute Verzögerungsrüge erhoben werden (§ 198 Abs. 3 S. 5 GVG), wenn die Sache bei einem anderen Gericht anhängig wird und es dort zu weiteren Verzögerungen kommt. Zudem können verschiedene Rechtsträger – einerseits das jeweilige Land und andererseits der Bund – für die von ihnen zu verantwortenden Verfahrensverzögerungen in Anspruch genommen werden.

Voraussetzung für eine Teilklage während des noch andauernden Ausgangsverfahrens ist, dass unabhängig von dem weiteren Verlauf des Ausgangsverfahrens bereits eine Entscheidung über den Entschädigungsanspruch getroffen werden kann. Dementsprechend müssen alle Anspruchsvoraussetzungen des § 198 Abs. 1 S. 1 GVG erfüllt sein.[932] Das ergibt sich auch aus dem Wortlaut des § 198 Abs. 5 S. 1 GVG. Danach kann eine Entschädigungsklage „zur Durchsetzung eines Anspruchs nach Absatz 1" frühestens sechs Monate nach Einlegung der Verzögerungsrüge erhoben werden. Es müssen daher sowohl eine unangemessene, nicht mehr kompensierbare Verfahrensverzögerung als auch bereits endgültig eingetretene Nachteile feststellbar sein.[933] Deshalb kann eine Entschädigung nicht zugesprochen werden, wenn eine Beurteilung der Angemessenheit der Gesamtverfahrensdauer noch nicht möglich ist.[934]

Das BVerwG hält eine Klage des Betroffenen auf Feststellung der unangemessenen Verfahrensdauer für zulässig.[935] Dementsprechend kann nach Ansicht des BVerwG der Feststellungsantrag auf die Verfahrensdauer in der ersten Instanz beschränkt werden.[936] Das materielle Recht steht einem gesonderten Ausspruch darüber, dass die Verfahrensdauer in einer Instanz unangemessen war, nicht entgegen. Des Weiteren kann eine Klage auf Feststellung der unangemessenen Verfahrensdauer während des noch andauernden Ausgangsverfahrens erhoben

---

932 BGH, Urt. v. 23.01.2014 – III ZR 37/13, NJW 2014, 939 (941); BGH, Urt. v. 10.04.2014 – III ZR 335/12, NJW 2014, 1967.

933 Siehe BGH, Urt. v. 23.01.2014 – III ZR 37/13, NJW 2014, 939 (941). Siehe hierzu oben 3. Kapitel B. III. 2. a) S. 85.

934 Das Ausgangsverfahren hatte einen komplexen Architekten- und Bauprozess zum Gegenstand, der durch eine mehrfach erweiterte Wider- und Drittwiderklage des Entschädigungsklägers bestimmt wurde und deshalb von Anfang an auf einen mehrjährigen Rechtsstreit angelegt war. Im Hinblick auf die vielfältigen Möglichkeiten, die eingetretenen Verzögerungen durch besondere Beschleunigungsmaßnahmen zu kompensieren, kommt nach Ansicht des BGH hinsichtlich einzelner Verfahrensabschnitte die Feststellung einer irreparablen Verzögerung nicht in Betracht. Vgl. hierzu BGH, Urt. v. 23.01.2014 – III ZR 37/13, NJW 2014, 939 (942).

935 Vgl. unten 6. Kapitel B. S. **Fehler! Textmarke nicht definiert.**

936 BVerwG, Urt. v. 11.07.2013 – 5 C 23/12 D, NJW 2014, 96 (103).

werden. In diesem Fall kann durch die gerichtliche Feststellung Druck auf das Ausgangsgericht ausgeübt werden, das Verfahren zu beschleunigen.[937]

II. Bezifferung des Klageantrags

Der Inhalt der Klageschrift bestimmt sich nach § 253 Abs. 2 ZPO. Materielle Nachteile sind demnach zu beziffern. Bei immateriellen Nachteilen ist – wie bei der Geltendmachung von Schmerzensgeldansprüchen – ein unbezifferter Zahlungsantrag zulässig.[938] Die Höhe der Entschädigung kann in das Ermessen des Gerichts gestellt werden.

Der BGH differenziert danach, ob der Kläger die jährliche Entschädigungspauschale in Höhe von 1.200 EUR oder einen von der Entschädigungspauschale abweichenden Betrag geltend macht. Die Bezifferung des Klageantrags ist in Fällen des Regelsatzes ohne Weiteres möglich.[939] Wenn der Kläger hingegen einen vom Regelsatz abweichenden Entschädigungsbetrag oder den Regelbetrag nur als Mindestbetrag geltend macht, kann er einen unbezifferten Klageantrag stellen. Das Entschädigungsgericht hat stets von Amts wegen zu prüfen, ob der Pauschalbetrag gemäß § 198 Abs. 2 S. 4 GVG nach den Umständen des Einzelfalles unbillig und deshalb ein höherer oder niedrigerer Betrag festzusetzen ist. Bei der Festsetzung der Entschädigungshöhe kommt dem gerichtlichen Ermessen maßgebliche Bedeutung zu.[940] Der Kläger muss lediglich die tatsächlichen Grundlagen für die Ermessensausübung des Gerichts und die Größenordnung des Anspruchs angeben, so dass eine angemessene Entschädigung nach § 287 ZPO ermittelt werden kann.

Auch nach Ansicht des BVerwG genügt der Klageantrag bei immateriellen Nachteilen dem Bestimmtheitserfordernis des § 82 Abs. 1 S. 2 VwGO, wenn der Kläger die für die Bemessung der Höhe des Anspruchs erforderlichen Tatsachen benennt und die Größenordnung der geltend gemachten Entschädigung, wie z.B. einen Mindestbetrag, angibt.[941]

---

937 Die Feststellungsklage stellt im Hinblick auf die Verfahrensbeschleunigung ein effektiveres Rechtsschutzelement als eine Entschädigungsklage dar, vgl. *W.-R. Schenke*, NJW 2015, 433 (437).

938 *Ott*, in: Steinbeiß-Winkelmann/Ott, ÜGRG, § 198 GVG Rn. 244; so auch *Wolff*, VR 2012, 289 (292); *Zimmermann*, FamRZ 2011, 1905 (1909); ferner *Mack/Wollweber*, Stbg 2012, 7 (10).

939 BGH, Urt. v. 23.01.2014 – III ZR 37/13, NJW 2014, 939 (943).

940 Vgl. *Althammer/Schäuble*, NJW 2012, 1 (6).

941 BVerwG, Urt. v. 26.02.2015 – 5 C 5/14 D, BeckRS 2015, 44209 Rn. 15.

III. Darlegungs- und Beweislast

Gemäß § 201 Abs. 2 S. 1 GVG werden die Vorschriften der ZPO über das Verfahren vor den Landgerichten im ersten Rechtszug für entsprechend anwendbar erklärt. Daher gilt der Beibringungsgrundsatz.[942] Der Kläger trägt die volle Darlegungs- und Beweislast für sämtliche Tatsachen, die eine überlange Dauer des Ausgangsverfahrens begründen.[943] Besonderheiten der Darlegungs- und Beweislast in den übrigen Gerichtsbarkeiten sind bei entsprechender Anwendung der §§ 198 ff. GVG zu berücksichtigen.[944]

Einerseits hat der Kläger darzulegen, dass er im Ausgangsverfahren eine fristgerechte Verzögerungsrüge erhoben sowie das Gericht auf besondere Umstände der Verzögerung hingewiesen hat und die geltenden gemachten Umstände vorgelegen haben.[945] Andererseits muss er die einzelnen Zeiträume des Ausgangsverfahrens benennen, in denen seiner Auffassung nach eine unangemessene Verzögerung vorgelegen hat.[946] Ferner muss er die konkreten gerichtlichen Maßnahmen oder Unterlassungen vortragen, die zu einer überlangen Verfahrensdauer geführt haben. Die bloße Bezugnahme auf die Akten des Ausgangsverfahrens genügt für einen schlüssigen Vortrag nicht.[947]

Bei gerichtorganisatorischen Mängeln sowie sonstigen Umständen, die im Bereich der Justiz liegen und dem Einblick des Klägers entzogen sind, gelten die allgemeinen Grundsätze zum Umfang der Darlegungslast.[948] Da der Justizverwaltung insoweit nähere Angaben zumutbar sind, trifft sie die sekundäre Behauptungs- und Darlegungslast.[949]

Des Weiteren ist der Kläger in vollem Umfang für die geltend gemachten materiellen Nachteile darlegungs- und beweispflichtig.[950] Das Gericht entscheidet allerdings gemäß § 287 Abs. 1 ZPO unter Würdigung aller Umstände nach freier Überzeugung, wenn zwischen den Parteien streitig ist, ob ein Schaden

---

942 BT-Drucks. 17/3802, S. 25.

943 Vgl. BGH, Urt. v. 23.01.2014 – III ZR 37/13, NJW 2014, 939 (941); *Natter*, in: Natter/Gross, ArbGG, Anhang zu § 9 Rn. 40.

944 BT-Drucks. 17/3802, S. 25.

945 Siehe BT-Drucks. 17/3802, S. 21, 25; *Kissel/Mayer*, GVG, § 198 Rn. 22.

946 *Hansen*, SchlHA 2013, 221 (222).

947 *Heine*, MDR 2014, 1008 (1011).

948 BT-Drucks. 17/3802, S. 25; siehe auch BGH, Urt. v. 14.11.2013 – III ZR 376/12, NJW 2014, 220 (223).

949 Vgl. *Zimmermann*, FamRZ 2011, 1905 (1910).

950 *Lückemann*, in: Zöller, ZPO, § 198 GVG Rn. 7.

entstanden ist und wie hoch der Schaden ist.[951] Dies gilt auch, wenn sich die genaue Schadenshöhe nur mit unverhältnismäßigem Aufwand ermitteln lässt (§ 287 Abs. 2 ZPO). Diese Vorschrift soll verhindern, dass materiell berechtigte Schadensersatzansprüche an prozessualen Anforderungen scheitern.[952]

Ebenso trägt der Kläger die Beweislast für die Kausalität. Es finden jedoch die Grundsätze des Anscheinsbeweises Anwendung. Der Beklagte kann demnach den Anscheinsbeweis erschüttern, in dem er die ernsthafte Möglichkeit eines abweichenden Verlaufs darlegt.[953]

Eine Ausnahme vom Beibringungsgrundsatz gilt für die Entschädigung immaterieller Nachteile. Ein Nichtvermögensnachteil wird gemäß § 198 Abs. 2 S. 1 GVG vermutet, wenn ein Gerichtsverfahren unangemessen lange gedauert hat. Der Kläger muss daher nicht darlegen, dass ein immaterieller Nachteil eingetreten ist. § 198 Abs. 2 S. 1 GVG stellt eine widerlegliche gesetzliche Tatsachenvermutung im Sinne von § 292 ZPO dar.[954] Deshalb muss die nach § 200 GVG haftende Körperschaft das Nichtvorliegen eines solchen Nachteils darlegen und beweisen.[955] Da es sich um einen Negativbeweis handelt, kommen der haftenden Körperschaft die Grundsätze der sekundären Behauptungslast zugute.[956]

Die Vermutung des § 198 Abs. 2 S. 1 GVG hat sowohl der BGH als auch der BFH bereits als widerlegt angesehen. Nach Ansicht des BGH ist die Nachteilsvermutung widerlegt, wenn gegen eine Partei eine Vielzahl von Verfahren betrieben wird (sog. Massenverfahren).[957] Nach der Rechtsprechung des BFH ist die Vermutung des § 198 Abs. 2 S. 1 GVG als widerlegt anzusehen, wenn der Kläger im Ausgangsverfahren ausschließlich wegen der überlangen Verfahrensdauer obsiegt hat.[958]

---

951 Siehe *Roderfeld*, in: Marx/Roderfeld, Rechtsschutz bei überlangen Gerichtsverfahren, § 198 GVG Rn. 73.

952 *Prütting*, in: MüKo-ZPO, § 287 Rn. 1.

953 Vgl. *Kissel/Mayer*, GVG, § 198 Rn. 26.

954 Siehe *Kissel/Mayer*, GVG, § 198 Rn. 27; *Baumbach et al.*, ZPO, § 198 GVG Rn. 19.

955 *Heine*, MDR 2012, 327 (330).

956 BGH, Urt. v. 12.02.2015 – III ZR 141/14, NJW 2015, 1312 (1315).

957 Vgl. BGH, Urt. v. 12.02.2015 – III ZR 141/14, NJW 2015, 1312 (1315). Im konkreten Fall waren über 380 Verfahren gegen den Kläger anhängig. Es sei daher kein fühlbarer immaterieller Nachteil dadurch entstanden, dass einzelne dieser Verfahren nicht in angemessener Zeit erledigt wurden.

958 BFH, Urt. v. 20.11.2013 – X K 2/12, BeckRS 2014, 94159 Rn. 26 ff., 31. Zu dem Zeitpunkt, in dem das Ausgangsverfahren bereits verzögert war, ist zugunsten des Klägers eine Änderung der höchstrichterlichen Rechtsprechung in der für das Verfahren maßgebenden Rechtsfrage eingetreten. Die Nachteilsvermutung ist nach Ansicht

IV. Aussetzung des Verfahrens

Das Entschädigungsgericht kann das Verfahren nach § 201 Abs. 3 S. 1 GVG aussetzen, wenn das Gerichtsverfahren, von dessen Dauer ein Anspruch nach § 198 GVG abhängt, noch andauert. Die Aussetzung kann bis zum rechtskräftigen Abschluss des Ausgangsverfahrens erfolgen und steht im pflichtgemäßen Ermessen des Gerichts.[959]

Die Möglichkeit das Verfahren nach § 201 Abs. 3 S. 1 GVG auszusetzen ist weiter als nach § 148 ZPO. Das Gericht kann gemäß § 148 ZPO die Aussetzung der Verhandlung anordnen, wenn die Entscheidung des Rechtsstreits ganz oder zum Teil von dem Bestehen oder Nichtbestehen eines Rechtsverhältnisses abhängt, das Gegenstand eines anderen anhängigen Rechtsstreits ist. Für eine Aussetzung der Verhandlung nach § 201 Abs. 3 S. 1 GVG ist hingegen ausreichend, dass die Dauer des Ausgangsverfahrens die Entscheidung über die Entschädigung beeinflussen kann.[960] Das Entschädigungsverfahren ist demnach auszusetzen, wenn sich der Verzögerungsumfang oder die Höhe der erlittenen Nachteile erst nach Abschluss des Ausgangsverfahrens feststellen lässt.[961] Daher kommt eine Aussetzung des Verfahrens auch bei der Klage auf Feststellung der Entschädigungspflicht in Betracht.[962]

Nach der Rechtsprechung des BGH kann das Entschädigungsgericht die Klage als zurzeit unbegründet abweisen, wenn die Entschädigungsvoraussetzungen nach § 198 GVG nicht feststellbar sind.[963] Ist das Gericht der Auffassung, dass die Klage verfrüht erhoben worden ist, muss es das Verfahren nicht aussetzen, um nach Abschluss des Ausgangsverfahrens endgültig darüber zu entscheiden, ob die Anspruchsvoraussetzungen später vorgelegen haben.

V. Vertretungszwang

Für die Verfahrensbeteiligten besteht die Notwendigkeit der Vertretung durch einen Rechtsanwalt oder sonstigen Bevollmächtigten nach Maßgabe der

---

des BFH als widerlegt anzusehen, wenn die Verfahrensdauer für den Betroffenen – abgesehen von der Dauer selbst – von erheblichem Vorteil war.

959 BT-Drucks. 17/3802, S. 25; BGH, Urt. v. 23.01.2014 – III ZR 37/13, NJW 2014, 939 (944).

960 Siehe *Marx*, in: Marx/Roderfeld, Rechtsschutz bei überlangen Gerichtsverfahren, § 201 GVG Rn. 19.

961 Vgl. *Natter*, in: Natter/Gross, ArbGG, Anhang zu § 9 Rn. 33.

962 BGH, Urt. v. 23.01.2014 – III ZR 37/13, NJW 2014, 939 (941).

963 Vgl. BGH, Urt. v. 23.01.2014 – III ZR 37/13, NJW 2014, 939 (944).

jeweiligen Verfahrensordnung. Die Beteiligten müssen sich vor dem OLG durch einen Rechtsanwalt (§ 78 Abs. 1 S. 1 ZPO) und vor dem BGH durch einen beim Bundesgerichtshof zugelassenen Rechtsanwalt vertreten lassen (§ 78 Abs. 1 S. 3 ZPO). Sowohl in der Arbeitsgerichtsbarkeit als auch in der Verwaltungsgerichtsbarkeit ist vor dem LAG und dem BAG bzw. vor dem OVG und dem BVerwG die Vertretung durch einen Rechtsanwalt oder einen anderen vertretungsberechtigten Bevollmächtigten vorgeschrieben (§ 11 Abs. 4 ArbGG, § 67 Abs. 4 VwGO). In der Sozialgerichtsbarkeit besteht kein Vertretungszwang vor dem LSG, lediglich vor dem BSG bedarf es der Vertretung durch einen Rechtsanwalt oder einen sonstigen vertretungsberechtigten Bevollmächtigten (§ 73 Abs. 4 SGG).[964] Vor dem BFH müssen sich die Verfahrensbeteiligten ebenfalls durch einen Rechtsanwalt oder einen sonstigen vertretungsberechtigen Bevollmächtigten vertreten lassen (§ 62 Abs. 4 FGO).[965]

VI. Rechtsmittel

Gemäß § 201 Abs. 2 S. 3 Halbsatz 1 GVG findet gegen die Entscheidung des OLG nach Maßgabe des § 543 ZPO die Revision statt. Des Weiteren findet § 544 ZPO entsprechende Anwendung (Halbsatz 2). Die Revision findet gemäß § 543 Abs. 1 ZPO nur statt, wenn sie das OLG oder der BGH auf Beschwerde gegen die Nichtzulassung zugelassen hat. Das OLG hat die Revision gemäß § 543 Abs. 2 ZPO zuzulassen, wenn die Rechtssache grundsätzliche Bedeutung hat oder die Fortbildung des Rechts oder die Sicherung einer einheitlichen Rechtsprechung eine Entscheidung des Revisionsgerichts erfordern. In der Revisionsinstanz prüft das Revisionsgericht, ob das Entschädigungsgericht den rechtlichen Rahmen verkannt, Denkgesetze oder allgemeine Erfahrungssätze verletzt hat und ob alle für die Beurteilung wesentlichen Umstände berücksichtigt und angemessen abgewogen worden sind.[966] In den Fachgerichtsbarkeiten gilt Entsprechendes für die

964 Zum Vertretungszwang vor dem BSG auch bei Entschädigungsklagen, siehe BSG, Urt. v. 17.12.2014 - B 10 ÜG 2/14 KL (Juris Rn. 11).

965 Der Vertretungszwang gemäß § 62 Abs. 4 FGO gilt auch für Entschädigungsklagen wegen überlanger Verfahrensdauer, für die nach § 155 S. 2 FGO ausschließlich der BFH zuständig ist. Der Vertretungszwang verstößt nicht gegen höherrangiges Recht, insbesondere nicht gegen Art. 6 EMRK. Siehe BFH, Urt. v. 06.02.2013 - X K 11/12, NVwZ-RR 2013, 702.

966 BGH, Urt. v. 14.11.2013 - III ZR 376/12, NJW 2014, 220 (223); BGH, Urt. v. 13.03.2014 - III ZR 91/13, NJW 2014, 1816 (1818); ferner BSG, Urt. v. 12.02.2015 - B 10 ÜG 11/13 R (Juris Rn. 25).

Revision gegen Entscheidungen der OVG, der LSG und der LAG.[967] Eine Ausnahme gilt für die Finanzgerichtsbarkeit, da der BFH in Entschädigungsklagen erste und letzte Instanz ist.

Gegen die Nichtzulassung der Revision durch das OLG ist die Nichtzulassungsbeschwerde zum BGH nach § 544 ZPO statthaft. Sie ist nur zulässig, wenn der Wert der mit der Revision geltend zu machenden Beschwer 20.000 EUR übersteigt (§ 26 Nr. 8 S. 1 EGZPO). Die Übergangsvorschrift des § 26 Nr. 8 S. 1 EGZPO ist bei Entschädigungsklagen entsprechend anwendbar.[968] Nicht entsprechend anwendbar ist hingegen § 26 Nr. 8 S. 2 EGZPO. Diese Vorschrift ist für das Entschädigungsverfahren gemäß §§ 198 ff. GVG, wo das Rechtsmittel der Berufung nicht vorgesehen ist, ohne Bedeutung.

Gegen die Zurückweisung eines Prozesskostenhilfegesuches durch das erstinstanzlich zuständige OLG ist ausschließlich die Rechtsbeschwerde nach Maßgabe des § 574 ZPO statthaft.[969] Die Rechtsbeschwerde zum BGH ist zulässig, wenn dies im Gesetz ausdrücklich bestimmt ist oder das OLG sie in dem angefochtenen Beschluss zugelassen hat (§ 574 Abs. 1 Nr. 1 und Nr. 2 ZPO). Ebenso ist gegen die Zurückweisung eines Befangenheitsgesuchs in Entschädigungssachen die Rechtsbeschwerde nur statthaft, wenn sie vom OLG zugelassen wurde.[970] Für die Arbeitsgerichtsbarkeit gilt Entsprechendes.[971] In der Verwaltungs- und Sozialgerichtsbarkeit ist der Beschluss hingegen unanfechtbar.[972]

VII. Gerichtskosten

Gemäß § 12 Abs. 1 GKG soll die Klage in bürgerlichen Rechtsstreitigkeiten erst nach Zahlung der Gebühr für das Verfahren im Allgemeinen zugestellt werden. In Verfahren wegen überlanger Gerichtsverfahren ist diese Vorschrift

---

967 Siehe §§ 132, 133 VwGO, §§ 160, 160a SGG, §§ 72, 72a ArbGG.

968 BGH, Urt. v. 18.12.2014 – III ZR 472/13 (Juris Rn. 6 ff.).

969 Die sofortige Beschwerde ist nur gegen im ersten Rechtszug ergangene Entscheidungen der Amts- und Landgerichte statthaft. Erstinstanzliche Entscheidungen der Oberlandesgerichte können allein mit der Rechtsbeschwerde angefochten werden, vgl. BGH, Beschl. v. 27.06.2012 – III ZB 45/12, NJW 2012, 2449; *Ball*, in: Musielak/Voit, ZPO, § 574 Rn. 2.

970 BGH, Urt. v. 27.06.2013 – III ZB 42/13, BeckRS 2013, 11094.

971 Vgl. § 78 ArbGG. *Vom Stein/Brand*, NZA 2014, 113 (119).

972 Vgl. § 152 Abs. 1 VwGO, § 177 SGG. Siehe auch BSG, Beschl. v. 05.01.2015 – B 10 ÜG 13/14 S, BeckRS 2015, 65474 Rn. 3; BSG, Beschl. v. 27.02.2015 – B 10 ÜG 4/15 S, BeckRS 2015, 66595 Rn. 2.

entsprechend anzuwenden (§ 12a GKG). Daher ist in allen Gerichtsbarkeiten ein Gerichtskostenvorschuss zu zahlen.[973]

Die Verfahren vor den Sozialgerichten sind gemäß § 183 S. 1 SGG grundsätzlich kostenfrei. Die Kostenfreiheit gilt jedoch nicht in Verfahren wegen überlanger Dauer eines Gerichtsverfahrens (§ 183 S. 6 SGG). Ferner ist § 12 a Abs. 1 S. 1 ArbGG, der in Verfahren der 1. Instanz vor den Arbeitsgerichten keinen Anspruch auf Kostenerstattung vorsieht, im Entschädigungsprozess nicht anwendbar.[974]

Die entsprechende Anwendung des § 12 Abs. 1 GKG in allen Gerichtsbarkeiten wirft die Frage auf, ob auch in der Verwaltungs-, Finanz-, und Sozialgerichtsbarkeit die Bearbeitung der Klage erst nach Einzahlung des Kostenvorschusses zu erfolgen hat. Anders als nach §§ 253 Abs. 1, 263 ZPO tritt die Rechtshängigkeit einer Klage gemäß § 90 Abs. 1 VwGO, § 66 FGO und § 94 Abs. 1 SGG bereits mit Einreichung der Klage bei Gericht ein und nicht erst durch Zustellung der Klageschrift. In den öffentlich-rechtlichen Gerichtsbarkeiten wird – anders als in der ordentlichen Gerichtsbarkeit und der Arbeitsgerichtsbarkeit – nicht zwischen Anhängigkeit und Rechtshängigkeit der Klage unterschieden.

In den öffentlich-rechtlichen Gerichtsbarkeiten besteht deshalb Unklarheit hinsichtlich der entsprechenden Anwendbarkeit des § 12 GVG. Insbesondere in der Sozialgerichtsbarkeit entstehen durch die Pflicht zur Einzahlung des

---

973 Die BRAK befürwortet bei Entschädigungsklagen die Einführung der Gerichtskostenfreiheit. Die Betroffenen sollten nicht noch mit der Zahlung von Gerichtskostenvorschüssen belastet werden. Diese Anforderung sei eine Hürde im Hinblick auf die Gewährung effektiven Rechtsschutzes. Vgl. Stellungnahme der BRAK zur Evaluation des ÜGRG Nr. 11/2014, S. 24, abrufbar unter: http://www.brak.de/zur-rechtspolitik/stellungnahmen-pdf/stellungnahmen-deutschland/2014/maerz/stellungnahme-der-brak-2014-11.pdf (zuletzt abgerufen am 10.09.2015). Diese Ansicht ist allerdings abzulehnen. In der Sache Taron/Deutschland hat der EGMR bereits entschieden, dass Gerichtskosten die Zugänglichkeit des Verfahrens nach § 198 GVG nicht unangemessen einschränken. Der EGMR verweist insofern auf die allgemeinen Vorschriften über die Prozesskostenhilfe in Deutschland, die er wiederholt als mit den Anforderungen der EMRK vereinbar angesehen hat. Siehe EGMR, Urt. v. 29.05.2012 – 53126/07, NVwZ 2013, 47 (48) – Taron/Deutschland.

974 Siehe hierzu *Vom Stein/Brand*, NZA 2014, 113 (119). Der Ausschluss der Kostenerstattungspflicht hat vor allem sozialpolitische Gründe. Der Arbeitnehmer soll ohne hohes Kostenrisiko Ansprüche im Zusammenhang mit seinem Arbeitsverhältnis gerichtlich geltend machen können. Sinn und Zweck des Entschädigungsverfahrens ist hingegen Nachteile infolge der überlangen Verfahrensdauer auszugleichen.

Kostenvorschusses prozessuale Probleme.[975] Gemäß § 197a SGG finden die Vorschriften des GKG im Entschädigungsverfahren ohne Einschränkung Anwendung. Nach dem Willen des Gesetzgebers soll das Verfahren auch in der Sozialgerichtsbarkeit erst nach Zahlung des Kostenvorschusses betrieben werden.

Soll das Entschädigungsverfahren in der Sozialgerichtsbarkeit kostenrechtlich nicht anders behandelt werden als in den übrigen Gerichtsbarkeiten, ist § 12a GKG in Verbindung mit § 12 Abs. 1 GKG im Sozialgerichtsprozess dahingehend auszulegen, dass nach Einreichung der Klage der weitere Fortgang des Entschädigungsverfahrens von der Einzahlung der Gebühr im Allgemeinen abhängig gemacht wird.[976] Eine Klarstellung des Gesetzgebers wäre nach Ansicht des BSG insofern wünschenswert.[977] Die Bundesregierung prüft momentan eine entsprechende Gesetzgebungsinitiative.[978]

Der BFH hat bereits entschieden, dass die Zustellung der Klage von der vorherigen Zahlung des Gerichtskostenvorschusses abhängig ist.[979] Das BVerwG hat zu dieser Frage bislang noch keine Ausführungen gemacht.

Nicht geregelt hat der Gesetzgeber, wie zu verfahren ist, wenn der Kläger den Gerichtskostenvorschuss auch nach Aufforderung durch das Gericht nicht einzahlt und keiner der in § 14 GKG genannten Ausnahmegründe vorliegt.[980] Anders als im Zivilverfahren, wo das Gericht die Akten bei Nichtzahlung der Gebühr im Allgemeinen – mangels Rechtshängigkeit der Sache – weglegen kann, bleibt die Sache im Sozialgerichtsverfahren rechtshängig.[981]

---

975 Vgl. BSG, Urt. v. 12.02.2015 – B 10 ÜG 8/14 B (Juris Rn. 23 f.).

976 BSG, Urt. v. 12.02.2015 – B 10 ÜG 8/14 B (Juris Rn. 25); kritisch hingegen *Söhngen*, NZS 2012, 493 (498), nachdem die Rechtfertigung der Nichtbearbeitung einer rechtshängigen Klage einer gesetzlichen Grundlage bedarf. Der Verweis in § 12a GKG auf § 12 Abs. 1 GKG sei insofern nicht ausreichend.

977 BSG, Urt. v. 12.02.2015 – B 10 ÜG 8/14 B (Juris Rn. 25); so auch Stellungnahme des DRB zur Evaluation des ÜGRG Nr. 4/14, S. 5 f., abrufbar unter: http://www.drb.de/cms/fileadmin/docs/Stellungnahmen/2014/DRB_140304_Stn_Nr_04_UEberlange_Gerichtsverfahren_Evaluation.pdf (zuletzt abgerufen am 10.09.2015).

978 BT-Drucks. 18/2950, S. 34.

979 BFH, Beschl. v. 12.06.2013 – X K 2/13, BeckRS 2013, 95500 Rn. 14; ferner *Pondelik*, SteuK 2014, 334 (335), wonach es ein in der Finanzgerichtsbarkeit „Novum" ist, dass die Entschädigungsklage erst nach Zahlung der Gerichtskosten zugestellt wird.

980 Siehe BSG, Urt. v. 12.02.2015 – B 10 ÜG 8/14 B (Juris Rn. 26 ff.).

981 Die Sozialgerichte haben die Entschädigungsklage teilweise in entsprechender Anwendung des § 102 Abs. 2 S. 1 SGG als zurückgenommen behandelt, wenn der Kläger

VIII. Sonstiges

Wenn dem Kläger im Entschädigungsverfahren eine Entschädigung zugesprochen wird, hat er außerdem einen Anspruch auf Prozesszinsen in Höhe von fünf Prozentpunkten über dem Basiszinssatz seit Rechtshängigkeit, § 288 Abs. 1 S. 2 i.V.m. § 291 S. 1 BGB.[982] Ein erhöhter Zinssatz nach § 288 Abs. 2 BGB kommt nicht in Betracht, da der Entschädigungsanspruch keine Entgeltforderung ist. Entgeltforderungen sind Forderungen, die auf Zahlung eines Entgelts als Gegenleistung für die Lieferung von Gütern oder die Erbringung von Dienstleistungen gerichtet ist.[983]

Wenn ein Entschädigungsanspruch nicht oder nicht in der geltend gemachten Höhe besteht, das Gericht allerdings eine unangemessene Verfahrensdauer feststellt, entscheidet es gemäß § 201 Abs. 4 GVG über die Kosten nach billigem Ermessen. Die §§ 91 ff. ZPO und die entsprechenden Kostenvorschriften in den einzelnen Verfahrensordnungen finden in diesem Fall keine Anwendung. Nach der Gesetzesbegründung soll einerseits vermieden werden, dass die beklagte Partei bei unverhältnismäßig hohen Entschädigungsforderungen und entsprechend hohem Streitwert mit den Kosten belastet wird.[984] Andererseits werden angemessene Kostenentscheidungen ermöglicht, wenn der Kläger seine Rügeobliegenheit nicht erfüllt hat oder nur ein niedriger Schaden entstanden ist, eine überlange Verfahrensdauer jedoch festgestellt wurde.[985]

Es entspricht dem billigen Ermessen, dem Beklagten den überwiegenden Teil der Kosten des Verfahrens aufzuerlegen, wenn tatsächlich eine erhebliche Verfahrensverzögerung eingetreten ist, die dem Zeitraum entspricht, den der Kläger seiner Entschädigungsforderung zu Grunde gelegt hat, und der Kläger die Höhe seiner Entschädigungsforderung auf den gesetzlichen Pauschalbetrag beschränkt hat.[986] Solche Billigkeitserwägungen sind jedoch nicht anzustellen,

---

auch nach Setzung einer Frist von drei Monaten den erforderlichen Gerichtskostenvorschuss nicht eingezahlt hat. Das BSG hat dies ausdrücklich offen gelassen, vgl. BSG, Urt. v. 12.02.2015 - B 10 ÜG 8/14 B (Juris Rn. 28).

982 BVerwG, Beschl. v. 27.02.2014 - 5 C 1/13 D, NVwZ 2014, 1523 (1528); ebenso BFH, Urt. v. 19.03.2014 - X K 8/13, DStRE 2014, 883 (886); ferner BSG, Urt. v. 03.09.2014 - B 10 ÜG 2/14 R (Juris Rn. 54).

983 *Grüneberg*, in: Palandt, BGB, § 288 Rn. 8, § 286 Rn. 27.

984 BT-Drucks. 17/3802, S. 26.

985 BT-Drucks. 17/3802, S. 26; *Stahnecker*, Entschädigung bei überlangen Gerichtsverfahren, Rn. 179; *Althammer/Schäuble*, NJW 2012, 1 (6).

986 Im vorliegenden Fall waren es 75 % der Kosten, siehe BFH, Urt. v. 17.04.2013 - X K 3/12, DStR 2013, 1027 (1028).

wenn das Gericht dem Betroffenen eine geringere Entschädigung als beantragt zuspricht, ohne dabei eine Feststellung nach § 198 Abs. 4 GVG zu treffen.[987]

Bei der Urteilsabfassung ist neben § 313a ZPO (Weglassen von Tatbestand und Entscheidungsgründen) und den entsprechenden Vorschriften in den einzelnen Verfahrensordnungen zu berücksichtigen, dass eine Begründungspflicht auch unter konventionsrechtlichen Gesichtspunkten besteht, wenn das Entschädigungsgericht dem Betroffenen keine Entschädigung für immaterielle Nachteile gewährt, da es eine gerichtliche Feststellung für ausreichend erachtet.[988]

Gemäß § 198 Abs. 3 GVG ist der Anspruch bis zur rechtskräftigen Entscheidung über die Klage nicht übertragbar, also weder abtretbar noch pfändbar (§ 851 Abs. 1 ZPO). Maßgeblich ist die formelle Rechtskraft nach § 705 ZPO.[989] Der Entschädigungsanspruch ist vererblich.[990]

E. Zwischenergebnis

Zur prozessualen Geltendmachung des Entschädigungsanspruchs ist Folgendes festzuhalten: Zuständig für die Klage auf Entschädigung sind die Gerichte der jeweiligen Gerichtsbarkeit. Eine Entschädigungsklage kann frühestens sechs Monate nach Einlegung der Verzögerungsrüge erhoben werden. In Einzelfällen kommt eine teleologische Reduktion des § 198 Abs. 5 S. 1 GVG in Betracht. Die Entschädigungsklage kann bereits während des noch laufenden Aufgangsverfahrens erhoben werden, spätestens jedoch sechs Monate nach der rechtskräftigen Beendigung des Ausgangsverfahrens. Dabei handelt es sich um eine absolute Ausschlussfrist für die Geltendmachung des Entschädigungsanspruchs.

Die Entschädigungsklage kann prozessrechtlich auf eine von mehreren Instanzen begrenzt werden. Voraussetzung für eine Teilklage ist, dass unabhängig von dem weiteren Verlauf des Ausgangsverfahrens bereits über den Entschädigungsanspruch entschieden werden kann. Materiellrechtlicher Bezugsrahmen bleibt gleichwohl die Gesamtdauer des gerichtlichen Verfahrens von dessen

---

987 Vgl. BGH, Urt. v. 14.11.2013 – III ZR 376/12, NJW 2014, 220 (224).

988 BT-Drucks. 17/3802, S. 20; vgl. EGMR, Urt. v. 29.03.2006 – 62361/00 Z. 94 – Riccardi Pizzati/Italien.

989 Ein „Handel“ mit dem Entschädigungsanspruch soll ebenso wie bei § 13 Abs. 2 StrEG ausgeschlossen sein, vgl. hierzu. BT-Drucks. 17/3802, S 36; *Baumbach et al.*, ZPO, § 198 GVG Rn. 48.

990 BFH, Urt. v. 20.08.2014 – X K 9/13, DStR 2014, 2022 (2025); *Ott*, in: Steinbeiß-Winkelmann/Ott, ÜGRG, § 198 GVG Rn. 267.

Einleitung in der ersten Instanz bis zum rechtskräftigen Abschluss in der letzten Instanz.

Die Darlegungs- und Beweislast trägt im Entschädigungsprozess grundsätzlich der Kläger. Eine Ausnahme bildet § 198 Abs. 2 S. 1 GVG. Demnach wird vermutet, dass ein immaterieller Nachteil eingetreten ist, wenn das Verfahren unangemessen lange gedauert hat. Bei gerichtsorganisatorischen Mängeln sowie sonstigen Umständen, die im Bereich der Justiz liegen, besteht eine sekundäre Behauptungs- und Darlegungslast der Justizverwaltung.

Der Betroffene muss sich im Entschädigungsverfahren durch einen Rechtsanwalt vertreten lassen, eine Ausnahme bildet das Verfahren vor dem LSG. In allen Gerichtsbarkeiten ist ein Gerichtskostenvorschuss zu zahlen. Gegen die Entscheidung des Entschädigungsgerichts ist die Revision statthaft.

Fünftes Kapitel
Verhältnis des § 198 GVG zu den bisherigen Rechtsschutzmöglichkeiten

Nachfolgend wird das Verhältnis des Entschädigungsanspruchs zu den bisherigen Rechtsschutzmöglichkeiten bei überlanger Verfahrensdauer dargestellt.

A. Dienstaufsichtsbeschwerde

Die §§ 198 ff. GVG lassen die Dienstaufsichtsbeschwerde unberührt. Eine Dienstaufsichtsbeschwerde kann somit neben einem Anspruch auf Entschädigung nach § 198 GVG eingelegt werden.[991]

B. Untätigkeitsbeschwerde

Nach der Gesetzesbegründung sollen die §§ 198 ff. GVG den Rechtsschutz gegen überlange Verfahrensdauer abschließend regeln.[992] Die kraft richterlicher Rechtsfortbildung entwickelten Rechtsbehelfe sind deshalb grundsätzlich gegenstandslos. Der Rechtsschutz wird einheitlich und ausschließlich durch einen außerhalb des Ausgangsverfahrens zu verfolgenden Anspruch gewährt.[993] Deshalb besteht

---

991 Siehe BT-Drucks. 17/3802, S. 25, 37; *Heßler*, in: Zöller, ZPO, § 567 Rn. 21; *Lohmann*, in: Prütting/Gehrlein, ZPO, § 567 Rn. 7.

992 BT-Drucks. 17/3802, S. 16; anders dagegen *Ossenbühl*, DVBl. 2012, 857 (860), es ließe sich dem Gesetzestext nicht entnehmen, dass eine abschließende Regelung vorliegt. Da der Amtshaftungsanspruch von § 198 GVG unberührt bleibt, handele es sich schon materiellrechtlich um keine abschließende Regelung.

993 A.A. *Baumbach et al.*, ZPO, § 198 GVG Rn. 1, § 567 ZPO Rn. 9, die Untätigkeitsbeschwerde sei auch nach Inkrafttreten der §§ 198 ff. GVG statthaft, da das Ziel der Untätigkeitsbeschwerde ein anderes ist, nämlich die Verhinderung weiterer Verzögerungen gegenüber der bloßen Entschädigung der eingetretenen Nachteile. So wohl auch *Lipp*, in: MüKo-ZPO, § 567 Rn. 31, wonach die Entschädigungsregelung ein Rechtsbehelf des Sekundärrechtsschutzes sei und verdränge die Rechtsbehelfe des Primärrechtsschutzes nicht. Beide Ansichten sind abzulehnen. Die §§ 198 ff. GVG sollen nicht nur die infolge der unangemessenen Verfahrensdauer erlittenen Nachteile ausgleichen. Vielmehr kann der Betroffene im Ausgangsverfahren eine Verzögerungsrüge erheben. Der Richter erhält einerseits Anlass zur Prüfung der Verfahrensdauer und andererseits die Möglichkeit zur beschleunigten Verfahrensförderung. Die Verzögerungsrüge soll nach dem Willen des Gesetzgebers Verletzungen

nach Inkrafttreten der Entschädigungsregelung grundsätzlich keine planwidrige Regelungslücke mehr, die durch eine von der Rechtsprechung entwickelte Untätigkeitsbeschwerde oder einen außerordentlichen Rechtsbehelf geschlossen werden könnte. Es kommt daher weder eine analoge Anwendung der §§ 252 i.V.m. 567 ZPO noch der Anhörungsrügevorschriften in Betracht.[994] Aus diesem Grund wird eine Untätigkeitsbeschwerde wegen überlanger Verfahrensdauer für nicht mehr statthaft und somit für unzulässig gehalten.[995]

Teilweise wird vertreten, dass wenn bei einer verzögerten Terminsbestimmung eine unangemessene Verfahrensdauer noch nicht gegeben ist, weiterhin eine Untätigkeitsbeschwerde statthaft sein soll.[996] Diese Ansicht ist jedoch abzulehnen, da der Gesetzgeber für diesen Fall die Verzögerungsrüge vorgesehen hat. Eine Verzögerung muss bei Erhebung der Rüge nicht mit Sicherheit feststehen. Ausreichend ist, wenn Anlass zur Besorgnis besteht, dass das Verfahren nicht innerhalb angemessener Frist abgeschlossen wird.

Sind gegen förmliche gerichtliche Prozesshandlungen wie die Aussetzung oder die Anordnung des Ruhens des Verfahrens ausdrücklich geregelte Rechtsbehelfe statthaft, sind diese gegenüber § 198 GVG vorrangig.[997] Wenn hingegen eine entsprechende Rechtschutzmöglichkeit nicht vorhanden ist – z.B. bei einer Aussetzung des Verfahrens durch das Oberverwaltungsgericht und das BVerwG – ist § 198 GVG anwendbar.

Des Weiteren wird diskutiert, ob in Kindschaftssachen die Untätigkeitsbeschwerde weiterhin neben der Verzögerungsrüge statthaft ist.[998] Insbesondere bei Sorge- und Umgangsrechtsverfahren besteht die Gefahr, dass – lange bevor das Gericht eine Entscheidung getroffen hat – das Verfahren in der Sache durch bloßen Zeitablauf entschieden wird. Ein verfahrensbeschleunigender Rechtsbehelf

---

des Rechts auf angemessene Verfahrensdauer vorbeugen. Deshalb ist die Entschädigungsregelung nicht ausschließlich ein sekundärer Rechtsbehelf.

994 *Stahnecker*, Entschädigung bei überlangen Gerichtsverfahren, Rn. 186; *Steinbeiß-Winkelmann*, in: Steinbeiß-Winkelmann/Ott, ÜGRG, Einführung Rn. 377; so auch *Kissel/Mayer*, GVG, § 198 Rn. 45; ferner *Reichold*, in: Thomas/Putzo, ZPO, § 567 Rn. 10; *Jacobs*, in: Jonas/Stein, ZPO, § 547 Rn. 26; *W.-R. Schenke*, in: Kopp/Schenke, VwGO, § 146 Rn. 22, § 152a Rn. 26.

995 Siehe hierzu *Heine*, MDR 2013, 1147 (1150); *Wulf*, in: BeckOK-ZPO, § 567 Rn. 24; *Heßler*, in: Zöller, ZPO, § 567 Rn. 21; *Lohmann*, in: Prütting/Gehrlein, ZPO, § 567 Rn. 7.

996 *Prütting*, in: MüKo-ZPO, § 272 ZPO Rn. 32.

997 *W.-R. Schenke*, in: Kopp/Schenke, VwGO, § 173 Rn. 10.

998 Dazu näher unter Kapitel 6. F. I. S. 171. Siehe auch *Vogel*, FPR 2012, 528; *Peschel-Gutzeit*, ZRP 2015, 170 (173).

ist deshalb von besonders großer Bedeutung. Zudem ist nach der Rechtsprechung des EGMR im deutschen Recht kein Rechtsbehelf vorhanden, mit dem das familiengerichtliche Verfahren wirksam beschleunigt werden kann.[999]

C. Revision

Eine unangemessen lange Dauer des Verfahrens kann weiterhin mit der Revision beanstandet werden. Der Beschwerdeführer hat darzulegen, worauf die überlange Verfahrensdauer beruht, dass das Finanzgericht für die Verfahrensdauer verantwortlich ist und das angefochtene Urteil anders ausgefallen wäre, wenn das Finanzgericht früher entschieden hätte.[1000] Der BFH hat im Übrigen darauf hingewiesen, dass der Rechtsschutz gegen überlange Verfahrensdauer vor allem durch die Möglichkeit gewährleistet wird, eine Verzögerungsrüge und eine Entschädigungsklage nach § 198 GVG zu erheben.[1001] Auch nach der Rechtsprechung des BSG müssen die den Verfahrensmangel begründenden Tatsachen substantiiert dargelegt werden und inwiefern die angefochtene Entscheidung auf dem Verfahrensmangel beruhen kann.[1002]

D. Amtshaftungsanspruch

I. Anspruchskonkurrenz zu § 198 GVG

Nach der Gesetzesbegründung bleiben weitergehende Ansprüche, insbesondere Amtshaftungsansprüche, durch die Neuregelung unberührt.[1003] Zwischen § 198 Abs. 1 S. 1 GVG und § 839 BGB i.V.m. Art. 34 GG besteht Anspruchskonkurrenz.[1004] Dies ergibt sich schon aus § 839 Abs. 2 S. 2 BGB, der in Fällen einer pflichtwidrigen Verweigerung oder Verzögerung des Amtes das Richterspruchprivileg des § 839 Abs. 2 S. 1 BGB einschränkt. Daraus ergibt sich deutlich, dass beide Ansprüche nebeneinander anwendbar sind.

---

999 EGMR, Urt. v. 15.01.2015 – 62198/11, NJW 2015, 1433 – Kuppinger/Deutschland.

1000 BFH, Urt. v. 04.03.2014 – VII B 131/13, BeckRS 2014, 95105 Rn. 12; ferner BFH, Urt. v. 24.04.2014 – IX B 23/14, BeckRS 2014, 95142 (Juris Rn. 4); BFH, Beschl. v. 05.02.2015 – X B 117/14, BeckRS 2015, 94481 Rn. 26.

1001 BFH, Beschl. v. 15.05.2013 – III B 19/12, BeckRS 2013, 95497 Rn. 7; BFH, Beschl. v. 08.05.2014 – X B 105/13, BeckRS 2014, 95347 Rn. 40;.

1002 BSG, Beschl. v. 27.06.2013 – B 10 ÜG 9/13 B, NJW 2014, 253 (253 f.); vgl. auch BSG, Urt. v. 05.06.2014 – B 10 ÜG 29/13 B (Juris Rn. 7).

1003 Zu den Voraussetzungen eines Amtshaftungsanspruchs oben unter Kapitel 2. D. S. 43.

1004 Vgl. BT-Drucks. 17/3802, S. 16, 19.

Der verschuldensabhängige – inhaltlich weitergehende – Amtshaftungsanspruch wird durch den verschuldensunabhängigen Entschädigungsanspruch nicht ausgeschlossen.[1005] Es liegen im Hinblick auf die ausschließlichen Gerichtsstände des § 71 Abs. 2 Nr. 2 GVG und des § 201 GVG sowie der Entscheidung des Gesetzgebers, die Zuständigkeit für die Entschädigungsklagen den Oberlandesgerichten zuzuweisen, unterschiedliche Streitgegenstände vor.[1006] § 17 Abs. 2 S. 1 GVG findet hier keine Anwendung. Deshalb schließen die §§ 198 ff. GVG eine vollständige Kompensation des materiellen Schadens nach § 839 BGB i.V.m. §§ 249 ff. BGB nicht aus.

Die getrennten Zuständigkeiten haben zur Folge, dass sich die Rechtskraft der Entscheidung nur auf den Klagegrund erstreckt, für den das entscheidende Gericht sachlich zuständig ist.[1007] Deshalb steht eine Klageabweisung durch das Entschädigungsgericht einer Amtshaftungsklage nicht entgegen. Dasselbe gilt im umgekehrten Fall. Die Gerichte können die Angemessenheit der Verfahrensdauer unterschiedlich beurteilen, da es sich um eine Vorfrage handelt.[1008]

Der Amtshaftungsanspruch kann Bedeutung erlangen, wenn der Ersatz des entgangenen Gewinns geltend gemacht wird. Zudem bedarf es keiner vorherigen Verzögerungsrüge. Der Amtshaftungsanspruch unterliegt ferner nicht der kurzen Ausschlussfrist des § 198 Abs. 5 S. 2 GVG, sondern der regelmäßigen dreijährigen Verjährungsfrist gemäß §§ 195, 199 BGB.[1009] Immaterielle Nachteile werden allerdings nur unter den engen Voraussetzungen des § 253 Abs. 2 BGB oder wegen einer Verletzung des allgemeinen Persönlichkeitsrechts ersetzt. Außerdem sind die Anspruchsvoraussetzungen der §§ 198 ff. GVG in der Regel leichter zu erfüllen, da der Entschädigungsanspruch anders als der Amtshaftungsanspruch ein pflichtwidriges Verhalten und ein Verschulden des mit

1005 *Roderfeld*, in: Marx/Roderfeld, Rechtsschutz bei überlangen Gerichtsverfahren, § 198 GVG Rn. 97; so auch *Stahnecker*, Entschädigung bei überlangen Gerichtsverfahren, Rn. 190; ferner *Remus*, NJW 2012, 1403 (1408). Anders dagegen *Mack/Wollweber*, Stbg 2012, 7 (9), der den Amtshaftungsanspruch wegen § 839 Abs. 3 BGB für subsidiär hält.

1006 Siehe *Schlick*, NJW 2014, 2686 (2690); *vom Stein/Brand*, NZA 2014, 113 (119); vgl. auch *Zimmermann*, FamRZ 2011, 1905 (1906); *Schlick*, in: FS Tolksdorf, S. 549 (558); *Sprau*, in: Palandt, BGB, § 839 Rn. 113.

1007 *Stahnecker*, Entschädigung bei überlangen Gerichtsverfahren, Rn. 190; *vom Stein/Brand*, NZA 2014, 113 (119).

1008 *Stahnecker*, Entschädigung bei überlangen Gerichtsverfahren, Rn. 190; *vom Stein/Brand*, NZA 2014, 113 (119).

1009 *Schlick*, in: FS Tolksdorf, S. 549 (559).

der Sache befassten Richters nicht vorausgesetzt. Der Begründungsaufwand für einen Entschädigungsanspruch ist insofern geringer.

Ein erfüllter Entschädigungsanspruch führt zum Erlöschen des Amtshaftungsanspruchs, soweit sich beide Ansprüche decken. Ebenso ist eine Entschädigungszahlung im Wege des Vorteilsausgleichs zu berücksichtigen.[1010] Die beiden Ansprüche werden sich regelmäßig decken, wenn eine Vermögenseinbuße in Form eines Substanzverlusts ersetzt wird.[1011]

II. Verzögerungsrüge als Rechtsmittel im Sinne des § 839 Abs. 3 BGB

Es stellt sich die Frage, ob ein Amtshaftungsanspruch gemäß § 839 Abs. 3 BGB ausgeschlossen ist, wenn es der Betroffene vorsätzlich oder fahrlässig unterlassen hat, den Schaden durch Einlegung einer Verzögerungsrüge abzuwenden. Die Verzögerungsrüge ist zwar kein selbstständiger Rechtsbehelf, sondern eine Obliegenheit der Verfahrensbeteiligten.[1012] Nach der Rechtsprechung des BGH wird der Begriff des Rechtsbehelfs im Sinne von § 839 Abs. 3 BGB allerdings weit ausgelegt. Erfasst werden alle Rechtsbehelfe, die sich unmittelbar gegen die schädigende Amtshandlung oder Unterlassung richten und nach der gesetzlichen Ordnung ihre Beseitigung und Berichtung bezwecken und ermöglichen und damit den Schaden abwenden.[1013]

Daher fallen unter den Begriff des Rechtsbehelfs nicht nur die förmlichen Rechtsmittel, sondern auch die formlosen Rechtsbehelfe. Rechtsbehelfe sind etwa das Widerspruchsverfahren, die Verfahren des vorläufigen Rechtsschutzes, aber auch Gegenvorstellungen, Erinnerungen, Beschwerden, Einsprüche und Dienstaufsichtsbeschwerden.[1014] § 839 Abs. 3 BGB soll ebenso wie die Verzögerungsrüge ein „Dulden und Liquidieren" ausschließen.[1015] Die Verzögerungsrüge hat präventive Funktion, da sie eine überlange Verfahrensdauer verhindern soll. Der zuständige Richter erhält Anlass zur Prüfung der Verfahrensdauer und die

---

1010 Vgl. *Roderfeld*, in: Marx/Roderfeld, Rechtsschutz bei überlangen Gerichtsverfahren, § 198 GVG Rn. 98, 100.

1011 *Steinbeiß-Winkelmann*, in: Steinbeiß-Winkelmann/Ott, ÜGRG, Einführung Rn. 386.

1012 Vgl. oben 3. Kapitel B. V. 1. S. 96.

1013 BGH, Urt. v. 08.01.2004 – III ZR 39/03, NJW-RR 2004, 706 (707); ausführlich *Tremml/Karger/Luber*, Der Amtshaftungsprozess, 3. Kap. Rn. 213.

1014 *Reinert*, in: BeckOK-BGB, § 839 Rn. 101.

1015 *Papier*, in: MüKo-BGB, § 839 Rn. 330.

Möglichkeit, das Verfahren zu beschleunigen. Die Verzögerungsrüge ist deshalb grundsätzlich als ein Rechtsbehelf im Sinne von § 839 Abs. 3 BGB anzusehen.[1016]

Nach der Rechtsprechung des BGH muss sich der Rechtbehelf allerdings gegen eine bereits begangene Amtspflichtverletzung richten.[1017] Die Verzögerungsrüge hingegen kann erhoben werden, wenn Anlass zur Besorgnis besteht, dass das Verfahren nicht in angemessener Zeit abgeschlossen wird.[1018] Die Verzögerung muss gerade nicht mit Sicherheit feststehen, da anderenfalls die Warnfunktion gegenüber dem Richter nicht mehr erfüllt werden könnte. Daher wird eine Amtspflichtverletzung bei Einlegung der Verzögerungsrüge oftmals noch nicht vorliegen.

Außerdem muss zwischen der Nichteinlegung des Rechtsmittels und dem Schadenseintritt ein Kausalzusammenhang bestehen. Dies ist dann der Fall, wenn die Einlegung des gebotenen Rechtsmittels den Eintritt des Schadens verhindert hätte.[1019] Deshalb ist der Kausalzusammenhang zu verneinen, wenn nicht mit hinreichender Sicherheit beurteilt werden kann, ob das Gericht nach Einlegung der Verzögerungsrüge die Verfahrensdauer geprüft und das Verfahren beschleunigt hätte.[1020] Ebenso ist der Kausalzusammenhang zu verneinen, wenn das Verfahren auch bei Einlegung einer Verzögerungsrüge nicht zügiger beendet und der Schaden verhindert worden wäre.[1021]

1016 *Steinbeiß-Winkelmann*, in: Steinbeiß-Winkelmann/Ott, Einführung Rn. 388; *Schlick*, in: FS Tolksdorf, S. 549 (558); ebenso *Guckelberger*, DÖV 2012, 289 (291); ferner *W.-R. Schenke*, in: Kopp/Schenke, VwGO, § 173 Rn. 21.

1017 Siehe BGH, Urt. v. 08.01.2004 – III ZR 39/03, NJW-RR 2004, 706 (707).

1018 Vgl. *Guckelberger*, DÖV 2012, 289 (291), die Verzögerungsrüge sei deshalb nicht immer ein geeigneter Rechtsbehelf, um den Schaden abzuwenden.

1019 Vgl. BGH, Urt. v. 09.10.2003 – III ZR 342/02, NJW 2004, 1241 (1242).

1020 Vgl. BGH, Urt. v. 16.01.1986 – III ZR 77/84, NJW 1986, 1924 (1925); BGH, Urt. v. 20.02.2003 – III ZR 224/01, NJW 2003, 1308 (1313). Wenn die Behörde durch Gegenvorstellung oder Dienstaufsichtsbeschwerde zur Überprüfung ihres eigenen Handelns veranlasst werden soll, ist nach der Rechtsprechung des BGH zu prüfen, ob die Gegenvorstellung bzw. die Dienstaufsichtsbeschwerde angesichts des Verhaltens der Behörde tatsächlich Erfolg gehabt hätte. Die Verzögerungsrüge gibt dem Richter Anlass zur Prüfung der Verfahrensdauer und die Möglichkeit zur beschleunigten Verfahrensführung. Er muss die Rüge jedoch weder bescheiden noch einen richterlichen Hinweis erteilen. Daher ist auch im Falle der Verzögerungsrüge zu berücksichtigen, wie vermutlich die tatsächliche Entscheidung des Ausgangsgerichts ausgefallen wäre.

1021 Vgl. *Schlick*, in: FS Tolksdorf, S. 549 (558).

E. Verfassungsbeschwerde

Nach bisheriger Rechtslage war eine wegen Untätigkeit des Gerichts erhobene Verfassungsbeschwerde ohne vorherige Einlegung einer Untätigkeitsbeschwerde zulässig, da sie dem Gebot der Rechtsmittelklarheit nicht genügt.[1022]

Nach Inkrafttreten der Neuregelung muss der Beschwerdeführer zur Erschöpfung des Rechtswegs nach § 90 Abs. 2 S. 1 BVerfGG zunächst versuchen, den Grundrechtsverstoß wegen überlanger Verfahrensdauer durch die Geltendmachung eines Entschädigungsanspruchs nach § 198 GVG ganz oder zumindest teilweise zu beseitigen.[1023] Die zuständige fachgerichtliche Instanz kann anders als das BVerfG neben der Feststellung der unangemessenen Verfahrensdauer auch eine Geldentschädigung zusprechen.[1024]

Nach dem Grundsatz der Subsidiarität kann deshalb eine zulässige Verfassungsbeschwerde nur eingelegt werden, wenn der Betroffene zuvor eine Entschädigungsklage gemäß §§ 198 Abs. 1, 201 GVG erhoben hat.[1025] Im Falle einer einstweiligen Anordnung muss vor Anrufung des BVerfG die unangemessene Verfahrensdauer mit der Verzögerungsrüge beanstandet worden sein.[1026]

In der Rechtsprechung des BVerfG werden die Begriffe der Rechtswegerschöpfung und der Subsidiarität der Verfassungsbeschwerde oftmals nicht einheitlich verwendet und voneinander abgegrenzt.[1027] Es ist letztlich zu prüfen, ob der Beschwerdeführer alles ihm Zumutbare unternommen hat, um die Grundrechtsverletzung vor Anrufung des BVerfG zu verhindern oder zu beseitigen.[1028]

1022 BVerfG, Beschl. v. 20.09.2007 – 1 BvR 775/05, NJW 2008, 503.

1023 Siehe BVerfG, Beschl. v. 21.12.2011 – 1 BvQ 44/11 (Juris Rn. 2); BVerfG, Beschl. v. 30.05.2012 – 1 BvR 2292/11, BeckRS 2012, 55112 Rn. 10; so auch *W.-R. Schenke*, NVwZ 2012, 257 (258), wonach die §§ 198 ff. GVG einen anderen Rechtsweg im Sinne des § 90 Abs. 2 S. 1 BVerfGG beinhalten; ferner *Althammer/Schäuble*, NJW 2012, 1 (5), zur Erschöpfung des Rechtswegs ist ein Vorgehen nach §§ 198 ff. GVG erforderlich.

1024 Vgl. BVerfG, Beschl. v. 30.05.2012 – 1 BvR 2292/11, BeckRS 2012, 55112 Rn. 9.

1025 BVerfG, Beschl. v. 20.06.2012 – 2 BvR 1565/11, BeckRS 2012, 55235; BVerfG, Beschl. v. 28.01.2013 – 2 BvR 1912/12, NVwZ 2013, 788 (789); BVerfG, Beschl. v. 05.09.2013 – 1 BvR 2447/11, BeckRS 2013, 56022 Rn. 14; BVerfG, Beschl. v. 16.10.2014 – 2 BvR 437/12, BeckRS 2014, 59256 Rn. 14.

1026 BVerfG, Beschl. v. 21.12.2011 – 1 BvQ 44/11 (Juris Rn. 2); BVerfG, Beschl. v. 06.06.2013 – 2 BvR 26/13 (Juris Rn. 2); BVerfG, Beschl. v. 16.10.2014 – 2 BvQ 437/12 (Juris Rn. 14).

1027 Siehe hierzu *Lenz/Hansel*, BVerfGG, § 90 Rn. 456.

1028 *Lenz/Hansel*, BVerfGG, § 90 Rn. 457.

Das ist dann der Fall, wenn der Betroffene im Ausgangsverfahren die Verzögerung des Verfahrens gerügt und anschließend eine Entschädigungsklage erhoben hat.[1029]

F. Individualbeschwerde

Eine Individualbeschwerde beim EGMR ist – wie die Verfassungsbeschwerde – erst zulässig, wenn der Beschwerdeführer eine Entschädigungsklage nach §§ 198 ff. GVG erhoben hat.[1030] Anderenfalls ist die Beschwerde wegen Nichterschöpfung der innerstaatlichen Rechtsbehelfe gemäß Art. 35 Abs. 1 und Abs. 4 EMRK unzulässig.

Ferner kann die Opfereigenschaft des Beschwerdeführers im Sinne von Art. 34 S. 1 EMRK entfallen, wenn die Entschädigungsklage nach § 198 GVG Erfolg hatte.[1031] Die Individualbeschwerde wird dann als unzulässig zurückgewiesen. Wenn das Gericht eine Geldentschädigung zugesprochen hat, prüft der EGMR, ob die Höhe der Entschädigung angemessen ist.

G. Zwischenergebnis

Zusammenfassend ist festzustellen, dass die Dienstaufsichtsbeschwerde und die Revision von den §§ 198 ff. GVG unberührt bleiben. Eine Untätigkeitsbeschwerde ist nach Inkrafttreten der Neuregelung grundsätzlich nicht mehr statthaft. Nach der Gesetzesbegründung sollen die §§ 198 ff. GVG – im Hinblick auf die kraft richterlicher Rechtsfortbildung entwickelten Rechtsbehelfe – den Rechtsschutz gegen überlange Verfahrensdauer abschließend regeln.

Zwischen § 198 GVG und § 839 BGB i.V.m. Art. 34 GG besteht Anspruchskonkurrenz. Der verschuldensabhängige – inhaltlich weitergehende – Amtshaftungsanspruch wird durch den Entschädigungsanspruch nicht ausgeschlossen. Es handelt sich vielmehr um unterschiedliche Streitgegenstände. Eine Entschädigungszahlung nach §§ 198 ff. GVG ist im Wege des Vorteilsausgleichs zu berücksichtigen. Unter Umständen kann ein Amtshaftungsanspruch gemäß § 839 Abs. 3 BGB ausgeschlossen sein, wenn es der Betroffene vorsätzlich oder fahrlässig unterlassen hat, den Schaden durch Einlegung einer Verzögerungsrüge abzuwenden.

1029 So auch *Kerwer*, in: Schwab/Weth, ArbGG, S. 1702.
1030 Vgl. EGMR, Urt. v. 29.05.2012 – 53126/07, NVwZ 2013, 47 (49) – Taron/Deutschland.
1031 Siehe oben 2. Kapitel B. I. 1. S. 52.

Eine Verfassungsbeschwerde ist ebenso wie eine Individualbeschwerde beim EGMR erst zulässig, wenn der Betroffene zuvor eine Entschädigungsklage gemäß §§ 198 ff. GVG erhoben hat. Anderenfalls ist die Verfassungsbeschwerde mangels Rechtswegerschöpfung und die Individualbeschwerde im Hinblick auf die Nichterschöpfung der innerstaatlichen Rechtsbehelfe unzulässig.

Sechstes Kapitel Diskussionspunkte der Entschädigungsregelung

Abschließend sollen einige Streitpunkte der §§ 198 ff. GVG vertieft dargestellt und erörtert werden. Einerseits ist in der Rechtsprechung umstritten, ob statistische Durchschnittswerte ein Kriterium für die Bestimmung der Angemessenheit der Verfahrensdauer sein können. Andererseits wird von den Bundesgerichten unterschiedlich beurteilt, ob ein Feststellungsanspruch der Verfahrensbeteiligten gemäß § 198 Abs. 4 GVG besteht.

Darüber hinaus wird ein Vorschlag für ein „bewegliches System“ nach Wilburg gemacht, das zur Konkretisierung der Unangemessenheit der Verfahrensdauer herangezogen werden kann.

Ein weiterer Diskussionspunkt ist auch, ob Vorgaben für die Gerichte im Hinblick auf die Reihenfolge der Bearbeitung der anhängigen Verfahren sinnvoll wären. Zudem wird näher betrachtet, ob das Entschädigungsgericht bei der Prüfung des Entschädigungsanspruchs nicht „Richter in eigener Sache“ ist und deshalb Bedenken bestehen, dass die Gerichte die Angemessenheit der Verfahrensdauer zu „großzügig“ beurteilen werden.

Außerdem wird diskutiert, ob die Entschädigungsregelung in familiengerichtlichen Verfahren einen wirksamen Rechtsbehelf im Sinne des Art. 13 EMRK darstellt, insbesondere nach der Entscheidung des EGMR in der Sache Kuppinger/Deutschland vom 15. Januar 2015.

Schließlich soll untersucht werden, inwiefern die §§ 198 ff. GVG als Institut eines allgemeinen Prozessrechts anzusehen sind.

A. Berücksichtigung statistischer Durchschnittswerte bei der Prüfung der Angemessenheit der Verfahrensdauer

In der Rechtsprechung wird die Frage diskutiert, inwiefern bei der Prüfung der Unangemessenheit der Verfahrensdauer statistische Durchschnittswerte herangezogen werden können. Während das BSG und der BFH dies unter bestimmten Voraussetzungen bejahen, lehnen der BGH und das BVerwG eine Berücksichtigung statistischer Wert ab.

I. Überblick über den Meinungsstand in der Rechtsprechung

1. Ansicht des BFH

Nach Auffassung des BFH zeichnet sich die Finanzgerichtsbarkeit im Vergleich zu den anderen Gerichtsbarkeiten durch eine homogenen Fallstruktur und einheitliche Bearbeitungsweise der einzelnen Gerichte und Spruchkörper aus, sodass für bestimmte Abschnitte finanzgerichtlicher Verfahren – nicht jedoch für ihre Gesamtdauer – zeitraumbezogene Konkretisierungen festgelegt werden können.[1032] Solche Konkretisierungen gewährleisten eine möglichst einheitliche Rechtsanwendung und sind für die Verfahrensbeteiligten ein Anhaltspunkt hinsichtlich der Erfolgsaussichten einer Entschädigungsklage. Vorrangig bleibe jedoch stets die Einzelfallbetrachtung.

Daher besteht nach Ansicht des BFH bei einem finanzgerichtlichen Verfahren, das im Vergleich zu dem typischen in dieser Gerichtsbarkeit zu bearbeitenden Verfahren keine wesentlichen Besonderheiten aufweist, eine Vermutung dafür, dass die Dauer des Verfahrens angemessen ist, wenn das Gericht zwei Jahre nach Eingang der Klage mit Maßnahmen beginnt, die das Verfahren zum Abschluss bringen sollen, und diese Phase nicht durch nennenswerte Zeiträume unterbrochen wird, in denen das Gericht die Akte unbearbeitet lässt.[1033] Diese Vermutung gilt nicht, wenn der Verfahrensbeteiligte das Gericht auf Umstände hinweist, aus denen sich eine besondere Eilbedürftigkeit des Verfahrens ergibt.

Infolgedessen teilt der BFH das finanzgerichtliche Verfahren in drei Phasen ein: In der ersten Phase reichen die Verfahrensbeteiligten ihre vorbereitenden Schriftsätze ein.[1034] In dieser Phase leitet das Gericht die Schriftsätze an den jeweils anderen Beteiligten weiter. Danach folge eine zweite Phase, in der das Gericht in der Regel das Verfahren – bedingt durch die Gesamtanzahl der anhängigen Verfahren – nicht bearbeitet. Die dritte Phase sei dadurch gekennzeichnet, dass das Gericht Maßnahmen trifft, die das Verfahren zum Abschluss bringen sollen, wie etwa die Erteilung rechtlicher Hinweise oder die Ladung zur mündlichen Verhandlung. Die Dauer der ersten und dritten Phase ist nach Ansicht des BFH vor allem von der Schwierigkeit des Verfahrens und dem Verhalten der Verfahrensbeteiligten abhängig. Die zweite Phase des Verfahrens sei hinsichtlich des Schutzzweckes des § 198 GVG von besonderer Bedeutung, da

1032 BFH, Zwischenurt. v. 07.11.2013 – X K 13/12, BeckRS 2013, 96642 Rn. 62d.

1033 BFH, Urt. v. 19.03.2014 – X K 4/13, BeckRS 2014, 95136 Rn. 17; BFH, Urt. v. 09.04.2014 – X K 10/13, BeckRS 2014, 95484 Rn. 18.

1034 BFH, Zwischenurt. v. 07.11.2013 – X K 13/12, BeckRS 2013, 96642 Rn. 67.

das Verfahren in dieser Phase nicht gefördert wird.[1035] Mit zunehmender Dauer dieses Zeitraums stelle sich für die Verfahrensbeteiligten die Frage, wann mit einer Bearbeitung des Verfahrens zu rechnen ist.

In einer nachfolgenden Entscheidung führt der BFH – unter Bezugnahme auf die Entscheidung des BVerwG vom 7. September 2013 – aus, dass statistische Durchschnittswerte zwar von eingeschränkter Aussagekraft für die Beurteilung der Angemessenheit der Verfahrensdauer sind. Ihre Nichtüberschreitung könne jedoch dann als Indiz für die Angemessenheit der Verfahrensdauer herangezogen werden, wenn keine Anhaltspunkte dafür vorliegen, dass die durchschnittliche Verfahrensdauer, die diesen statistischen Werten zugrunde liegt, unangemessen sein könnte.[1036]

2. Ansicht des BSG

Nach der Rechtsprechung des BSG kann bei der Beurteilung der Verfahrensdauer eine Rolle spielen kann, in welcher Zeit vergleichbare Verfahren erledigt werden, sofern die betreffenden statistischen Zahlen nicht eine im Durchschnitt überlange Verfahrensdauer wiederspiegeln.[1037] Ist das nicht der Fall, können diese Zahlen einen hilfreichen Maßstab darstellen. Wenn der statistische Wert für vergleichbare Verfahren überschritten ist, ist zu prüfen, ob die konkreten Umstände des Einzelfalls die Verfahrenslänge rechtfertigen können.

Das BSG hat im Einzelnen folgende statistische Zahlen herangezogen: wie viele Verfahren in Prozent (in den Jahren 2005 bis 2011) in einem Zeitraum von unter sechs Monaten abgeschlossen wurden, wie viele in einem Zeitraum von sechs bis unter zwölf Monaten, wie viele in einem Zeitraum von zwölf bis unter achtzehn Monaten, wie viele in einem Zeitraum von achtzehn bis unter vierundzwanzig Monaten und wie viele in einem Zeitraum über vierundzwanzig Monaten. Das BSG hat schließlich festgestellt, dass etwa 95% aller Beschwerdeverfahren in einer Zeit von bis zu zwölf Monaten abgeschlossen werden. Ausgehend von diesen statistischen Zahlen hat das BSG die einzelnen Verfahrensabschnitte betrachtet.

Bei Würdigung dieser statistischen Werte ist zu berücksichtigen, dass alle Beschwerdeverfahren – unabhängig von der Erledigungsart – erfasst sind. Zudem ging es in der Sache um eine Nichtzulassungsbeschwerde, deren Ablauf aufgrund

1035 Vgl. BFH, Zwischenurt. v. 07.11.2013 – X K 13/12, BeckRS 2013, 96642 Rn. 68.

1036 Vgl. BFH, Urt. v. 19.03.2014 – X K 3/13, BeckRS 2014, 95131 Rn. 29.

1037 BSG, Urt. v. 21.02.2013 – B 10 ÜG 1/12 KL, NJW 2014, 248 (250 f.); so auch die Entscheidung des BSG im Parallelverfahren, Urt. v. 21.02.2013 – B 10 ÜG 2/12 KL, BeckRS 2013, 69268.

der höchstens drei Monate betragenden Begründungsfrist (§ 160a Abs. 2 SGG) und des Fehlens von Tatsachenermittlungen weitgehend gleichförmig ist.[1038] Beweisaufnahmen oder sonstige besondere Maßnahmen werden in der Regel nicht durchgeführt.

Bei der Beurteilung der Angemessenheit der Verfahrensdauer bleiben allerdings die Umstände des Einzelfalls maßgeblich und statistischen Zahlen kann allenfalls indizielle, keineswegs jedoch entscheidende Bedeutung beigemessen werden.[1039]

In den nachfolgenden Entscheidungen hat das BSG schließlich – auch wenn der Gesetzgeber von der Einführung von Grenzwerten für die Dauer unterschiedlicher Verfahrenstypen abgesehen hat – zur Gewährleistung möglichst einheitlicher Rechtsanwendung und aus Gründen der Rechtssicherheit zeitraumbezogene Konkretisierungen vorgenommen.[1040] Das gelte jedenfalls dann, wenn derartige Konkretisierungen aufgrund von Übereinstimmungen sowohl in der Struktur zahlreicher sozialgerichtlicher Verfahren als auch ihrer Bearbeitung durch die Gerichte vertretbar sind. Nach Ansicht des BSG muss die personelle und sachliche Ausstattung der Sozialgerichte so beschaffen sein, dass ein Richter die inhaltliche Bearbeitung des Verfahrens wegen anderweitig anhängiger Verfahren im Regelfall nicht länger als zwölf Monate zurückstellen muss.[1041]

Von der Gesamtverfahrensdauer ist deshalb eine angemessene Vorbereitungs- und Überlegungszeit des Gerichts abzuziehen, selbst wenn sie nicht durch konkrete Verfahrensförderungsschritte begründet oder gerechtfertigt ist. Diese Zeit könne vorbehaltlich besonderer Umstände des Einzelfalles bis zu zwölf Monate je Instanz betragen.[1042] Die Vorbereitungs- und Überlegungszeit muss nicht unmittelbar im Anschluss an die Klageerhebung liegen, sondern auch am Ende der jeweiligen Instanz und sie kann in mehrere, insgesamt zwölf Monate nicht übersteigende, Abschnitte unterteilt sein.[1043] Das gelte allerdings nicht, wenn sich aus dem Vortrag des Klägers oder aus den Akten besondere Umstände ergeben, die vor allem hinsichtlich der Kriterien des § 198 Abs. 1 S. 2 GVG für eine kürzere

---

1038 Vgl. BSG, Urt. v. 21.02.2013 – B 10 ÜG 1/12 KL, NJW 2014, 248 (259 f.); siehe auch *Loytved*, SGb 2014, 293 (294).

1039 Das vorherige Urteil einschränkend BSG, 16.12.2013 – B 10 ÜG 13/13 B, BeckRS 2014, 65036 Rn. 6 f.

1040 BSG, Urt. v. 03.09.2014 – B 10 ÜG 2/13 R (Juris Rn. 45).

1041 BSG, Urt. v. 03.09.2014 – B 10 ÜG 2/13 R (Juris Rn. 45).

1042 Siehe BSG, Urt. v. 12.02.2015 – B 10 ÜG 11/13 R (Juris Rn. 26); BSG, Urt. v. 12.02.2015 – B 10 ÜG7/14 R, BeckRS 2015, 68616 Rn. 29.

1043 BSG, Urt. v. 03.09.2014 – B 10 ÜG 2/13 R (Juris Rn. 46).

Frist sprechen.[1044] Die Zwölfmonatsregel lässt den Vorrang der Einzelfallbetrachtung unberührt.

Übersteigt die Gesamtverfahrensdauer die Dauer von zwölf Monaten je Instanz, ist zu prüfen, ob sie auf vertretbarer aktiver Verfahrensgestaltung oder auf sachlich nicht gerechtfertigter Untätigkeit des Gerichts beruht. Ebenso ist zu prüfen, ob die Verfahrensdauer durch das Verhalten des Klägers oder anderer Verfahrensbeteiligter maßgeblich verlängert wird.[1045]

Das BSG hat sich erkennbar der Rechtsprechung des BFH angenähert. Allerdings darf in der Sozialgerichtsbarkeit ein Verfahren in der Regel nur zwölf Monate unbearbeitet bleiben, in der Finanzgerichtsbarkeit hingegen zwei Jahre.[1046]

3. *Ansicht des BGH*

Nach Auffassung des BGH ist eine generelle Festlegung, wann ein Verfahren unverhältnismäßig lange dauert, nicht möglich und würde an der Vielgestaltigkeit der Verfahren und prozessualen Situationen scheitern.[1047] Zudem habe der Gesetzgeber bewusst von der Einführung bestimmter Grenzwerte abgesehen. Auch nach dem Wortlaut des Gesetzes („Umstände des Einzelfalls") und dessen Entstehungsgeschichte können allgemeingültige Zeitvorgaben bei der Beurteilung der Angemessenheit der Verfahrensdauer nicht berücksichtigt werden.[1048] Ein nach Verfahrensarten oder Verfahrensgegenständen differenziertes System fester Zahlenwerte ist nach Ansicht des BGH daher abzulehnen. Die Gesamtverfahrensdauer sei nicht pauschal zu betrachten, sondern vielmehr die einzelnen Verfahrensabschnitte. Ebenso wenig könne ein Evidenzkriterium, das eine bestimmte Verfahrensdauer ohne Einzelfallprüfung als unangemessen einstuft, herangezogen werden.[1049] Deshalb ist es für die Berechnung des Entschädigungsanspruchs

---

1044 BSG, Urt. v. 12.02.2015 – B 10 ÜG7/14 R, BeckRS 2015, 68616 Rn. 38.

1045 Vgl. BSG, Urt. v. 03.09.2014 – B 10 ÜG 2/13 R (Juris Rn. 47).

1046 Siehe Anm. *Voelzke/Schlegel*, jurisPR-SozR 10/2015, das sozialgerichtliche Verfahren muss notwendigerweise kürzer sein als das finanzgerichtliche Verfahren, da es in der Finanzgerichtsbarkeit meistens um staatliche Geldansprüche geht, die auf einen Bruchteil des Einkommens oder des Umsatzes der Verfahrensbeteiligten beschränkt sind. In der Sozialgerichtsbarkeit hingegen wird häufig um Leistungen des Existenzminimums oder zur Sicherung des laufenden Lebensunterhalts gestritten.

1047 Siehe BGH, Urt. v. 14.11.2013 – III ZR 376/12, NJW 2014, 220 (222).

1048 Vgl. BGH, Urt. v. 05.12.2013 – III ZR 73/12, NJW 2014, 789 (792); BGH, Urt. v. 13.03.2014 – III ZR 91/13, NJW 2014, 1816 (1818).

1049 BGH, Urt. v. 05.12.2013 – III ZR 73/12, NJW 2014, 789 (792).

nicht ausreichend, lediglich auf die Differenz zwischen der tatsächlichen und der statistischen Verfahrensdauer hinzuweisen.

Des Weiteren ist nach Auffassung des BGH zu bedenken, dass § 198 GVG nicht nur einzelfallbezogene „Ausreißer“ erfasst, sondern auch eingreift, wenn die Verzögerung auf strukturellen Problemen wie etwa die unzureichende Personalausstattung der Justiz beruht.[1050] Die Ermittlung aussagekräftiger Vergleichswerte, die keine solchen „Systemfehler“ enthalten, sei kaum möglich.

4. Ansicht des BVerwG

Ebenso lehnt es das BVerwG ab, Orientierungs- oder Richtwerte für die Laufzeit verwaltungsgerichtlicher Verfahren zu berücksichtigen und zwar unabhängig davon, ob diese auf eigener Annahme oder auf statistisch ermittelten durchschnittlichen Verfahrenslaufzeiten beruhen.[1051] Solche Werte können nach Ansicht des BVerwG auch nicht als Indiz oder Hilfskriterium herangezogen werden. Aufgrund der Vielgestaltigkeit verwaltungsrechtlicher Verfahren – von einfach gelagerten Verfahren bis zu aufwändigen Großverfahren – seien statistische Werte wenig aussagekräftig.[1052] Die Durchschnittswerte müssten zudem ihrerseits auf ihre Angemessenheit überprüft werden. Außerdem fallen die Verfahrenslaufzeiten der Verwaltungs- und Oberverwaltungsgerichte in den einzelnen Bundesländern sehr unterschiedlich aus.

Statistische Durchschnittswerte seien zudem auch Ausdruck der den Gerichten zur Verfügung stehenden Ressourcen, also der personellen und sachlichen Mittel.[1053] Der verfassungsrechtliche Anspruch auf Entscheidung innerhalb angemessener Frist darf jedoch nicht von der faktischen Ausstattung der Justiz abhängig gemacht werden. Deshalb ist nach Auffassung des BVerwG eine Frist von zwei Jahren ab Entscheidungsreife kein zulässiger Maßstab für die Prüfung der Angemessenheit der Verfahrensdauer im Sinne von § 198 GVG.[1054]

1050 BGH, Urt. v. 13.03.2014 – III ZR 91/13, NJW 2014, 1816 (1817 f.).

1051 Vgl. BVerwG, Urt. v. 11.07.2013 – 5 C 23/12 D, NJW 2014, 96 (99); BVerwG, Urt. v. 11.07.2013 – 5 C 27/12 D, BeckRS 2013, 56027 Rn. 21; vgl. auch BVerwG, Urt. v. 26.02.2015 – 5 C 5/14 D, BeckRS 2015, 44209 Rn. 28.

1052 Siehe BVerwG, Urt. v. 11.07.2013 – 5 C 23/12 D, NJW 2014, 96 (99); BVerwG, Urt. v. 11.07.2013 – 5 C 27/12 D, BeckRS 2013, 56027 Rn. 23.

1053 BVerwG, Urt. v. 11.07.2013 – 5 C 23/12 D, NJW 2014, 96 (100); BVerwG, Urt. v. 11.07.2013 – 5 C 27/12 D, BeckRS 2013, 56027 Rn. 25.

1054 BVerwG, Urt. v. 11.07.2013 – 5 C 23/12 D, NJW 2014, 96 (100).

II. Eigene Stellungnahme

Die Abweichungen der Rechtsprechung in dieser Frage beruhen auf Unterschieden, die zwischen den Gerichtsbarkeiten sowohl in der Struktur und den Verfahrensabläufen als auch der Anzahl der Verfahrensarten bestehen.[1055] In der Finanzgerichtsbarkeit sind die jeweiligen Verfahrenssituationen und Streitgegenstände nicht so vielgestaltig wie in der Zivil- und Verwaltungsgerichtsbarkeit.[1056] Darüber hinaus sind die Unterschiede zwischen den einzelnen Rechtsgebieten in der Zivil- und Verwaltungsgerichtsbarkeit erheblich größer als in der verhältnismäßig kleinen Finanzgerichtsbarkeit, die sich überwiegend mit Klagen der Bürger gegen Steuerbescheide der Finanzverwaltung befasst.

Nach der in der Rechtsprechung geführten Diskussion stellt sich die Frage, inwiefern eine Quantifizierung der Verfahrensdauer – also die Angabe als Zahlenwert – bei der Beurteilung der Angemessenheit der Verfahrensdauer in Betracht kommt.

Es spricht viel dafür, statistische Durchschnittwerte als groben ersten Anhaltspunkt, ob das Verfahren unangemessen lange gedauert hat, heranzuziehen. Mit Hilfe von Datenbanken ist leicht zu erkennen, ob der statistische Wert vergleichbarer Verfahren überschritten ist. Das Gericht hat dann einen ersten Anhaltspunkt dafür, dass das betreffende Verfahren gegenüber vergleichbaren Verfahren eine zeitliche Überlänge aufweist. Darüber hinaus können die Verfahrensbeteiligten mit Hilfe der statistischen Zahlen die Erfolgsaussichten einer Entschädigungsklage besser einschätzen.

Die statistischen Durchschnittswerte können entsprechend der jeweiligen Gerichtsbarkeit stärker oder schwächer ausdifferenziert werden z.B. nach Verfahrensgegenstand oder Erledigungsart. Einzuwenden ist, dass statistische Werte Schwankungen unterliegen. Ebenso lassen sich statistische „Ausreißer" nicht vermeiden. Dies ist allerdings bei jeder Statistik der Fall. Außerdem werden statistische Durchschnittswerte regelmäßig aktualisiert.

Die Durchschnittswerte sind nicht als feste Zeitvorgaben oder Grenzwerte einzuordnen, sondern ihnen sollte lediglich indizielle Bedeutung beigemessen werden. Ausgehend von den statistischen Zahlen sind dann die einzelfallbezogenen Gründe zu prüfen, auf denen die Verfahrensdauer beruht, und die einzelnen Abschnitte des Verfahrens konkret zu betrachten. Nicht überzeugend ist hingegen der Ansatz von BFH und BSG, von vornherein anzunehmen, dass ein Verfahren über einen gewissen Zeitraum unbearbeitet bleiben darf.

1055 Siehe *Kulosa*, jM 2014, 293 (299),

1056 BFH, Zwischenurt. v. 07.11.2013 – X K 13/12, BeckRS 2013, 96642 Rn. 66.

Damit bleiben die Umstände des Einzelfalls im Sinne von § 198 Abs. 1 S. 2 GVG maßgeblich und statistische „Ausreißer" werden bei der Einzelfallprüfung berücksichtigt. Diese Auslegung steht auch in Einklang mit dem Willen des Gesetzgebers, da er sich zwar dagegen entschieden hat, Regelfristen aufzustellen, bei deren Überschreiten die Unangemessenheit vermutet wird. Dadurch ist allerdings nicht ausgeschlossen, dass statistische Werte der Verfahrenslänge zunächst als Indiz herangezogen werden können, wenn sodann eine Einzelfallprüfung erfolgt.

B. Anspruch auf Feststellung der unangemessenen Verfahrensdauer

Ob die Verfahrensbeteiligten unmittelbar auf Feststellung der unangemessen Verfahrensdauer klagen können, wird von der Rechtsprechung nicht einheitlich beurteilt. Während der BGH eine solche Klage für „nicht möglich hält", ist nach Ansicht des BVerwG eine Feststellungsklage zulässig. Die Formulierung des BGH legt nahe, dass eine Feststellungsklage nicht statthaft, also bereits unzulässig sein soll.[1057] Auch nach Auffassung des BSG ist eine isolierte Klage auf Feststellung der unangemessenen Verfahrensdauer unzulässig.

I. Überblick über den Meinungsstand in der Rechtsprechung

1. Ansicht des BVerwG

Das BVerwG bejahte in seiner Entscheidung vom 11. Juli 2013 ohne Weiteres die Zulässigkeit einer Klage auf Feststellung der überlangen Dauer des Verfahrens und diskutierte lediglich, ob eine derartige Feststellung auf die Verfahrensdauer in einer Instanz beschränkt werden könne.[1058]

Die Entschädigungsklage kann nach Ansicht des BVerwG prozessrechtlich auf eine von mehreren Instanzen begrenzt werden z.B. auf die infolge der unangemessenen Dauer des Berufungszulassungsverfahrens entstandenen Nachteile.[1059] Dies folge aus der Dispositionsbefugnis des Klägers als Rechtsmittelführer. Ein Rechtsmittel kann auch auf einen von mehreren selbständigen Streitgegenständen einer Klage oder auf einen Teil des Streitgegenstandes beschränkt werden, wenn dieser Teil abtrennbar ist und materiellrechtliche Gründe einer

---

1057 *W.-R. Schenke*, NJW 2015, 433 (434).

1058 Siehe BVerwG, Urt. v. 11.07.2013 – 5 C 23/12 D, NJW 2014, 96 (103).

1059 BVerwG, Urt. v. 27.02.2014 – 5 C 1/13 D, NVwZ 2014, 1523 (1524); BVerwG, Beschl. v. 08.05.2014 – 5 B 3/14 D, BeckRS 2014, 51765 Rn. 6.

gesonderten Entscheidung nicht entgegenstehen. Insofern komme eine Teilklage in Betracht.[1060] Materiellrechtlicher Bezugsrahmen des Entschädigungsanspruchs bliebe dennoch die Gesamtdauer des gerichtlichen Verfahrens.

Dementsprechend kann nach Ansicht des BVerwG der Feststellungsantrag auf die Verfahrensdauer in der ersten Instanz beschränkt werden. Außerdem kann eine Klage auf Feststellung der unangemessenen Verfahrensdauer während des noch andauernden Ausgangsverfahrens erhoben werden.

2. *Ansicht des BGH*

Nach der Rechtsprechung des BGH hat der Betroffene keinen Anspruch auf die Feststellung des Entschädigungsgerichts, dass die Verfahrensdauer unangemessen war. § 198 Abs. 4 GVG begründe lediglich die Befugnis des Gerichts, eine solche Feststellung zu treffen. Eine diesbezügliche Verpflichtung bestehe allerdings nicht.[1061] Der Betroffene könne deshalb neben einer Klage auf Entschädigung nicht unmittelbar auf Feststellung der unangemessenen Verfahrensdauer klagen. Es fehle an einem subjektiven Recht des Betroffenen, das dieser geltend machen könnte. Ferner scheidet nach Auffassung des BGH eine allgemeine Feststellungsklage nach § 256 Abs. 1 ZPO aus, da einzelne Elemente eines Rechtsverhältnisses nicht Gegenstand einer Feststellungsklage sein können.[1062] Die Wiedergutmachung auf andere Weise ist lediglich negatives Tatbestandsmerkmal des Entschädigungsanspruchs. Der BGH hat sich in seinen Entscheidungen nicht mit der gegenteiligen Rechtsprechung des BVerwG auseinander gesetzt.

Davon zu unterscheiden ist nach Auffassung des BGH eine Klage auf Feststellung der Entschädigungspflicht. Wenn Schwierigkeiten bei der Bezifferung der Entschädigungshöhe bestehen, kann ausnahmsweise auf bloße Feststellung der Entschädigungspflicht gemäß § 256 Abs. 1 ZPO geklagt werden.[1063]

3. *Ansicht des BSG*

Auch das BSG hat zwischenzeitlich zu der Frage, ob eine Feststellungsklage zulässig ist, Stellung genommen. Der Entscheidung des BSG lag folgender Sachverhalt zugrunde: Die Klägerin legte Revision gegen die Entscheidung des

---

1060 Vgl. oben 4. Kapitel D. I. S. 133.

1061 BGH, Urt. v. 05.12.2013 – III ZR 73/12, NJW 2014, 789 (791); BGH, Urt. v. 23.01.2014, NJW 2014, 939 (944); ebenso *Stahnecker*, Entschädigung bei überlangen Gerichtsverfahren, Rn. 152.

1062 Vgl. BGH, Urt. v. 23.01.2014, NJW 2014, 939 (944).

1063 Vgl. oben unter Kapitel 4 A. S. 127.

Entschädigungsgerichts ein, soweit die Entschädigung in Geld betroffen war.[1064] In der Vorinstanz hatte das LSG die Unangemessenheit der Verfahrensdauer festgestellt und die Klage im Übrigen abgewiesen. Das BSG führte zunächst aus, dass der Ausspruch über die Unangemessenheit der Verfahrensdauer den Zeitraum und die Dauer der Überlänge nicht genau benennen müsse.[1065]

Des Weiteren begegne die Begrenzung der Revision auf die Entschädigungszahlung keinen prozessrechtlichen Bedenken, auch wenn eine isolierte Klage auf Feststellung der unangemessenen Verfahrensdauer unzulässig ist, da die gerichtliche Feststellung von der Entschädigungsklage erfasst wird.[1066] Nach Ansicht des BSG betrifft die Art und Weise der Wiedergutmachung keinen unteilbaren Streitgegenstand. Dies ergebe sich aus § 198 Abs. 4 S. 1 bis S. 3 GVG, der die gerichtliche Feststellung ohne Antrag und in schwerwiegenden Fällen neben der Entschädigung zulässt, oder in Fällen, in denen die Voraussetzungen der Verzögerungsrüge nach § 198 Abs. 3 GVG nicht gegeben sind. Daraus folge, dass die Feststellung isoliert und abgrenzbar gegenüber anderen Wiedergutmachungsformen ausgesprochen werden könne.[1067] Daher kann die Revision auf die Entschädigungszahlung beschränkt werden.

In der Parallelentscheidung führt das BSG aus, dass eine Feststellungsklage nach § 55 SGG und damit auch ein entsprechender Feststellungstenor neben der auf Entschädigung gerichteten Leistungsklage nach allgemeinen Grundsätzen unzulässig sei.[1068] Dies gelte jedenfalls dann, wenn das streitige Rechtsverhältnis als Teilelement oder Vorfrage eines ohnehin anhängigen Rechtsstreits geltend gemacht wird.

II. Eigene Stellungnahme

Die Ausführungen des BGH sind kritisch zu sehen. Es ist zwar zutreffend, dass die Wiedergutmachung auf andere Weise negatives Tatbestandsmerkmal für die Entschädigung immaterieller Nachteile ist. Deshalb ist allerdings nicht ohne Weiteres anzunehmen, dass der Betroffene keinen Feststellungsanspruch hat. Nach dem Wortlaut des § 198 Abs. 2 S. 2 GVG („beansprucht werden") stellt

---

1064 BSG, Urt. v. 03.09.2014 – B 10 ÜG 2/14 R (Juris Rn. 11).

1065 Ebenso *W.-R. Schenke*, in: Kopp/Schenke, VwGO, § 173 Rn. 28, der Tenor der Feststellungsklage lautet wie folgt: Für das Klageverfahren … beim VG … wird eine überlange Verfahrensdauer festgestellt.

1066 Vgl. BSG, Urt. v. 03.09.2014 – B 10 ÜG 2/14 R (Juris Rn. 11).

1067 Vgl. BSG, Urt. v. 03.09.2014 – B 10 ÜG 2/14 R (Juris Rn. 11).

1068 BSG, Urt. v. 03.09.2014 – B 10 ÜG 2/13 R (Juris Rn. 56).

der Entschädigungsanspruch ein subjektives Recht dar.[1069] Das muss auch für die Feststellung der unangemessenen Verfahrensdauer gelten, die anstelle der Entschädigung tritt. Für das Bestehen eines subjektiven Rechts spricht außerdem, dass die gerichtliche Feststellung die überlange Verfahrensdauer wiedergutmachen soll und damit den Schutz der Verfahrensbeteiligten bezweckt.[1070]

Ferner konkretisiert die gerichtliche Feststellung das in Art. 6 Abs. 1 EMRK garantierte Recht auf Entscheidung innerhalb angemessener Frist. Nach der Rechtsprechung des EGMR kann die Feststellung der unangemessenen Verfahrensdauer in bestimmten Fällen eine hinreichende Wiedergutmachung für den erlittenen Nichtvermögensschaden darstellen.[1071]

Des Weiteren ist die gerichtliche Feststellung ein „Minus" gegenüber der Zuerkennung einer Geldentschädigung.[1072] Dieses „Minus" muss ebenso gerichtlich geltend gemacht werden können wie eine Geldentschädigung.

Darüber hinaus besteht ein Rechtschutzinteresse des Betroffenen für eine Feststellungsklage. Wenn die Entschädigungsklage nach §§ 198 ff. GVG begründet ist, wird die unangemessene Verfahrensdauer nur inzident festgestellt. Die gerichtliche Feststellung hingegen erwächst anders als die inzidente Feststellung in Rechtskraft und kann deshalb für einen späteren Amtshaftungsprozess präjudizielle Bedeutung haben.[1073]

Einem Feststellungsanspruch steht nicht entgegen, dass die Feststellung der Unangemessenheit der Verfahrensdauer gemäß § 198 Abs. 4 S. 3 GVG in das Ermessen des Gerichts gestellt ist. Einerseits haben die Verfahrensbeteiligten einen Anspruch auf ermessenfehlerfreie Entscheidung.[1074] Andererseits kann das Gericht bei einer Ermessensreduktion auf Null zu einer entsprechenden Feststellung verpflichtet sein. Bei Vorliegen der Voraussetzungen des § 198 Abs. 2 S. 2 i.V.m. Abs. 4 S. 1 GVG besteht ein Rechtsanspruch des Betroffenen. Sind alle Tatbestandsvoraussetzungen des § 198 GVG erfüllt, ist der Betroffene zu entschädigen. Wenn das Entschädigungsgericht dem Betroffenen keine Geldentschädigung zuspricht, da es eine Feststellung als ausreichende Wiedergutmachung

1069 *W.-R. Schenke*, NJW 2015, 433 (434); anders dagegen *Reiter*, NJW 2015, 2554 (2559).
1070 Vgl. *W.-R. Schenke*, NJW 2015, 433 (434).
1071 Siehe hierzu unter Kapitel 2. B. I. 2. S. 57.
1072 *W.-R. Schenke*, NJW 2015, 433 (436); anders dagegen *Ott*, in: Steinbeiß-Winkelmann/Ott, ÜGRG, § 198 GVG Rn. 262.
1073 *W.-R. Schenke*, NJW 2015, 433 (437).
1074 Vgl. *W.-R. Schenke*, NJW 2015, 433 (435).

ansieht, hat der Betroffene einen Rechtsanspruch auf die Feststellung der Unangemessenheit der Verfahrensdauer.[1075]

Ferner ist die Frage, ob der Kläger einen Feststellungsanspruch hat, nicht in der Zulässigkeit, sondern in der Begründetheit der Klage zu prüfen.[1076] Damit eine Feststellungsklage zulässig ist, muss ein feststellungsfähiges Rechtsverhältnis und ein Feststellungsinteresse bestehen (§ 256 Abs. 1 ZPO). Ein Rechtsverhältnis ist eine aus dem vorgetragenen Sachverhalt abgeleitete rechtliche Beziehung von Personen untereinander oder zu einem Gegenstand.[1077] Gegenstand einer Feststellung können die Rechtsbeziehung insgesamt sowie einzelne Rechte, Pflichten und Folgen aus dem Gesamtrechtsverhältnis sein. Feststellungsfähig sind deshalb beispielsweise auch ein einzelner Anspruch oder die Wirksamkeit eines ausgeübten Gestaltungsrechts.[1078]

Einzelne Elemente eines Rechtsverhältnisses, insbesondere rechtliche Vorfragen, reine Tatfragen und die Wirksamkeit bzw. Zulässigkeit von Rechtshandlungen oder Realakten sind nicht feststellungsfähig. Nicht als Rechtsverhältnis anzusehen sind Rechtswidrigkeit oder Verschulden, der Schuldnerverzug sowie die Berechnungsgrundlage für einen streitigen Anspruch.[1079]

Zwar ist die gerichtliche Feststellung negatives Tatbestandsmerkmal des § 198 GVG. Insofern handelt es sich – wie vom BGH angenommen – um ein einzelnes Element eines Rechtsverhältnisses. Es handelt sich je nach der rechtlichen Einordnung der Feststellung jedoch auch um eine Rechtsfolge des Gesamtrechtsverhältnis Entschädigung gemäß §§ 198 ff. GVG bzw. um einen einzelnen Anspruch. Die Feststellung der Unangemessenheit der Verfahrensdauer ist daher durchaus als ein Rechtsverhältnis im Sinne von § 256 ZPO anzusehen.

Ein Feststellungsinteresse bzw. ein rechtliches Interesses ist gegeben, wenn dem Recht oder der Rechtslage des Klägers eine gegenwärtige Gefahr der Unsicherheit droht und das Feststellungsurteil geeignet ist, diese Gefahr zu beseitigen. Rein wirtschaftliche, wissenschaftliche und sonstige ideelle Interessen genügen nicht.[1080] Das Rechtsverhältnis muss durch eine tatsächliche Unsicherheit gefährdet sein. Eine Gefährdung setzt voraus, dass zwischen den Parteien

---

1075 Vgl. *W.-R. Schenke*, NJW 2015, 433 (435).

1076 *W.-R. Schenke,* NJW 2015, 433 (438).

1077 *Reichold*, in: Thomas/Putzo, ZPO, § 256 Rn. 5.

1078 *Reichold*, in: Thomas/Putzo, ZPO, § 256 Rn. 7; siehe auch *Becker-Eberhard*, in: MüKo-ZPO, § 256 ZPO Rn. 24.

1079 *Foerste*, in: Musielak/Voit, ZPO, § 256 Rn. 2.

1080 Vgl. *Foerste*, in: Musielak/Voit, ZPO, § 256 Rn. 8; *Becker-Eberhard*, in: MüKo-ZPO, § 256 ZPO Rn. 37.

Unklarheit über Art und Umfang des Rechtsverhältnisses besteht oder der Beklagte ein Recht des Klägers ernsthaft bestreitet. Dabei ist eine Feststellungsklage nur dann gegenüber der Leistungsklage subsidiär, wenn es dem Kläger möglich und zumutbar ist, sogleich ein Urteil zu erwirken, aus dem auch vollstreckt werden kann, und dem Feststellungsinteresse so genügt ist.[1081]

In den folgenden Fällen genügt eine Entschädigungsklage dem Feststellungsinteresse nicht: Wenn das Verfahren bereits unangemessen lange dauert, kann durch eine Feststellungsklage Druck auf das noch andauernde Ausgangsverfahren ausgeübt werden.[1082] Ferner kann der Betroffene die Feststellung der Unangemessenheit der Verfahrensdauer als ausreichende Wiedergutmachung ansehen, z.B. wenn er einen Amtshaftungsanspruch wegen überlanger Verfahrensdauer geltend machen will, da die gerichtliche Feststellung für den Amtshaftungsprozess präjudizielle Bedeutung hat. In diesen Fällen ist ein Feststellungsinteresse zu bejahen.

Die Entscheidungen des BSG sind teilweise widersprüchlich. Einerseits ist nach Ansicht des BSG eine Feststellungsklage unzulässig. Andererseits nimmt das BSG einen teilbaren Streitgegenstand an. Die gerichtliche Feststellung könne isoliert und abgrenzbar gegenüber anderen Wiedergutmachungsformen ausgesprochen werden. In der Parallelentscheidung argumentiert das BSG wie folgt: Die Feststellungsklage sei neben der auf Entschädigung gerichteten Leistungsklage nach allgemeinen Grundsätzen unzulässig. Das gelte jedenfalls dann, wenn das streitige Rechtsverhältnis als Teilelement eines anhängigen Rechtsstreits geltend gemacht werde.

Demnach ist eine Feststellungsklage wegen des Vorrangs der Leistungsklage unzulässig, wenn bereits eine Entschädigungsklage anhängig ist. Nicht ausgeschlossen erscheint hingegen, dass nur eine Feststellungsklage erhoben wird. Die Ausführungen des BSG sind insofern nicht eindeutig. Es bleibt abzuwarten, in welche Richtung sich die Rechtsprechung des BSG entwickeln wird.

Zusammenfassend ist festzuhalten, dass die Verfahrensbeteiligten in der Verwaltungsgerichtsbarkeit eine Klage auf Feststellung der unangemessenen Verfahrensdauer erheben können, während in der ordentlichen Gerichtsbarkeit eine solche Klage bereits unzulässig ist. Auch in der Sozialgerichtsbarkeit ist eine Feststellungsklage wohl eher unzulässig. Diese höchstrichterliche Divergenz impliziert eine erhebliche Rechtsunsicherheit. Sie droht, die Effektivität des

---

1081 *Foerste*, in: Musielak/Voit, ZPO, § 256 Rn. 12.
1082 *W.-R. Schenke*, NJW 2015, 433 (437).

Rechtsschutzes gegen überlange Gerichtsverfahren zu beeinträchtigen.[1083] Nach Ansicht des deutschen Richterbundes sollte die gesetzliche Regelung daher hinsichtlich der Feststellung der überlangen Verfahrensdauer und des Verhältnisses Feststellung und Entschädigungszahlung überarbeitet werden, weil der Gesetzgeber dieses Problem nicht erkannt hat.[1084] Ausdrücklich zu widersprechen ist damit der Auffassung der Bundesregierung diese Frage sei zwischenzeitlich durch die Rechtsprechung des BGH, wonach kein subjektives Recht auf Feststellung besteht, geklärt.[1085] Hier wurde die abweichende überzeugende Rechtsprechung des BVerwG schlicht übersehen.

C. „Bewegliche Systeme" zur Konkretisierung des unbestimmten Rechtsbegriffs „Unangemessenheit der Verfahrensdauer"

Im Folgenden werden Überlegungen angestellt, ob die Unangemessenheit der Verfahrensdauer mit Hilfe der Theorie der „beweglichen Systeme" konkretisiert werden kann. Dazu werden Wilburgs „bewegliche Systeme" zunächst vorgestellt und dann ein Vorschlag für ein „bewegliches System" in Fällen überlanger Verfahrensdauer gemacht.

I. Wilburgs sog. „bewegliche Systeme"

Die Theorie der „beweglichen Systeme" stammt von dem österreichischen Zivilrechtlicher Walter Wilburg, der diese Idee am Beispiel des Schadensrechts entwickelte.[1086] Das System des Schadensrechts beruht nach Wilburg nicht auf einem einheitlichen Gedanken, sondern auf einem Zusammenspiel von Gesichtspunkten.[1087] Die außervertragliche Schadensersatzhaftung stellt er als eine Kombination der folgenden beweglichen Elemente dar:

1083 *W.-R. Schenke*, NJW 2014, 433.

1084 Stellungnahme des DRB zur Evaluation des ÜGRG Nr. 4/14, S. 5, abrufbar unter: http://www.drb.de/cms/fileadmin/docs/Stellungnahmen/2014/DRB_140304_Stn_Nr_04_UEberlange_Gerichtsverfahren_Evaluation.pdf (zuletzt abgerufen am 10.09.2015).

1085 BT-Drucks. 18/2950, S. 13.

1086 Diese Idee ergibt sich aus dem Bestreben, die deliktische Generalklausel des österreichischen Zivilrechts auszulegen, vgl. *Göpfert*, JuS 1993, S. 655 (656).

1087 *Wilburg*, Entwicklung eines beweglichen Systems im Bürgerlichen Recht, S. 12.

- „Ein für das Schadensereignis kausaler Mangel, der auf Seiten des Haftenden vorliegt. Dieser Mangel hat verschiedene Schwere, je nachdem ob er vom Haftenden oder von dessen Gehilfen verschuldet oder überhaupt ohne Verschulden, so z.B. ein unerkennbarer Materialfehler einer Maschine, entstanden ist.
- Eine Gefährdung, die der Schädiger durch ein Unternehmen oder durch den Besitz einer Sache geschaffen hat und die zum Eintritt des Schadens führte.
- Die Nähe des Kausalzusammenhanges, der zwischen den haftungsbegründenden Ursachen und dem eingetretenen Schaden besteht.
- Die soziale Abwägung der Vermögenslage des Beschädigten und des Beschädigers."[1088]

Nach Wilburg zeigt „jeder einzelne Fall nach diesen Gesichtspunkten sein besonderen Bild, das sich aus dem jeweiligen Zusammentreffen und Stärkegrad der Kräfte ergibt. Die Kräfte sind nicht absolute, starre Größen, sondern es entscheidet die Gesamtwirkung ihres variablen Spiels."[1089]

Die von Wilburg genannten maßgeblichen Elemente des Schadensrechts müssen weder kumulativ vorliegen, um eine Haftung zu begründen, noch handelt es sich um alternative Tatbestände, die für sich genommen eine Haftung begründen können.[1090] Die Haftung richtet sich nicht nach starren Voraussetzungen, wie sie in unserer Rechtsordnung in der Regel zu finden sind, sondern vielmehr nach Stärkegraden, die pro Element von Fall zu Fall in unterschiedlichen Kombinationen auftreten können.[1091] Die Systemelemente sind dann „beweglich", wenn die Verknüpfung von Tatbestand und Rechtsfolge nicht nach dem Muster „wenn dann", sondern nach dem Muster „je desto" aufgebaut ist.[1092] Je stärker ein Element ausgeprägt ist und je mehr Elemente erfüllt sind, desto wahrscheinlicher ist der Eintritt der Rechtsfolge bzw. in so größerem Umfang greifen die Rechtsfolgen ein. Entscheidend ist somit jeweils die Anzahl und Stärke der Systemelemente im Einzelfall.

Weiteres Merkmal der „beweglichen Systeme" ist, dass die Elemente untereinander graduell ersetzbar und austauschbar sind.[1093] Keines der beweglichen

1088 *Wilburg*, Entwicklung eines beweglichen Systems im Bürgerlichen Recht, S. 12 f.

1089 *Wilburg*, Entwicklung eines beweglichen Systems im Bürgerlichen Recht, S. 13.

1090 Vgl. *Michael*, Der allgemeine Gleichheitssatz als Methodennorm komparativer Systeme, S. 50 f.

1091 *Michael*, Der allgemeine Gleichheitssatz als Methodennorm komparativer Systeme, S. 51.

1092 Siehe *Göpfert*, JuS 1993, S. 655 (657).

1093 Vgl. *Michael*, Der allgemeine Gleichheitssatz als Methodennorm komparativer Systeme, S. 51.

Elemente ist zwingende Voraussetzung für das Eingreifen der Rechtsfolge. Es kann durch andere Elemente des Systems ersetzt werden, wenn diese im ausreichend starken Maße erfüllt sind. Nach Wilburg erfasst dieses „bewegliche System" alle denkbaren Fälle in ihrer Eigenart.[1094]

II. Vorschlag für ein „bewegliches System" in Fällen überlanger Verfahrensdauer

Der Gedanke des Zusammenspiels mehrerer Gesichtspunkte, die jeweils unterschiedliche Stärke besitzen, kann zur Konkretisierung des Tatbestandsmerkmals „Unangemessenheit der Verfahrensdauer" herangezogen werden. Der Gesetzgeber hat in § 198 GVG keine festen Zeitabschnitte aufgenommen, bei deren Überschreiten die Unangemessenheit vermutet wird. Nach der Gesetzesbegründung ist die Dauer eines Verfahrens kein absoluter Wert. Es sind vielmehr die einzelfallbezogenen Gründe zu untersuchen, auf denen die Dauer des Verfahrens beruht, und diese sind im Rahmen einer abschließenden Gesamtabwägung zu gewichten.

Gemäß § 198 Abs. 1 S. 2 GVG richtet sich die Angemessenheit der Verfahrensdauer insbesondere nach der Schwierigkeit und Bedeutung des Verfahrens und nach dem Verhalten der Verfahrensbeteiligten und gegebenenfalls Dritter. Die Formulierung „insbesondere" verdeutlicht, dass die Aufzählung keinen abschließenden Charakter hat. Weitere relevante Kriterien sind die Gesamtdauer des Verfahrens, die Schwere der Belastung, der Grundsatz der richterlichen Unabhängigkeit sowie die rechtsstaatliche Gewährleistung der inhaltlichen Richtigkeit von Entscheidungen.[1095] Die Unangemessenheit der Verfahrensdauer stellt sich als eine Kombination dieser beweglichen Kriterien dar.

Die Kriterien zur Bestimmung der Angemessenheit der Verfahrensdauer sind nicht absolute, starre Elemente. Maßgeblich sind die jeweiligen Umstände des Einzelfalls. Die vom Gesetzgeber beispielhaft genannten Kriterien können von Fall zu Fall in unterschiedlichen Kombinationen auftreten. Je stärker ein Kriterium erfüllt ist – etwa das Interesse der Verfahrensbeteiligten an einer baldigen Entscheidung – und je mehr Kriterien erfüllt sind, desto wahrscheinlicher ist, dass das Verfahren unangemessen lange gedauert hat und dass dem Betroffenen eine Entschädigung zu gewähren ist. Somit sind die Kriterien zur Bestimmung der Unangemessenheit der Verfahrensdauer „bewegliche Elemente". Anzahl und Ausmaß der einzelnen Kriterien sind entscheidend dafür, ob eine überlange

1094 *Wilburg*, Entwicklung eines beweglichen Systems im Bürgerlichen Recht, S. 13.
1095 Im Einzelnen dazu oben 3. Kapitel B. III. S. 76.

Verfahrensdauer gegeben ist. Zudem sind die Kriterien untereinander austauschbar und ersetzbar, da keines der Kriterien zwingende Voraussetzung für das Eingreifen der Rechtsfolge ist.

Zusammenfassend ist daher festzuhalten, dass mit Hilfe dieses „beweglichen Systems" nach Wilburg die Angemessenheit der Verfahrensdauer im jeweiligen Einzelfall untersucht werden kann.

D. Bearbeitungsreihenfolge der anhängigen Verfahren

Im Zusammenhang mit der Dauer gerichtlicher Verfahren stellt sich die Frage, ob Vorgaben im Hinblick auf die Reihenfolge der Bearbeitung anhängiger Verfahren wünschenswert wären und wie sie inhaltlich ausgestaltet werden könnten. Es wurde bereits frühzeitig gefordert, dass die Gerichte bei Bearbeitung und Terminierung der anhängigen Streitsachen die Verfahren zeitlich bevorzugen sollten, bei denen die Gefahr besteht, dass durch eine weitere Verfahrensverzögerung die Rechtsverwirklichung erschwert oder verhindert wird.[1096]

I. Vorgaben im Hinblick auf die Reihenfolge der Bearbeitung

Das ÜGRG enthält keine Vorgaben, in welcher Reihenfolge die anhängigen Verfahren zu bearbeiten sind. Auch der Rechtsprechung lassen sich keine konkreten Vorgaben entnehmen. Es werden lediglich allgemeine Ausführungen gemacht.

Das Gericht muss – sofern die Arbeitsbelastung die alsbaldige Bearbeitung und Terminierung aller anhängigen Verfahren nicht zulässt – eine zeitliche Reihenfolge festlegen, wobei es das Gebot des effektiven Rechtsschutzes zu berücksichtigen hat und die Anberaumung eines Termins zur mündlichen Verhandlung nicht aus sachwidrigen Erwägungen unterlassen darf.[1097] Insbesondere die Bedeutung der Sache für die Beteiligten kann im Einzelfall eine Bearbeitung der Verfahren abweichend von der Reihenfolge des Eingangs erfordern.[1098] Ferner kann das Gericht etwa die Entscheidung einer bestimmten Sach- oder Rechtsfrage als dringlicher ansehen als die Entscheidung anderer Fragen, auch wenn die zeitliche Bevorzugung einzelner Verfahren zwangsläufig zu einer längeren Dauer der anderen Verfahren führt.[1099]

1096 Siehe *Finkelnburg*, in: Festgabe 25 Jahre Bundesverwaltungsgericht, S. 176.

1097 BVerfG, Beschl. v. 30.07.2009 – 1 BvR 2662/06, NJW-RR 2010, 207 (208); BVerfG, Beschl. v. 22.08.2013 – 1 BvR 1067/12, BeckRS 2013, 56344 Rn. 32; ferner BVerwG, Urt. v. 11.07.2013 – 5 C 23/12 D, NJW 2014, 96 (101).

1098 Vgl. BVerfG, Beschl. v. 15.12.2003 – 1 BvR 1345/03, NVwZ 2004, 471.

1099 Vgl. BFH, Zwischenurt. v. 07.11.2013 – X K 13/12, BeckRS 2013, 96642 Rn. 54.

Die Reihenfolge könnte nach der Bedeutung des Verfahrens bemessen werden, also dem Interesse der Verfahrensbeteiligten an einer baldigen Entscheidung und den Auswirkungen einer überlangen Verfahrensdauer. Wenn z.B. die wirtschaftliche Existenz eines Verfahrensbeteiligten bedroht ist oder auch bei hohem Alter und schlechtem Gesundheitszustand der Beteiligten können sich aus einer Verfahrensverzögerung schwere und irreparable Nachteile ergeben. Das betreffende Verfahren wäre dann vorrangig zu bearbeiten. Darüber hinaus könnte sich die Bearbeitungsreihenfolge typisierend nach dem Verfahrensgegenstand bestimmen. So wären beispielsweise Rechtsstreitigkeiten über Grundsicherungs- und Sozialhilfeleistungen, die der Sicherung des Lebensunterhalts dienen, zeitlich zu bevorzugen. Vor allem in Familiensachen erscheint es sinnvoll, wenn Verfahren, die das Sorge- und Umgangsrecht, insbesondere für kleine Kinder betreffen, vorrangig erledigt werden müssten. Denkbar wäre auch, dass Verfahren, die bereits über einen längeren Zeitraum bei Gericht anhängig sind, vor den Verfahrensneueingängen vorrangig zu bearbeiten sind. Dagegen spricht allerdings, dass wiederum festgelegt werden müsste, ab wann ein längerer Zeitraum anzunehmen ist.

II. Eigene Stellungnahme

Maßgeblich bleiben allerdings letztlich die Umstände des Einzelfalls. Eine abschließende Regelung der zeitlichen Reihenfolge sämtlicher Verfahrensarten und Verfahrensgegenstände ist nicht möglich. Es kann zwar eine Streitigkeit vorliegen, die grundsätzlich zeitlich bevorzugt werden sollte, im konkreten Fall eine vorrangige Bearbeitung jedoch nicht erforderlich sein.

Zudem stehen konkrete Vorgaben im Hinblick auf die Reihenfolge der Bearbeitung im Spannungsverhältnis zur richterlichen Unabhängigkeit, da der zuständige Richter bei der Verfahrensgestaltung einen weiten Gestaltungspielraum hat. Entsprechende Vorgaben müssten daher sehr allgemein gehalten werden, wären aber gerade deshalb praktisch wertlos.

E. Entschädigungsgericht als „Richter in eigener Sache“

Das Zusammenspiel von Verzögerungsrüge und Entschädigungsanspruch wirft die Frage auf, ob das Entschädigungsgericht bei der Prüfung der Anspruchsvoraussetzungen des § 198 GVG, insbesondere bei der Beurteilung der Angemessenheit der Verfahrensdauer, nicht „Richter in eigener Sache“ ist. Des Weiteren werden die Erfolgsaussichten des Entschädigungsanspruchs mit den Erfolgsaussichten des Amtshaftungsanspruchs wegen judikativen Unrechts verglichen.

I. Unparteilichkeit des Entschädigungsgerichts

Nach neuerer Rechtsprechung des EuGH hat der Betroffene einen Anspruch auf Schadensersatz gemäß Art. 268 i.V.m. Art. 340 AEUV, wenn das Verfahren vor dem EuG unangemessen lange gedauert hat. Für die Schadensersatzklage ist das EuG – in anderer Richterbesetzung als im Ausgangsverfahren – zuständig. Nach Ansicht von Generalanwältin Sharpston ist es fraglich, ob das EuG als unparteiisch gelten kann, wenn es über einen Schadensersatzanspruch zu entscheiden hat, der auf einer vom EuG selbst begangenen Grundrechtsverletzung beruht.

Damit verdeutlicht sich die Frage, ob das Gericht noch als „unabhängiges und unparteiisches Gericht" im Sinne von Art. 6 Abs. 1 EMRK angesehen werden kann.[1100] Der Einwand ist berechtigt, jedoch weisen die Verträge in Art. 256 Abs. 1 AEUV ausdrücklich dem EuG die erstinstanzliche Zuständigkeit für Schadensersatzklagen natürlicher und juristischer Personen zu.[1101]

Dagegen verlangt Art. 13 EMRK eine Beschwerdemöglichkeit bei einer unabhängigen und unparteiischen Instanz. Bei der Beschwerdeinstanz darf es sich nicht um die Behörde handeln, gegen die sich die Beschwerde in der Sache richtet.

Dieses Problem stellt sich auch im Rahmen der Entschädigungsklage. Wenn beispielsweise das Rechtsmittelverfahren vor dem OLG unangemessen lange gedauert hat, haftet das Land für die eingetretenen Nachteile (§ 200 S. 1 GVG). Zuständig für die Klage auf Entschädigung ist das OLG (§ 201 Abs. 1 S. 1 GVG). Kommt es im Rechtsmittelverfahren vor dem LAG oder dem LSG zu unangemessenen Verzögerungen, entscheidet ebenfalls das LAG bzw. LSG über die Entschädigungsklage. Gleiches gilt, wenn es im erstinstanzlichen Hauptsacheverfahren oder im Rechtsmittelverfahren vor dem OVG/VGH zu Verzögerungen kommt. Wenn das Revisionsverfahren vor dem BGH, BAG, BSG, BVerwG oder BFH unangemessen lange gedauert hat, haftet der Bund und die genannten Gerichte des Bundes sind jeweils für die Entschädigungsklage zuständig.

Allerdings ist ein Richter von der Ausübung des Richteramtes ausgeschlossen, wenn er in dem Ausgangsverfahren, auf dessen Dauer der Entschädigungsanspruch gestützt wird, mitgewirkt hat (§ 41 Nr. 7 ZPO). In den übrigen

---

1100 Die Unabhängigkeit ist letztlich zu bejahen, das eigentliche Problem liegt bei der Frage der Unparteilichkeit. Im Ergebnis muss das EuG jedoch billigerweise als hinreichend unparteiisch gelten. Vgl. Schlussanträge in der Rechtssache Groupe Gascogne vom 30.05.2013 - C-58/12 P = BeckRS 2013, 81119 Rn. 142 ff.

1101 Für Klagen der Mitgliedstaaten ist gemäß Art. 51 der Satzung des Gerichtshofs ausschließlich der EuGH zuständig.

Gerichtsbarkeiten gilt Entsprechendes. Gleichwohl entscheiden die Gerichte in der Sache über einen Entschädigungsanspruch, den sie selbst verursacht haben.

II. Vergleich mit dem Amtshaftungsanspruch wegen judikativen Unrechts

Auch bei der Amtshaftung wegen judikativen Unrechts, wo die überlange Verfahrensdauer ein Sonderproblem darstellt, stellt sich die Frage, ob im Amtshaftungsprozess nicht „Rechtsanwendung in eigener Sache" erfolgt.[1102] Die Erfolgsaussichten eines solchen Amtshaftungsanspruchs sind gering, da die Anforderungen an den Schuldvorwurf durch das Richterspruchprivileg und den Grundsatz der richterlichen Unabhängigkeit hoch sind. Darüber hinaus wird im Amtshaftungsprozess die Verfahrensgestaltung des Richters nicht auf ihre Richtigkeit, sondern auf ihre Vertretbarkeit geprüft.[1103] Die Vertretbarkeit wird nur verneint, wenn das richterliche Fehlverhalten bei voller Würdigung auch der Belange einer funktionstüchtigen Rechtspflege nicht mehr verständlich ist. Daher wird eine Amtspflichtverletzung lediglich bei besonders groben Verstößen bejaht.

Der BGH hat diese Grundsätze auf das Entschädigungsverfahren nach §§ 198 ff. GVG übertragen.[1104] Demnach begründet eine vertretbare Verfahrensleitung des Gerichts keinen Entschädigungsanspruch nach § 198 GVG, auch wenn sie zu einer Verzögerung des Verfahrens geführt hat. Diese Rechtsprechung des BGH ist jedoch abzulehnen. Der Grundsatz der richterlichen Unabhängigkeit darf nicht dazu führen, dass jede Untätigkeit des Ausgangsgerichts gerechtfertigt werden kann.[1105] Das Ausgangsgericht muss sich vielmehr fragen lassen, warum es eine später getroffene Maßnahme nicht bereits zu einem früheren Zeitpunkt angeordnet hat. Dies folgt schon aus dem Beschleunigungsgrundsatz des Art. 2 Abs. 2 S. 2 GG. Diese verfassungsimmanente Beschränkung der richterlichen Unabhängigkeit wurde in der Entscheidung des BGH überhaupt nicht erwähnt.[1106] Es erscheint vielmehr so, als sei diese Rechtsprechung mehr durch kollegiale Rücksichtnahme als durch das Bestreben bestimmt, den durch Art. 13

1102 *Breuer*, Staatshaftung für judikatives Unrecht, S. 317.

1103 Die Entscheidung des BGH ist nicht ohne Kritik geblieben. Nach *Zuck*, JZ 2011, 476 (476 f.), verkenne der Senat, dass die Verfahrensbeteiligten einen verfassungsrechtlich garantierten Anspruch auf Entscheidung innerhalb angemessener Frist haben.

1104 BGH, Urt. v. 14.11.2013 – III ZR 376/12, NJW 2014, 220 (223); ferner BGH, Urt. v. 12.02.2015 – III ZR 141/14, BeckRS 2015, 04157 Rn. 33.

1105 Vgl. *Heinisch*, NJW 2014, 220 (225).

1106 *Heinisch*, NJW 2014, 220 (225).

EMRK geforderten wirksamen Rechtsbehelf gegen überlange Gerichtsverfahren zu schaffen.

III. Eigene Stellungnahme

Parteilichkeit bzw. Voreingenommenheit im Sinne des § 42 Abs. 2 ZPO ist die unsachliche innere Einstellung des Richters zu den Beteiligten oder dem konkreten Verfahrensgegenstand.[1107] Im Falle der Parteilichkeit des Gerichts besteht die Gefahr, dass sachfremde Umstände die Bearbeitung und Entscheidung der Sache beeinflussen und dadurch ein Prozessbeteiligter bevorzugt oder benachteiligt wird. Dem Entschädigungsgericht kann zwar nicht von vornherein unterstellt werden, dass es eine unsachliche innere Einstellung zu dem Verfahrensgegenstand – dem Entschädigungsanspruch nach § 198 GVG – hat und sachfremde Umstände bei seiner Entscheidung berücksichtigt. Es bleiben jedoch Bedenken, dass die Gerichte zu „großzügig" zugunsten des haftenden Rechtsträgers über die Entschädigungsklagen entscheiden und nur in Fällen erheblicher Verfahrensüberlange eine Entschädigung gemäß § 198 GVG zusprechen werden.

In diese Richtung deutet auch, dass der BGH die für den Amtshaftungsanspruch geltenden Grundsätze hinsichtlich der Überprüfung der richterlichen Verfahrensgestaltung auf den Entschädigungsanspruch übertragen hat. Verfahrensverzögerungen können durch eine vertretbare Verfahrensleitung des Gerichts gerechtfertigt werden. Dem ist entgegenzuhalten, dass durch diese restriktive Interpretation die Vorgaben der EMRK verfehlt werden und diese darüber hinaus auch keine Stütze in der Entstehungsgeschichte der Norm findet.

Der Gesetzgeber wollte mit der Neuregelung einen wirksamen Rechtsbehelf im Sinne des Art. 13 EMRK schaffen und eine Rechtsschutzlücke schließen. Der bei Eintritt eines Schadens nach Maßgabe des § 198 GVG bestehende Entschädigungsanspruch, der einen Ausgleich sowohl des materiellen als auch des immateriellen Schadens vorsieht, hat kompensatorischen Charakter. Die Effektivität der Entschädigungsregelung wird in Frage gestellt, wenn die meisten Fälle überlanger Verfahrensdauer durch das Ermessen des Richters bei der Verfahrensgestaltung gerechtfertigt werden können und lediglich „Extremfälle" entschädigt werden.

Darüber hinaus ist § 198 GVG kein „verkappter" zweiter Amtshaftungsanspruch. Dafür spricht die dogmatische Einordnung von § 198 GVG „als staatshaftungsrechtlicher Anspruch sui generis". Der Gesetzgeber hat die Bezeichnung „sui generis" gerade deshalb gewählt, weil er § 198 GVG außerhalb

1107 *Gehrlein*, in: MüKo-ZPO, § 42 Rn. 5.

des Staatshaftungsrechts verorten möchte. Zudem wird nach der Gesetzesbegründung der Begriff „Entschädigung“ in einem erweiterten, vom sonstigen Staatshaftungsrecht abweichenden Sinn verwendet.[1108] Die staatshaftungsrechtliche Dogmatik kann daher nicht auf den Entschädigungsanspruch aus § 198 GVG übertragen werden.

F. Verhältnis des § 198 GVG zur Untätigkeitsbeschwerde

Die kraft richterlicher Rechtsfortbildung entwickelten Rechtsbehelfe sind nach Inkrafttreten des ÜGRG grundsätzlich nicht mehr statthaft. Nach dem Willen des Gesetzgebers sollen die §§ 198 ff. GVG den Rechtsschutz gegen überlange Verfahrensdauer abschließend regeln.

I. Statthaftigkeit der Untätigkeitsbeschwerde in Familiensachen

Gleichwohl wird teilweise die Auffassung vertreten, dass in Familiensachen die Untätigkeitsbeschwerde weiterhin neben der Verzögerungsrüge statthaft ist. Begründet wird dies damit, dass vor allem bei Verfahren, die das Sorge- und Umgangsrecht betreffen, die Gefahr bestehe, dass die Sache allein durch die Verfahrensdauer entschieden wird.[1109] Je jünger das betroffene Kind ist, desto schneller muss eine Entscheidung getroffen werden. Ein verfahrensbeschleunigender Rechtsbehelf sei deshalb in Kindschaftssachen besonders wichtig. Das zeige sich daran, dass vor Inkrafttreten des ÜGRG eine überdurchschnittlich hohe Zahl an Untätigkeitsbeschwerden im Familienrecht erhoben worden sei.[1110]

In der Sache Kuppinger/Deutschland hat der EGMR geprüft, ob im deutschen Recht ein Rechtsbehelf vorhanden ist, mit dem nicht nur eine Entschädigung in Geld verlangt, sondern auch das familiengerichtliche Verfahren wirksam beschleunigt werden kann.[1111] Den Konventionsstaaten steht bei der Ausgestaltung des Rechtsschutzes gegen überlange Verfahrensdauer ein Wahlrecht zwischen präventiven und kompensatorischen Rechtsschutzregelungen zu. Bei Verfahren, deren Dauer sich erheblich auf das Familienleben auswirkt, ist der Konventionsstaat jedoch verpflichtet, einen Rechtsbehelf zu schaffen, der sowohl präventive

---

1108 BT-Drucks. 17/3802, S. 19.

1109 Siehe *Vogel*, FPR 2012, 528.

1110 *Breuer*, Staatshaftung für judikatives Unrecht, S. 356.

1111 EGMR, Urt. v. 15.01.2015 – 62198/11, NJW 2015, 1433 (1437) – Kuppinger/Deutschland.

Wirkung hat als auch Wiedergutmachung ermöglicht.[1112] Eine kompensatorische Regelung alleine genügt nicht, vielmehr ist auch eine Regelung zur wirksamen Verfahrensbeschleunigung erforderlich. In diese Richtung deutet nicht zuletzt Art. 8 Abs. 1 EMRK. Die Vorschrift ist einerseits als Abwehrrecht ausgestaltet, das vor staatlichen Eingriffen in das Familienleben schützt. Andererseits ergeben sich aus der Verpflichtung zur Achtung des Familienlebens auch positive staatliche Schutzpflichten.

Nach Ansicht des EGMR leistet die Verzögerungsrüge grundsätzlich einen Beitrag zur Beschleunigung des Verfahrens. Sie sei allerdings nicht geeignet, Umgangsrechtsverfahren ausreichend zu beschleunigen und Verletzungen des Rechts auf Achtung des Familienlebens zu verhindern.[1113] Deshalb entsprechen die Vorschriften des ÜGRG nicht den besonderen Anforderungen an einen Rechtsbehelf, der die positiven Verfahrenspflichten des Staates im Hinblick auf Umgangsrechtsverfahren erfüllen soll.

Ferner ist nach Ansicht des EGMR § 155 FamFG kein wirksamer Rechtsbehelf im Sinne von Art. 13 EMRK, da die Gerichte Kindschaftssachen zwar voranging und beschleunigt durchzuführen haben, allerdings keine Sanktionen im Falle der Nichtbeachtung vorgesehen sind. Aus diesem Grund ist erneut die Einführung einer Untätigkeitsbeschwerde gefordert worden.[1114]

II. Eigene Stellungnahme

Die in § 198 Abs. 3 GVG geregelte Verzögerungsrüge hat präventiven Charakter, da sie Verletzungen des Rechts auf angemessene Verfahrensdauer vorbeugen soll. Die Rüge besitzt „Warnfunktion" für den zuständigen Richter. Er erhält Anlass zur Prüfung der Verfahrensdauer und die Möglichkeit zu einer beschleunigten Verfahrensförderung. Wie vorstehend gezeigt, sind jedoch berechtigte Zweifel

---

1112 Vgl. EGMR, Urt. v. 22.04.2010 – 4824/06 Z. 48 – Macready/Tschechien; ebenso EGMR, Urt. v. 27.10.2011 – 8857/08, FamRZ 2012, 1123 (1123 f.), im Hinblick auf Art. 8 EMRK gilt der Vorrang des Beschleunigungsrechtsschutzes vor dem Entschädigungsrechtsschutz.

1113 EGMR, Urt. v. 15.01.2015 – 62198/11, NJW 2015, 1433 (1437) – Kuppinger/Deutschland.

1114 Vgl. http://www.sueddeutsche.de/leben/umgangsrecht-europaeischer-gerichtshof-staerkt-rechte-der-vaeter-1.2305684 (zuletzt abgerufen am 10.09.2015); siehe auch *Weber*, NZFam 2015, 337 (340), nachdem eine Beschleunigungsbeschwerde in verfassungs- und konventionskonformer Auslegung des § 21 Abs. 2 FamFG zulässig sei, zumindest bis der Gesetzgeber einen entsprechenden präventiven Rechtsbehelf eingeführt hat.

angebracht, ob die Verzögerungsrüge geeignet ist, Sorge- und Umgangsrechtsverfahren ausreichend zu beschleunigen.

Nach der Gesetzesbegründung sind mit der Entschädigungsregelung die verschiedenen von der Rechtsprechung entwickelten Rechtsbehelfskonstruktionen grundsätzlich hinfällig, da die §§ 198 ff. GVG das Rechtsschutzproblem bei überlangen Gerichtsverfahren abschließend lösen sollen.[1115] In der Gesetzesbegründung steht weiter, dass eine Regelungslücke als Analogievoraussetzung nach Inkrafttreten der §§ 198 ff. GVG deshalb grundsätzlich nicht mehr besteht. Zwar wollte der Gesetzgeber einen einheitlichen und ausschließlichen Rechtsbehelf gegen unangemessene Verfahrensdauer schaffen und damit eine Rechtsschutzlücke schließen.[1116] Nach dem Wortlaut der Gesetzesbegründung („grundsätzlich") ist jedoch nicht ausgeschlossen, dass in Einzelfällen die Untätigkeitsbeschwerde weiterhin neben der Entschädigungsregelung statthaft ist.

Wenn Sorge- und Umgangsrechtsverfahren unangemessen lange dauern, ist nicht nur Art. 6 EMRK, sondern auch Art. 8 EMRK verletzt. Die Verpflichtung zur Achtung des Familienlebens erfordert eine Regelung zur wirksamen Verfahrensbeschleunigung. Auch die Gesetzesbegründung erwähnt ausdrücklich das kindliche Zeitempfinden und die damit verbundene Gefahr der Entfremdung zwischen Eltern und Kind.[1117] Sorge- und Umgangsrechtsverfahren sind im Unterschied zu anderen Verfahren besonders zügig zu führen und nehmen daher eine Sonderstellung ein. Eine planwidrige Regelungslücke lässt sich deshalb bejahen.

Allerdings ist nach der Gesetzesbegründung die Rechtslage im Hinblick auf die außerordentliche Beschwerde uneinheitlich, unübersichtlich und entspicht nicht der vom BVerfG geforderten Rechtsbehelfsklarheit.[1118] Auch hat der EGMR in der Entscheidung Kuppinger/Deutschland erneut betont, dass die Untätigkeitsbeschwerde kein ausreichender Rechtsbehelf ist, da ihre Zulässigkeitsvoraussetzungen unterschiedlich beurteilt werden.[1119]

Aus diesem Grund ist fraglich, ob die Untätigkeitsbeschwerde der richtige „Weg" ist, um der besonderen Eilbedürftigkeit von Sorge- und Umgangsrechtsverfahren gerecht zu werden. Es ist vielmehr vorzugswürdiger eine Wiederholung der Verzögerungsrüge vor Ablauf der Frist des § 198 Abs. 3 S. 2 Halbsatz

---

1115 BT-Drucks. 17/3802, S. 16.
1116 Vgl. BT-Drucks. 17/3802, S. 1, 16.
1117 BT-Drucks. 17/3802, S. 18.
1118 BT-Drucks. 17/3802, S. 2.
1119 EGMR, Urt. v. 15.01.2015 – 62198/11, NJW 2015, 1433 (1437) – Kuppinger/Deutschland.

2 GVG zuzulassen. Die Verzögerungsrüge kann grundsätzlich frühestens nach sechs Monaten wiederholt werden, wenn nicht ausnahmsweise eine kürzere Frist geboten ist.[1120] Dies ist etwa bei einem Richterwechsel der Fall oder bei einer Verfügung des Gerichts, die auf eine weitere erhebliche Verzögerung schließen lässt. Auch bei Kindschaftssachen ist eine kürzere Frist geboten, da die Gefahr besteht, dass das Verfahren in der Sache durch bloßen Zeitablauf entschieden wird. Deshalb ist die Ausnahmeregelung des § 198 Abs. 3 S. 2 Halbsatz 2 GVG in Sorge- und Umgangsrechtsverfahren anzuwenden und eine Wiederholung der Rüge vor Ablauf von sechs Monaten zuzulassen. Auf diese Weise wird der Entscheidung des EGMR ausreichend Rechnung getragen und zugleich werden keine Rechtsbehelfskonstruktionen außerhalb der §§ 198 ff. GVG geschaffen.

G. §§ 198 ff. GVG als Teil eines allgemeinen Prozessrechts

Abschließend soll untersucht werden, inwiefern der Entschädigungsanspruch gemäß § 198 GVG Elemente einer Vereinheitlichung des Prozessrechts enthält und deshalb als Teil eines allgemeinen Prozessrechts anzusehen ist.

I. Die Idee einer Vereinheitlichung der Prozessordnungen und der Zusammenlegung von Gerichtzweigen

Die Idee einer Vereinheitlichung des Verfahrensrechts ist nicht neu. Vor allem der Vorschlag, eine einheitliche Verfahrensordnung für die verschiedenen Gerichtszweige zu schaffen, ist immer wieder diskutiert worden. Der Deutsche Bundestag hatte in einer Entschließung der Bundesregierung schon im Jahre 1956 gefordert, den Entwurf einer Prozessordnung vorzulegen, die das Verfahren vor den ordentlichen Gerichten – mit Ausnahme des Strafverfahrens und des Verfahrens in Angelegenheiten der freiwilligen Gerichtsbarkeit – den Arbeitsgerichten, den Verwaltungsgerichten, den Sozialgerichten und den Finanzgerichten unter Wahrung der Besonderheiten der einzelnen Verfahrensarten vereinheitlicht.[1121]

Prof. Dr. Carl Hermann Ule hat sich bereits frühzeitig mit einer einheitlichen Verfahrensordnung für die öffentlich-rechtlichen Gerichtsbarkeiten befasst und in den 60er Jahren die Arbeiten am sog. Speyerer Entwurf (Entwurf eines Verwaltungsgerichtsgesetzes) geleitet.[1122] Ziel des Entwurfes war es, die drei

---

1120 Vgl. oben 3. Kapitel B. V. 4.c) S. 104.

1121 Siehe hierzu *Ule*, DVBl. 1958, 691.

1122 *Ule*, DVBl. 1958, 691 (695); vgl. auch *Meyer-Ladewig*, NVwZ 2007, 1262.

Verwaltungsgerichtsordnungen in einem einheitlichen Prozessgesetz zusammenzufassen. Als Modellgesetz diente die VwGO.[1123]

Der Speyerer Entwurf war Grundlage des Entwurfs einer Verwaltungsprozessordnung in den 70er Jahren (VwPO), der die Vereinheitlichung der VwGO, der FGO und der SGG vorsah. Nach der Gesetzesbegründung sollte das Verwaltungsprozessrecht vereinheitlicht und dadurch übersichtlicher werden, um das Rechtsverständnis der Bürger zu fördern und den Rechtsschutz zu verbessern.[1124] Zugleich sollten die Verwaltungsverfahren durch Vorschriften zur Vereinfachung des Verfahrens und zur Entlastung der Gerichte beschleunigt werden. Der Gesetzesentwurf wurde jedoch letztlich nicht verabschiedet.

Im Jahr 2003 ist die Idee einer Vereinheitlichung des Prozessrechts erneut diskutiert worden. Während in den 70er Jahren lediglich eine Vereinheitlichung der Prozessordnungen Gegenstand der Diskussionen war, wurde nun auch die Zusammenlegung von Gerichtsbarkeiten diskutiert.[1125] Die Bundesjustizministerin hat die Länder aufgefordert, über eine Zusammenlegung von Gerichtszweigen auf Landesebene nachzudenken, da einzelne Gerichtszweige überlastet sind und Gerichtsverfahren auch häufig deswegen länger dauern.[1126] Als Ziel der Zusammenlegung von Gerichtszweigen wurde neben der Optimierung der Arbeitsorganisation und einem Ressourcengewinn mittel- und langfristig auch die Verbesserung des Rechtsschutzes der Beteiligten genannt.[1127]

Die Justizministerkonferenz hat daraufhin beschlossen, eine Arbeitsgruppe zur Ausarbeitung von Vorschlägen für eine einheitliche öffentlich-rechtliche Fachgerichtsbarkeit zu bilden. Im darauffolgenden Jahr hat sich die Justizministerkonferenz für eine bundesrechtliche Öffnungsklausel ausgesprochen, die den Ländern die Zusammenlegung der Fachgerichtsbarkeiten ermöglicht.[1128] Durch das 7. SGG-Änderungsgesetz vom 9. Dezember 2004 ist eine solche Öffnungsklausel für begrenzte Zuständigkeitsbereiche der Sozialgerichtsbarkeit in Kraft getreten, allerdings zeitlich befristet bis zum 31. Dezember 2008.[1129] Das Gesetz

---

1123 Vgl. *Trzaskalik*, NJW 1982, 1553.

1124 BT-Drucks. 9/1851 und 10/3437; vgl. nur *Trzaskalik*, NJW 1982, 1553; *Krasney*, NVwZ 1982, 406; *Finkelnburg*, NVwZ 1982, 414; *Jessen*, NVwZ 1982, 410.

1125 Als Argumente werden verbesserte Effizienz und Kostengründe genannt, vgl. *Meyer-Ladewig*, NVwZ 2007, 1262; ferner *Redeker*, NJW 2004, 496.

1126 Auf diese Weise könnten die Richterinnen und Richter bedarfsgerechter eingesetzt und zudem Kosten eingespart werden, siehe *Nielebock*, NZA 2004, 28.

1127 *Nielebock*, NZA 2004, 28 (30); ferner *Roller*, SGb 2005, 616 (617).

1128 *Meyer-Ladewig*, NVwZ 2007, 1262.

1129 BT-Drucks. 15/3867; siehe §§ 50a bis 50d SGG a.F.

sah vor, dass bestimmte Angelegenheiten der Sozialgerichtsbarkeit durch besondere Spruchkörper der Verwaltungsgerichte und Oberverwaltungsgerichte wahrgenommen werden können.[1130]

Die vom Bundesrat eingebrachten Gesetzesentwürfe bestanden aus einem Gesetz zur Änderung des Grundgesetzes und einem Zusammenführungsgesetz.[1131] Die Länder konnten demnach bestimmen, dass Verwaltungs-, Finanz- und Sozialgerichtsbarkeit durch Fachgerichte einheitlich ausgeübt werden können.[1132] In Betracht kam sowohl die Zusammenführung aller drei Gerichtsbarkeiten als auch die Zusammenführung von zwei der genannten Gerichtsbarkeiten. Damit sollte die verfassungsrechtliche Grundlage für einen flexiblen Einsatz des richterlichen Personals geschaffen werden. Die Gesetzesvorhaben sind wegen des Grundsatzes der parlamentarischen Diskontinuität verfallen. In der nächsten Legislaturperiode wurden sie wieder eingebracht, sind allerdings erneut verfallen.[1133] Der politische Wille, einen solchen Gesetzesentwurf durchzusetzen, ist bislang nicht ausreichend gewesen.

Im Jahre 2005 hat die Justizministerkonferenz noch weitergehende Beschlüsse gefasst. Demnach sollen die gerichtsverfassungsrechtlichen Regelungen und Prozessordnungen in einem einheitlichen Gerichtsverfassungs- und Prozessgesetz zusammengefasst werden. Die Idee einer Vereinheitlichung des Prozessrechts bezog sich somit nicht mehr nur auf die öffentlich-rechtliche, sondern auch auf die ordentliche Gerichtsbarkeit einschließlich der Strafgerichtsbarkeit und der Arbeitsgerichtsbarkeit.[1134] Auch dieses Projekt wurde wiederum nicht weiterverfolgt. Dabei gibt es durchaus gute Argumente für ein einheitliches

---

1130 Kritisch hinsichtlich der Zusammenführung von Verwaltungs- und Sozialgerichtsbarkeit, *Tabbara*, NZS 2009, 483 (484); siehe auch *Nielebock*, NZA 2004, 28 (28 ff.), wonach sich die Eigenständigkeit der Sozialgerichte aus der Schutzbedürftigkeit der Versicherten bei Arbeitslosigkeit, Krankheit und im Alter rechtfertige. Deshalb seien eine Spezialisierung der Richter und eine besondere Sachkunde erforderlich.

1131 BT-Drucks. 15/4108 und 15/4109.

1132 Es sollte in Art. 92 GG ein entsprechender zweiter Absatz eingefügt werden. Eine Grundgesetzänderung ist erforderlich, da Art. 95 GG bestimmt, dass der Bund für die fünf Gerichtsbarkeiten oberste Gerichtshöfe errichtet. Nach überwiegender Auffassung wird damit auch den Ländern ein entsprechender Gerichtsaufbau vorgegeben, vgl. *Redeker*, NJW 2004, 496; *Brand J./Fleck/Scheer*, NZS 2004, 173; siehe auch *Jachmann*, in: Maunz/Dürig, GG, Art. 95 Rn. 110.

1133 BT-Drucks. 16/1034 und 16/1040.

1134 Siehe 76. Konferenz der Justizministerinnen und Justizminister vom 29. und 30.06.2005 in Dortmund, abrufbar unter: http://www.beck.de/rsw/upload/Beck_Aktuell/76_Konf_Justizmin.pdf (zuletzt abgerufen am 10.09.2015).

Gerichtsverfassungs-und Prozessgesetz wie etwa die Verminderung der Zahl der geltenden Vorschriften, bessere Übersichtlichkeit oder Erleichterung, sich in allen Gerichtszeigen zurecht zu finden. Insbesondere die Verfahrensbeteiligten könnten sich über den Ablauf des gerichtlichen Verfahrens aus einer einheitlichen Verfahrensordnung einfacher und transparenter informieren.

Im Gegensatz zu der Vereinheitlichung der Prozessordnungen wird die Zusammenlegung von Gerichtszweigen überwiegend kritisch gesehen. Dagegen wird vor allem eingewendet, dass die Qualität der Rechtsprechung abnehmen könnte, da die Spezialisierung der Richterschaft Voraussetzung für einen effektiven Rechtsschutz ist.[1135] Insbesondere in der Arbeitsgerichtsbarkeit wird eine Zusammenlegung der Gerichtszweige abgelehnt.[1136]

II. Einheitliche Entschädigungsregelung

Nachfolgend wird aufgezeigt, welche Gesichtspunkte dafür sprechen, dass die Entschädigungsregelung in allen Gerichtsbarkeiten einheitliche Anwendung finden soll. In diesem Zusammenhang wird auch die Aufgabe des Gemeinsamen Senats der obersten Gerichtshöfe des Bundes erläutert.

1. Verweisungsregelung in den einzelnen Verfahrensordnungen

Der neu eingefügte Siebzehnte Titel des GVG enthält sowohl prozessuale als auch materielle Regelungen. Die §§ 198–201 GVG sind unmittelbar nur in der ordentlichen Gerichtsbarkeit anwendbar. Gemäß § 173 S. 2 VwGO sind die Vorschriften des Siebzehnten Titels des GVG mit der Maßgabe entsprechend anzuwenden, dass an die Stelle des OLG das OVG, an die Stelle des BGH das BVerwG und an die Stelle der ZPO die VwGO tritt. Entsprechende Verweisungsvorschriften enthalten § 9 Abs. 2 S. 2 ArbGG, § 155 S. 2 FGO und § 202 S. 2 SGG.

Bislang sahen die VwGO, das SGG, die FGO und das ArbGG eine entsprechende Anwendung des GVG lediglich für bestimmte einzelne Regelungen des GVG oder für Verfahrensregelungen vor. Nun wird der gesamte Abschnitt des

---

1135 Vgl. *Brand J./Fleck/Scheer*, NZS 2004, 173 (176).

1136 Der Vorteil des fachgerichtlichen arbeitsrechtlichen Rechtsschutzsystems liege in seiner hohen Leistungsfähigkeit, die zu einem wesentlichen Teil durch die Spezialisierung der Richter gewährleistet sei. Die Arbeitsgerichtsbarkeit sei bereits sehr schlank und arbeite effizient und schnell. Daher ist die Arbeitsgerichtsbarkeit als eigener Gerichtszweig beizubehalten, siehe *Aust-Dodenhoff*, NZA 2004, 24; ebenso *Schrader/Straube/Schubert*, NZA 2004, 899; ferner *Brand P.-A.*, ZRP 2010, 81.

GVG über den Rechtsschutz bei überlangen Gerichtsverfahren und strafrechtlichen Ermittlungsverfahren entsprechend angewandt.

Es handelt sich dabei um eine Analogieverweisung. Sie wird verwendet, wenn der Bezugstext nicht wörtlich bei der Ausgangsnorm mitgelesen werden kann und deshalb eine „entsprechende“ oder „sinngemäße“ Geltung oder Anwendung erfolgt.[1137] Um den Regelungsinhalt verständlich auszudrücken, kann es zudem erforderlich sein, Abwandlungen ausdrücklich anzugeben. So stellt § 173 S. 2 VwGO klar, dass der Rechtsschutz bei überlangen verwaltungsgerichtlichen Verfahren in einer der VwGO angepassten Form zu erfolgen hat.[1138]

Die gewählte Verweisungsart spricht für eine Vereinheitlichung des Prozessrechts. Durch die Verweisungstechnik können Abweichungen in den einzelnen Prozessordnungen vermieden werden. Auf diese Weise wird sichergestellt, dass für vergleichbare Sachverhalte dieselben Tatbestandsvoraussetzungen gelten oder dieselben Rechtsfolgen eintreten. Verweisungen können einen Beitrag zur Systembildung leisten, indem sie die Zusammenhänge zwischen den unterschiedlichen Regelungsmaterien aufzeigen.[1139]

2. *Anwendungsbereich des § 198 GVG*

Die Entschädigungsregelung findet auch in der Finanzgerichtsbarkeit und der gesamten Verwaltungsgerichtsbarkeit Anwendung. Der Anwendungsbereich der Entschädigungsregelung ist daher weiter als die völkerrechtliche Bindung an die EMRK, da die Einbeziehung der finanzgerichtlichen und sämtlicher verwaltungsgerichtlicher Verfahren konventionsrechtlich nicht zwingend geboten war.[1140] Der Gesetzgeber wollte jedoch den Rechtsschutz gegen überlange Gerichtsverfahren einheitlich regeln und hat deshalb die §§ 198 ff. GVG als einheitlichen Rechtsbehelf in allen Gerichtsbarkeiten eingeführt.

3. *Entscheidung durch den gemeinsamen Senat der obersten Gerichtshöfe*

Für die Entschädigungsklagen sind gemäß der Verweisungsvorschriften in den Verfahrensordnungen die Gerichte der einzelnen Gerichtsbarkeiten zuständig. Nach der Gesetzesbegründung wird auf diese Weise über Besonderheiten des jeweiligen materiellen Rechts, insbesondere über die Angemessenheit der Verfahrensdauer, sowie über die Besonderheiten der einzelnen Verfahrensordnungen

1137 *BMJV*, Handbuch der Rechtsförmlichkeit Rn. 232.
1138 *W.-R. Schenke*, in: Kopp/Schenke, VwGO, § 173 Rn. 1.
1139 *BMJV*, Handbuch der Rechtsförmlichkeit Rn. 225.
1140 Vgl. oben 3. Kapitel A. IV. S. 65.

sachkundig geurteilt. Die Zuständigkeit für die Entschädigungsklagen wurde zwar – entgegen des Referentenentwurfs des Bundesjustizministeriums – nicht einheitlich der ordentlichen Gerichtsbarkeit zugewiesen. Eine Zusammenlegung der Gerichtszweige ist insoweit nicht erfolgt. Nach dem Willen des Gesetzgebers soll allerdings bei Uneinigkeit über grundsätzliche Rechtsfragen der gemeinsame Senat der obersten Gerichtshöfe angerufen werden, um die Entwicklung einer einheitlichen Rechtsprechung zu gewährleisten.[1141]

Zur Wahrung der Einheitlichkeit der Rechtsprechung der in Art. 95 Abs. 1 GG genannten obersten Gerichtshöfe des Bundes wird ein Gemeinsamer Senat gebildet (§ 1 Abs. 1 RsprEinhG). Der Gemeinsame Senat der obersten Gerichtshöfe des Bundes ist kein Rechtsmittelgericht, sondern ein gemeinschaftliches Rechtsprechungsorgan.[1142] Nach § 2 Abs. 1 RsprEinhG ist der Gemeinsame Senat zur Entscheidung berufen, wenn ein oberster Gerichtshof in einer Rechtsfrage von der Entscheidung eines anderen obersten Gerichtshofs oder des Gemeinsamen Senats abweichen will (Außendivergenz). Es besteht insoweit eine Vorlagepflicht des obersten Gerichthofs, der abweichend entscheiden will.[1143] Die Entscheidung des Gemeinsamen Senats ist für das vorlegende Gericht bindend (§ 16 RsprEinhG).

Somit hätte der BGH den Gemeinsamen Senat der obersten Bundesgerichte anrufen müssen, bevor er abweichend von der Entscheidung des BVerwG einen Feststellungsanspruch der Verfahrensbeteiligten verneint. Auch im Hinblick auf die Frage, ob bei der Bestimmung der Angemessenheit der Verfahrensdauer statistische Durchschnittswerte berücksichtigt werden können, wäre der Gemeinsame Senat zur Entscheidung berufen.

III. Eigene Stellungnahme

Im Jahre 2005 hat die Justizministerkonferenz beschlossen, die gerichtsverfassungsrechtlichen Regelungen und Prozessordnungen in einem einheitlichen Gerichtsverfassungs- und Prozessgesetz zusammenzufassen. Bis dahin ist es allerdings noch ein sehr langer Weg. Ein vielleicht erster – zumindest kleiner – Schritt in diese Richtung sind die §§ 198 ff. GVG. Der Entschädigungsanspruch gemäß § 198 GVG ist im Vergleich mit den anderen materiellrechtlichen

1141 BT-Drucks. 17/3802, S. 25.

1142 *Pietzner*, in: Schoch/Schneider/Bier, VwGO, Anhang zu § 11 Rn. 5.

1143 *Jachmann*, in: Maunz/Dürig, GG, Art. 95 Rn. 160.

Entschädigungsansprüchen als ein Institut des Prozessrechts einzuordnen.[1144] § 198 GVG findet seine Grundlage und Rechtfertigung im Prozessrecht.

Die Vorschriften des Siebzehnten Titels des GVG sind in den anderen Gerichtsbarkeiten entsprechend anzuwenden, sodass dieser Abschnitt rund fünf Jahre nach Inkrafttreten des Gesetzes einen einheitlichen Rechtsbehelf gegen überlange Verfahrensdauer in der Zivilgerichts-, der Arbeitsgerichts- und der Verwaltungs-, Sozial-, und Finanzgerichtsbarkeit enthält.

Die Rechtsprechung hat wesentliche Beiträge zur Konkretisierung der §§ 198 ff. GVG geleistet. Dabei haben sich die Bundesgerichte teilweise an der Rechtsprechung der anderen obersten Gerichte orientiert. Dies ist etwa in Bezug auf die Anwendung der Übergangsregelung sowie der Wartefrist gemäß § 198 Abs. 5 S. 1 GVG der Fall. Gemäß Art. 23 S. 2 ÜGRG muss bei anhängigen Verfahren, die bei Inkrafttreten der Entschädigungsregelung bereits verzögert sind, die Verzögerungsrüge unverzüglich nach Inkrafttreten erhoben werden. Nach Ansicht des BFH wird die Rüge unverzüglich erhoben, wenn sie spätestens drei Monate nach Inkrafttreten des ÜGRG beim Ausgangsgericht eingegangen ist.[1145] Der BGH ist dieser Auffassung gefolgt. Das BSG hat indessen zunächst offen gelassen, wann eine Verzögerungsrüge spätestens eingelegt werden muss, seine Rechtsprechung allerdings in der Folgezeit in Übereinstimmung mit BFH und BGH konkretisiert.

Gemäß § 198 Abs. 5 S. 1 GVG kann eine Entschädigungsklage frühestens sechs Monate nach Einlegung der Verzögerungsrüge erhoben werden. Nach der Rechtsprechung des BGH wird eine vor Fristablauf erhobene Klage nach Ablauf von sechs Monaten nicht zulässig. Sie ist vielmehr als unzulässig abzuweisen. In der Sozialgerichtsbarkeit wurde zunächst diskutiert, ob eine frühzeitig erhobene Entschädigungsklage durch Zeitablauf geheilt werden kann. Das BSG hat sich im Hinblick auf die in allen Verfahrensordnungen geltende einheitliche Entschädigungsregelung schließlich der Rechtsprechung des BGH angeschlossen.[1146]

Uneinigkeit besteht zwischen den obersten Gerichtshöfen hinsichtlich des Verhältnisses von Geldentschädigung und gerichtlicher Feststellung.[1147] Das BVerwG nimmt eine umfassende Abwägung sämtlicher Umstände des Einzelfalls

---

1144 So *Schlick*, in: FS Tolksdorf, S. 549 (553), das werde auch dadurch verdeutlicht, dass alle staatshaftungsrechtlichen Entschädigungs- und Schadensersatzansprüche gemäß Art. 34 S. 3 GG, § 40 Abs. 2 VwGO der ordentlichen Gerichtsbarkeit zugewiesen sind, nicht gegen § 198 GVG; zustimmend *Reiter*, NJW 2015, 2554 (2557).

1145 Vgl. hierzu oben unter Kapitel 3 E. II. 1. S. 123.

1146 Vgl. oben 4. Kapitel C. I. S. 129.

1147 Siehe 3. Kapitel C. II. 4. b) S. 116.

vor und prüft, ob auf dieser Grundlage eine Feststellung ausreichend ist. Nach Auffassung des BFH gilt weder ein Vorrang der Geldentschädigung noch eine anderweitige Vermutungsregel. Nach Ansicht des BSG hingegen ist eine Entschädigungszahlung die Regel und eine Feststellung die Ausnahme. Darüber hinaus wird unterschiedlich beurteilt, ob die Verfahrensbeteiligten einen Anspruch auf die Feststellung der Unangemessenheit der Verfahrensdauer haben.

Ebenso ungeklärt ist, ob statistische Durchschnittswerte ein Kriterium für die Bestimmung der Angemessenheit der Verfahrensdauer darstellen können, noch nicht zwischen den Gerichtshöfen geklärt. Die Divergenz zwischen den Gerichtshöfen in dieser Frage beruht insbesondere auf Unterschieden, die zwischen den einzelnen Gerichtsbarkeiten in der Struktur und den Verfahrensabläufen bestehen.

Bislang war der Gemeinsame Senat der obersten Gerichtshöfe des Bundes bei Uneinigkeiten über die Entschädigungsregelung noch nicht zur Entscheidung berufen. In den oben genannten Fällen wäre nunmehr eine Anrufung des Gemeinsamten Senats in Betracht zu ziehen, um die Einheitlichkeit der Rechtsprechung zu wahren.

Zusammenfassung und Schlussbetrachtung

1. Zentrale Tatbestandsvoraussetzung des Entschädigungsanspruchs ist die unangemessene Dauer eines Gerichtsverfahrens. Der Gesetzgeber hat weder Fristen noch feste Zeitabschnitte vorgesehen, bei deren Überschreiten die Unangemessenheit vermutet wird.
2. Die Verfahrensdauer ist vielmehr anhand folgender Kriterien zu prüfen: Gemäß § 198 Abs. 1 S. 2 GVG richtet sich die Angemessenheit der Verfahrensdauer insbesondere nach der Schwierigkeit und Bedeutung des Verfahrens und nach dem Verhalten der Verfahrensbeteiligten und Dritter. Es sind die einzelfallbezogenen Gründe zu untersuchen, auf denen die Dauer des Verfahrens beruht, und diese sind im Rahmen einer abschließenden Gesamtabwägung umfassend zu würdigen und zu gewichten.
3. Die Schwierigkeit kann sich aus rechtlichen und tatsächlichen Umständen ergeben. Rechtliche Schwierigkeiten bestehen etwa, wenn die Entscheidung von komplizierten oder bisher höchstrichterlich nicht geklärten Rechtsfragen abhängig ist. Tatsächliche Schwierigkeiten können sich aus einem unklaren Sachverhalt ergeben, der eine umfangreiche Beweisaufnahme erfordert. Ferner können Fälle mit einer umfangreichen Klageschrift, Widerklagen- und Drittwiderklagen, mehreren Personen auf Kläger- oder Beklagtenseite und zahlreichen Anlagen als schwierig und komplex einzustufen sein.
4. Die Bedeutung des Verfahrens bestimmt sich einerseits nach dem Interesse der Verfahrensbeteiligten an einer baldigen Entscheidung. Das Interesse an einer alsbaldigen Entscheidung ist insbesondere zu bejahen, wenn sich aus einer Verzögerung der Entscheidung schwere und irreparable Nachteile ergeben. Andererseits bedürfen einige Verfahren auf Grund des Verfahrensgegenstands einer besonderen Beschleunigung. Dazu gehören z.B. Verfahren über das Sorge- und Umgangsrecht für Kinder, Kündigungsschutzverfahren sowie Rechtsstreitigkeiten über Grundsicherungs- und Sozialhilfeleistungen. Darüber hinaus richtet sich die Bedeutung des Verfahrens auch nach der Verfahrensart. So ist für ein Verfahren im einstweiligen Rechtsschutz eine deutlich kürzere Verfahrensdauer angemessen als für das entsprechende Hauptsacheverfahren.
5. Ferner ist das Verhalten der Verfahrensbeteiligten im Ausgangsverfahren im Hinblick auf eine mögliche Mitverantwortung zu prüfen. Ein Verschulden des Verfahrensbeteiligten ist dabei nicht Voraussetzung. Ausreichend ist, wenn die Umstände, die zur Verfahrensverzögerung geführt haben, aus

seiner Sphäre stammen, z.B. eine längere Erkrankung, ein Antrag auf Fristverlängerung oder ein Befangenheitsantrag gegen den Richter. Wird eine Verzögerung durch das Verhalten eines Dritten ausgelöst, ist zu prüfen, ob sie dem Gericht zugerechnet werden kann.

6. In der Praxis entstehen häufig Verzögerungen durch die Einholung von Sachverständigengutachten. Entscheidend ist hierbei, inwieweit das Gericht auf die Erstellung des Sachverständigengutachtens Einfluss nehmen konnte und Handlungsalternativen im Hinblick auf die Gutachterauswahl bestanden.
7. Die Verfahrensdauer kann nicht durch eine chronische Überlastung des Gerichts oder einen allgemeinen Personalmangel gerechtfertigt werden, denn die Überlastung der Gerichte gehört zu den strukturellen Mängeln, die sich der Staat zuzurechnen lassen muss und die er zu beseitigen hat. Das gilt jedenfalls dann, wenn die Überlastung des Gerichts voraussehbar war und durch eine andere Geschäftsverteilung oder die Bewilligung zusätzlicher Personal- und Sachmittel hätte vermieden werden können. Insbesondere Verfahrensverzögerungen, die durch die schlichte Nichtbearbeitung eines Verfahrens über Monate hinweg ohne rechtfertigenden Grund entstehen, können dem Staat zugerechnet werden. Es handelt sich hierbei um Zeiten, in denen weder Fristen gesetzt noch terminiert wurde.
8. Die zügige Erledigung des Rechtsstreits ist kein Selbstzweck. Das Rechtsstaatsprinzip verlangt vielmehr eine umfassende tatsächliche und rechtliche Prüfung des Streitgegenstands durch das zuständige Gericht. Deshalb muss dem Gericht eine angemessene Vorbereitungs- und Bearbeitungszeit zur Verfügung stehen. Die Verfahrensgestaltung steht im Ermessen des zuständigen Richters. Erst wenn die Dauer des Verfahrens unter Berücksichtigung dieses Gestaltungsspielraums in Abwägung mit den weiteren Kriterien des § 198 Abs. 1 S. 2 GVG sachlich nicht mehr zu rechtfertigen ist, liegt eine unangemessene Verfahrensdauer vor. Es reicht somit nicht jede Abweichung von einer optimalen Verfahrensführung aus.
9. Bezugspunkt für die Beurteilung der Angemessenheit der Verfahrensdauer ist das Gesamtverfahren, auch wenn dieses über mehrere Instanzen oder bei verschiedenen Gerichten geführt worden ist. Verzögerungen, die in einzelnen Verfahrensabschnitten eingetreten sind, führen deshalb nicht zwingend zur Unangemessenheit der Verfahrensdauer. Im Rahmen einer abschließenden Gesamtabwägung ist vielmehr zu prüfen, ob die Verzögerungen in einer späteren Phase des Verfahrens oder in einer anderen Instanz ausgeglichen wurden. Mit zunehmender Dauer des Verfahrens hat sich das Gericht allerdings

nachhaltig um eine Beschleunigung des Verfahrens und dessen Beendigung zu bemühen.

10. Eine abschließende Bewertung, ob sich die Entschädigungsregelung in der Praxis bewährt, kann noch nicht vorgenommen werden. Zusammenfassend ist jedoch festzustellen, dass die teilweise befürchtete „Klagewelle" ausgeblieben ist.[1148] Die Gerichte hatten aufgrund der Übergangsregelung des Art. 23 ÜGRG zunächst über einige „Altfälle" zu entscheiden. In der Verwaltungsgerichtsbarkeit und der ordentlichen Gerichtsbarkeit hat die Zahl der Entschädigungsklagen nach Inkrafttreten des ÜGRG in den Jahren 2011/2012 im Jahr 2013 abgenommen, während sie in der Finanzgerichtsbarkeit und der Arbeitsgerichtsbarkeit konstant gewesen ist.[1149] In der Sozialgerichtsbarkeit sind die Fallzahlen dagegen gestiegen. Nach Einschätzung des Bundes Deutscher Sozialrichter verursachen die Entschädigungsverfahren in der Sozialgerichtsbarkeit zusätzliche Belastungen der Gerichte, die mit den vorhandenen Personalkapazitäten nicht bewältigt werden können.[1150] In den übrigen Gerichtsbarkeiten sind hingegen keine unzumutbaren Belastungen entstanden.
11. Die Betroffenen haben nach Erhebung einer Verzögerungsrüge im Ausgangsverfahren eher selten eine Entschädigungsklage erhoben. In der Zivilgerichtsbarkeit führten 9,11 % der Verzögerungsrügen zu Entschädigungsklagen, in der Verwaltungsgerichtsbarkeit 5,61 %, in der Finanzgerichtsbarkeit 8,77 % und in der Arbeitsgerichtsbarkeit 6,6 %.[1151] Am häufigsten führten in der Sozialgerichtsbarkeit Verzögerungsrügen zu Entschädigungsklagen (13,17 %).
12. Es lässt sich derzeit noch keine belastbare Aussage über die präventive Beschleunigungswirkung des ÜGRG treffen, insbesondere ob die Verzögerungsrüge das Verfahren tatsächlich beschleunigen kann. Eine Evaluierung kommt zwar dergestalt in Betracht, dass die durchschnittlichen

1148 Siehe hierzu Erfahrungsbericht über die Anwendung des ÜGRG, BT-Drucks. 18/2950, S. 32; ferner Stellungnahme des DRB zur Evaluation des ÜGRG Nr. 4/14, abrufbar unter: http://www.drb.de/cms/fileadmin/docs/Stellungnahmen/2014/DRB_140304_Stn_Nr_04_UEberlange_Gerichtsverfahren_Evaluation.pdf (zuletzt abgerufen am 10.09.2015).

1149 BT-Drucks. 18/2950, S. 32.

1150 Vgl. hierzu Stellungnahme des Bund Deutscher Sozialrichter zur Evaluierung des ÜGRG in der Arbeits- und Sozialgerichtsbarkeit, abrufbar unter: http://bunddeutschersozialrichter.de/download.php?cat=18_Verbandsarbeit&file=01_14_BDS.pdf (zuletzt abgerufen am 10.09.2015).

1151 Siehe BT-Drucks. 18/2950, S. 32.

Verfahrensdauern in den einzelnen Gerichtszweigen vor und nach Inkrafttreten des Gesetzes verglichen werden. Statistische Durchschnittswerte des Bundesamts liegen allerdings erst für die Jahre 2012, 2013 und 2014 vor. Die Entwicklung der Verfahrensdauern müsste jedoch über einen deutlich längeren Zeitraum beobachtet werden, um eine klare Tendenz im Hinblick auf die Erledigungszahlen feststellen zu können. Zudem müsste zwischen Verfahren, in denen eine Verzögerungsrüge erhoben wurde und Verfahren, in denen die Verzögerung nicht gerügt wurde, differenziert werden. Es kommt darauf an, welchen zeitlichen Verlauf die Verfahren ohne die Neuregelung genommen hätten.[1152] Nur so lässt sich feststellen, ob die Verzögerungsrüge tatsächlich zur Beschleunigung des Verfahrens beiträgt. Entsprechende statistische Zahlen sind (noch) nicht vorhanden. Darüber hinaus müssten im Falle einer Beschleunigung auch andere mögliche Faktoren einer Verfahrensbeschleunigung berücksichtigt werden.

13. Nach Einschätzung des Bundes Deutscher Verwaltungsrichter und Verwaltungsrichterinnen ist die Verzögerungsrüge jedenfalls oftmals Anlass für die Gerichte, das Verfahren vorzuziehen.[1153]
14. Für eine missbräuchliche Nutzung der neuen Rechtsschutzmöglichkeiten bestehen nach Auffassung der Bundesregierung keine Anhaltspunkte.[1154] Auch nach Ansicht des Bundes Deutscher Verwaltungsrichter und Verwaltungsrichterinnen wird weder von der Verzögerungsrüge noch von der Entschädigungsklage extensiv Gebrauch gemacht und auch nicht „gedroht“.[1155] Die Klagebegehren sind überwiegend auf eine Entschädigung immaterieller Nachteilen gerichtet, wobei die Entschädigungshöhe oftmals unter 5.000 EUR liegt.[1156] Die Entschädigung materieller Nachteile ist hingegen von geringer Bedeutung.[1157] Eine finanzielle Belastung der Länderhaushalte ist somit nicht eingetreten.

1152 Siehe hierzu BT-Drucks. 18/2950, S. 8.

1153 BT-Drucks. 18/2950, S. 30.

1154 Vgl. BT-Drucks. 18/2950, S. 33.

1155 BT-Drucks. 18/2950, S. 30.

1156 BT-Drucks. 18/2950, S. 32.

1157 Der Umfang des Entschädigungsanspruchs ist in der Praxis bislang unproblematisch. Materielle Nachteile werden meist pauschal ohne nähere Substantiierung vorgetragen., vgl. Stellungnahme des DRB zur Evaluation des ÜGRG Nr. 4/14, S. 3, abrufbar unter: http://www.drb.de/cms/fileadmin/docs/Stellungnahmen/2014/DRB_140304_Stn_Nr_04_UEberlange_Gerichtsverfahren_Evaluation.pdf (zuletzt abgerufen am 10.09.2015).

15. Die obersten Bundesgerichte haben seit Inkrafttreten des ÜGRG wesentliche Beiträge zur Konkretisierung der §§ 198 ff. GVG geleistet und einige zunächst bestehende Zweifelsfragen geklärt. Dabei haben sich die Gerichtshöfe im Hinblick auf die in allen Verfahrensordnungen geltende einheitliche Entschädigungsregelung oftmals der Rechtsprechung der anderen Gerichtshöfe angeschlossen.
16. Es bestehen allerdings auch Unterschiede bei Auslegung und Anwendung der Entschädigungsregelung. Ob ein subjektives Recht der Verfahrensbeteiligten auf Feststellung der unangemessenen Verfahrensdauer besteht, wird von der Rechtsprechung nicht einheitlich beurteilt. Ferner werden statistische Durchschnittswerte bei der Prüfung der Angemessenheit der Verfahrensdauer von BFH und BSG berücksichtigt, während BGH und BVerwG dies ablehnen.
17. Auch wird eine Klarstellung des Gesetzgebers gefordert, dass das Verfahren in den öffentlich-rechtlichen Gerichtsbarkeiten erst nach Zahlung des Kostenvorschusses betrieben werden soll.[1158] Es wurde bei der Verweisungsregelung des § 12a GKG übersehen, dass in den öffentlich-rechtlichen Gerichtsbarkeiten die Pflicht des Gerichts zur Bearbeitung und Förderung des Verfahrens bereits mit Klageerhebung eintritt.
18. Nach Ansicht des EGMR besteht kein Anlass anzunehmen, dass mit den §§ 198 ff. GVG das Verfahren nicht beschleunigt und eine angemessene und ausreichende Entschädigung erreicht werden kann.[1159] Die Verurteilungen Deutschlands wegen Verletzung des Rechts auf ein Verfahren in angemessener Frist haben seit Inkrafttreten des ÜGRG abgenommen.[1160] Daran wird deutlich, dass der EGMR die Entschädigungsregelung als einen wirksamen Rechtsbehelf gegen überlange Gerichtsverfahren ansieht. Während der EGMR im Jahr 2009 14 Konventionsverletzungen und im Jahr 2010 noch 29

1158 Vgl. dazu oben unter Kapitel 4. D. VII. S. 140.

1159 Das ÜGRG war bei der Entscheidung des EGMR in der Sache Taron/Deutschland erst seit wenigen Monaten in Kraft getreten. Siehe EGMR, Urt. v. 29.05.2012 – 53126/07, NVwZ 2013, 47 (48) – Taron/Deutschland.

1160 Im Einzelnen Berichte über die Rechtsprechung des EGMR und die Umsetzung seiner Urteile in Verfahren gegen Deutschland in den Jahren 2009 bis 2013, abrufbar unter: http://www.bmjv.de/DE/Ministerium/Abteilungen/OeffentlichesRecht/Menschenrechte/Ausgewaehlte EntscheidungendesEGMRundRechtsprechungsberichte/_node.html (zuletzt abgerufen am 10.09.2015).

Konventionsverletzungen feststellte, waren es im Jahr 2011 lediglich 19.[1161] In den Jahren 2012, 2013 und 2014 wurde schließlich kein Verstoß gegen Art. 6 Abs. 1 EMRK i.V.m. Art. 13 EMRK wegen unangemessener Verfahrensdauer mehr festgestellt.

19. Der EGMR hat zwar in der Sache Kuppinger/Deutschland festgestellt, dass die Verzögerungsrüge nicht geeignet ist, Umgangsrechtsverfahren ausreichend zu beschleunigen und Verletzungen des Rechts auf Achtung des Familienlebens zu verhindern. Das Urteil des EGMR betrifft jedoch nicht alle Gerichtsverfahren, sondern nur die familiengerichtlichen Verfahren.[1162] Die §§ 198 ff. GVG stehen deshalb nicht insgesamt auf dem Prüfstand.[1163]

1161 Vgl. hierzu die Jahresberichte des EGMR: Annual Report 2009 S. 144, Annual Report 2010 S. 29, Annual Report 2011 S. 156, Annual Report 2012 S. 154, Annual Report 2013 S. 200, Annual Report 2014 S. 174. Abrufbar unter: http://www.echr.coe.int/Pages/home.aspx?p=echrpublications&c=#n14225225105470760102541_pointer (zuletzt abgerufen am 10.09.2015).

1162 So auch Anm. *Steinbeiß-Winkelmann*, NJW 2015, 1433 (1438), insofern muss der Gesetzgeber noch nachbessern. In Betracht komme etwa eine Anpassung des § 155 FamFG. Vgl. auch *Reiter*, NJW 2015, 2554 (2559).

1163 A.A. *Kirchberg*, DVBl. 2015, 675 (680), es seien vergleichbare Konstellationen denkbar, in denen eine nachträgliche Entschädigung nicht ausreichend ist, etwa bei Verfahren, die die Meinungs- und Pressefreiheit, die Demonstrationsfreiheit oder das Asylrecht betreffen.

Literaturverzeichnis

Althammer, Christoph: Schmerzensgeld wegen überlanger Dauer von Zivilverfahren – Bemerkungen zum künftigen deutschen Entschädigungsmodell, JZ 2011, 446–453.

– / *Schäuble, Daniel*: Effektiver Rechtsschutz bei überlanger Verfahrensdauer – Das neue Gesetz aus zivilrechtlicher Perspektive, NJW 2012, 1–7.

Aust-Dodenhoff, Karin: Die Arbeitsgerichtsbarkeit auf dem Weg zur ordentlichen Gerichtsbarkeit?, NZA 2004, 24–26.

Bamberger, Heinz Georg / Roth, Herbert (Hrsg.): Beck'scher Online-Kommentar BGB, Edition 36, Stand: 01.08.2015 (zit.: *Bearbeiter*, in: BeckOK-BGB).

Baumbach, Adolf / Lauterbach, Wolfgang / Albers, Jan / Hartmann, Peter: Zivilprozessordnung mit FamFG, GVG und anderen Nebengesetzen, 73. Auflage, München 2015 (zit.: *Baumbach et al.*, ZPO).

Baumeister, Peter: Effektiver Individualrechtsschutz im Gemeinschaftsrecht, EuR 2005, 1–35.

Bloching, Micha / Kettinger, Alexander: Verfahrensgrundrechte im Zivilprozess – Nun endlich das Comeback der außerordentlichen Beschwerde?, NJW 2005, 860–863.

Böcker, Thomas: Neuer Rechtsschutz gegen die überlange Dauer finanzgerichtlicher Verfahren, DStR 2011, 2173–2178.

Bonner zum Grundgesetz, hrsg. v. Kahl, Wolfgang / Waldhoff, Christian / Walter, Christian, Loseblattsammlung, Stand: 172. Ergänzungslieferung Juli 2015 (zit.: *Bearbeiter*, in: Bonner Kommentar, GG).

Brand, Jürgen / Fleck, Silvia / Scheer, Ulrich: Fünf oder zwei Gerichtsbarkeiten? Alter Wein in neuen Schläuchen?, NZS 2004, 173–178.

Brand, Peter-Andreas: Über den Sinn und Unsinn der Arbeitsgerichtsbarkeit – Ein Beitrag zur Diskussion über die Zusammenfassung von Arbeits- und ordentlicher Gerichtsbarkeit, ZRP 2010, 81–84.

Breitkreuz, Tilman / Fichte, Wolfgang (Hrsg.): Sozialgerichtsgesetz, Kommentar, 2. Auflage, Berlin 2014 (zit.: *Bearbeiter*, in: Breitkreuz/Fichte, SGG).

Breuer, Marten: Offene Fragen im Verhältnis von EGMR und EuGH, EuGRZ 2005, 229–234.

– Staatshaftung für judikatives Unrecht – Eine Untersuchung zum deutschen Recht, zum Europa- und Völkerrecht, Tübingen 2011 (zit.: *Breuer*, Staatshaftung für judikatives Unrecht).

Brockmöller, Annette / Weichbrodt, Alexander: Rechtsschutz bei überlanger Dauer gerichtlicher Verfahren – Besteht gesetzlicher Handlungsbedarf?, NdsVBl. 2010, 225–231.

Brüning, Christoph: Staatshaftung bei überlanger Dauer von Gerichtsverfahren, NJW 2007, 1094–1099.

Bundesministerium der Justiz und für Verbraucherschutz (Hrsg.): Handbuch der Rechtsförmlichkeit, 3. Auflage, 2008.

Calliess, Christian / Ruffert, Matthias (Hrsg.): EUV/AEUV – Das Verfassungsrecht der Europäischen Union mit Europäischer Grundrechtecharta, Kommentar, 4. Auflage, München 2011 (zit.: *Bearbeiter*, in: Calliess/Ruffert, EUV/AEUV).*Dauses, Manfred A.* (Hrsg.): Handbuch des EU-Wirtschaftsrechts, Band 1, Loseblattsammlung, Stand: 37. Ergänzungslieferung August 2015 (zit.: *Bearbeiter*, in: Dauses, EU-Wirtschaftsrecht).

Dietrich, Michael: Rechtsschutz wegen überlanger Verfahrensdauer nach §§ 198 ff. GVG, ZZP 127 (2014), 169–201.

Dörr, Oliver / Grote, Rainer / Marauhn, Thilo: EMRK/GG – Konkordanzkommentar zum europäischen und deutschen Grundrechtsschutz, Band 1, Kapitel 1–19, 2. Auflage, Tübingen 2013 (zit.: *Bearbeiter*, in: Dörr/Grote/Marauhn, EMRK/GG).

Düwell, Franz Josef / Lipke, Gert-Albert: Arbeitsgerichtsgesetz – Kommentar zum gesamten Arbeitsverfahrensrecht, 3. Auflage, Köln 2012 (zit.: *Bearbeiter*, in: Düwell/Lipke, ArbGG).

Epping, Volker / Hillgruber, Christian (Hrsg.): Beck`scher Online-Kommentar GG, Edition 25, Stand: 01.06.2015 (zit.: *Bearbeiter*, in: BeckOK-GG).

Finkelnburg, Klaus: Das Gebot der Effektivität des Rechtsschutzes in der Rechtsprechung des Bundesverwaltungsgerichts, in: Verwaltungsrecht zwischen Freiheit, Teilhabe und Bindung, Festgabe aus Anlass des 25-jährigen Bestehens des Bundesverwaltungsgerichts, hrsg. v. Bachof, Otto / Heigl, Ludwig / Redeker, Konrad, München 1978, S. 169–181 (zit.: *Finkelnburg*, in: Festgabe 25 Jahre Bundesverwaltungsgericht).

– Einstweiliger Rechtsschutz nach dem Entwurf einer Verwaltungsprozessordnung, NVwZ 1982, 414–415.

Forkel, Heike: Erledigungszahlen unter (Dienst-) Aufsicht!, DRiZ 04/2013, 132–133.

Frowein, Jochen / Peukert, Wolfgang (Hrsg.): Europäische Menschenrechtskonvention, EMRK-Kommentar, 3. Auflage, Kehl am Rhein 2009 (zit.: *Bearbeiter*, in: Frowein/Peukert, EMRK).

Gärditz, Klaus Ferdinand (Hrsg.): Verwaltungsgerichtsordnung mit Nebengesetzen, Kommentar, Köln 2013 (zit.: *Bearbeiter*, in: Gärditz, VwGO).

Germelmann, Class-Hinrich: Überlange Verfahren – Rechtsschutz im Arbeitsgerichtsprozess, in: Jahrbuch des Arbeitsrechts, Ingrid Schmidt (Hrsg.), Band 49, Berlin 2012, S. 41–58 (zit.: *Germelmann*, in: JbArbR).

– / *Matthes, Hans-Christoph* / *Prütting, Hanns* (Hrsg.): Arbeitsgerichtsgesetz, 8. Auflage, München 2013 (zit.: *Bearbeiter*, in: Germelmann/Matthes/Prütting, ArbGG).

Göpfert, Burkhard: „Bewegliche Systeme" zur Bewältigung von Ähnlichkeiten am Beispiel der „Bürgschaftsfälle" des BGH, JuS 1993, 655–659.

Grabenwarter, Christoph / *Pabel, Katharina*: Europäische Menschenrechtskonvention, 5. Auflage, München/Basel/Wien 2012.

Grabitz, Eberhard / *Hilf, Meinhard* / *Nettesheim, Martin* (Hrsg.): Das Recht der Europäischen Union, Band 1, EUV/AEUV, Loseblattsammlung, Stand: 56. Ergänzungslieferung April 2015 (zit.: *Bearbeiter*, in: Grabitz/Hilf/Nettesheim, EUV/AEUV).

Guckelberger, Annette: Der neue staatshaftungsrechtliche Entschädigungsanspruch bei überlangen Gerichtsverfahren, DÖV 2012, 289–298.

Hansen, Udo: Erste Erfahrungen zu dem „Gesetz über den Rechtsschutz bei überlangen Gerichtsverfahren" aus anwaltlicher Sicht, SchlHA 2013, 221–224.

Heine, Manfred: Überlange Gerichtsverfahren – Die Entschädigungsklage nach § 198 GVG, MDR 2012, 327–332.

– Die Entwicklung der Rechtsprechung zu den Voraussetzungen der auf § 198 GVG gestützten Entschädigungsklage, MDR 2013, 1081–1087.

– Die Entwicklung der Rechtsprechung zu den Rechtsfolgen und zum Verfahren der auf § 198 GVG gestützten Entschädigungsklage, MDR 2013, 1147–1150.

– Die aktuelle Entwicklung der Rechtsprechung zur Entschädigungsklage gemäß § 198 GVG wegen unangemessener Verfahrensdauer, MDR 2014, 1008–1013.

Heselhaus, Sebastian / *Nowak, Carsten*: Handbuch der Europäischen Grundrechte, München 2006 (zit.: *Bearbeiter*, in: Heselhaus/Nowak, EU-Grundrechte).

Hirtz, Bernd: Die Zukunft des Zivilprozesses, NJW 2014, 2529–2534.

Huerkamp, Florian / *Wielpütz, Dinah*: Gerichtliche Untätigkeit – Aktuelle Probleme der Untätigkeitsverfassungsbeschwerde, JZ 2011, 139–144.

Jansen, Johannes (Hrsg.): Sozialgerichtsgesetz, Kommentar mit Schriftsatz- und Klagemustern für die Rechtspraxis, 4. Auflage, Freiburg i.B. 2012 (zit.: *Bearbeiter*, in: Jansen, SGG).

Jarass, Hans D.: Bedeutung der EU-Rechtsschutzgewährleistung für nationale und EU-Gerichte, NJW 2011, 1393–1398.

– Charta der Grundrechte der Europäischen Union – unter Einbeziehung der vom EuGH entwickelten Grundrechte, der Grundrechtsregelungen der Verträge und der EMRK, Kommentar, 2. Auflage, München 2013 (zit.: *Jarass*, EU-GRCharta).

– / *Pieroth, Bodo* (Hrsg.): Grundgesetz für die Bundesrepublik Deutschland, Kommentar, 13. Auflage, München 2014 (zit.: *Bearbeiter*, in: Jarass/Pieroth, GG).

Jessen, Uwe: Die Gestaltung des Rechtsmittelzugs im Entwurf einer Verwaltungsprozessordnung, NVwZ 1982, 410–414.

Kämpfer, Ulf: Der neue Rechtsschutz bei überlangen Verfahren – Ein Vademecum für die schleswig-holsteinische Justiz, SchlHA 2011, 389–392.

Karpenstein, Ulrich / Mayer, Franz C. (Hrsg.): Konvention zum Schutz der Menschenrechte und der Grundfreiheiten, Kommentar, 2. Auflage, München 2015 (zit.: *Bearbeiter*, in: Karpenstein/Mayer, EMRK).

Keders, Walter: Langdauernde Zivilverfahren – Ursachen überlanger Verfahrensdauern und Abhilfemöglichkeiten, NJW 2013, 1697–1704.

Kerwer, Christof: Arbeitsrechtliche Verfahren vor dem BVerfG und dem EuGH, in: Arbeitsgerichtsgesetz mit Verfahren vor dem BVerfG, EuGH sowie der Einigungsstelle, hrsg. v. Schwab, Norbert / Weth, Stephan, 4. Auflage, Köln 2015, S. 1686–1758 (zit.: *Kerwer*, in: Schwab/Weth, ArbGG).

Kirchberg, Christian: Überlange Verfahrensdauer in der Verwaltungsgerichtsbarkeit – wie wirksam ist der Rechtsschutz nach § 198 GVG?, DVBl. 2015, 675–680.

Kissel, Rudolf / Mayer, Herbert: Gerichtsverfassungsgesetz, Kommentar, 7. Auflage, München 2013 (zit.: *Kissel/Mayer*, GVG).

Kopp/Schenke – Verwaltungsgerichtsordnung, Kommentar, begr. v. Kopp, Ferdinand, hrsg. v. Schenke, Wolf-Rüdiger, 21. Auflage, München 2015 (zit.: *Bearbeiter*, in: *Kopp/Schenke*, VwGO).

Krasney, Otto Ernst: Das Vorverfahren im Entwurf einer Verwaltungsprozessordnung, NVwZ 1982, 406–410.

Kulosa, Egmont: Entschädigungsklagen wegen überlanger Verfahrensdauer in der Finanzgerichtsbarkeit, jM 2014, 293–300.

Lechner, Hans / Zuck, Rüdiger: Bundesverfassungsgerichtsgesetz, Kommentar, 6. Auflage, München 2011 (zit.: *Lechner/Zuck*, BVerfGG).

Lenz, Christofer / Hansel, Ronald: Bundesverfassungsgerichtsgesetz, Handkommentar, 2. Auflage, Baden-Baden 2015 (zit.: *Lenz/Hansel*, BVerfGG).

Link, Peter / Van Dorp, Thomas: Rechtsschutz bei überlangen Gerichtsverfahren, Einführung in das Gesetz über den Rechtsschutz bei überlangen Gerichtsverfahren und strafrechtlichen Ermittlungsverfahren, München 2012.

Loytved, Helge: Erste Erfahrungen der Sozialgerichtsbarkeit mit Entschädigungsklagen wegen überlanger Verfahrensdauer, SGb 2014, 293–296.

Mack, Alexandra von / Wollweber, Markus: Neues Gesetz zur Entschädigung bei überlangen Gerichts- und Steuerstrafverfahren, Stbg 2012, 7–11.

Magnus, Robert: Das neue Gesetz über den Rechtsschutz bei überlangen Gerichtsverfahren und strafrechtlichen Ermittlungsverfahren, ZZP 125 (2012), 75–91.

Maidowski, Ulrich: Entschädigung für überlange Gerichtsverfahren – Grundlagen und Maßstäbe, jM 2014, 81–84.

v. Mangoldt/Klein/Starck – Kommentar zum Grundgesetz, Band 1, Präambel, Art. 1– 19, begr. v. Mangoldt, Hermann von, hrsg. v. Starck, Christian, fortgef. v. Klein, Friedrich, 6. Auflage, München 2010, (zit.: *Bearbeiter*, in: *Mangoldt/Klein/Starck*, GG).

Marx, Martin / Roderfeld, Werner (Hrsg.): Rechtsschutz bei überlangen Gerichts- und Ermittlungsverfahren, Handkommentar, Baden-Baden 2013 (zit.: *Bearbeiter*, in: Marx/Roderfeld, Rechtsschutz bei überlangen Gerichtsverfahren).

Matusche-Beckmann, Annemarie / Kumpf, Patrizia: Rechtsschutz bei überlangen Gerichtsverfahren – nach langem Weg ins Ziel?, ZZP 124 (2011), 173–189.

Maunz/Dürig, begr. v. Maunz, Theodor / Dürig, Günter, hrsg. v. Herzog, Roman / Scholz, Rupert / Herdegen, Matthias et al.: Grundgesetz, Kommentar, Loseblattsammlung, Stand: 74. Ergänzungslieferung Mai 2015 (zit.: *Bearbeiter*, in: Maunz/Dürig, GG).

– */ Schmidt-Bleibtreu, Bruno / Klein, Franz / Bethge, Herbert* (Hrsg.): Bundesverfassungsgerichtsgesetz, Kommentar, Band 1, Loseblattsammlung, Stand: 46. Ergänzungslieferung April 2015 (zit.: *Bearbeiter*, in: Maunz/Schmidt-Bleibtreu/Klein/Bethge, BVerfGG).

Meyer, Jürgen: Charta der Grundrechte der Europäischen Union, 4. Auflage, Baden-Baden 2014 (zit.: *Bearbeiter*, in: Meyer, EU-GRCharta).

Meyer-Ladewig, Jens: Rechtsbehelfe gegen Verzögerungen im gerichtlichen Verfahren – zum Urteil des EGMR Kudla/Polen, NJW 2001, 2679–2680.

– Aktualität einer Vereinheitlichung des Prozessrechts, NJW 2007, 1262–1265.

– Europäische Menschenrechtskonvention, Handkommentar, 3. Auflage, Baden-Baden 2011.

- / *Keller, Wolfgang* / *Leitherer, Stephan* (Hrsg.): Sozialgerichtsgesetz, Kommentar, 11. Auflage, München 2014 (zit.: *Bearbeiter*, in: Meyer-Ladewig/Keller/Leitherer, SGG).

Michael, Lothar: Der allgemeine Gleichheitssatz als Methodennorm komparativer Systeme, Methodenrechtliche Analyse und Fortentwicklung der Theorie der „beweglichen Systeme" (Wilburg), Berlin 1997.

*Münchener Kommentar zum B*ürgerlichen Gesetzbuch, hrsg. v. Säcker, Franz Jürgen / Rixecker, Roland / Oetker, Hartmut / Limperg, Bettina, Band 1: Allgemeiner Teil, §§ 1–240, ProstG, AGG, 7. Auflage, München 2015 (zit.: *Bearbeiter*, in: MüKo-BGB).

Münchener Kommentar zum FamFG, hrsg. v. Rauscher, Thomas, §§ 1–491, IZVR, EuZVR, 2. Auflage, München 2013 (zit.: *Bearbeiter*, in: MüKo-FamFG).

Münchener Kommentar zur Zivilprozessordnung, hrsg. v. Krüger, Wolfgang / Rauscher, Thomas:

Folgende Einzelbände wurden verwendet (zit.: *Bearbeiter*, in: MüKo-ZPO):

- Band 1: §§ 1–353, 4. Auflage, München 2013.
- Band 2: §§ 355–1024, 4. Auflage, München 2012.
- Band 3: §§ 1025–1109, EGZPO, GVG, EGGVG, UKlaG, Internationales und Europäisches Zivilprozessrecht, 4. Auflage, München 2013.

Musielak, Hans-Joachim / *Voit, Wolfgang* (Hrsg.): Zivilprozessordnung mit Gerichtsverfassungsgesetz, Kommentar, 12. Auflage, München 2015 (zit.: *Bearbeiter*, in: Musielak/Voit, ZPO).

Natter, Eberhard / *Gross, Roland* (Hrsg.): Arbeitsgerichtsgesetz, Handkommentar, 2. Auflage, Baden-Baden 2013 (zit.: *Bearbeiter*, in: Natter/Roland, ArbGG).

Nielebock, Helga: „Fünf oder zwei Gerichtsbarkeiten"?, NZA 2004, 28–30.

Ohrloff, Maximilian: Der Rechtsschutz bei überlangen Gerichtsverfahren, Frankfurt am Main 2014.

Ossenbühl, Fritz: Staatshaftung bei überlangen Gerichtsverfahren, DVBl. 2012, 857–861.

- / *Cornils, Matthias*: Staatshaftungsrecht, 6. Auflage, München 2013.

Pache, Eckhard: Das europäische Grundrecht auf einen fairen Prozess, NVwZ 2001, 1342–1347.

Palandt, bearb v. Bassenge, Peter / Brudermüller, Gerd / Ellenberger, Jürgen et al., Bürgerliches Gesetzbuch mit Nebengesetzen, 74. Auflage, München 2015 (zit.: *Bearbeiter*, in: Palandt, BGB).

Peschel-Gutzeit, Lore Maria: Noch immer keine Untätigkeitsbeschwerde in Kindschaftssachen – Erneute Kritik des EGMR, ZRP 2015, 170–173.

Pickenpack, Vanessa: Rechtsschutz bei Verletzung von Verfahrensgrundrechten und bei Untätigkeit der Gerichte, Frankfurt am Main 2012.

Pondelik, Marc: Rechtsschutz bei überlanger Verfahrensdauer vor den Finanzgerichten, SteuK 2014, 334–338.

Posser, Herbert / Wolff, Heinrich Amadeus (Hrsg.): Verwaltungsgerichtsordnung, Kommentar, 2. Auflage, München 2014 (zit.: *Bearbeiter*, in: Posser/Wolff, VwGO).

Prütting, Hanns / Gehrlein, Markus (Hrsg.): ZPO Kommentar, 7. Auflage, Köln 2015 (zit.: *Bearbeiter*, in: Prütting/Gehrlein, ZPO).

Redeker, Konrad: Vereinheitlichung der öffentlich-rechtlichen Gerichtsbarkeiten?, NJW 2004, 496–498.

Reiter, Harald: Die Rechtsnatur des Entschädigungsanspruchs wegen unangemessener Verfahrensdauer, NJW 2015, 2554–2560.

Rengeling, Hans-Werner / Middeke, Andreas / Gellermann, Martin (Hrsg.): Handbuch des Rechtsschutzes in der Europäischen Union, 3. Auflage, München 2014 (zit.: *Bearbeiter*, in: Rengeling/Middeke/Gellermann, Rechtsschutz in der EU).

Remus, Dieter: Amtshaftung bei verzögerter Amtstätigkeit des Richters, NJW 2012, 1403–1409.

Roller, Steffen: Vereinheitlichung der Prozessordnungen und Änderungsvorschläge im Bereich des sozialgerichtlichen Verfahrens, SGb 2005, 616–623.

– Unangemessene Dauer von Gerichtsverfahren und richterliche Unabhängigkeit, DRiZ Beilage Juni 2012, 1–12.

Sachs, Michael (Hrsg.): Grundgesetz, Kommentar, 7. Auflage, München 2014 (zit.: *Bearbeiter*, in: Sachs, GG).

Scheel, Philipp-Christian: Unionsrechtlicher Schadensersatzanspruch bei unangemessener Verfahrensdauer, EuZW 2014, 138–141.

Scheidler, Alfred: Verzögerungsrüge und Entschädigungsanspruch bei Ausbleiben einer Terminierung im Verwaltungsprozess, LKV 2012, 260–263.

Schenke, Ralf Peter: Die Garantie eines wirksamen Rechtsschutzes in Art. 47 Abs. 1 Grundrechtecharta, in: Staat, Verwaltung und Rechtschutz – Festschrift für Wolf-Rüdiger Schenke zum 70. Geburtstag, hrsg. v. Baumeister, Peter / Roth, Wolfgang / Ruthig, Josef, Berlin 2011, S. 305–327 (zit.: *Schenke, R.*, in: FS W.-R. Schenke).

Schenke, Wolf-Rüdiger: Außerordentliche Rechtsbehelfe im Verwaltungsprozessrecht nach Erlass des Anhörungsrügegesetzes, NVwZ 2005, 729–739.

– Rechtsschutz bei überlanger Dauer verwaltungsgerichtlicher Verfahren, NVwZ 2012, 257–265.

– Die Klage auf Feststellung der unangemessenen Dauer eines gerichtlichen Verfahrens, NJW 2015, 433–439.

Schlette, Volker: Der Anspruch auf Rechtsschutz innerhalb angemessener Frist – Ein neues Prozessgrundrecht auf EG-Ebene, EuGRZ 1999, 369–373.

Schlick, Wolfgang: Amtshaftung und Entschädigung bei überlangen Gerichtsverfahren, in: Festschrift für Klaus Tolksdorf – zum 65. Geburtstag, hrsg. v. Dencker, Friedrich / Galke, Gregor / Voßkuhle, Andreas, Köln 2014, S. 549–561 (zit.: *Schlick*, in: FS Tolksdorf).

– Die Rechtsprechung des BGH zur öffentlich-rechtlichen Entschädigung, NJW 2014, 2686–2691.

Schmidt-Räntsch Johanna: Deutsches Richtergesetz – Richterwahlgesetz, Kommentar, begr. v. Schmidt-Räntsch, Günther, 6. Auflage, München 2009 (zit.: *Schmidt-Räntsch*, DRiG).

Schneider, Hartmut / Schmaltz Christiane: Entscheidung von Arzthaftpflichtverfahren „innerhalb angemessener Frist", NJW 2011, 3270–3274.

Schoch, Friedrich / Schneider, Jens-Peter / Bier, Wolfgang (Hrsg.): Verwaltungsgerichtsordnung, Kommentar, Loseblattsammlung, Stand: 28. Ergänzungslieferung März 2015 (zit.: *Bearbeiter*, in: Schoch/Schneider/Bier, VwGO).

Scholz, Bernhard Joachim: Rechtsschutz gegen überlange Verfahrensdauer, SGb 2012, 19–24.

Schrader, Peter / Straube, Gunnar / Schubert, Jens: Ade Arbeitsgerichtsbarkeit?, NZA 2004, 899–900.

Schwarze, Jürgen / Becker, Ulrich / Schoo, Johann (Hrsg.): EU-Kommentar, 3. Auflage, Baden-Baden 2012 (zit.: *Bearbeiter*, in: Schwarze, EU-Kommentar).

Sendler, Horst: Zum Instanzenzug in der Verwaltungsgerichtsbarkeit, DVBl. 1982, 157–165.

Söhngen, Uwe: Rechtsschutz bei überlanger Verfahrensdauer in der Sozialgerichtsbarkeit – Zum Gesetz über den Rechtsschutz bei überlangen Gerichtsverfahren und strafrechtlichen Ermittlungsverfahren vom 24.11.2011, NZS 2012, 493–499.

Stahnecker, Thomas: Entschädigung bei überlangen Gerichtsverfahren, München 2013.

Steger, Andreas: Überlange Verfahrensdauer bei öffentlich-rechtlichen Streitigkeiten vor deutschen und europäischen Gerichten – Auswirkungen, Ursachen, Abhilfemöglichkeiten, Rechtsschutzmöglichkeiten, Berlin 2008 (zit.: *Steger*, Überlange Verfahrensdauer bei öffentlich-rechtlichen Streitigkeiten).

Stein, Friedrich / Jonas, Martin (Hrsg.): Kommentar zur Zivilprozessordnung, Band 6, §§ 511–703d, 22. Auflage, Tübingen 2013 (zit.: *Bearbeiter*, in: Stein/Jonas, ZPO).

Stein, Jürgen vom / Brand, Frederik: Rechtsschutz gegen überlange Gerichtsverfahren in der Arbeitsgerichtsbarkeit, NZA 2014, 113–122.

Steinbeiß-Winkelmann, Christine: Überlange Gerichtsverfahren – der Ruf nach dem Gesetzgeber, ZRP 2007, 177–180.

– Die Verfassungsbeschwerde als Untätigkeitsbeschwerde?, NJW 2008, 1783–1785.

– Rechtsschutz bei überlangen Gerichtsverfahren – Zum neuen Gesetzentwurf der Bundesregierung, ZRP 2010, 205–210.

– Amtshaftungsansprüche wegen überlanger Verfahrensdauer?, NJW 2014, 1276–1279.

– */ Ott, Georg*: Rechtsschutz bei überlangen Gerichtsverfahren – Kommentar zu dem Gesetz über den Rechtsschutz bei überlangen Gerichtsverfahren und strafrechtlichen Ermittlungsverfahren, Köln 2013 (zit.: *Bearbeiter*, in: Steinbeiß-Winkelmann/Ott, ÜGRG).

Streinz, Rudolf (Hrsg.): EUV/AEUV – Vertrag über die Europäische Union und Vertrag über die Arbeitsweise der Europäischen Union, 2. Auflage, München 2012 (zit.: *Bearbeiter*, in: Streinz, EUV/AEUV).

– Europarecht: EuGH blockiert den Beitritt der EU zur EMRK – Entwuf des Beitrittsabkommens der EU zur EMRK unvereinbar mit „besonderen Merkmalen des Unionsrechts“, JuS 2015, 567–570.

Tabbara, Annette: Zusammenführung oder Einverleibung? – Die Sozialgerichtsbarkeit und ihr Verhältnis zur Verwaltungsgerichtsbarkeit, NZS 2009, 483–489.

Terhechte, Jörg Philipp: Zum Amtshaftungsanspruch bei Organisationsmängeln innerhalb der Dritten Gewalt, DVBl. 2007, 1134–1143.

Thomas/Putzo – Zivilprozessordnung, FamFG, Verfahren in Familiensachen, GVG, Einführungsgesetze, EU-Zivilverfahrensrecht, Kommentar, hrsg. v. Reichold, Klaus / Hüßtege, Rainer / Sailer, Christian, 36. Auflage, München 2015 (zit.: *Bearbeiter*, in: Thomas/Putzo, ZPO).

Tiedemann, Jens: Das neue Gesetz über den Rechtsschutz bei überlangen Gerichtsverfahren – Welche Rechte haben Betroffene, wenn Justitias Mühlen zu langsam mahlen?, ArbRB 12/2011, 382–385.

Tremml, Bernd / Karger, Michael / Luber, Michael: Der Amtshaftungsprozess – Amtshaftung, Notarhaftung, Europarecht, 4. Auflage, München 2013.

Trzaskalik, Christoph: Die Vereinheitlichung der Verwaltungsprozessordnungen, NJW 1982, 1553–1558.

Ule, Hermann Carl: Zur Vereinheitlichung der gerichtlichen Verfahrensordnungen, DVBl. 1958, 691–699.

Vielmeier, Stephan: Rechtswegerschöpfung bei verzögerter Anhörungsrüge, NJW 2013, 346–350.

Vogel, Harald: Verzögerungsrüge versus Untätigkeits- oder Beschleunigungsbeschwerde in Kindschaftssachen, FÜR 2012, 528.

Vorwerk, Volker / Wolf, Christian (Hrsg.): Beck'scher Online-Kommentar ZPO, Edition 17, Stand: 01.06.2015 (zit.: Bearbeiter, in: BeckOK-ZPO).

Voßkuhle, Andreas: Bruch mit einem Dogma: Die Verfassung garantiert Rechtsschutz gegen den Richter, NJW 2003, 2193–2200.

Weber, Martin: Der EGMR als Motor der effektiven Durchsetzung von Umgangsrechten, NZFam 2015, 337–342.

Wendel, Mattias: Der EMRK-Beitritt als Unionsrechtsverstoß – Zur völkerrechtlichen Öffnung der EU und ihren Grenzen, NJW 2015, 921–926.

Wilburg, Walter: Entwicklung eines beweglichen Systems im Bürgerlichen Recht, Rektoratsrede, Graz 1950.

Wittreck, Fabian: Durchschnitt als Dienstpflicht? Richterliche Erledigungszahlen als Gegenstand der Dienstaufsicht, NJW 2012, 3287–3292.

– Erledigungszahlen unter (Dienst-) Aufsicht?, DRiZ 2013, 60–61.

Wolff, Heinrich Amadeus: Der Verzögerungsentschädigungsanspruch im öffentlichen Recht, VR 2012, 289–293.

Zimmermann, Walter: Der neue Rechtsschutz bei überlangen Gerichtsverfahren, FamRZ 2011, 1905–1910.

Zöller – Zivilprozessordnung mit FamFG (§§ 1–185, 200–270, 433–484) und Gerichtsverfassungsgesetz, den Einführungsgesetzen, mit Internationalem Zivilprozessrecht, EU-Verordnungen, Kostenanmerkungen, Kommentar, begr. v. Zöller, Richard, bearb. v. Geimer, Reinhold / Greger, Reinhold / Herget, Kurt et al., 30. Auflage, Köln 2014 (zit.: *Bearbeiter*, in: Zöller, ZPO).

w.ingramcontent.com/pod-product-compliance
m Content Group UK Ltd.
ld, Milton Keynes, MK11 3LW, UK
W021934290926
IPUK00016B/1617

9 783631 741436